现代人力资源管理

陈葆华 任广新 张建国 编 著

北京理工大学出版社
BEIJING INSTITUTE OF TECHNOLOGY PRESS

内容简介

本书是采用"任务驱动,工作导向"模式编写的应用型本科人力资源管理教材。全书以工作情境引入,以实际工作过程为导向安排教材内容,在介绍基本理论的同时,运用任务驱动的模式贯穿知识点,突出职业能力的培养。

本书按工作过程分为10个模块,包括人力资源管理认知、人力资源规划、工作分析、员工招聘与甄选、人力资源培训开发、绩效管理、薪酬管理、劳动关系管理、职业生涯管理、人力资源管理现代化。

本书运用实际案例和课外信息配合教学,全书条理清晰,易于理解,并通过任务强调实践应用,注重对职业能力的培养,可作为高等院校应用型本科人力资源管理、工商管理等管理类专业教材,还可作为社会相关从业人员的参考读物。

版权专有　侵权必究

图书在版编目(CIP)数据

现代人力资源管理 / 陈葆华,任广新,张建国编著. --北京:北京理工大学出版社,2017.12(2024.1重印)
ISBN 978-7-5682-5068-9

Ⅰ. ①现… Ⅱ. ①陈… ②任… ③张… Ⅲ. ①人力资源管理-高等学校-教材 Ⅳ. ①F241

中国版本图书馆 CIP 数据核字(2017)第 313370 号

责任编辑:江　立	**文案编辑**:赵　轩	
责任校对:周瑞红	**责任印制**:施胜娟	

出版发行 / 北京理工大学出版社有限责任公司
社　　址 / 北京市丰台区四合庄路6号
邮　　编 / 100070
电　　话 / (010)68914026(教材售后服务热线)
　　　　　　(010)68944437(课件资源服务热线)
网　　址 / http://www.bitpress.com.cn
版 印 次 / 2024年1月第1版第5次印刷
印　　刷 / 廊坊市印艺阁数字科技有限公司
开　　本 / 787 mm×1092 mm　1/16
印　　张 / 18.5
字　　数 / 449千字
定　　价 / 52.00元

图书出现印装质量问题,请拨打售后服务热线,负责调换

前　言

在国家高等教育改革的背景下，未来绝大多数大学将更加注重应用型人才的培养，而传统教材已经严重与应用型人才培养的需要脱节。尤其对人力资源管理这样一门实践性较强的课程而言，迫切需要一部真正实现"任务驱动，项目引领"的应用型教材。为此，编者在多年教学实践的基础上精心编写了本书。本书具有以下显著特点。

（1）以"工作过程为导向"。在不改变核心理论的前提下，以任务为载体，将知识内容进行重组，使原先理论知识的基础地位变为对实践操作的服务指导地位。

（2）高度仿真工作情境的引入。每个模块中设有若干个任务，每个任务都设有一个相对应的工作情境，这与企业现实中遇到的情况基本一致，根据完成任务所需要的知识编写理论知识内容。

（3）应用性强。通过真实工作情境的引入和布置的任务，能够让学生真正清楚所学理论知识是如何在企业的人力资源管理过程中应用的。

全书分为10个模块，主要是根据企业人力资源管理的工作流程来进行编写。模块一人力资源管理认知，介绍了人力资源管理的基本内涵、原理和功能；模块二人力资源规划，介绍了人力资源规划的内容、预测方法及编制与监控；模块三工作分析，介绍了工作分析的作用，制定工作分析的流程和方法以及如何编写岗位说明书；模块四员工的招聘与甄选，介绍了员工招聘的渠道及如何对员工进行测评、甄选、面试；模块五人力资源培训开发，介绍了人力资源培训开发的内涵、程序以及如何撰写培训效果分析报告；模块六绩效管理，介绍了绩效管理的内涵、企业如何进行绩效管理的组织和实施以及绩效考评的方法；模块七薪酬管理，介绍了薪酬管理的内涵、如何进行薪酬调查和薪酬体系的设计以及对员工进行福利管理；模块八劳动关系管理，介绍了劳动关系的内涵、如何执行劳动合同及进行劳动争议和处理；模块九职业生涯管理，介绍了职业生涯管理的内涵，如何进行职业生涯规划和组织职业生涯管理；模块十人力资源管理现代化，分析了人力资源管理现代化的原因、人力资源国际化存在的问题，介绍了人力资源国际化的策略和人力资源外包的方法以及人力资源三支柱模型。

本书由陈葆华、任广新、张建国负责全书结构的设计、统稿、审稿。本书编写分工如下：陈葆华负责编写模块四和模块六；任广新负责编写模块二和模块十；张建国负责编写模块一和模块九；秦珠编写模块三和模块五；于家姝负责编写模块八；刘艳红负责编写模块七。

随着市场经济和科学技术的发展，人力资源管理的理论和实践也在不断发展之中，由于编者水平有限，加之时间仓促，书中难免存在不足之处，敬请广大读者批评指正。

编　者
2017 年 12 月

目 录

模块一　人力资源管理认知 ……………………………………………………… 1

【学习目标】 ………………………………………………………………………… 1
　能力目标 …………………………………………………………………………… 1
　知识目标 …………………………………………………………………………… 1
　素质目标 …………………………………………………………………………… 1
任务一　了解人力资源管理的渊源 …………………………………………………… 1
　【工作情境】 ……………………………………………………………………… 1
　【相关知识】 ……………………………………………………………………… 2
　　一、传统管理阶段的人力资源管理 …………………………………………… 2
　　二、科学管理阶段的人力资源管理 …………………………………………… 3
　　三、行为科学阶段的人力资源管理 …………………………………………… 3
　　四、现代管理科学阶段的人力资源管理 ……………………………………… 4
　【知识应用】 ……………………………………………………………………… 5
任务二　认识人力资源管理的内涵 …………………………………………………… 6
　【工作情境】 ……………………………………………………………………… 6
　【相关知识】 ……………………………………………………………………… 6
　　一、人力资源及其特点 ………………………………………………………… 6
　　二、人力资源管理及其特点 …………………………………………………… 7
　　三、人力资源管理的各种活动 ………………………………………………… 7
　　四、人力资源管理系统 ………………………………………………………… 8
　【知识应用】 ……………………………………………………………………… 9
任务三　理解人力资源管理的基本原理 ……………………………………………… 9
　【工作情境】 ……………………………………………………………………… 9
　【相关知识】 ……………………………………………………………………… 10
　　一、同素异构原理 ……………………………………………………………… 10

· 1 ·

二、能级层序原理 ... 10
三、要素有用原理 ... 10
四、互补增值原理 ... 10
五、动态适应原理 ... 11
六、激励强化原理 ... 11
七、公平竞争原理 ... 11
八、信息催化原理 ... 12
九、主观能动原理 ... 12
十、文化凝聚原理 ... 12
【知识应用】 ... 14
任务四　明晰人力资源管理的基本功能 ... 14
【工作情境】 ... 14
【相关知识】 ... 14
一、人力资源管理的目标 ... 14
二、人力资源管理的职能 ... 15
三、人力资源管理的基本功能 ... 16
【知识应用】 ... 18
【模块知识小结】 ... 18
【复习思考题】 ... 18
【企业案例分析】 ... 19
【能力训练】 ... 20

模块二　人力资源规划 ... 22

【学习目标】 ... 22
能力目标 ... 22
知识目标 ... 22
素质目标 ... 22
任务一　认知人力资源规划 ... 22
【工作情境】 ... 22
【相关知识】 ... 23
一、人力资源规划的含义 ... 23
二、人力资源规划的作用 ... 24
三、人力资源规划的主要内容 ... 25
【知识应用】 ... 28
任务二　掌握人力资源规划预测方法 ... 29
【工作情境】 ... 29

【相关知识】……29
一、人力资源需求预测……29
二、人力资源供给预测……32
三、人力资源需求与供给平衡……35
【知识应用】……36

任务三　编制与监控人力资源规划……36
【工作情境】……36
【相关知识】……36
一、编制人力资源规划的原则……36
二、编制人力资源规划的程序……37
三、人力资源规划的监控……40
四、人力资源规划的动态调整……42
【知识应用】……44
【模块知识小结】……44
【复习思考题】……44
【企业案例分析】……45
【能力训练】……45

模块三　工作分析……46

【学习目标】……46
能力目标……46
知识目标……46
素质目标……46

任务一　认知工作分析……46
【工作情境】……46
【相关知识】……47
一、工作分析的含义与内容……47
二、工作分析的作用……49
三、工作分析的原则……51
四、工作分析的时机……53
五、工作分析的流程……53
【知识应用】……55

任务二　工作分析方法……56
【工作情境】……56
【相关知识】……56
一、通用工作信息收集方法……56

二、以人为基础的系统性方法 59
三、以工作为基础的系统性分析方法 61
【知识应用】 63

任务三 编写岗位说明书 64
【工作情境】 64
【相关知识】 64
一、岗位说明书的定义 64
二、岗位说明书的编写指南 65
【知识应用】 69

任务四 工作分析应用 69
【工作情境】 69
【相关知识】 69
一、工作分析在人力资源规划中的应用 70
二、工作分析在人员招聘中的应用 70
三、工作分析在绩效管理中的应用 71
四、工作分析在薪酬管理中的应用 72
五、工作分析在培训与开发中的应用 72
【知识应用】 73
【模块知识小结】 73
【复习思考题】 73
【企业案例分析】 73
【能力训练】 75

模块四 员工的招聘与甄选 76
【学习目标】 76
能力目标 76
知识目标 76
素质目标 76

任务一 认知员工招聘 76
【工作情境】 76
【相关知识】 77
一、员工招聘的意义 77
二、影响员工招聘的因素 78
三、招聘的程序 79
四、员工招聘原则 83
五、招聘选拔工作的要求 84

【知识应用】·· 85
任务二　认知员工招聘的渠道·· 85
　　【工作情境】·· 85
　　【相关知识】·· 85
　　　一、外部招聘渠道··· 86
　　　二、内部招聘渠道··· 88
　　　三、招聘渠道分析··· 89
　　　四、内外结合的招聘渠道·· 91
　　【知识应用】·· 91
任务三　员工测评与甄选··· 91
　　【工作情境】·· 91
　　【相关知识】·· 92
　　　一、员工素质测评··· 92
　　　二、员工素质测评的内容·· 96
　　　三、员工选拔程序··· 98
　　【知识应用】·· 100
任务四　员工面试··· 100
　　【工作情境】·· 100
　　【相关知识】·· 100
　　　一、面试的类型·· 101
　　　二、影响面试成功的因素·· 103
　　　三、有效实施面试··· 104
　　【知识应用】·· 106
　　【模块知识小结】·· 106
　　【复习思考题】··· 106
　　【企业案例分析】·· 107
　　【能力训练】·· 108

模块五　人力资源培训开发·· 109

　　【学习目标】·· 109
　　　能力目标··· 109
　　　知识目标··· 109
　　　素质目标··· 109
任务一　认知培训与开发··· 109
　　【工作情境】·· 109
　　【相关知识】·· 110

一、培训与开发的含义 …………………………………………………………… 110
　　二、培训与开发的意义 …………………………………………………………… 110
　　三、培训与开发的学习理论 ……………………………………………………… 111
　　四、培训与开发的内容 …………………………………………………………… 114
　　五、培训与开发的类型 …………………………………………………………… 114
　【知识应用】 ………………………………………………………………………… 115
任务二　掌握培训与开发的程序 …………………………………………………… 115
　【工作情境】 ………………………………………………………………………… 115
　【相关知识】 ………………………………………………………………………… 116
　　一、培训开发需求分析 …………………………………………………………… 116
　　二、制订培训开发计划 …………………………………………………………… 121
　　三、评估培训开发效果 …………………………………………………………… 123
　　四、培训开发的方法 ……………………………………………………………… 124
　【知识应用】 ………………………………………………………………………… 126
任务三　撰写培训效果评估分析报告 ……………………………………………… 126
　【任务情境】 ………………………………………………………………………… 126
　【相关知识】 ………………………………………………………………………… 127
　　一、培训效果评估分析报告的意义 ……………………………………………… 127
　　二、培训效果评估分析报告的内容 ……………………………………………… 129
　【知识应用】 ………………………………………………………………………… 129
【模块知识小结】 …………………………………………………………………… 131
【复习思考题】 ……………………………………………………………………… 131
【企业案例分析】 …………………………………………………………………… 131
【能力训练】 ………………………………………………………………………… 133

模块六　绩效管理 ……………………………………………………………………… 134

　【学习目标】 ………………………………………………………………………… 134
　　能力目标 …………………………………………………………………………… 134
　　知识目标 …………………………………………………………………………… 134
　　素质目标 …………………………………………………………………………… 134
任务一　认知绩效管理 ……………………………………………………………… 134
　【工作情境】 ………………………………………………………………………… 134
　【相关知识】 ………………………………………………………………………… 135
　　一、绩效管理概述 ………………………………………………………………… 135
　　二、绩效管理的内容 ……………………………………………………………… 135
　　三、绩效管理的特点 ……………………………………………………………… 136

四、绩效管理的目的 ……………………………………………………… 138
　　【知识应用】 ……………………………………………………………… 140
任务二　绩效管理的组织与实施 ……………………………………………… 140
　　【工作情境】 ……………………………………………………………… 140
　　【相关知识】 ……………………………………………………………… 141
　　一、准备阶段 ……………………………………………………………… 141
　　二、实施阶段 ……………………………………………………………… 143
　　三、反馈阶段 ……………………………………………………………… 145
　　【知识应用】 ……………………………………………………………… 150
任务三　认知绩效考评方法 …………………………………………………… 150
　　【工作情境】 ……………………………………………………………… 150
　　【相关知识】 ……………………………………………………………… 150
　　一、比较法 ………………………………………………………………… 150
　　二、量表法 ………………………………………………………………… 152
　　三、360度绩效考核法 …………………………………………………… 154
　　四、关键绩效指标法 ……………………………………………………… 154
　　五、平衡计分卡法 ………………………………………………………… 158
　　六、目标与关键成果法 …………………………………………………… 159
　　【知识应用】 ……………………………………………………………… 160
　　【模块知识小结】 ………………………………………………………… 160
　　【复习思考题】 …………………………………………………………… 161
　　【企业案例分析】 ………………………………………………………… 161
　　【能力训练】 ……………………………………………………………… 162

模块七　薪酬管理 ……………………………………………………………… 163

　　【学习目标】 ……………………………………………………………… 163
　　能力目标 …………………………………………………………………… 163
　　知识目标 …………………………………………………………………… 163
　　素质目标 …………………………………………………………………… 163
任务一　认知薪酬管理 ………………………………………………………… 163
　　【工作情境】 ……………………………………………………………… 163
　　【相关知识】 ……………………………………………………………… 164
　　一、薪酬的内涵及相关概念 ……………………………………………… 164
　　二、薪酬构成 ……………………………………………………………… 165
　　三、薪酬结构的类型 ……………………………………………………… 166
　　四、影响薪酬的因素 ……………………………………………………… 168

【知识应用】························170

　任务二　认知薪酬调查························170
　　　【工作情境】························170
　　　【相关知识】························171
　　　　一、薪酬调查的目的与意义··············171
　　　　二、薪酬调查的途径··················172
　　　　三、薪酬调查的方法··················173
　　　　四、分析薪酬调查数据·················174
　　　【知识应用】························177

　任务三　进行员工福利管理······················178
　　　【工作情境】························178
　　　【相关知识】························178
　　　　一、员工福利的含义··················178
　　　　二、员工福利的意义··················178
　　　　三、员工福利的种类··················179
　　　　四、弹性福利计划····················181
　　　【知识应用】························182

　任务四　设计薪酬体系························182
　　　【工作情境】························182
　　　【相关知识】························183
　　　　一、薪酬体系的设计流程···············183
　　　　二、薪酬体系的设计原则···············184
　　　　三、薪酬管理的发展趋势···············185
　　　【知识应用】························187
　　　【模块知识小结】·····················188
　　　【复习思考题】······················188
　　　【企业案例分析】·····················188
　　　【能力训练】························191

模块八　劳动关系管理····························194

　　　【学习目标】························194
　　　　能力目标·························194
　　　　知识目标·························194
　　　　素质目标·························194

　任务一　认知劳动关系························194
　　　【工作情境】························194

  【相关知识】 195
   一、劳动关系概述 195
   二、劳动关系与劳动法律关系 196
   三、劳务关系与劳务合同 197
  【知识应用】 199
 任务二　认知劳动合同 199
  【工作情境】 199
  【相关知识】 200
   一、劳动合同的定义与特征 200
   二、劳动合同的订立 201
   三、劳动合同的内容 203
   四、劳动合同的履行与变更 207
   五、劳动合同的解除 208
   六、劳动合同的终止 212
   七、劳动合同的顺延与续订 214
  【知识应用】 215
 任务三　认知劳动争议与处理 215
  【工作情境】 215
  【相关知识】 216
   一、劳动争议概述 216
   二、劳动争议的解决途径 217
   三、改善劳动关系 225
  【知识应用】 226
  【模块知识小结】 227
  【复习思考题】 227
  【企业案例分析】 227
  【能力训练】 228

模块九　职业生涯管理 229

 【学习目标】 229
  能力目标 229
  知识目标 229
  素质目标 229
 任务一　认知职业生涯管理 229
  【工作情境】 229
  【相关知识】 230

- 一、职业生涯管理的内涵 …………………………………………………… 230
- 二、职业生涯管理的意义 …………………………………………………… 231
- 三、职业生涯规划的原则 …………………………………………………… 232
- 四、职业生涯发展理论 ……………………………………………………… 232
- 【知识应用】 ………………………………………………………………… 236

任务二　职业生涯规划 …………………………………………………………… 236
- 【工作情境】 ………………………………………………………………… 236
- 【相关知识】 ………………………………………………………………… 236
  - 一、职业生涯规划常见的误区 …………………………………………… 236
  - 二、职业生涯规划的步骤 ………………………………………………… 237
- 【知识应用】 ………………………………………………………………… 241

任务三　组织职业生涯管理 ……………………………………………………… 241
- 【工作情境】 ………………………………………………………………… 241
- 【相关知识】 ………………………………………………………………… 241
  - 一、组织职业生涯管理的内容 …………………………………………… 241
  - 二、组织职业生涯角色与任务 …………………………………………… 242
- 【知识应用】 ………………………………………………………………… 245
- 【模块知识小结】 …………………………………………………………… 245
- 【复习思考题】 ……………………………………………………………… 245
- 【企业案例分析】 …………………………………………………………… 245
- 【能力训练】 ………………………………………………………………… 246

模块十　人力资源管理现代化 …………………………………………………… 247

【学习目标】 …………………………………………………………………… 247
- 能力目标 ……………………………………………………………………… 247
- 知识目标 ……………………………………………………………………… 247
- 素质目标 ……………………………………………………………………… 247

任务一　认知人力资源管理现代化 ……………………………………………… 247
- 【工作情境】 ………………………………………………………………… 247
- 【相关知识】 ………………………………………………………………… 248
  - 一、人力资源管理现代化的含义 ………………………………………… 248
  - 二、人力资源管理现代化的内容 ………………………………………… 248
  - 三、人力资源管理现代化的原因 ………………………………………… 256
- 【知识应用】 ………………………………………………………………… 257

任务二　认知人力资源国际化 …………………………………………………… 257
- 【工作情境】 ………………………………………………………………… 257

【相关知识】 …………………………………………………………………… 257
　　一、人力资源国际化的大趋势 …………………………………………… 258
　　二、国际人力资源管理面临的问题 ……………………………………… 259
　　三、国际人力资源管理策略 ……………………………………………… 259
　【知识应用】 …………………………………………………………………… 260
 任务三　认知人力资源外包 …………………………………………………… 261
　【工作情境】 …………………………………………………………………… 261
　【相关知识】 …………………………………………………………………… 261
　　一、人力资源外包的含义与类型 ………………………………………… 261
　　二、人力资源外包的优势 ………………………………………………… 262
　　三、人力资源外包的风险 ………………………………………………… 262
　　四、人力资源外包风险的防范措施 ……………………………………… 263
　　五、数据化管理时代的人力资源外包 …………………………………… 265
　【知识应用】 …………………………………………………………………… 267
 任务四　认知人力资源三支柱模型 …………………………………………… 268
　【工作情境】 …………………………………………………………………… 268
　【相关知识】 …………………………………………………………………… 268
　　一、人力资源管理转型的原因 …………………………………………… 269
　　二、人力资源转型的方向 ………………………………………………… 269
　　三、人力资源三支柱模型分析 …………………………………………… 270
　　四、人力资源三支柱模型转型路径 ……………………………………… 271
　【知识应用】 …………………………………………………………………… 272
　【模块知识小结】 ……………………………………………………………… 272
　【复习思考题】 ………………………………………………………………… 273
　【企业案例分析】 ……………………………………………………………… 273
　【能力训练】 …………………………………………………………………… 276

参考文献 …………………………………………………………………………… 277

模块一

人力资源管理认知

【学习目标】

能力目标
1. 能发现企业人力资源管理中存在的基本问题;
2. 能运用人力资源管理基本原理解决基本问题。

知识目标
1. 了解人力资源管理的历史演变;
2. 理解人力资源管理的概念和特点;
3. 掌握人力资源管理的基本原理;
4. 理解人力资源管理的目标、职能和功能;
5. 掌握战略人力资源管理的内涵和职能。

素质目标
1. 通过启发和引导培养学生的批判性思维精神;
2. 通过分组讨论培养学生的集体荣誉感和团队协作精神。

任务一 了解人力资源管理的渊源

【工作情境】

伯利恒钢铁公司有 5 座高炉,高炉的产品一直都是由一个生铁搬运小组搬运。当时,这个小组平均每天每人搬运 12.5 吨生铁。研究发现,头等生铁搬运工一天应能搬运 47~48 吨生铁。于是,我们的任务是让工人以每人每天 47 吨的速度把 8 万吨生铁搬上火车。在推行新的工作标准时,不至于引起工人罢工,不与工人发生争执,让他们在以每人每天搬运 47 吨生铁时更愉快、更满足。第一步是科学地挑选工人。在与工人交流时,有一个硬性规定:一次只与一个工人交谈,因为每个工人都有其特长和不足。开始之前,需选择合适的工人。我们对小组里 75 名工人进行了 3~4 天的观察。然后,选择了其中的 4 名工人。从体力上,他们每人每天足以搬运 47 吨生铁。我们又仔细分析了他们四人,查阅了他们尽可能远的历史,详细询问了每个人的性格、习惯和志向,最后,选择了一位最适合的人选。他是一位身材矮小的来自宾夕法尼亚州的荷兰裔人,他每天晚上干完活后快速步行 1.5 公里左右赶回家。下班时,他几乎像早上快步走来上班时一样精神抖擞。我们还发现,在一天 1.15 美元的工资水平下,他已成功地买了一小块土地,正在上面砌墙,准备盖一栋小房子。他以"吝惜"出名,爱财如命。我们称呼他"施密特"。

这样,我们的任务就具体到让施密特以非常乐意的态度,每天搬运 47 吨生铁。具体方法如下:

我们把施密特从生铁搬运小组中叫出来,并对他这样说:"施密特,你是一个有价值的人吗?"

"什么?我不懂你在说什么?"

"不,你懂。我们想知道,你是不是一个有价值的人?"

"不,我仍然不懂你是什么意思?"

"噢,好吧,你来回答我的问题。我想知道你是想一天挣 1.85 美元呢,还是像那些没什么价值的伙计一样,一天只挣 1.15 美元。"

"我当然想一天挣 1.85 美元啦。"

"好了,明天你就把那些生铁装到车厢里,这样,你就能挣到 1.85 美元。一年到头,每天把这么多的生铁装完,你就能挣到 1.85 美元。"

"好的,为了这 1.85 美元,明天我就把这堆生铁装上火车。"

"作为一个有价值的人,从早到晚都应听从这个人的吩咐。你们先前见过面吗?"

"没有,我从没见过他。"

"好了。你如果想要成为一个有价值的人,从明天起,就应该完全按照这个人的吩咐行事。"

(资料来源:[美]弗雷德里克·泰勒. 科学管理原理[M]. 马凤才,译. 北京:机械工业出版社,2016.)

任务要求:

1. 日工资从 1.15 美元上涨到 1.85 美元,而日工作量却从 12.5 吨增加到 47 吨,施密特为什么会接受这个条件?
2. 这些做法的科学性和局限性分别有哪些?

【相关知识】

19 世纪末 20 世纪初,在两次工业革命的推动下资本主义社会化大生产逐步形成。随着生产规模的扩大,机器和雇员的增多,传统的经验管理已不能适应社会化大生产的需要,科学管理应运而生,劳动人事管理成为管理的重要内容。自 20 世纪 60 年代起,由彼得·德鲁克率先提出了"人力资源"的概念。经过十多年的管理实践,在 80 年代基本形成了现代人力资源管理的框架。总体而言,人事管理致力于建立一种对员工进行规范与监管的机制,以保证企业经营活动低成本地有效运行。而人力资源管理则将员工视为能创造价值的最重要的企业资源,致力于建立一种能把人的问题与企业经营问题综合考虑的机制。因此,如果说人事管理是企业管理的一种职能,那么,人力资源管理则无疑是一种新的企业管理模式。

一、传统管理阶段的人力资源管理

18 世纪末,瓦特蒸汽机的发明与推广引发了工业革命,产生了大量实行新工厂制度的企业,这些企业在日益激烈的竞争环境中发展壮大。竞争与发展要求这些企业进一步扩大规模,但劳工问题却成为制约企业主扩大企业规模的主要瓶颈。

首先,当时的人们不喜欢工厂的劳动方式,对工厂劳动的单调性、一年到头都得按时上班以及时时刻刻都要全神贯注等没有任何好感。为了招募到足够多的工人,尤其是技术工人,企业被迫采取各种各样的福利措施来吸引工人。同时，进入工厂的人也不习惯于工厂的劳动方式，如严守时刻、按时出勤、接受新的监督制度和按机械速度劳动等。为增进工人对企业的忠诚、消除工作单调性、改进人际关系，一些企业开始采取各种各样的福利措施以留住工人，如利用传统的节日组织工人郊游和野餐等。

为解决劳工问题，有关福利人事措施逐渐形成。所谓福利人事，即由企业单方面提供或赞助的旨在改善企业员工及其家庭成员的工作与生活的一系列活动和措施。福利人事是在"关心工人"和"改善工人境遇"的观念基础上建立起的一种有关"工人应如何被对待"的思想体系，其基本信念是"福利工作是能强化诚信和提高工人士气的'善举'"，这会改善劳资关系，并有希望提高生产率。

二、科学管理阶段的人力资源管理

早期的管理学家已经认识到工人的产出是企业效益的关键，他们使用了科学的方法来设计工作，以提高劳动生产率，并对视工人为说话机器的传统观念进行了批判。弗雷德里克·泰勒提出了科学管理的4条原则：①对员工工作的每一个要素开发出科学方法，用以代替老的经验方法；②科学地挑选工人，对他们进行培训、教育并使之拥有工作所需的技能；③与员工齐心协力，以保证一切工作按已经形成的科学原则去做；④管理者与员工在工作和职责的划分上几乎是相等的，管理者把自己比工人更胜任的各种工作都承揽过来。在以上4条原则的实践中，泰勒主要致力于让工人学会如何采用正确的方法工作，而不是让职工通过经验的摸索来提高技能，他还主张让人与工作之间相互匹配，管理的目标应让雇员的财富最大化，从而保证雇主的财富最大化，即"大蛋糕"理论。

另一位著名的科学管理学家亨利·法约尔认为工人应科学选用，他指出"在所有的管理问题中，人是最重要的因素"，强调必须在劳资之间发展一种共同利益，一种"和谐的合作"。为了达到这一目标，应当重视教育，工人和主管人员双方要增进理解。法约尔在1916年提出了14条管理原则，其中有5条与人事管理有关，具体内容如下：①劳动分工，为有效使用劳动力所必需的专业化分工；②职权和职责，法约尔认为职权和职责是有联系的，后者是前者的必然结果，同时又是由前者产生的，职权是职务上和个人的各种因素的结合；③报酬，报酬和支付方法应当是公平的，并为雇员和雇主提供最大可能的满足；④秩序，实质上是一项关于安排事物和人的组织原则，它遵循简单的箴言"每一事物（每一个人）各有其位；每一事物（每一个人）各在其位"；⑤人员稳定，法约尔发现人员的不必要流动乃是管理不良的原因和结果，并指出其危险和浪费。

在科学管理阶段，理论界意识到雇员对企业生产效率的重要贡献，破除以前将雇员视为"机器"的传统观点，对人性作出"经济人"的假设，提倡通过金钱的刺激来调动人的积极性。这些观点虽然带有时代的局限性，但为后来的人事管理打下了坚实的基础。此后，行为科学理论弥补了科学管理的不足，行为科学认为人是具有感情的"社会人"，他们不仅追求物质利益，而且追求自我价值的实现，渴望良好的人际关系氛围，员工的态度和需求的满足程度决定了工作的质量。

三、行为科学阶段的人力资源管理

20世纪30年代的霍桑实验为人事管理的发展开拓了新的方向。霍桑实验证明：员工的生产率不仅受工作设计和员工报酬的影响，而且受许多社会和心理因素的影响。因此，有关工作中的人的假设发生了变化。霍桑实验引发了整个管理学界在20世纪前半叶对人的因素的关注，工业社会学、人际关系学、工业关系学和行为科学等新兴学科应运而生。

工业社会学将企业作为一个社会系统，研究组织化的员工问题，并强调社会的相互作用。工业社会企业是由相互作用、相互依赖但变化不定的各个单位组成的一种集合体。它要求在各个组成部分之间保持平衡。当这一思想被运用于人事管理领域时，员工参与、工会与管理层合作、员工代表计划等进入了人事管理研究者与实践者的视野。

人际关系学以"管理应该更多地关心人而不是关心生产"为核心观点，强调管理的社会和人际技能而不是技术技能，强调通过团体和社会团结来重建人们的归属感，强调通过工会、参与领导以及将工厂中的正式组织与非正式组织结合起来使权力均衡化。这样，沟通成为人事管理的主要任务与必备技能，员工满意度成为衡量人事管理工作的重要标准。

工业关系学认为，管理层与工人在如何分配由先进的技术化社会所创造的盈余这一问题上存在着必然的矛盾，而这种冲突的解决在于克服管理层和有组织的工人之间的利益和意识形态上的冲突，工业化的和谐只有通过集体谈判以及专业的工业关系专家的参与才可能实现。因此，劳资冲突化解、集体谈判等又成为人事管理的职责。

进入20世纪六七十年代，西方涉及人事和工作场所的相关立法急剧增加，并且立法的关注点转向了员工关系。随着各项法律的出台，企业意识到卷入与员工或雇佣有关的司法诉讼的花费是巨大的。于是律师走进了人事部，规范一线经理管理行为、尽可能地为企业避免司法诉讼以及直接处理有关的司法诉讼等成为人事管理的新职能。

总之，20世纪80年代之前，人事管理的发展是一个不断适应问题和挑战的过程。在这一过程中，人事管理的职能日渐丰富，地位不断提升，人事经理也开始跻身于企业高级管理人员之列。但总体而言，人事管理仍未能形成完整而严密的理论体系，只是对人进行管理的一系列活动的集合。

四、现代管理科学阶段的人力资源管理

20世纪80年代是一个充满了持续而快速的组织变革的时代，竞争压力的变化要求企业在人力资源问题上有一个定义更广泛、全面和更具战略性意义的观点，要求从组织的角度和长远目标出发，把人当作一项潜在的资本。经济全球化和知识经济的发展最终导致了人事管理向人力资源管理的转变。80年代以后人力资源管理研究的主要贡献集中在以下几个方面。

一是人们逐渐认识到，员工是与股东、管理层地位平等的一个主要利益相关者。这一观点显示了人力资源管理协调管理层和员工间利益冲突的重要性，大大扩展了人力资源管理所涉及的范围，并暗示经理（特别是总经理）应承担更多的人力资源管理职责。

二是经济全球化的发展使人们认识到，人力资源管理政策和实践的设计与实施，必须与大量的、重要的具体情境因素相一致。这些具体情境因素包括劳动力特征、企业经营战略和条件、管理层的理念等。通过分析这些具体情境因素，企业管理者将人的问题与经营问题有机地结合了起来，并使人力资源管理具有了战略价值。

三是企业在人力资源管理方面的花费越来越多，使企业日益重视对人力资本投资收益的

评估。人力资源管理政策与实践的评估应是多层次的，人力资源管理政策与实践的直接效果可以用员工的能力、员工的承诺、人力资源管理政策的一致性和人力资源政策的成本收益来评估，而人力资源管理政策与实践的长期效果则应从组织有效性、员工福利和社会福利3个方面来考查。

进入20世纪90年代，企业经营环境变化日益频繁。从外部环境来看，技术创新加剧，国际竞争白热化，顾客需求多样化；从内部环境来看，员工素质日益提高，自我发展意识逐渐增强，企业开始从关注企业绩效的环境决定因素转为强调企业的内部资源、战略与企业绩效的关系。由于人力资源的价值创造过程具有路径依赖和因果关系模糊的特征，其细微之处竞争对手难以模仿。所以，企业的人力资源将是持久竞争优势的重要来源，这导致了战略人力资源管理的兴起。

战略人力资源管理把人力资源管理视为一项战略职能，以"整合"与"适应"为特征，探索人力资源管理与企业组织层次行为结果的关系。战略人力资源管理强调：①人力资源管理应被完全整合进企业的战略中；②人力资源管理政策在不同的政策领域与管程层次间应具有一致性；③人力资源管理实践应作为企业日常工作的一部分被经理与员工所接受、调整和运用。战略人力资源管理正成为人力资源管理发展的一个新的趋向。

延伸阅读

华为：人力资源必须沉到战略决策中去

华为特别要求人力资源管理者一定要懂业务。首先，人力资源总监应该是本系统的二把手，也就是"一把手管业务，二把手管干部"。其次，人力资源管理者必须懂业务，必须沉到战略决策过程中去，才能成为企业的战略伙伴。

随着对人力资源的开发和利用，企业的决策受到人力资源管理的约束越来越多。因此，人力资源管理逐渐被纳入企业发展战略规划中，成为企业谋求发展的核心因素，也是企业在市场竞争中立于不败的至关重要的因素。因此，华为强调一个合格的人力资源管理者必须沉到战略决策中去，这也是华为对人力资源管理者的一项任职要求。

在华为看来，企业的发展不应该仅仅是老板一个人的事，因为企业发展到什么程度，就意味着企业员工能够施展的平台达到什么规模。懂战略地图的人力资源管理者都知道，企业战略的达成需要一系列的支撑。每一个维度的支撑背后都有人力资源管理者的身影。所以，在参加战略决策过程中，人力资源管理者的理想状态应该是用战略引导决策层，用绩效引导员工。要站到跟决策层同样的高度，跟他们一起画一画战略地图，研究一下如何达成公司战略。告诉决策层你觉得各部门员工应该做什么，应该怎么做，做到什么程度。然后，将这些目标转变为考核指标，去引导员工的行为。

（资料来源：王京刚. 华为人力资源管理（活用版）[M]. 北京：中国铁道出版社，2017.）

【知识应用】

从传统的人事管理过渡到现代人力资源管理，是企业内外一系列因素的改变及其互动促成的。试从观念、目的和工作方式3个方面说明人事管理和人力资源管理的不同之处。

任务二　认识人力资源管理的内涵

【工作情境】

顺德某电器公司，由于市场急速扩展，3个月后的产销量要增加到现在的2倍。生产部经过核算，要使产量提升2倍，3个生产车间的员工总人数将由原来的1 000人增加到1 600人。各车间任务不同，员工人数也不同。其中，一车间由400人增加到700人，二车间由300人增加到450人，三车间由300人增加到450人。如果各车间新员工比例40%以内，产品合格率可控制在正常范围；如果各车间新员工比例超过40%，产品合格率将超出正常范围。

任务要求：

1. 如果你是公司人力资源总监，该如何办？
2. 你在完成这项工作任务时获得了哪些人力资源管理方面的启示？

【相关知识】

要满足组织对人力资源开发、管理和效能提升的需要，则需要构建人力资源管理体系。

一、人力资源及其特点

人力资源最一般的含义是：智力正常的人都是人力资源。这是从原始潜在、最广义的意义上使用的人力资源。人力资源具有以下特点。

1. 人力资源具有双重性

人力资源既有生产性，又有消费性。人力资源的生产性是指人力资源是物质财富的创造者，而且人力资源的利用需要一定条件。人力资源的消费性是指人力资源的保持与维持需要消耗一定的物质财富。

2. 人力资源的能动性

人力资源的能动性是指人力资源是体力和智力的结合，具有主观能动性，具有不断开发的潜力。人力资源可以通过激励实现资源价值的不断增长，也可能由于激励不当而导致消极价值的产生，甚至影响组织的发展。

3. 人力资源开发的持续性

人力资源开发的持续性是指人力资源是可以不断开发的资源，它不像物质资源那样，形成最终产品之后就无法继续开发了。开发的持续性意味着，不仅人力资源的使用过程是开发的过程，而且培训、积累、创造过程也是开发过程，人力资源是可以多次开发的资源。

4. 人力资源的时效性

人力资源的时效性是指这种资源如果长期不用，就会荒废和退化。许多研究表明，人在工作中其现有的知识技能如果得不到运用和发挥，会导致其积极性的消退和技能的下降。

5. 人力资源的社会性

由于每个人都生活在一定的社会环境中，不可避免地会受社会文化的影响，形成特有的价值观念和行为方式，既可能与企业所倡导的文化价值一致，也可能相互冲突。这就增加了人力资源管理的复杂性和难度。

二、人力资源管理及其特点

人力资源管理是指对员工的行为、态度及绩效产生影响的各种政策、管理实践及制度的总称。人力资源管理具有以下特点。

（1）人力资源管理始终贯彻的主题就是员工是组织的宝贵财富。

（2）人力资源管理强调组织和员工之间的"共同利益"，并重视发掘员工更大的主动性和责任感。

（3）人力资源管理在理论上是跨多个学科的。现代人力资源管理的理论基础涉及管理学、法学、经济学、心理学、社会学等多个学科。

（4）人力资源管理运作具有整体性，必须依赖于整个组织的支持，而且人力资源管理各职能之间应当具有一致性。

三、人力资源管理的各种活动

人力资源管理活动可以分为三大类：事务性人力资源管理性活动、传统性人力资源管理性活动和变革性人力资源管理性活动（图1-1）。事务性人力资源管理性活动包括福利管理、人事记录、员工服务等日常事务活动，具有较低的战略价值。绩效管理、培训、招募和甄选、薪酬管理以及员工关系管理等传统性人力资源管理活动是人力资源管理职能的核心和具体细节内容。这些活动具有中度的战略价值，这是因为它们往往构成了能够确保战略得到贯彻执行的各种人力资源管理实践和制度。变革性人力资源管理活动则为企业培育了长期发展的能力以及适应性，因此这类活动对企业的战略价值是最高的。

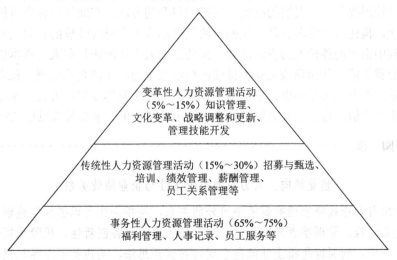

图1-1 人力资源管理活动的种类及其所占时间的比例

任何企业的人力资源管理职能要想为企业增加附加价值，都必须增加它们在传统性和变革性人力资源管理活动方面付出的努力。为了做到这一点，就要求企业的高层人力资源管理者做到以下几点：第一，为人力资源管理职能制定战略；第二，对人力资源管理职能在当前的有效性进行评价；第三，通过人力资源管理活动的再设计、再造以及外包来改善人力资源管理职能的效率和有效性。

四、人力资源管理系统

人力资源管理系统是指为满足某一社会组织对人力资源开发、管理和效能提升的需要，而构建并逐步完善起来的一套人力资源配置、协同、评价和回报等机制与体系。简单地说，人力资源管理系统就是系统解决一个社会组织在价值创造、价值评估和价值分配过程中的一系列人力资源问题时所采用的组织形式、制度体系和人才队伍。

人力资源管理系统以人力资源规划、选人、用人、育人、留人、淘汰人为业务主干，以职位管理体系、任职资格管理体系、绩效管理体系、薪酬管理体系、培训管理体系和员工关系管理体系等相关业务体系为支撑，从而实现企业人力资源发展的战略目标。业务主干上的每一项业务都需要靠各业务体系中的相关业务制度或业务活动来支撑。

例如，招聘业务一般需要任职资格评价体系中的职位说明书、岗位工作标准、胜任力模型来支持；再如，培训业务一般需要培训体系中的培训制度、课程设置方案和考核评价体系中考核评价结果作为员工培训的依据；又如，人员调配与晋升业务一般需要任职资格评价体系中的考试认证业务和考核评价体系中的考核评价业务为支撑等。同一业务体系的业务也是相互联系制约的，如任职资格评价体系中的考试认证业务需要体系内的任职资格标准、任职资格等级制度和员工职业发展计划等业务标准和业务活动的支持，而任职资格标准和任职资格等级制度的建立，又必须以岗位设置和职位说明书等文件为依据。

企业人力资源管理系统中的各个子系统，都是围绕企业发展所需的人力资源，开展人力资源的选、用、育、留、退业务活动。在这些业务活动中，构筑企业人力资源管理的牵引机制、激励机制、约束机制和竞争机制。例如，任职资格管理业务，既为招聘管理提供职位标准，也为晋升管理提供职业发展的跑道、等级和晋升的方法，有助于形成牵引机制和竞争淘汰机制。因此，构建人力资源管理系统的目的是要形成人力资源管理的长效机制，系统解决企业发展过程中出现的各种人力资源问题，促使企业人力资源成长和人力资本价值增值，提高人力资源配置效能，从而形成企业可持续的核心竞争力，支撑企业健康、稳定地发展。人力资源管理系统在有效运作的前提下，应能持续产生两个整体效果：人力资源配置效能提升和人力资本价值增值。这是靠人力资源管理系统中的任何单一子系统难以单独实现的。

创业导向、人力资源系统柔性与企业绩效关系

创业导向与企业战略管理有着密不可分的关系，是指企业为识别和实施创业活动而进行的战略决策过程。管理学者米勒指出，创业型企业应具备创新性、风险承担性和先动性3个特征。其中，创新性是指企业倾向于通过尝试新想法、实践新创意等过程实现产品、服务或技术的创新；风险承担性是指企业在不确定的情况下开展商业活动的意愿；先动性是指企业抓住未来需求导向，采取先发制人措施以成为市场领导者的倾向。

组织柔性是企业适应环境变化的一种组织能力，对企业建立和保持竞争优势具有重要作用。将柔性的概念引入人力资源领域就产生了人力资源柔性概念，是企业利用组织能力有效且及时适应内外环境变化需求的人力资源管理能力，可见它是一种动态能力。战略人力资源管理中有一个重要的双层原则，即企业层次和个体层次，也就是战略人力资源管理既要考虑企业的发展也要考虑到员工的发展。由此，一些学者基于这一原则从两个层次考查人力资源柔性：①个体层面的人力资源柔性主要关注企业员工，称为人力资源能力柔性，包含员工技能与行为柔性两个方面的内容。②企业层面的人力资源柔性主要关注企业的人力资源管理实践，称为人力资源系统柔性，包含资源柔性和协调柔性两个维度。其中，资源柔性是指人力资源实践对不同情境的适应性及其在不同情境下得到应用的程度；协调柔性是指对人力资源实践进行调整和重置的速度。人力资源系统柔性决定着人力资源能力柔性，处于主导地位。

人力资源系统是一种协调机制，面对快速变化的外部环境，具备较强人力资源系统柔性的企业能够迅速地调整其人力资源管理措施，从而赢得主动，避免被竞争对手淘汰，因此人力资源系统柔性是有价值的。同时，人力资源系统柔性是一种复杂的动态能力，它的建立与发挥有着特定的情境因素，无法在市场上通过交易获得，是一种稀有的能力，同时也很难被其他企业所模仿。此外，作为企业的一项重要职能，人力资源管理在企业的发展中具有难以替代的重要作用，在动态环境中，人力资源系统的柔性程度将会影响企业员工技能与行为的柔性程度，进而影响组织的执行表现。由此可见，人力资源柔性具备价值性、稀缺性、难以模仿和不可替代的特征，是企业持续竞争优势的来源。

（资料来源：王永健，谢卫红，蓝海林. 创业导向、人力资源系统柔性与企业绩效关系研究[J]. 管理学报，2013，10（10）：1485-1491.）

【知识应用】

未来人力资源管理活动将呈现什么趋势？

任务三　理解人力资源管理的基本原理

【工作情境】

唐僧师徒从西天取经回来不久，由于佛学在西天快速发展，更好的新经书问世了。于是以如来、观音菩萨和唐太宗为首的董事会决定，继续烦劳唐僧师徒去西天取得最新的真经。本次西天取经比第一次难度更大，董事会给唐僧下了死命令，无论遇到多大的困难都要第一个取到真经。就在唐僧师徒准备出发时，董事会突然又来了指示，说玉皇大帝要求唐僧必须留下一名徒弟到御马监担任弼马温之职，至于留谁由唐僧决定，但前提是必须确保御马监工作万无一失。

任务要求：
1. 西天取经与御马监的选任哪一个更重要？为什么？
2. 组建西天取经项目团队要考虑哪些因素？

【相关知识】

凡是关系到员工本人、员工之间、员工与组织之间的事务，都属于人力资源管理的内容。人力资源管理的具体内容包括员工的招募、甄选、调配、培训、考核、奖惩、任免、工资、福利、社保、辞退和人事研究等一系列管理工作。为了更好地开展这些工作，我们需要充分运用人力资源管理原理。人力资源管理原理有很多，从实用的角度，重点介绍以下十大基本原理。

一、同素异构原理

同素异构原理指事物的成分因在空间关系即排列次序和结构形式上的变化而引起不同的结果，甚至发生质的变化。同素异构原理应用于人力资源开发与管理领域，意指同样数量的人，将不同的组织网络联结起来，形成不同的权责结构和协作关系，可以取得完全不同的效果。用系统理论来分析，组织结构的作用是使人力资源形成一个有机的整体，可以有效地发挥整体功能大于个体功能之和的优势。

根据这一原理，企业必须建立有效的组织人力资源调控机制，根据企业生产经营的需要，重视组织内部各种信息的传递和反馈，不断地对组织与人员结构方式进行调整，以保证系统的正常运行。

二、能级层序原理

能级层序原理指具有不同能力的人，应摆在组织内部不同的职位上，给予不同的权利和责任，实行能力与职位的对应和适应。为使有限的人力资源发挥出最大的系统功能，必须在组织系统中，建立一定的层级结构，并制定相应的标准、规范，形成纵向、横向上严格的组织网络体系，从而构成相对稳定的一种组织管理"场"，然后将所有组织成员按其自身的能力、素质，十分恰当地安排在整个网络的"纽带点"上，赋予其组织层次位置，确定其"组织角色"身份性质。

根据这一原理，企业必须建立以工作岗位分析与评价制度为基础，运用人员素质测评技术等科学方法甄选人才的招聘、选拔、任用机制，从根本上提高能位适合度，使企业人力资源得到充分开发和利用。

三、要素有用原理

要素有用原理的含义是：在人力资源开发与管理中，任何要素都是有用的，关键是为它创造发挥作用的条件。人才的任用需要一定的环境。首先，伯乐式的领导者对人才任用所发挥的关键作用；其次，良好的政策会给人才的任用创造出各种机遇。例如，毕业生就业中实行"供常见面，双向选择"的政策，为许多人才提供了选择合适岗位的条件。而"公开招聘""竞争上岗"的政策，又使许多人才走上了更高的岗位，甚至是领导岗位。

根据这一原理，企业可以通过优化组合使每个员工找到更合适的岗位，发挥所长，或者通过培训走上新的岗位，更好地发光。这样做的结果，既保护了员工积极性，又提高了企业的效率和效益。

四、互补增值原理

人作为个体各有长短。我们的工作往往由群体承担，作为群体，可以通过个体间取长补短而形成整体优势，达到组织目标。这就是互补增值原理。

互补的内容主要包括以下几个方面。

（1）知识互补：一个集体中，若个体在知识领域、知识的深度和广度实现互补，那么整个集体的知识结构就比较全面、比较合理。

（2）能力互补：一个集体中，若个体在能力类型、能力大小方面实现互补，那么整个集体的能力就比较全面，在各种能力上都可以形成优势，这样集体的能力结构就比较合理。

（3）性格互补：一个集体中，若每个个体各具不同的性格特点，而且具有互补性，那么，这个集体就易于形成良好的人际关系和胜任处理各类问题的良好的性格结构。

（4）年龄互补：一个集体中，若具有合适的人员年龄结构，则既可以在体力、智力、经验、心理上互补，又可以顺利实现人力资源的新陈代谢，焕发出持久的活力。

（5）关系互补：一个集体中，若每个人的社会关系具有较强的互补性，那么从整体上看，就易于形成集体的社会关系优势。

五、动态适应原理

在人力资源的开发与管理中，人与事的不适应是绝对的，适应是相对的，从不适应到适应是在运动中实现的，是一个动态的适应过程。

根据动态适应原理，我们应该对人力资源实行动态管理。考虑到下述情况，这种动态管理尤为必要。

（1）学用不对口现象普遍存在：用非所学，用非所长。尽管在招聘和录用时考虑到这个因素，由于科学技术和生产经营活动的发展，长与短发生转化，仍然造成人员能级与岗位能级不符。

（2）技术工人和专业技术人员的结构比例失衡也常常发生：年龄结构、专业结构、水平结构失去平衡，造成人才闲置与人才短缺并存。

（3）新兴产业、高技术产业及新增生产力的出现，意味着一些新的职业和新的工作岗位的涌现和一些旧的职业、旧的岗位的消失，这也要求对人员进行动态调整。

从动态适应原理出发，应该把人事调整作为一种经常性的任务抓好，权变地对待人力资源的开发和管理。

六、激励强化原理

所谓激励，就是创设满足员工各种需要的条件，激发员工的动力，使之产生实现组织目标的特定行为的过程。根据管理学家的研究结果，一个计时工只要发挥个人潜力的20%~30%即可保住工作，但通过恰当的激励，这个工人的个人潜力可以发挥出80%~90%。显然，激励可以调动员工的主观能动性，强化期望行为，从而显著地提高劳动生产率。

根据这一原理，对人力资源的开发与管理，除了应注意人在量上的调配之外，更应注意对人的动机的激发，即对人的激励。

七、公平竞争原理

公平竞争指对竞争各方遵循同样的规则，公正地进行考核、录用、晋升和奖惩的竞争方式。在人力资源管理中引进竞争机制，可以较好地解决奖勤罚懒、用人所长、优化组合等问题。若想使竞争机制产生积极的效果，应该具备以下3个前提。

（1）竞争必须是公平的。按照法约尔的观点，公平包含两层意思：公道和善意。公道就是严格按协定、规定办事，一视同仁，不偏不倚。善意就是领导者对所有人都采取与人为善的、鼓励和帮助的态度。

（2）竞争有度。没有竞争或竞争不足，会缺乏活力，但过度竞争则适得其反：一是使人际关系紧张，破坏协作，甚至"以邻为壑"；二是产生内耗、排斥力，损害组织的凝聚力。

（3）竞争必须以组织目标为重。竞争分良性竞争和恶性竞争。良性竞争的特点是以组织目标为重，个人目标与组织目标结合得好，个人目标包含在组织目标之中。在竞争中，每个人主要是同标准比，同自己过去比。即使同他人比，也主要是取人之长，补己之短。

八、信息催化原理

信息是一种资源。不同的事物具有各种不同的特征和运动状态，会给人们带来各种不同的信息，人们正是通过获得和识别自然界和社会的不同信息来区分不同事物的，才得以认识世界和改造世界。因此，离开了信息，就谈不上人力资源的开发。

在信息经济时代，人们能否迅速地捕捉、掌握和运用大量的信息，决定了人们能否在激烈竞争中站在科学技术和现代管理的前列，能否使人力资源的开发跟上飞速变化的形势。

根据信息催化原理，企业应该高度重视发展教育事业，高度重视管理层和员工的教育培训工作。应该用最新的科学技术知识、最新的工艺操作方法、最新的管理理论去武装他们，保持人力资源的质量优势。此外，应该充分运用最新的信息技术在本地区、本部门、本单位，建立起信息搜集、处理和共享制度，使信息管理这一基础性管理工作上档次、上水平。

九、主观能动原理

人的生命运动是人的思维运动的物质基础，人的思维运动总要对人的生命运动产生能动作用。人的思维能力强，对主客观情况分析清楚、安排科学合理，人的生活和工作就有条不紊、成绩卓著、精神愉快、身体健康，人的思维运动的能力也进一步增强。

人的主观能动性差别极大，因此强有力地影响了人的素质的差别。人才结构可分为德、智、体3个方面，这3个方面均与人的思维运动及其能动作用有直接关系。

根据主观能动原理，企业应为人才的培养和使用创造良好的外部条件，即完善的制度、发达的教育、周到的培训、宽松的环境、优良的组织文化，从而使员工的主观能动性得到充分发挥。

十、文化凝聚原理

人力资源开发与管理的一个重要方面是怎样提高组织的凝聚力。组织的凝聚力强，才能吸引人才和留住人才，才有竞争力。凝聚力包括两个方面：一是组织对个人的吸引力，或个人对组织的向心力；二是组织内部个人之间的吸引力或黏结力。工资、奖金、福利、待遇等物质条件，是组织凝聚力的基础，没有这些就无法满足组织成员的生存、安全等物质需要。组织目标、组织道德、组织精神、组织风气、组织哲学、组织制度、组织形象等精神文化条件，是组织凝聚力的根本，缺了它们就无法满足组织成员的社交、尊重、自我实现、超越自我等精神需要。

根据这一原理，企业应将眼光放在满足员工的高层次需要、精神需要上来实现以人为中心的管理，用高尚的组织目标、核心价值观、组织精神、组织哲学、组织道德、组织风气塑造人才、凝聚队伍。

中国新生代员工的工作价值观

工作价值观是人们认为应该获得及渴望得到的工作结果，对员工的态度和行为、员工工作场所喜好的感知及工作决策产生重要影响。根据中国职场两代员工的数据，我们对新生代（1980—2000年）与"文革"代（1966—1979年）之间的工作价值观差异进行比较分析。

"文革"代从小将职业看得很重，但是新生代员工喜欢弹性的、工作地点自由的并且在小孩需要抚养时可以暂时转成兼职的工作。个人主义随代际不断上升暗示了新生代可能更重视工作。此外，相对于"文革"代，新生代面临更激烈的社会竞争，承受巨大的就业、买房以及赡养老人等压力。因此，也有人认为新生代可能不会像前几代那样重视休闲价值观。

外在价值观，如薪酬、物质及声望，是激励人们努力工作的重要因素。各代群的不同人生经历可能影响每一代的外在价值观。例如，经历过物资匮乏的"文革"代可能更重视物质利益。但也有研究发现，新生代拥有更高的个人主义和物质主义价值观。"文革"代较现实，可能更看重金钱和物质。新生代员工所面临的就业、家庭和生活压力越来越大，因此高收入、高强度、高压力的工作成为新生代毕业生热捧的职业，年轻员工可能更重视工作的外部报酬。但考虑到新生代员工目睹父母努力工作，在家的时间很少，他们也可能更重视家庭，认为生活比工作更重要，导致新生代外在价值观更低。且有文献指出新生代更追求内心的快乐，更重视有趣的工作，而不只是金钱。

内在价值观指个体重视工作本身的激励因素。新生代员工更注重过程，认为过程中的奋斗与坚持、失败与挫折、体验与感动相比结果更加重要，说明他们更重视工作本身的意义，而非外在报酬。一些企业也认同这一观点，如企业提供培训不再仅仅为了满足最低的工作需求，培训被设计成帮助员工发挥其最大潜能的工具。但是个人主义特征和正向自我评价在代群中的稳步上升，意味着新生代员工也可能选择令他们产生兴趣，并带来更多利益的工作。

利他价值观指个人可以通过帮助他人或参与社会服务等方式获得激励。个人主义，甚至自恋等性格特征在代际间不断上升表明新生代对利他工作回报并不感兴趣。但也有研究表明新生代员工对志愿者和公益服务等活动更感兴趣，因此，很多企业引入了志愿者项目，允许员工在上班时间进行志愿者服务。

社会价值观指个体可以通过归属感或者与某组织的关联获得内部激励，这种内部激励也包含在大多数需求理论之中。性格数据显示新生代员工更外向，更喜欢外出，但是集体主义价值观和社会认同度低于前一代。

研究发现，在中国职场，休闲、外在及内在价值观在代际间及新生代内部均稳步上升；但社会和利他价值观在代际间及新生代内部均无显著差异。

研究结果为在工作场所增加休闲时间以吸引和留住新生代员工的策略提供了支持。企业可以通过对工作时间进行重新设计（如压缩的工作周）、经济不景气时增加额外休闲时间

（如假期或休息日）、利用部分工作时间从事休闲活动（如谷歌允许员工上班时免费使用洗衣机及看病）等策略，为员工提供额外休闲时间，提升企业效率。

针对新生代员工希望有趣和富有挑战性的工作，企业可以通过对新生代员工大胆授权、鼓励其工作自治、内部提拔、开展责任感宣传与培训，给予员工工作表现的及时反馈及增加工作挑战性等策略迎合其较高的内在价值观。

虽然新生代普遍希望工作轻松，但他们也渴望更多的金钱和更高的地位，表明这一代员工在现实和期望间难以达成一致。因此，在新生代员工的管理中，可以通过营造"平等、尊重、宽容"的和谐工作氛围；多鼓励年轻人，以"一对一"沟通方式，增强他们对企业的归属感；建设"以人的能力发展为本"的企业文化；创建员工参与管理模式等策略迎合他们希望成功、有地位的价值观。

（资料来源：尤佳，孙遇春，雷辉. 中国新生代员工工作价值观代际差异实证研究[J]. 软科学，2013，27（6）：83-88.）

【知识应用】

运用人力资源管理基本原理评述中国古代科举制度的历史贡献与缺陷。

任务四　明晰人力资源管理的基本功能

【工作情境】

一部《三国演义》就是一部指导企业人力资源管理的教科书。诸葛亮一生对刘备父子殚精竭虑、鞠躬尽瘁，其才华举世无双，谋略深远。观其用兵、用人，英明绝伦，但也有一时糊涂，对现代人力资源管理具有深远的启示。

任务要求：

1. 从人力资源管理的角度思考蜀国由盛转衰的原因。
2. 举例说明诸葛亮在用人方面的战略失误。

【相关知识】

在一切资源中，人力资源是第一宝贵的，自然成了现代管理的核心。要不断提高人力资源管理的水平，首先要明确人力资源管理的目标，要开展的职能工作，以及人力资源管理的基本功能。

一、人力资源管理的目标

人力资源管理目标是指企业人力资源管理需要完成的职责和需要达到的绩效。人力资源管理既要考虑组织目标的实现，又要考虑员工个人的发展，强调在实现组织目标的同时实现个人的全面发展。具体来讲，人力资源管理的目标如下。

（一）取得最大的使用价值

在人力资源方面，就是通过合理的开发和管理，实现人力资源的精干和高效。我国人力资源制度的改革，其根本目标就在于此。要使人的使用价值达到最大，就要最大限度地发挥人的有效技能。

（二）发挥最大的主观能动性

发挥人的主观能动性是人力资源管理的十分重要的目标和任务。影响人的主观能动性发挥的因素主要有以下3个方面。

1. 基本因素——价值标准和基本信念

众所周知，需要产生动机，动机导致行为。人的需要带有客观性，而人们动机则是纯主观的，但它却是行为产生的直接原因。人的主观能动性的大小，主要受动机驱动。对人的行为动机产生深刻影响的是人的价值标准和基本信念。

2. 实际因素——现实的激励因素

现实的激励因素之优劣，决定了对员工工作动机激发的强弱，只有强有力的激励，才会出现员工主观能动性的高涨。一般而言，现实的激励因素主要包括任用情况、信任程度、晋升制度、工资制度、奖励制度、处罚制度、参与程度、生活福利。

3. 偶发因素

偶发因素是指在组织中发生的一些偶然事件，会影响组织成员主观能动性的发挥。例如，称赞、表扬、友好的表示、善意的交往、尊重的举动，这些积极的偶发事件，会增强组织成员的满意感、归属感、成就感、责任感，激发出更大的主观能动性；反之，则会减弱或破坏组织成员的满意感、归属感、成就感和责任感，甚至产生不满和敌意。

（三）培养全面发展的人

人类社会的发展，无论是经济的、政治的、军事的、文化的发展，最终的目的都要落实到人——一切为了人本身的发展。为了不断地提高人的工作、生活质量，使人变得更富裕、更文明、更有教养、更趋完美。

二、人力资源管理的职能

人力资源管理职能工作主要分为5个部分：人力资源规划、招聘和选拔，人力资源开发，薪酬和福利，安全和健康，劳动关系。

（一）人力资源规划、招聘和选拔

一个组织为了实现其目标，在特定的时间和地点上，必须拥有能够胜任特定工作岗位的员工。组织获得这样的员工要进行人力资源规划、招聘和选拔3个程序。

（1）人力资源规划通过检查人力资源需求的过程，从而确保组织能够在需要的时候聘用到满足技术和数量要求的员工。

（2）组织通过招聘吸引足够数量的个人，并且鼓励他们申请到组织中工作。

（3）组织通过选拔确保能够在一组申请人中录用那些最适合组织及招聘岗位要求的人，并安置到具体的工作岗位上。

（二）人力资源开发

组织通过人力资源开发过程，对员工进行有计划的培养和训练。人力资源的开发还涉及职业生涯规划和绩效评估。

个人的职业和组织的需要并不是孤立与冲突的。组织通过职业生涯规划，确定人力资源目标和建立实现目标的措施，使组织和员工的需要都能得到满足。组织通过绩效评估，收集、评价和传递员工在其工作岗位上的工作行为和工作成果信息，确定员工完成指定任务的情况，从而为员工提供利用其能力克服存在的不足的机会。

（三）薪酬和福利

组织通过人力资源管理过程，根据员工为实现组织目标所做的贡献，为员工提供合适和公平的报酬。这里的"报酬"是指个人工作结果所获得的全部报酬，包括工资、福利和非经济酬劳。

（四）安全和健康

安全和健康的重要性在于员工在安全的环境中工作并享受良好的保健，能够使其更有效地工作，从而给组织带来长期的利益。

（五）劳动关系

在这方面，人力资源管理涉及劳动法规、员工合同事宜，对于跨国公司，还涉及跨文化管理方面的问题。

三、人力资源管理的基本功能

从上述人力资源管理的目标和职能工作，可以总结出人力资源管理的下述 5 项基本功能。

（1）获取。包括招聘、考试、选拔与委派。

（2）整合。整合是指使被招收的员工了解企业的宗旨与价值观，接受和遵从其指导，使之内在化为他们自己的价值观，从而建立和加强他们对组织的认同与责任感。

（3）保持与激励。包括为员工提供所需奖酬，增加其满意感，使其安心和积极工作。

（4）控制与调整。控制与调整是评估员工的素质，考核其绩效，作出相应的奖惩、升迁、辞退、解聘等决策。

（5）开发。开发是对员工实施培训，并为他们提供发展的机会，指导他们明确自己的长短处于今后的发展方向和道路。

> **延伸阅读**
>
> ### 绩效薪酬与雇员创造力
>
> 创造力研究领域中一个重要的问题就是外在的经济性奖励究竟是鼓励还是抑制了个体创造力，围绕这一主题的争议已经持续了 30 余年。最新研究结果表明绩效薪酬与创造力的关系与实际的激励强度有关。具体而言，真实工作场所中的绩效薪酬与创造力之间是一种

非线性的倒 U 形关系。学习学派主张的外部奖励对创造力的积极效应仅存在于中等强度绩效薪酬情境下，而人本学派强调的消极效应则只适合于较高或较低的绩效薪酬强度。以上结果表明具体的奖励强度差异可能导致完全不同的激励效果，忽略这一事实可能是导致以往模棱两可的研究结论的一个重要原因。

基于社会认知理论可以提出创造力自我效能是连接绩效薪酬与雇员创造力之间关系的一个关键心理机制。与社会认知理论的预测一致，研究结果表明绩效薪酬与创造力自我效能之间为倒 U 形关系，而创造力自我效能进一步正向影响雇员创造力，从而从一个崭新的理论视角揭示了绩效奖励影响雇员创造力的内在心理机制。

人-工作匹配是绩效薪酬影响雇员创造力的一个边界条件，也就是说，外部奖励与个体创造力的关系具有特定的情境依赖或个体差异，人与工作岗位匹配与否的确会影响外部奖励与个体创造力的关系。因此，忽略人-工作匹配在个体间的差异可能是导致以往不一致研究结论的另外一个原因。此外，研究结果还显示创造力自我效能完全中介了上述调节效应。这表明人-工作匹配对绩效薪酬与创造力关系的调节效应完全通过创造力自我效能而实现。

研究结果对企业优化资源分配、提升雇员创造性绩效的启示在于：企业在实施绩效薪酬时应采用适宜的激励强度，同时还要采取积极的人力资源管理措施保证员工与其岗位达到最佳匹配，从而有效提升员工的创造力自我效能以及随后的创造力。

（1）保持适度的绩效薪酬强度。过高或过低的绩效薪酬强度都不利于激发员工的创造力。相对而言，中等强度的绩效薪酬更有利于达成最优的创造力水平。因此，在具体的管理实践中，既不能采取过于平均化的低强度策略，也不能随意采用急功近利的极端高强度的激励措施，就提升员工个体层面的创造力而言，中等强度的绩效薪酬是企业薪酬设计的最佳选择。

（2）通过薪酬设计培养员工的创造力自我效能。大量的研究表明创造力自我效能是提升员工创造力的一个关键前因机制，因此，识别并提供有助于创造力自我效能发展的情境条件或管理措施已经成为管理者面临的一项重要任务。过低的绩效薪酬由于不能提供足够的期望收益、公平感知和自我决定从而限制了员工创造力自我效能的发展，而过高的绩效薪酬强度则因增加了员工厌恶的肉体和情绪唤醒，同样抑制了员工创造力自我效能的提升，相对而言，中等强度的绩效薪酬更有助于员工创造力自我效能的发展，并最终带来更高的创造力。

（3）实现人与岗位的最佳匹配。考虑到外部奖励与创造力关系的复杂性，寻找影响二者关系的个体或情境因素对管理者至关重要，关注这些潜在的调节变量有助于管理者发现在哪些条件下绩效奖励更有助于提升员工创造力。研究发现，绩效薪酬与员工创造力的关系受人-工作匹配调节。具体地，调节效应结果表明在高匹配条件下中等强度绩效薪酬对创造力的正面效应更强，而高强度绩效薪酬的负面效应更弱，绩效薪酬与创造力之间负面效应具有推波助澜的作用。

因此，在人力资源管理层面，企业应当通过科学合理的人员选拔和调配保证员工与其岗位高度匹配，在此基础上再辅以适度的绩效薪酬，是激励员工创造力自我效能以及随后的创造力的最优策略。同时，对于那些致力于采用高强度、低成本的绩效整体为一种曲线的正相关关系；低匹配条件下，中等强度绩效薪酬对创造力的正面效应更弱，而高强度绩效薪酬的负面效应则大大加强，绩效薪酬与创造力之间整体呈曲线的负相关关系。这表明人与工作的高度匹配有效地强化了绩效薪酬对员工创造力的正面效应，而人与工作的不匹配则对绩效薪酬的薪酬政策的组织而言，保证员工与工作岗位的高度匹配是使其创造力免受打击的一个必要条件。

（资料来源：张勇，龙立荣．绩效薪酬对雇员创造力的影响：人-工作匹配和创造力自我效能的作用[J]．心理学报，2013，45（3）：363-376.）

【知识应用】

根据自己对人力资源管理职能工作的理解，谈谈如何开展人力资源管理的职能工作才能为企业创造更多大竞争优势。

【模块知识小结】

本模块旨在通过学生完成4项任务的学习，即了解人力资源管理的渊源、认识人力资源管理的内涵、理解人力资源管理的基本原理、明晰人力资源管理的基本功能，实现对人力资源管理的总体认知，建立人力资源管理理论知识的框架结构。

人力资源管理的发展经历了传统管理阶段、科学管理阶段、行为科学阶段和现代管理科学阶段。进入20世纪90年代，企业经营环境变化日益频繁，企业的人力资源成为持久竞争优势的重要来源，导致战略人力资源管理的兴起。

人力资源最一般的含义是：智力正常的人都是人力资源。人力资源管理是指对员工的行为、态度，以及绩效产生影响的各种政策、管理实践以及制度的总称。人力资源管理的活动可以分为事务性活动、传统性活动和变革性活动，不同的活动具有不同的战略价值。要满足组织对人力资源开发、管理和效能提升的需要，则需要构建并完善一套人力资源配置、协同、评价和回报等的机制与体系，即人力资源管理体系。

人力资源管理的十大基本原理包括同素异构原理、能级层序原理、要素有用原理、互补增值原理、动态适应原理、激励强化原理、公平竞争原理、信息催化原理、主观能动原理、文化凝聚原理。

人力资源管理的目标：取得最大的使用价值、发挥最大的主观能动性、培养全面发展的人。

人力资源管理的职能：人力资源规划，招聘和选拔，人力资源开发，薪酬和福利，安全和健康，劳动关系。

人力资源管理的基本功能：获取、整合、保持与激励、控制与调整、开发。

【复习思考题】

1．如何使人力资源发挥最大的主观能动性？
2．在提高企业效益的同时，如何培养全面发展的人？
3．试举例说明劳动人事管理与人力资源管理的区别。
4．在具体管理活动中如何考虑人力资源的特点？应采取哪些针对性措施？
5．人力资源系统的基本构成要素有哪些？
6．要素有用原理应该怎样正确理解？
7．信息催化原理应该如何正确应用？
8．公平竞争原理应该如何贯彻执行？
9．人力资源管理的目标和任务是什么？其影响因素有哪些？

【企业案例分析】

华为公司的人力资源管理

当人们谈到华为时，往往立刻想到华为人恐怖的市场开拓能力、不可思议的高薪、对企业执着的热爱。然而，并不是所有人都理解在背后所引导着这一切的华为文化，以及激励着华为人前进的人力资源管理体系。

1. 人力资源体系建设的开端

1995年，华为自主开发的C&CO8交换机市场地位提升，年度销售额达到15亿元，至此华为结束了以代理销售为主要盈利模式的创业期。创业期涌现的一批个人英雄，许多已经无法跟上企业快速发展的步伐。企业管理水平低下的问题也逐渐暴露出来。

1996年1月，华为市场部集体辞职。从市场部总裁到各个区域办事处主任，所有办事处主任以上的干部都要提交两份报告，一份是述职报告，一份为辞职报告，采取竞聘方式进行答辩，公司根据其表现、发展潜力和企业发展需要，批准其中的一份报告。在竞聘考核中，约有30%的干部被替换下来。

2. 组织基础

建立一个人力资源体系，首先面临的是组织基础问题。各级人力资源部门怎样设置？怎样管理？选什么样的人做人力资源管理者？华为的人力资源管理组织基础十分独特，3个关键词是：人力资源委员会、行政与业务关系分离、懂业务的人力资源管理者。

（1）人力资源委员会。华为实行委员会制，分为5级，公司层面由总裁、副总裁组成，二级委员会由业务部门主要决策层的经理组成，如此往下，直到由事业部的主任、副主任、业务经理组成的五级委员会。委员会是决策和评价机构，让每一个人都可以发出声音，通过集体决议来贯彻公正、公平的理念。

（2）行政与业务关系分离。华为的人力资源部门分多个层次，从功能齐全的公司层面人力资源部，到各系统的干部部。人力资源管理总部和各系统干部部的关系是"行政与业务关系分离"。各级干部部的行政隶属关系归各所属事业部或职能部门，其个人的业绩考核、工资与奖金由所属部门直接负责，而其人力资源业务管理归人力资源管理总部直接领导。在这种模式下，各级部门人力资源管理者在业务归属上被认为是人力资源总部自己的人，这令他们能够更好地融入人力资源总部，从而加强了他们的归属感。否则，各部门人力资源管理者会把人力资源工作看成是"上面"的要求，工作就很难落到实处。另外一个原因是，各系统的考核指标是不同的，由本系统的干部部来定，也能更有针对性。

（3）懂业务的人力资源管理者。什么样的人能做人力资源管理工作？首先，人力资源总监应该是本系统的二把手，也就是"一把手管业务，二把手管干部"。其次，人力资源管理者必须懂业务，必须"沉"到战略决策过程中去，才能成为企业的战略伙伴。业务关系分离的基础上，简单地说就四个字：选育用留。没有顿号，因为这四个字只能是紧密联系的，渗透到人力资源各个部门中。当各级人力资源部门真正成为战略伙伴之后，各个机构便开始发挥自己的功能。公司层面的人力资源部包括招聘配置部、薪酬考核部、任职资格管理部、员工培训部这四个支柱，此外还有荣誉部和人事处等。它们因解决华为成长过程中的问题而生，为华为企业文化的落实发挥着各自的作用。

3. 员工激励

最先挑战华为的人力资源管理问题是薪酬和考核。

（1）如何分配销售人员奖金？1994年，华为进入快速增长的时期，但到年底碰到了一个奖金分配的难题。起因是这样的：两名业务员分别被派往上海和乌鲁木齐对一种电信设备进行销售。在乌鲁木齐的销售很成功，而在上海销售量只有几台。若按照以前分配政策，被派往乌鲁木齐的销售员可获得20多万元的奖金，而去上海的销售员只能获得几千元奖金。由于两人面临的市场竞争压力不同，以前分配政策将严重打击销售人员的工作积极性。华为意识到，销售业绩只是对销售人员考核的一个方面，而市场开拓难易度、客户满意度、人员努力程度、渠道建设等应该都是考核的重要标准。因此，在1995年，公司邀请外部咨询公司做了绩效考核的解决方案，建立了一套以绩效目标为导向的考核机制。具体包括：①把考核作为一个管理过程，循环不断的PDCA过程使业务工作与考核工作紧密结合起来。②工作绩效的考证侧重在绩效的改进上，工作态度和工作能力的考评侧重在长期表现上。③公司的战略目标和顾客满意度是建立绩效改进指标体系的两个基本出发点。在对战略目标层层分解的基础上确定公司各部门的目标，在对顾客满意度节节展开的基础上，确定流程各环节和岗位的目标。④绩效改进考核目标必须是可度量且重点突出的，指标水平应当是递进且具有挑战性的。

（2）如何调整员工工资。1996年，华为规模进一步扩张，这又出现了新的问题：员工工资如何调整？由于人数已经不是创业时的几十个人，老板不可能对每一个人的绩效都熟悉，没法在薪资单上签字。公司专门成立了由高层管理者组成的工资效率小组，3个月开了十几次会，每次都吵架，每次都无所得。1998年，华为找到了国际管理咨询公司HAY。HAY为华为提供了解决方案，即以岗位价值为向导的薪酬体系，其最大特点是坚持"人与职位分开"原则，也就是三要素评估法，即知识能力（投入）、解决问题（做事）、应负责任（产出）。经过评估把每个职位的分数制成职位系列表，从而得出哪些职位等级是平行的，哪些职位是重叠的，在平行职位上的就可以实行薪酬相等。在这种价值评价体系下，工资的分配依据不再是年龄、工龄和学历等个人自然因素和历史因素，而是依据个人的职务执行能力和实际贡献。对员工工资支出不再表现为简单的人工成本，而成为人力资本投资。

（资料来源：http://www.docin.com/p-815698275.html。）

思考：

1. 华为快速发展和持续竞争优势建立的基础是什么？
2. 华为人力资源部门的定位是怎样的？

【能力训练】

某大型企业员工年龄结构如表1-1所示。

表1-1 某大型国有企业员工年龄结构

年龄段/岁	员工人数
25以下	32
26~30	85
31~35	252
36~40	326
41~45	98
46~49	45
50以上	16

训练任务：
运用所学知识，根据表 1-1 分析该公司人力资源现状及存在的问题。

模块二
人力资源规划

【学习目标】

能力目标

1. 能够预测组织的人力资源规划需求；
2. 能够预测组织的人力资源规划供给；
3. 能够编制组织的人力资源管理总体规划和分项规划。

知识目标

1. 熟悉人力资源规划的分类、作用及内容；
2. 掌握人力资源规划的原则和程序；
3. 掌握人力资源规划需求预测方法；
4. 掌握人力资源规划供给预测方法；
5. 掌握人力资源规划编制程序；
6. 掌握人力资源规划实施过程的监控措施。

素质目标

1. 通过资料收集、课外调查和课堂研讨，提高学生的组织能力；
2. 通过小组集体学习和训练，培养学生的团队协作精神。

任务一 认知人力资源规划

【工作情境】

A机械设备制造公司的销售部赵经理在每周的经理例会上说，公司和B公司签订了一大笔合同，公司所要做的事情就是用一年的时间而不是用两年的时间来完成合同计划，他已经向对方保证B公司可以按时完成。经赵经理这么一说，大家确实觉得这是一个好消息，但是，人力资源部的王经理的一段话，让大家认为要完成这项计划并不容易。王经理认为：公司现有的工人并不具备按照B公司标准生产出优质产品的所需的专业知识。如果按两年的计划来做的话，公司可以对现有工人逐步进行培训，但是现在将两年计划改称一年计划，公司就必须到劳动力市场上去招聘那些具有生产这些产品经验的工人。因此，王经理认为，公司有必要重新分析这个方案，看看公司有没有必要这样做。如果真的要在一年内完成这项计划，公司应该可以做到，但是人力资源成本将会大幅度上升，这样就很难保证企业的效益。

任务要求：
1. 你若是人力资源部经理，你认为公司将会面临哪些人力资源问题？
2. 根据A公司经营活动发生的变化，一份完善的人力资源规划应该考虑到哪些方面？
3. 根据A公司的现状，设计一份人才招聘规划。

【相关知识】

人力资源规划是组织战略规划的核心部分，在有效设定组织目标和实现个人目标之间平衡的条件下，主要关注人力资源供求之间的数量、质量与结构的匹配，同时，兼顾组织利益与个人利益。寻求人力资源供给与需求的动态平衡是人力资源规划的基点和意义所在；人力资源规划随组织战略目标与经营方式变化而变化，是一个不断动态调整、配置和补充的动态过程，并在人力资源管理其他系统的支持配合下，保证适时、适人和适岗；人力资源规划要保障组织和个人都得到长期利益，但首先确保组织利益；人力资源规划可使组织人力资源管理进入战略状态，并提高组织的人力资源战略准备程度及战略管理能力。

一、人力资源规划的含义

人力资源管理是组织战略规划的一部分，它是在组织总体战略的指导下，通过对组织未来人力资源的需求和人力资源供给状况的分析及预测，采取定岗定编、员工招聘、选拔与配置、培训与开发、晋升规划、薪酬设计和员工调配等人力资源管理手段，使组织人力资源管理与组织发展目标相适应的综合性发展计划。

人力资源规划有狭义的和广义的两种：狭义的人力资源规划是指企业从战略规划和发展目标出发，根据其内外部环境的变化，预测企业未来发展对人力资源的需求，以及为满足这种需求所提供人力资源的活动过程；广义的人力资源规划是指企业所有各类人力资源规划的总称。

要准确理解人力资源规划，可以从以下5个方面来把握这一含义。

（1）人力资源规划要以组织发展战略为基础。人力资源规划只是组织经营管理系统的一个子系统，是要为组织发展提供人力资源支持的，因此要以组织战略目标为导向，在制定好组织战略规划提前下，人力资源规划要服从和服务于组织战略规划。

（2）人力资源规划是组织应对内外环境变化的需要。组织所处的内外环境是不断变化的，这就必然影响到组织人力资源的需求和供给变化，人力资源规划就对这些变化进行科学的预测和分析，从而保证组织在近期、中期和远期都能获得必要的人力资源补充。

（3）人力资源规划是调节组织的人力资源供需平衡的政策措施。组织发展中经常会出现新的业务、原有业务扩大或收缩、人员替代、人员调动、升迁、离职、退休等现象，都会产生人员不足或过剩的供需结构性不平衡，这就必须发挥人力资源规划的作用。

（4）人力资源规划是一个依据人力资源战略对组织所需人力资源进行调整、配置和补充的过程，而不只是预测人力资源供给与需求的变化。在此过程中，必须有人力资源管理其他系统的支持和配合，才能保证人力资源数量和质量达到适合组织环境的需要。

（5）人力资源规划必须从组织利益和个人利益双赢的目的出发，达到综合平衡。人力资源规划要为员工的职业发展创造良好条件，充分调动员工的主观能动性，提高员工的工作效率，在实现组织目标的同时实现个人的自我价值，从而使组织更好地获得所需要的人力资源。

二、人力资源规划的作用

人力资源规划在人力资源管理具体活动中处于统领地位，其他活动开展必须以其为依据，它的制订需要全体人力资源管理乃至各级管理人员的参与，因此在人力资源管理体系中，它对人力资源管理具体活动起到全局性引领作用。

（一）人力资源规划对组织整体的作用

1. 有效应对组织发展中的人员需求

组织面临外部环境不断变化，包括政治、经济、技术、社会文化和人口结构等，都会对组织的人力资源需求与供给产生影响。组织内部环境也在不断变化，如新技术的应用与变革、管理机构变化等也对人力资源的需要与供给产生影响。合理的人力资源规划是要正确地把握这些变化并作出预测，合理作出相应人员安排。

2. 促进组织战略目标的实现

组织在制订战略目标和发展规划时总要考虑组织自身的各种资源，如人、财、物、技术等，其中人力资源是重要的核心资源。科学的人力资源规划有助于高层管理者了解组织内人力资源现状，为达成组织目标，阶段性地外部引进或内部调配相关人才，有效实施战略规划，有助于管理者决策。同时，人力资源规划又有助于战略目标和发展规划的制订，为其提供准确的信息和依据。

3. 有利于控制人工成本

人工成本控制是成本控制中的一个重要环节，人工成本中最大的支出项目是工资，其工资总额在很大程度上取决于企业的人员分布状况，即人员在不同岗位和不同级别上的数量状况。在组织发展的初期阶段，相对来说，低工资的人数较多，但随着组织的发展和员工任职能力的提高，工资成本就会逐渐上升，加上其他因素的影响，人工成本很可能超过组织所能承担的能力。人力资源规划就是要对组织内的人员结构、岗位分布等进行合理的调整，从而在一定范围内很好地控制人工成本。另外，可以通过人力资源规划，为组织劳动力定价提供依据，保持人员适当的流动率，既可以提高员工的工作效率和劳动生产率，还可以通过降低招聘成本、安置成本和培训成本使人力资源总成本降低，推动了组织的有序发展。

4. 有利于调动员工的积极性

人力资源规划可以为员工提供较为明确的发展路径，使其知道不同岗位、不同职务、不同职责和不同待遇等具体发展前景，该如何在组织的成功中去发展自身，引导员工做好职业生涯规划和个性化发展方案，有效地激励员工树立阶段性目标，充满信心，预期稳定，调动其主动性与积极性。

（二）人力资源规划在人力资源管理具体活动中的作用

人力资源规划在人力资源管理具体活动中处于统领地位，其他活动开展必须以其为依据，它的制订需要全体人力资源管理人员乃至各级管理人员的参与，因此在人力资源管理体系中，它对人力资源管理具体活动起到全局性引领作用。

1. 人力资源规划有利于人力资源管理活动的有序化

人力资源规划是组织人力资源管理的基础。它为人力资源管理一系列活动（如确定人员的需求量、供给量、调整岗位和任务、培训等）提供可靠的信息和依据，从而保证人力资源管理活动开展有序化。

2. 人力资源规划是其他人力资源管理业务规划的总纲

人力资源管理人员在制订各自所辖的具体业务规划时，要依据人力资源管理部门整体安排，既要考虑本身业务模块内的规范性，又要考虑相关模块业务的衔接性和逻辑关系；既要紧密联系，又不防止重复。例如，如果本规划周期内有外部人员招聘规划，那么在培训规划中就要有新员工培训，同理，晋升规划、职业生涯规划往往也伴随着各种不同的培训规划，这种衔接要靠总体的人力资源规划来统筹。

三、人力资源规划的主要内容

人力资源规划主要有两种：一是组织人力资源的总体规划，它是根据人力资源管理的总目标而制订的组织总体规划，包括人力资源数量、结构及质量的规划；二是在总体规划指导下的各种专项业务规划，常见的有招聘规划、晋升规划、退离解聘规划、职业生涯规划、培训开发规划、绩效管理规划、薪酬激励规划和组织文化规划。

（一）总体层面的规划

1. 人力资源数量规划

人力资源数量规划是依据组织战略对未来组织组织结构、业务模式、业务流程等因素，确定组织未来各级人力资源编制及各职类职种人员配比关系或比例，并在此基础上制订组织未来人力资源需求计划和供给计划。人力资源数量规划主要是解决组织人力资源配置标准的问题，它为组织未来的人力资源配置乃至整个人力资源的发展提供了依据，指明了方向。但是，在具体操作时，组织人力资源现状与人力资源数量规划提供的标准会有一定的差距。人力资源管理部门通过分析预测尽量缩小其差距。

2. 人力资源结构规划

人力资源结构规划是依据行业特点、组织规模、未来战略重点发展的业务及业务模式，对组织人力资源进行分层分类，同时设计和定义各职类、职种及职层人员在组织发展中的地位、作用和相互关系。

3. 人力资源质量规划

人力资源质量规划是依据组织战略、业务模式、业务流程和组织对员工的行为要求，设计各职类、职种、职层人员的任职资格要求，包括素质模型、行为能力及行为标准等。人力资源质量规划是组织开展选人、用人、育人和留人的基础与前提条件。

（二）专项业务层面的规划

在执行人力资源总体规划时，按照目前主流的人力资源规划内容划分方式，将转化为具体的人力资源专项业务层面的规划方案，一般分为 8 个子规划：招聘规划、晋升规划、退离解聘规划、职业生涯规划、培训开发规划、绩效管理规划、薪酬激励规划、组织文化规划。

1. 招聘规划

招聘规划可分为外部人员招聘规划和内容人员招聘规划。

1）外部人员招聘规划

外部人员招聘规划是指根据组织内外环境变化和组织发展战略，有计划地招聘外部人员，从而对组织中长期可能产生的空缺职位加以补充的规划。

2）内部人员招聘规划

内部人员招聘规划是指根据组织内外环境变化和组织发展战略，有计划地组织内部人员流动，实现在未来职位上配置内部人员的规划。

2. 晋升规划

晋升规划是根据组织的人员分布状况和层次结构，拟订人员的晋升政策。对组织来说，有计划地提升有能力的人员，以满足职务对人员的要求，是组织的一种重要职能。对员工来说，有计划地提升，会满足员工自我价值的实现。

3. 退离解聘规划

退离解聘规划是为组织建立淘汰退出机制。一是一些人到退休年龄履行退休手续；二是预估员工个人主动离职的可能，与单位解除合约；三是为了减少不必要的冗余人员，采取解聘方式，优化人员结构计划。

4. 职业生涯规划

职业生涯规划是指组织根据组织内外环境变化和组织发展战略引导员工职业发展方向，人力资源部门人员帮助员工根据个人能力、兴趣、个性、工作表现和可能的机会制订个人职业发展规划。

5. 培训开发规划

培训开发规划是指根据组织内外环境变化和组织发展战略，考虑岗位需要及员工发展需要，对员工进行有计划的培训和开发，提高员工能力，引导员工态度，使员工适应未来岗位的规划。

6. 绩效管理规划

绩效管理规划是指为了达到组织目标，由人力资源部门牵头，由各级管理者和员工共同参与的绩效考核评价体系、绩效辅导沟通机制、绩效结果应用、绩效目标提升的持续循环等进行规划制定，确保引导个人、部门和组织的绩效持续提升。

7. 薪酬激励规划

薪酬激励规划是指根据组织内外环境变化和组织发展战略，为了使员工结构保持在一个恰当的水平，为了提高员工工作绩效，激发员工工作热情，制订一系列薪酬激励政策的规划。

8. 组织文化规划

组织文化规划是指根据组织内外环境变化和组织发展战略的需要，不断完善组织长期积累形成的组织文化，使其在未来能更好地引导和激励员工，从而为组织提供更优秀的人力资源规划。

延伸阅读

麦当劳的人力资源管理规划

1. 不用天才与花瓶

麦当劳不用所谓"天才"，因为"天才"是留不住的。在麦当劳里取得成功的人，都得从零开始，脚踏实地工作，炸薯条、做汉堡包，是在麦当劳走向成功的必经之路。这对那些不愿从小事做起、踌躇满志想要大展宏图的年轻人来说，是难以接受的。但是，他们必须懂得，麦当劳请的是最适合的人才，是愿意努力工作的人，脚踏实地、从头做起才是在这一行业中成功的必要条件。在麦当劳餐厅，女服务员的长相大都是普通的，还可以看到既有年轻人也有年纪大的人。与其他公司不同，人才的多样化是麦当劳的一大特点。麦当劳的员工不是来自一个方面，而是从不同渠道请人。麦当劳的人才组合是家庭式的，年纪大的可以把经验告诉年纪轻的人，同时又可以被年轻人的活力所带动。因此，麦当劳请的人不一定都是大学生，而是什么人都有。麦当劳不追求员工是否长得漂亮，只在乎他工作负责、待人热情，让顾客有宾至如归的感觉，如果是个中看不中用的"花瓶"，是不可能在麦当劳待下去的。

2. 没有试用期

一般企业试用期要3个月，有的甚至6个月，但麦当劳3天就够了。麦当劳招工先由人力资源部门去面试，通过后再由各职能部门面试，合适则请来店里工作3天，这3天也给工资。麦当劳没有试用期，但有长期的考核目标。考核，不是一定要让你做什么。麦当劳有一个360°的评估制度，就是让周围的人都来评估某个员工：你的同事对你的感受怎么样？你的上司对你的感受怎么样？以此作为考核员工的一个重要标准。

3. 培训模式标准化

麦当劳的员工培训同样有一套标准化管理模式，麦当劳的全部管理人员都要学习员工的基本工作程序。培训从一位新员工加入麦当劳的第一天起，与有些企业选择培训班的做法不同，麦当劳的新员工直接走向了工作岗位。每名新员工都由一名老员工带着，一对一地训练，直到新员工能在本岗位上独立操作。尤其重要的是，作为一名麦当劳新员工，从进店伊始，就在日常的点滴工作中边工作边培训，在工作和培训合二为一中贯彻麦当劳Q.S.C&V黄金准则，Q.S.C&V分别是质量（Quality）、服务（Service）、清洁（Clean）和价值（Value）。这就是麦当劳培训新员工的方式，在他们看来，边学边用比学后再用的效果更好，在工作、培训一体化中将企业文化逐渐融入麦当劳每一位员工的日常行为中。

4. 晋升机会公平合理

在麦当劳，晋升对每个人都是公平合理的，适应快、能力强的人能迅速掌握各个阶段的技术，从而更快地得到晋升。面试合格的人先要做4~6个月的见习经理，其间他们以普通员工的身份投入到餐厅的各个基层工作岗位，如炸薯条、做汉堡包等，并参加基本营运课程培训，经过考核的见习经理可以升迁为第二副理，负责餐厅的日常营运。之后还将参加基本管理课程和中间管理课程培训，经过这些培训后已能独立承担餐厅的订货、接待、训练等部分管理工作。表现优异的第二副理在接受中间管理课程培训之后，将接受培训部和营运部的考核，考核通过后，将被升迁为第一副理，即餐厅经理的助手。以后他们的培训，全部由设在美国及海外的汉堡大学完成。汉堡大学配备有先进的教学设备及资深的具有麦当劳管理知识的教授，并提供两种课程的培训，一种是基本操作讲座课程，另一种是高级操作讲习课程。美国的芝加哥汉堡大学是对来自全世界的麦当劳餐厅经理和重要职员进行培训的中心。另外，麦当劳还在中国香港等地建立了多所汉堡大学，负责各地重要职员培训。一个有才华的年轻人升至餐厅经理后，麦当劳公司依然为其提供广阔的发展空间。经过下一阶段的培训，他们将成为总公司派驻其下属企业的代表，成为"麦当劳公司的外交官"。其主要职责是往返于麦当劳公司与各下属餐厅，沟通传递信息。同时，营运经理还肩负着诸如组织培训、提供建议之类的重要使命，成为总公司在这一地区的全权代表。

5. 培训成为一种激励

麦当劳的培训理念：培训就是让员工得到尽快发展。麦当劳的管理人员都要从基层员工做起，升到餐厅经理这一层，就该知道怎样去培训自己的团队，从而对自己的团队不断进行打造。麦当劳公司的总经理每3个月就要给部门经理做一次绩效考核，考核之初，先给定工作目标，其中有两条必须写进目标中，那就是如何训练你的下属：什么课程在什么时候完成，并且明确告诉部门经理，一定要培训出能接替你的人，你才有机会升迁。如果事先未培养出自己的接班人，那么无论谁都不能提级晋升，这是麦当劳一项真正实用的原则。由于各个级别麦当劳的管理者，会在培训自己的继承人上花相当的智力和时间，麦当劳公司也因此成为一个发现和培养人才的大课堂，并使麦当劳在竞争中长盛不衰。

（资料来源：http://sh.yuloo.com/hr/knowledge/zlgh/92589.html。）

【知识应用】

F公司在2014年成立的时候仅有50万元资金和5名员工，经营建筑工程项目。公司由亲朋好友组成，分别负责公司的财务、项目前期、工程管理和行政事务等工作，人员学历和经验都不足。两年后凭总经理对市场的敏感性、果断性，靠员工的团结和凝聚力，公司飞速发展，如今已是西北地区一家规模较大的民营建筑工程企业，拥有员工300多人，资产规模达2亿多元。

随着公司规模的迅速扩大，原有的5个部门也增加到10个部门，人员也由过去的十几个人发展到现在的300多人。人员的增加，诸多的管理问题也就频频出现。总经理觉察到，虽然公司提出了明确的战略规则，但却总不能落实。公司内部已经出现各种利益团体，各部门甚至同部门的管理人员经常各自为政，意见不一。让总经理颇感郁闷的还有，一方面公司认为员工的整体素质较低，另一方面员工对薪酬不满，抱怨没有公平的考核体系。

如果你是总经理该如何进行新的人力资源规划？

任务二　掌握人力资源规划预测方法

【工作情境】

接续本模块任务一的工作情境：A 机械设备制造公司与 B 公司签订合同后，该公司决定用一年的时间完成原本用两年时间来完成的任务，向对方保证本公司可以按时完成合同计划。对此，人力资源部制订了一份人力资源招聘规划。同时，A 机械设备制造公司原来制造工业用制冷设备，根据市场需求变化，公司高层经过市场考察和多次研讨，决定进行战略转型，准备增加农用机械设备和空气净化设备的研发与制造，但现在公司技术、设备、人员都存在短缺和原有工种人员冗余现象，因此公司要求人力资源部门对人力资源数量、质量和结构进行重新调整和组建。人力资源部王经理决定组织相关人员进行该公司未来 5 年的人力资源需求和供给预测，来保证公司的有效转型。

任务要求：

1. 你若是人力资源部经理，你认为公司转型将会面临哪些人力资源影响因素？
2. 根据 A 机械设备制造公司的战略变化及市场情况，制订一份人力资源需求预测分析纲要。

【相关知识】

人力资源预测是指在社会组织进行评估和预言的基础上，对未来一定时期内人力资源供需状况的假设。人力资源预测可分为人力资源需求预测和人力资源供给预测。

一、人力资源需求预测

所谓人力资源需求预测，是指以组织的战略目标、发展规划和工作任务为出发点，综合考虑各种因素的影响，对组织某一时期所需人力资源的数量、质量和结构等进行预测的活动。其主要任务是分析组织需要什么样的人及需要多少人。为此，规划人员首先要了解哪些因素可能影响到组织的人力资源需求，然后根据这些因素的变化对组织人力资源需求状况进行预测和规划。

（一）影响人力资源需求预测的因素

人力资源需求预测所涉及的变量与组织经营过程所涉及的变量是相同的。人力资源需求的影响因素大体可分为 3 类：组织外部环境因素、组织内部因素和人力资源自身状况因素。

1. 组织外部环境因素

经济环境的变化会影响组织对人员的需求。随着社会经济的发展，人们对某些产品和服务的需求会增加或减少，因而会影响到提供相应产品或服务的企业对人类需求的变化。社会、政治、法律、技术等方面的原因也是常常导致人员需求变化的原因。例如，技术变革与新技术的采用也会引起人员需求的变化。一方面，技术的革新使人均劳动生产率提高，对人员数量的需求可能会减少；另一方面，技术的变革也使需要运用新技术进行工作的岗位出现人员空缺，需要招聘能够掌握新技术的人员。

2. 组织内部因素

组织的战略规划和发展计划决定组织的发展方向、速度、规模等方面的水平，也会因此影响到对人员的需求。例如，企业根据对企业生产和销售预测，可以得出对生产、销售人员以及相应的支持人员和管理人员需求的变化；企业业务范围的扩大或者在地域上的扩张，都会导致人员需求数量的增加；企业结构的调整产生新建部门或原有的部门合并，人员需求的数量会随之而发生变化；企业的财务预算比较高，就有条件雇佣较多数量的人员，也可以支付较高的工资，这样就可以招聘到具有更高素质的人员；如果财务预算紧缩，就只能招聘较少数量的人员和支付较低的工资，可见，财务预算对招聘人员的数量和质量都有影响。

3. 人力资源自身状况因素

人员需求的变化可能是人力资源自身的因素造成的。例如，老员工的退休，员工辞职、解聘、意外死亡或疾病，各种原因的休假（病假、产假、探亲假等），都会产生工作岗位的空缺，需要招聘正式或临时员工来补充。

（二）人力资源需求预测的步骤

人力资源需求预测包括短期预测与长期预测、总量预测与各个岗位需求预测。人力资源需求预测的一般步骤如下。

第一步，现实人力资源需求预测。

第二步，未来人力资源需求预测。

第三步，未来人力资源流失情况预测。

第四步，得出人力资源需求预测结果。

人力资源需求预测的解释变量一般包括：①组织的业务量或产量，由此推算出人员需要量；②预期的流动率，指由于辞职或解聘等原因引起的职位空缺规模；③提高产品或劳务的质量或进入新行业的决策对人员需求的影响；④生产技术水平或管理方式的变化对人员需求的影响；⑤组织拥有的财务资源对人员需求的约束。

（三）人力资源需求预测的方法

人力资源需求预测方法可以分为定性预测方法和定量预测方法。

1. 定性预测方法

1）经验预测法

经验预测法就是利用现有资料，根据有关经验，结合本组织特点，对组织人员需求加以预测。经验预测法可以采用自下而上和自上而下两种方式。自下而上就是由直线部门的管理者向自己的上级主管提出用人要求和建议，征得上级主管的同意；自上而下的预测方式就是由组织高层先拟定出组织总体的用人目标和建议，然后由各级部门自行确定用人计划，最好是将自下而上与自上而下两种方式结合起来综合运用。先由组织提出人才需求的指导性意见，再由各部门按相关要求，会同各部门确定具体需求；同时，由人力部门汇总确定全组织的用人需求，最后将形成的人员需求预测交由组织主管审批。这种方法简单易行，在实际工作中应用广泛。

2）德尔菲法

德尔菲法也称作专家预测法或集体预测法。德尔菲法是20世纪40年代由兰德公司开发的一种人员需求预测方法，属于主观判断法的一种，是业内专家对影响组织发展的某一问题的一致意见的程序化预测技术方法。这种方法的目标是通过综合专家的意见来预测某一领域的发展状况，适合于对人力需求的长期趋势预测。

德尔菲法的操作要点如下。

（1）在组织中广泛选择各个方面的专家。这些专家都拥有关于人力资源预测的知识或专长，专家既可以是管理人员，也可以是普通员工。

（2）主持者向专家说明预测对组织的重要性。这一任务一般由人力资源部门来完成，目的是取得专家对这种预测方法的理解和支持，同时通过对组织战略定位的审视，确定关键的预测方向，解释变量和难题。

（3）发放调查问卷。主持者列举出专家必须回答的一系列有关人力资源预测的具体问题，然后使用匿名填写问卷等方法来设计一个可使各位预测专家在预测过程中畅所欲言地表达自己观点的预测系统，如电子邮件、即时通信工具等。使用匿名问卷的方法可以避免专家面对面集体讨论的缺点，因为专家之间存在着身份或地位的差别，较低层次的人容易受到较高层次的人的影响而丧失见解的独立性，同时也存在一些专家不愿意与他人冲突而放弃或隐藏自己正确观点的情况。

（4）第一轮意见汇总与反馈。人力资源部门需要在第一轮预测后，将专家提出的意见进行归纳，并将这一综合结果反馈给他们。

（5）重复汇总反馈3～5轮。重复第四步，让专家有机会修改自己的预测并说明原因，直到专家的意见趋于一致。

运用德尔菲法应遵循以下原则：①给专家提供充分的信息；②所问的问题应紧扣组织发展；③环节要求使过程尽量简化，不问无关的问题；④保证所有专家都能从同一角度理解员工分类及其他定义；⑤问卷调查的方法一般采用匿名的形式，保证专家能够畅所欲言，而且争取高层管理人员和专家对德尔菲法的支持。

2. 定量预测方法

1）劳动定额法

劳动定额法是根据劳动者在单位时间内应完成的工作量和组织计划的工作任务总量推测出所需要的人力资源数量。其计算公式为

$$N = \frac{W}{Q}(1+R)$$

式中，N为人力资源需量；W为计划内任务完成总量；Q为组织现行定额；R为计划期内生产率变动系数。

2）比率分析法

比率分析法是根据过去的经验，把组织未来的业务量转换为人力资源需求的预测方法。

具体做法是：先根据过去的业务活动量水平，计算出每一业务活动增量所需的人员相应增量，再把对实现未来目标的业务活动增量按计算出的比例关系，折算成总的人员需求增量，然后把总的人员需求量按比例折算成各类人员的需求量。例如，某炼油厂根据过去的经验，每增加1 000吨的炼油量，需增加15人，预计一年后炼油量将增加10 000吨，折算成人员需求量为150人，如果管理人员、生产人员、服务人员的比例是1∶4∶2，则新增加的150人中，管理人员约为20人，生产人员为85人，服务人员为45人。需要指出的是，比率分析法假定组织的劳动生产率是不变的。如果考虑到劳动生产率的变化对员工需求量的影响，可以使用下面的员工总量需求预测方法。其计算公式为

$$计划期末需要的员工数量 = \frac{当前的业务量 + 计划期业务的增长量}{当前人均业务量 \times (1 + 生产增长率)}$$

3）回归分析法

回归分析法是运用数学中的回归原理对人力资源需求进行预测。这种方法通过寻找人力资源需求量预期影响因素（一种或多种）之间的函数关系，从影响因素的变化推知人力资源需求量的变化。在此方法中，通常将人力资源需求量称为因变量，将影响因素称为自变量。当然，当自变量的个数不同时，只考虑一个影响因素建立的模型，采用线性回归；考虑多个影响因素建立的模型，则要采用多元统计分析方法。单变量趋势外推法属于一元回归分析，它只是根据整个组织或组织中各个部门过去的人员数量变动趋势来对未来的人力资源需求进行预测，而不考虑其他因素对人力资源需求量的影响。其基本的计算公式为

$$Y = a + bX$$
$$b = \frac{\sum(X - \bar{X})(Y - \bar{Y})}{\sum(X - \bar{X})^2}$$
$$a = \bar{Y} - b\bar{X}$$

式中，Y为人员数量；X为单位产品产量；a、b为根据过去资料推算的未知数。

二、人力资源供给预测

人力资源需求预测只是分析组织内部对人力资源的需求，而人力资源供给预测需要分析组织内部供给和组织外部供给两个方面。人力资源内部供给预测需要考虑组织的内部条件，估计经过未来一段时间的调整后，组织内部人力资源供给将会怎样。人力资源外部供给预测需要考虑组织外部环境的变化，预期劳动力市场满足组织需求的能力如何。人力资源供给预测需要考虑的因素更多、更不可控，只有认识到其特点，选取合适的方法，才能提高预测的准确性。

人力资源供给预测是人力资源规划的核心内容，选择适当的预测技术，预测在某一未来时期，组织内部所能供应的（或经过培训可能补充的）及外部劳动力市场所提供的一定数量、质量和结构的人员，以满足企业为达成目标而产生的人员需求。首先，预测供给是为了满足需要，不是所有的供给都要预测，只预测组织未来需要的人员；其次，人员供给有内部和外部两个来源，因而必须考虑内外两个方面；再次，应当选择适合的预测技术，用较低的成本达到较高的目的；最后，需要预测出供给人员的数量和质量。

从供给来源看，人力资源供给分为内部供给和外部供给两个方面。

(一) 组织内部人力资源供给预测

影响组织内部人力资源供给的因素包括组织人员年龄阶段分布、员工的自然流失（伤残、退休、死亡等）、内部流动（晋升、降职、平调等）、离职（辞职、解聘等）、新进员工的情况、员工能力等。常用的预测方法有以下几种。

1. 人员核查法

人员核查法是对组织现有人力资源质量、数量、结构和在各职位上的分布状况进行检查，掌握组织拥有的人力资源状况。通过核查，可以了解员工在工作经验、技能、绩效发展潜力等方面的情况，从而帮助人力资源规划人员估计现有员工调换工作岗位的可能性的大小，决定哪些人可以补充组织当前的职位空缺。为此，在日常的人力资源管理中，要做好员工的工作能力的记录工作。

2. 管理人员接替图

管理人员接替图是对现有管理人员的状况进行调查、评价后，列出未来可能的管理者人选，又称为管理者继承计划。该方法被认为是把人力资源规划和企业战略结合起来的一种较有效的方法，在许多公司里运用并取得了较好的结果。IBM 公司自 20 世纪 60 年代以来就实施了管理者继承计划。该公司宣称实行该计划的目的是"保证高层管理者的素质，为公司遍布世界的所有管理者职位做好人才准备"，从公司分部经理到总经理，都负有执行这个计划的责任，具体工作则由负有人事职责的专门人员来做。通用汽车公司每年也会为公司的高层管理人员作一次鉴定，分析其今后 5 年内的升迁、接替问题。

管理人员接替图主要涉及的内容是对主要管理者的总体评价：主要管理人员的现有绩效和潜力、发展计划；所有接替人员的现有绩效和潜力；其他关键职位上的现职人员的绩效、潜力及对其评定意见。

在图 2-1 中，括号内数字表示该管理者的年龄，竖线旁的字母和数字是对其绩效和晋升可能性的评估。A 表示现在就可提拔，B 表示还需要一定的开发，C 表示现职位不很合适。对其绩效的评估在此分为 4 个等级：1 表示绩效表现突出，2 表示优秀，3 表示一般，4 表示较差。通过这样一张图（还可延续下去），使组织既对其内部管理人员的情况非常明了，又体现出组织对管理人员职业生涯发展的关注。如果出现人员不能适应现职，或缺乏后备干部，则组织就可尽早地做好充分的准备。所以，有些企业认为管理人员接替图非常有用，甚至认为它是人力资源规划最重要的部分。

3. 马尔柯夫分析法

马尔柯夫分析法是内部人力资源供给预测的又一种常用方法。其基本思路是通过具体数据的收集，找出过去人事变动的规律，由此推测未来的人事变动趋势。马尔柯夫分析法实际上是一种转换概率矩阵，使用统计技术预测未来的人力资源变化。这种方法描述组织中员工流入、流出和内部流动的整体形式，可以作为预测内部劳动力供给的基础。尽管马尔柯夫分析法在一些大公司，如 IBM 公司、AT＆T 公司等，已得到广泛应用，但是关于这种方法的精确性与可行性还需要进一步研究。转换矩阵中的概率与预测期的实际情况可能有差距，因此，使用这种方法得到的内部劳动力供给预测的结果也就可能不精确。在实际应用中，一般采取弹性化方法进行调节，即估计出几种概率矩阵，得出几种预测结果，然后对不同预测结果进行综合分析，寻找较合理的结果。

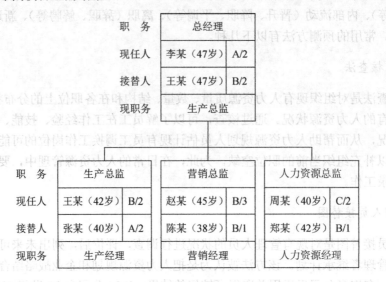

图 2-1 管理人员接替图

（二）组织外部人力资源供给预测

外部人力资源供给预测是根据组织生产经营变化和人员自然减员情况，预测劳动力市场上组织所需要的劳动力供给情况。组织职位空缺不可能完全通过内部供给解决。影响组织外部劳动力供给的主要因素有以下几个方面。

（1）宏观经济形势和失业率预期。一般来说，宏观经济形势越好，失业率越低，劳动力供给就越紧张，招聘工作就越困难。

（2）人口资源状况。人口资源状况决定了组织现有外部人力资源的供给状况，其主要影响因素包括人口规模、人口年龄和素质结构、现有的劳动力参与率等。

（3）劳动力市场发育程度。社会劳动力市场发育良好将有利于劳动力自由进入市场，由市场工资率引导劳动力的合理流动；劳动力市场发育不健全及双轨制的就业政策势必影响人力资源的优化配置，也给组织预测外部人员供给带来困难。

（4）社会就业意识和择业心理偏好。例如，一些城市失业人员宁愿失业也不愿从事一些艰苦的工作。再如，应届大学毕业生普遍存在对职业期望值过高的现象，大多数人希望进国家机关、国有企业或合资企业工作，希望从事工作条件舒适、劳动报酬较高的职业，而不愿意到厂矿企业从事一般岗位的工作。

（5）本地区的经济发展水平、教育水平、地理位置、外来劳动力的数量与质量、同行业对劳动力的需求等都将直接或间接影响人力资源供给的数量、质量和结构。与内部人力资源供给预测一样，外部人力资源供给预测也要研究潜在员工的数量、能力等因素，只不过外部人力资源供给分析的对象是在组织按照以往方式吸引和遴选时，计划从外部加入组织的劳动力。组织根据以往的招聘经验可以了解那些可能进入组织的人员数量、能力、经验、性别和成本等方面的特征，以及他们能够承担的组织工作。

三、人力资源需求与供给平衡

1. 过剩型：供给大于需求

当供给大于需求时，可以采取以下措施从供给和需求两个方面来平衡供需。
（1）扩大经营规模，或者开拓新的增长点，以增加对人力资源的需求。
（2）永久性的裁员或者辞退员工。
（3）鼓励员工提前退休。
（4）停止对外招聘，通过自然减员来减少供给。
（5）缩短员工的工作时间，实行工作分享制。
（6）对富余员工实施培训，为未来的发展做好准备。

2. 短缺型：供给小于需求

（1）从外聘请人员，这是最为直接的一种方法。
（2）改进生产技术，提高现有员工的工作效率。
（3）延长工作时间。
（4）降低离职率，减少员工流失，同时进行内部调配，增加某些职位的供给。
（5）可以将企业的部分业务进行外包。

3. 平衡型：供需总量平衡，但结构不平衡

（1）进行内部人员的重新配置，包括晋升职位，满足这部分的人力资源需求。
（2）对人员进行有针对性的专门培训，使他们能够从事空缺职位的工作。
（3）进行人员置换，释放不需要的人员，补充所需人员，以调整结构。

> **延伸阅读**
>
> 人力资源需求与规划如表 2-1 所示。
>
> 表 2-1　某公司人力资源需求与规划（参考样表）
>
> | 单位 | 部门 | 岗位 | 现有人员 | 定员 | 缺员 | 两年内退休数 | 所需学历 | 应学历提升人数 | 学历提升方式 | 所需专业 | 应专业进修人数 | 进修方式 | 备注 |
> |---|---|---|---|---|---|---|---|---|---|---|---|---|---|
> | | | | | | | | | | | | | | |
> | | | | | | | | | | | | | | |
> | | | | | | | | | | | | | | |
> | | | | | | | | | | | | | | |

【知识应用】

通过调查所在学校人力资源需求和供给情况,根据学校的发展战略进行人力资源规划,同时运用科学的预测方法,制订人力资源需求和供给计划,了解人力资源规划的各个流程,对人力资源规划有初步的认识。具体操作步骤如下。

(1)确定学校的战略目标和计划。

(2)对学校内外部的人力资源状况进行详细的了解。

(3)将人力资源供需数据与学校人力资源状况的历史数据进行比较,计算人力资源净需求。

(4)制定人力资源平衡措施并付诸实施。

任务三　编制与监控人力资源规划

【工作情境】

小张是P公司人力资源部经理助理。2017年11月中旬,P公司要求人力资源部在两星期内提交一份公司2018年的人力资源规划初稿,以便在12月初的公司计划会议上讨论。人力资源部经理将此任务交给了小张,并指出必须考虑和处理好下列关键因素。

(1)P公司2017年年底有生产及维修工人600人,文秘和行政职员42人,工程技术人员30人,中层与基层管理人员28人,销售人员15人,高层管理人员10人。

(2)统计数字表明,近5年来,生产及维修工人的离职率为6%,销售人员离职率为8%,文职人员离职率为3%,工程技术人员离职率为4%,中层与基层管理人员离职率为3%,高层管理人员的离职率只有1%,预计明年不会有大的改变。

(3)按P公司确定的生产发展规划,文职人员要增加5%,销售人员要增加15%,工程技术人员要增加5%,而生产及维修工人要增加8%,高层、中层和基层管理人员可以不增加。

P公司人力资源部要在上述因素的基础上为下一年提出合理可行的人员补充规划,其中要列出现有的、可能离职的以及必须增补的各类人员的数目。

任务要求:

1. 假如你是小张,将如何编制这份人力资源规划?
2. 编制规划时要遵循哪些原则?
3. 在下一年的人力资源规划实施过程中如何进行动态调整?

【相关知识】

人力资源规划是一种战略规划,编制人力资源规划必须遵循一定的规则、程序,在执行人力资源规划方案的过程中,要实施监控,其目的在于为总体规划和具体规划的修订或调整提供可靠信息,保证人力资源规划可持续发展。基于人力资源规划自身不断调整的前提,对人力资源规划执行效果的监控自然就需要具有动态性,在实际工作中灵活调整和完善组织的人力资源规划,这样才能保证人力资源规划的科学性、可行性和动态发展性。

一、编制人力资源规划的原则

人力资源规划是一种战略规划,着眼于为未来的企业生产经营活动预先准备人才,持续和系统地分析企业在不断变化的条件下对人力资源的需求,并开发制定出与组织长期发展相适应的人力资源政策的过程。

(1) 必须充分考虑企业内外部环境的变化。人力资源规划只有充分考虑企业内外部环境的变化,才能适应需要,真正做到为企业发展的目标服务。为了更好地适应这些变化,在人力资源规划中应该对可能出现的情况(包括风险和变化)作出预测,最好能有针对风险的应对策略。

(2) 明确人力资源规划的根本目的,确保企业获得充足人力资源。组织的人力资源保障问题是人力资源规划中应解决的核心问题。只有有效地保证对企业的人力资源供给,才可能去进行更深层次的人力资源管理与开发。

(3) 人力资源规划的最终目的是使企业和员工都得到发展,达成预期目标。人力资源规划不仅要面向企业规划,而且要面向员工规划。企业的发展和员工的发展是互相依托、互相促进的关系。如果只考虑企业的发展需要,而忽视了员工的发展,则会有损企业发展目标的实现。优秀的人力资源规划,一定是能够使企业员工实现长期利益的规划,一定是能够使企业和员工共同发展的规划。

(4) 优秀的人力资源规划是企业内部相关人员共同完成的,而绝非人力资源部门单独所能够解决的问题。因此,人力资源部门在进行人力资源规划时,一定要注意充分吸收各个部门以及高层管理者的参与,只有这样,人力资源规划才能够符合企业实际并落到实处。

二、编制人力资源规划的程序

人力资源规划的编制程序即人力资源规划的编制过程,一般可分为以下几个步骤。

(一) 确定人力资源规划的目标

人力资源规划的目标是随企业所处的环境、企业战略与战术计划、企业目前工作结构与员工工作行为的变化而不断改变的。当企业的战略计划、年度计划已经确定,企业目前的人力资源需求与供给情况已经摸清,就可以据此确定企业的人力资源目标了。

(二) 收集有关信息资料

人力资源规划的信息包括企业外部环境信息和企业内部环境信息。

(1) 企业外部环境信息主要包括宏观经济形势和行业经济形势、技术的发展情况、行业的竞争性、劳动力市场现状、人口和社会发展趋势、政府的有关政策等。

(2) 企业内部环境信息主要包括组织的战略计划、战术计划、行动方案、企业各部门的计划、人力资源现状等。

对企业总体的人力资源状况进行分析,主要是要理清现有人员的数量、质量、结构等,需要了解的信息包括员工的自然情况、知识和技能、录用资料、职务和离职记录、工作态度和绩效表现等;人员结构是指企业的管理人员、技术人员、一线业务人员、后勤人员的构成比例等。

(三) 人力资源需求和供给预测

人力资源部门明确各部门在企业战略实施中的作用、重点工作、需要达到的目标，以及该部门目前的人力资源状况之后，就可以进行未来各阶段的人力资源需求预测，包括人才需求和培训需求等。

在进行人力资源需求分析并提出相应的用人需求之后，还需要结合人力资源的供给预测，只有这样，才能制订各部门的人力资源配置原则以及具体的人力资源规划方案。一般来说，人力资源供给包括内部供给和外部供给两个来源，内部供给是指从内部劳动力市场提供的人力资源供给；外部供给则是指从外部劳动力市场提供的人力资源供给。内部供给分析主要是对企业现有人力资源的存量及其在未来的变化情况作出判断。外部供给分析主要是对影响外部供给的因素进行判断，从而对外部供给的有效性和变化趋势作出预测。

在获得对员工未来的需求与供给预测数据的基础上，将企业人力资源需求的预测数与同期内企业本身可供给的人力资源预测数进行对比分析，从比较分析中可测算出各类人员的净需求数。这里所说的"净需求"既包括人员数量，又包括人员的质量、结构。也就是说，既要确定"需要多少人"，又要确定"需要什么人"，数量和质量要对应起来。这样，就可以有针对性地进行招聘或培训，为企业制定人力资源政策和措施提供依据。

(四) 编制人力资源规划

在充分掌握了人力资源需求和供给的信息之后，人力资源部门就可以制订各个部门的人力资源配置原则以及具体的人力资源规划方案。人力资源配置原则主要包括增加编制、减少编制、培训提高、维持不变等。在确定部门整体的人员配置原则时，应该制定各部门关键岗位的配置原则。关键岗位在企业战略实施过程中将起到重要作用，因此其配置原则一般有两种：增加编制和培训提高（如果某岗位人才数量和质量需要减少或者维持不变的，一般不会成为关键岗位）。但要注意，在各阶段，各部门的关键岗位不一定相同，关键岗位随着企业战略的发展会有所调整。另外，各部门的人力资源配置原则应该由公司的战略管理部门或者战略管理委员会进行确认，确定该配置原则与企业的发展战略是一致的。具体的规划方案如确定各阶段的人才招聘规模和结构、员工内部晋升和转岗规划、员工培训提高规划以及员工淘汰的规划等。

根据企业战略目标及企业员工的净需求量，编制人力资源规划，包括总体规划和各项业务计划。同时要注意总体规划和各项业务计划及各项业务计划之间的衔接和平衡，提出调整供给和需求的具体政策和措施。一个典型的人力资源规划应包括规划的时间段、计划达到的目标、情境分析、具体内容、制定者、制定时间。具体程序如图2-2所示。

1. 规划时间段

确定规划时间的长短，要具体列出从何时开始，到何时结束。若是长期的人力资源规划，可以长达5年以上；若是短期的人力资源规划，如年度人力资源规划，则为1年。

2. 规划达到的目标

确定达到的目标要与企业的目标紧密联系起来，最好有具体的数据，同时要简明扼要。

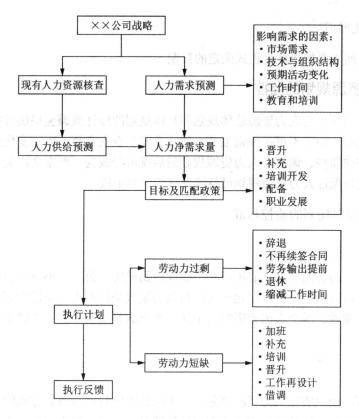

图 2-2 人力资源规划程序

3. 情境分析

（1）当前情境分析：主要是在收集信息的基础上，分析企业当前人力资源的供需状况，进一步指出制订该规划的依据。

（2）未来情境分析：在收集信息的基础上，在规划的时间段内，预测企业未来的人力资源供需状况，进一步指出制订该规划的依据。

4. 具体内容

这是人力资源规划的核心部分，主要包括以下几个方面。

（1）项目内容。
（2）执行时间。
（3）负责人。
（4）检查人。
（5）检查日期。
（6）预算。

5. 规划制定者

规划制定者可以是一个人，也可以是一个部门。

6. 规划制定时间

规划制定时间主要指该规划正式确定的日期。

三、人力资源规划的监控

实施监控目的在于为人力资源总体规划和具体规划的修订或调整提供可靠信息。在人力资源规划的预测中，由于不可控因素很多，通常会发生令人意想不到的变化或问题，如若不对规划进行动态的监控、调整，人力资源规划最后就可能成为一纸空文，失去了指导意义。因此，执行监控是保证人力资源规划可持续发展的重要手段。

（一）人力资源规划的监控标准

1. 客观性

客观性是指人力资源规划的监控过程中必须做到诚实、公平，不带感情色彩，有根据和非个人性。客观性要求企业管理层运用实际得到的绩效来证明人力资源规划的制定与实施情况，尽量减少主观的、受个人因素影响的干扰，得出的是诚实和公正的评价与实事求是而有效的控制。

2. 一致性

一致性强调在企业实施人力资源规划时，不应该出现目标和政策方面的矛盾。当企业在实施人力资源规划时出现各种形式的冲突和争执的时候，往往就需要得到人力资源规划评价系统和控制系统的参与，保证所有人力资源规划的预期目标均得以实现，防止出现有的规划目标圆满实现而有的目标彻底失败。

3. 协调性

协调性是指在监控人力资源规划的时候，既要分析和考察人力资源的某个方面的发展趋势，如未来企业内部人力资源的流失情况，还必须分析和考察各项业务规划以及人力资源开发与管理政策的综合发展趋势。监控系统就必须保证在各种变化趋势共同作用时保障人力资源规划的协调实施。

4. 可行性

可行性是指人力资源规划的监控能否成功地贯彻企业的战略以及人力资源规划，同时必须做到技术上、方法上、环境适应上、经济上可行。如果所采用的方法和技术不适合企业的文化和传统，操作人员难以领会和把握实施人力资源规划的监控，那么这种缺乏可行性的方案就没有任何意义。同时，人力资源规划的监控主要依靠企业自身的资源确保人力资源规划能够得以贯彻实施。如果监控的费用过高，给企业带来沉重的财务负担和经济压力，即使评价方法再先进，控制技术再好，但没有现实的可行性，就是毫无意义的。很多高深的评价技术和控制手段可能对本企业并不实用，不易理解，耗费时间太多，成本高昂，违背了监控的目的和初衷。对绝大多数组织而言，追求的往往是更容易且方便运用的监控技术，而不是采用更复杂的、最先进的工具和技术。同时，在进行监控时，人力资源规划提出的变化范围也应是企业资源能够承受的。

5. 有利性

有利性是指企业实施人力资源规划监控系统的最终目的是为企业创造和保持竞争优势，培育企业独特的核心竞争力，通过实施人力资源规划获取相对于竞争对手的竞争实力，实现企业的可持续发展。

6. 及时性

人力资源规划监控的关键在于及时发现人力资源规划制订和实施中出现的问题，并及时有针对性地解决问题，为企业的人力资源规划实践提供及时的、真正需要和有价值的信息。

因此，人力资源规划实施过程需要及时了解人力资源工作遇到的问题和困难，并及时发现这些问题对人力资源规划实施效果的影响，并尽快采取必要的措施予以解决。

（二）人力资源规划监控的方法

1. 整体性控制

对人力资源规划进行整体性控制，即监控人力资源规划是否与企业战略目标相一致，考察企业的人力资源规划是否能根据企业内外环境变化和战略目标的调整而适时调整，这是保证人力资源规划达到预期目的的根本。

监控人力资源规划是否与企业战略目标一致，是一项战略性任务，需要企业的高级管理者甚至企业最高层的参与。

在监控过程中，需要分析企业现有的人力资源规划能否有效支持企业整体战略目标的实现。如果企业战略目标根据内外部环境的变化有一定的调整，那么，监控过程中就需要分析企业现有的人力资源规划在哪些方面将不能继续适应企业战略目标的需要，并决定需要怎样的调整才能支持企业整体战略目标的实现。

2. 定期与不定期检查相结合

受内外环境变化的影响，任何规划在执行的过程中都会产生或多或少的误差，这是规划执行过程中的正常现象。但是，这种或多或少的误差将对规划的执行效果产生不好的影响，甚至导致规划的预期目标不能实现。因此，在人力资源规划的执行过程中，需要定期检查人力资源规划的具体实施情况，对现行政策和规划提出建议或意见；及时发现问题、解决问题，修正规划的执行误差。

因为企业外部环境的变化是不可预测的，因而经常导致企业战略目标的不定期调整，所以，在监控过程中进行不定期检查也是十分必要的，这也更能体现监控的及时性特征。不定期检查往往能比定期检查更及时地发现问题，并及时采取补救应急措施，保证人力资源规划与企业战略的动态匹配。

在执行中，高级管理者更能体会企业的人力资源规划与企业的战略之间的配合程度。他们对政策的执行结果是否达到预期目标以及政策在执行过程中出现的问题更能做到心里有数。因此，高级管理者有必要将自己发现的人力资源规划执行过程中出现的问题及时反馈，并对政策的调整方案提出建设性的意见。

四、人力资源规划的动态调整

（一）人力资源规划动态调整的必要性

企业是处于不断变动的状态下的，发展的各个阶段都需要适合的人力资源规划，而且，人力资源规划一旦制订，就不是静止不变的，其本身也处于不断发展与调整的状态之中。具体体现在以下两个方面。

（1）人力资源规划的参考信息具有动态性。企业需要根据内外部环境的变化和企业自身战略的调整，经常性地调整人力资源规划。

（2）人力资源规划的执行具有灵活性。在执行规划的过程中，也许企业的内外环境会发生一些变化，战略目标也会据此作出相应的调整。因此，具体规划措施是适应这些调整随时变动的，规划的执行也需要随时进行调整。

（二）人力资源规划的评价与控制特征

人力资源规划的动态性决定了对人力资源规划的评价与控制是一个动态的过程，对规划操作实施监控的要点是看对规划的执行是否达到了预期的目标。

在规划的参考信息不断变化、规划自身不断调整的前提下，对规划执行效果的监控自然就需要具有动态性。基于人力资源规划的动态性，人力资源规划的评价与控制具有以下动态特征。

1. 渐进性

一般而言，人力资源规划往往是逐步形成的，受到企业竞争战略、人力资源战略等抽象的管理思想和理念的深刻影响。

在企业不断审视已经制定的人力资源规划的过程中，人力资源规划的实施过程就表现出明显的循序渐进的特点。认识到这一点后，企业管理人员必须有意识地用渐进的方式来进行人力资源规划的评价与控制。

2. 联动性

对人力资源规划需要进行评价与控制的因素是多种多样且相互影响的，而且，人力资源规划本身就是一项与外界信息有着密切联系、不断相互交流以及充分运用内外部信息的实践活动。这种交互联动性就要求企业在制定和设计人力资源规划时，既要避免出现闭门造车的行为，也需防止出现随波逐流的现象。

3. 系统性

人力资源规划的评价与控制是人力资源规划的重要功能系统，是人力资源规划一系列子系统中的一个环节。人力资源规划的评价与控制系统在很多重要方面有赖于人力资源规划的其他功能系统，同时，人力资源规划评价与控制功能系统也对人力资源规划的其他功能系统产生深刻的影响。这就要求人力资源规划的逻辑形式十分完善,在实施人力资源规划的评价与控制时,无论在明确问题、唤起注意、概念修订、试验分析,还是产生集体意见、制定措施和针对控制等各个阶段都必须树立起系统的观念,相互间往往是制衡的,不大可能取得局部上的最优解。在细节上有时很难追求到全面完整,完美无缺的人力资源规划是不存在的。有时为了保证人力资源规划具有一定的柔性和灵活性,模糊处理的结果就有赖于人力资源规划评价与控制的有力监督和保障。

(三) 人力资源规划动态调整措施和应变手段

针对变化了的外部人力资源条件和内部劳动力的需求变化,企业将对自身战略进行调整,根据调整了的组织战略,人力资源规划将进行相应的调整,因此,企业在上述各步骤的基础之上,应积极主动采取相应的修整措施或应变手段。

企业可采取的修整措施和应变手段有以下3种方式。

1. 常规程序性处理方式

企业按照以前程序性的处理方法来对付出现的差异,这种方式也是企业在实施人力资源规划监控与评估过程中采用最多的一种方式。采用这种方式的前提是执行过程中出现的问题属于以往也出现过的常见问题,或者说是执行过程中必然出现的问题。例如,裁员后出现的员工士气变化的问题。这类问题是执行裁员决策时出现的常见的问题,只要不出现影响组织稳定性的剧烈变动,就可以用常规程序性处理方式来解决。

2. 开设专题解决方式

高级管理者专门对人力资源规划实践中出现的问题或者机会进行专题分析、突击解决。此方法能做到反应迅捷。对于一些难点问题,或者涉及企业战略层面的问题,如内外部环境的变动引起了企业战略的调整,这类问题就需要高级管理者甚至最高层与人力资源部门一起进行专题研究,共同商讨恰当的方法来解决。

3. 建立专家应急模型方式

企业根据其他相关企业实施人力资源规划的经验,结合自身具体情况,组织有关专家对可能出现的问题建立专家应急模型,当有关问题真的出现时,企业能及时响应。对于一些不可预料的情况,依靠常规解决方法以及组织自身力量很难解决的时候,可以考虑使用外部人力资源,如聘请专家团体进行应急处理。综合考虑专家、企业高级管理者和人力资源部门的意见,形成应急解决模式。

这种应变手段是指企业在进行人力资源规划监控与评估过程中,在出现最严重问题和困难时,需备有应变手段。这种手段实际是一种补救措施,帮助高级管理者处理棘手或不熟悉的情况。

当然,在人力资源规划的具体执行过程中,在重视专家、高级管理者和人力资源部门的意见的基础上,企业还需要重视其他成员的反应,以发现一些微妙的、深层次的问题,将这些问题纳入政策调整的考量中,及时调整人力资源规划与政策。

在实践中,我们必须时刻把握人力资源规划最核心的特性——动态性,企业的人力资源规划不是设计未来的发展趋势,而是顺应与尊重现实以及未来的发展趋势,面对瞬息万变的环境,改变应变和适应的滞后现象。因此,企业必须在实际工作中跟踪环境的不断变化,灵活调整和完善组织的人力资源规划,这样才能保障人力资源规划的科学性、可行性和动态发展性。

【知识应用】

某企业是一家生产制造型企业,主要生产汽车零配件。经过十多年的发展,企业业绩较好,但随着市场竞争的日益加剧,企业所面临的内部环境与外部环境与当初企业制定中长期发展规划时已发生了很大变化。

企业为了更好地发展,必须制定一个较完善的人力资源规划,并在此基础上制订职位编制、人员配置、人员培训与开发、薪酬制度和绩效考核等方面的人力资源管理方案,使企业在持续发展中保持较强的竞争力,为企业的发展提供人力资源的保证和服务,为企业的有序运营提供坚实的后盾。

试根据企业背景确定编制人力资源规划的程序,并设计一份人力资源规划,同时说明在执行过程中如何对其进行监控与评估。

【模块知识小结】

人力资源规划是组织战略规划的核心部分,在有效设定组织目标和实现个人目标之间平衡的条件下,使组织拥有与工作任务要求相适应的所需数量和质量的人力资源。人力资源规划可分为狭义的和广义的两种:狭义的人力资源规划是指企业从战略规划和发展目标出发,根据其内外部环境的变化,预测企业未来发展对人力资源的需求,以及为满足这种需求所提供人力资源的活动过程;广义的人力资源规划是指企业所有各类人力资源规划的总称。

人力资源预测是指在社会组织进行评估和预言的基础上,对未来一定时期内人力资源供需状况的假设。人力资源预测可分为人力资源需求预测和人力资源供给预测。人力资源需求预测是指社会组织为实现既定目标而对未来所需员工数量和种类的估算。人力资源供给预测是确定社会组织是否能够保证员工具有必要能力,以及到什么地方去招聘员工的估计。

人力资源规划是一种战略规划,编制人力资源规划必须遵循一定的规则、程序,在执行人力资源规划方案的过程中,要实施监控,其目的在于为总体规划和具体规划的修订或调整提供可靠信息,保证人力资源规划可持续性发展,基于规划自身不断调整的前提下,对规划执行效果的监控自然就需要具有动态性,在实际工作中灵活调整和完善组织的人力资源规划,这样才能保障人力资源规划的科学性、可行性和动态发展性。

【复习思考题】

1. 什么是人力资源规划?
2. 人力资源规划的作用是什么?
3. 人力资源规划的主要内容是什么?
4. 人力资源规划的预测方法有哪些?
5. 人力资源规划的编制原则是什么?
6. 人力资源规划的编制程序是什么?
7. 人力资源规划在执行过程中如何动态调整?

【企业案例分析】

A公司的人力资源规划

近年来A公司常为人员空缺所困惑，特别是经理层次人员的空缺常使该公司陷入被动的局面。A公司最近进行了公司人力资源规划。公司首先由4名人事部的管理人员负责收集和分析目前公司对生产部、市场与销售部、财务部、人事部4个职能部门的管理人员和专业人员的需求情况以及劳动力市场的供给情况，并估计在预测年度，各职能部门内部可能出现的关键职位空缺数量。

上述结果用来作为编制公司人力资源规划的基础，同时也作为直线管理人员制订行动方案的基础。但是在这4个职能部门里制定和实施行动方案的过程（如决定技术培训方案、实行工作轮换等）是比较复杂的，因为这一过程会涉及不同的部门，需要各部门的通力合作。例如，生产部经理为制定将本部门张某员工的工作轮换到市场与销售部的方案，则需要市场与销售部提供合适的职位，人事部做好相应的人事服务（如财务结算、资金调拨等）。职能部门制定和实施行动方案过程的复杂性也给人事部进行人力资源规划增添了难度，这是因为，有些因素（如职能部门间的合作的可能性与程度）是不可预测的，它们将直接影响预测结果的准确性。

A公司的4名人事管理人员克服种种困难，对经理层管理人员的职位空缺作出较准确的预测，制订了详细的人力资源规划，使该层次上人员空缺减少了50%，跨地区的人员调动也大大减少。另外，从内部选拔任职者人选的时间也减少了50%，并且保证了人选的质量，合格人员的漏选率大大降低，使人员配备过程得到了改进。人力资源规划还使A公司的招聘、培训、员工职业生涯计划与发展等各项业务得到改进，节约了人力成本。

A公司取得上述进步，不仅得益于人力资源规划的制订，还得益于公司对人力资源规划的实施与评价。在每个季度，高层管理人员会同人事咨询专家共同对上述4名人事管理人员的工作进行检查评价。这一过程按照标准方式进行，即这4名人事管理人员均要在以下14个方面作出书面报告：各职能部门现有人员；人员状况；主要职位空缺及候选人；其他职位空缺及候选人；多余人员的数量；自然减员；人员调入；人员调出；内部变动率；招聘人数；劳动力其他来源；工作中的问题与难点；组织问题；其他方面（如预算情况、职业生涯考查、方针政策的贯彻执行等）。同时，他们必须指出上述14个方面与预测（规划）的差距，并讨论可能的纠正措施。通过检查，一般能够对下季度在各职能部门应采取的措施达成一致意见。

在检查结束后，这4名人事管理人员对他们分管的职能部门进行检查。在此过程中，直线经理重新检查重点工作，并根据需要与人事管理人员共同制订行动方案。当直线经理与人事管理人员发生意见分歧时，往往可通过协商解决。行动方案上报上级主管审批。

（资料来源：http://www.docin.com/p-1007738289.html.）

思考：
1. A公司的人力资源规划编制流程是否规范？试说明理由。
2. 案例所涉14项工作都属于人力资源规划的一部分，那么每个部分应包含哪些内容？

【能力训练】

调查某企业人力资源规划业务情况。

在调查的基础上，对材料进行综合分析，撰写一份某企业人力资源规划调查报告（包括提出合理化建议）。

模块三 工作分析

【学习目标】

能力目标

1. 组建工作分析小组；
2. 采用专业的方法收集工作分析信息；
3. 设计和编写工作说明书。

知识目标

1. 理解工作分析的含义、原则；
2. 理解工作分析的常用术语、内容和基本过程；
3. 掌握工作分析的内容和基本过程；
4. 掌握收集工作分析信息的方法和步骤；
5. 掌握工作说明书的编写技巧；
6. 理解工作评价的含义及评价方法的原理；
7. 理解工作说明书在人力资源管理中的运用。

素质目标

1. 通过资料收集、课外调查和课堂研讨，提高学生的组织能力；
2. 通过小组集体学习和训练，培养学生的团队协作精神。

任务一 认知工作分析

【工作情境】

　　A公司是我国中部省份的一家房地产开发公司。近年来，随着当地经济的迅速增长，房地产需求强劲，A公司有了飞速的发展，规模持续扩大，逐步发展为一家中型房地产开发公司。随着公司的发展和壮大，员工人数大量增加，众多的组织和人力资源治理问题逐渐凸显出来。

　　A公司现有的组织机构，是基于创业时的公司规划，随着业务扩张的需要逐渐扩充而形成的，在运行的过程中，组织与业务上的矛盾已经逐渐凸显出来。现在A公司使用的岗位职责说明已经是几年前的版本了，可实际情况却已经发生了很大变化，因此根本就无法起到指导工作的作用。由于没有清晰的岗位职责,因此各个岗位上的用人标准也比较模糊。这样,人员的招聘选拔、提升方法就全凭领导的主观意见了;公司的薪酬激励体系也无法与岗位的价值相对等。员工在这些方面意见很大,士气也有所下降。有的事情没有人管,有的事情大家都在管,但又发生推诿扯皮的现象。最近,A公司进行了一系列重组工作,年轻有为的新的高层团队也开始发挥作用,他们发现了公司目前的状况,最为迫切的是要开展工作分析。

任务要求:
1. A公司存在哪些问题?
2. 根据A公司的业务,有哪些主要的工作岗位?
3. 根据A公司的现状,合理的工作分析流程应该包括哪些方面?

【相关知识】

企业要想在竞争激烈的市场经济大潮中立于不败之地,就需要招聘和选拔适合岗位需要的员工;企业要想使员工在工作中清楚自己的职责和权利,就需要制定紧跟企业环境变化的工作说明书;企业要想为员工制定合理的薪酬,就必须对员工的绩效进行公平的评价;企业要想使员工的知识和技能满足企业不断发展的需求,就需要制订切实可行的培训、开发计划⋯⋯这些都是人力资源管理的重要内容,而这些内容的顺利开展都要以企业的工作分析为基础。

一、工作分析的含义与内容

(一)工作分析的含义

工作分析又称职位分析、岗位分析或职务分析,它是通过系统全面的情报收集手段,提供相关工作的全面信息,以便企业进行改善管理效率。工作分析是人力资源管理工作的基础,其质量对其他人力资源管理模块具有举足轻重的影响。工作分析在人力资源管理中的位置,通过对工作输入、工作转换过程、工作输出、工作的关联特征、工作资源、工作环境背景等的分析,形成工作分析的结果——职务规范(也称为工作说明书)。职务规范包括工作识别信息、工作概要、工作职责和责任,以及任职资格的标准信息,为其他人力资源管理职能的开展服务。

(二)工作分析的内容

工作分析是指对工作进行整体分析,工作分析包括两部分活动:一是对组织内各职位所要从事的工作内容和承担的工作职责进行清晰的界定;二是确定各职位所要的任职资格,如学历、专业、年龄、技能、工作经验、工作能力及工作态度等,即确定每一项工作的6W1H:用谁做(Who)、做什么(what)、何时做(When)、在哪里做(Where)、如何做(How)、为什么做(Why)、为谁做(Whom)。分析的结果或直接成果是岗位说明书。岗位说明书是记录工作分析结果的文件,它把该岗位的职责、权限、工作内容、任职资格等信息以文字形式记录下来,以便管理人员使用。工作分析是现代人力资源管理的基础,只有在客观、准确的工作分析的基础上才能进一步建立科学的招聘、培训、绩效考核及薪酬管理体系。

(三)与工作分析相关的基本术语

在工作分析中,常常会用到一些术语,但这些术语的含义经常被人们混淆。因此,理解并掌握它们的含义对科学、有效地进行工作分析十分重要。

1. 工作要素

工作要素是指工作中不能继续再分解的最小动作单位。例如，酒店里负责接待客人的服务员在客人刚刚来到酒店时要帮助客人运送行李，在运送行李的这项工作中就包含有将行李搬运到行李推车上、推动行李推车、打开客房的行李架、将行李搬运到行李架上4个工作要素。

2. 任务

任务是指工作中为了达到某种目的而进行的一系列活动。任务可以由一个或多个工作要素组成。例如，生产线上的工作人员给瓶子贴标签这一任务就只有一个工作要素；上面提到的运送行李的任务中就包含4个工作要素。

3. 职责

职责是指任职者为实现一定的组织职能或完成工作使命而进行的一个或一系列工作。例如，营销部经理要实现新产品推广的职责就需要完成一系列工作，包括制定新产品推广策略、组织新产品推广活动和培训新产品推广人员等。

4. 职位

职位也称为岗位，担负一项或多项责任的一个任职者所对应的位置就是一个职位。一般来说，有多少个职位就有多少个任职者，如总经理、秘书、出纳、招聘主管、营销总监等。应该注意的是，职位是以"事"为中心确定的，强调的是人所担任的岗位，而不是担任这个岗位的人。

5. 职务

职务由组织中主要责任相似的一组职位组成，也称工作。在规模不同的组织中，根据不同的工作性质，一种职务可以有一个职位，也可以有多个职位。例如，营销人员的职务中可能有从事各种不同营销工作的人，但他们的主要工作责任是相似的，因此可以归于同样的职务中。

6. 职业

职业是一个更为广泛的概念，是指在不同的组织中从事相似活动的一系列职务。职业的概念有着较大的时间跨度，处在不同时期，从事相似工作活动的人都可以被认为是具有同样的职业。例如，教师、工程师、工人、司机等都属于职业。

7. 职权

职权是指依法赋予的完成特定任务所需要的权力。职责与职权紧密相关，特定的职责要赋予特定的职权，甚至特定的职责等同于特定的职权。例如，质量检查员对产品质量的检验既是他的职责，又是他的职权。

UPS 送货司机的工作分析

UPS 雇用了 15 万员工，平均每天将 900 万个包裹发送到美国各地和 180 个国家。为了实现其宗旨——在邮运业中办理最快捷的运送，UPS 的管理当局系统地培训他们的员工，使他们尽可能高的效率从事工作。下面以送货司机的工作为例，介绍 UPS 的管理风格。

UPS 的工业工程师对每一位司机的行驶路线进行了时间研究，并对每种送货、暂停和取货活动都设立了标准。这些工程师记录了红灯、通行、按门铃、穿院子、上楼梯、中间休息喝咖啡的时间，甚至上厕所的时间，将这些数据输入计算机，从而给出每一位司机每天工作的详细时间标准。为了完成每天取送 130 件包裹的目标，司机必须严格遵循工程师设定的程序。当他们接近发送站时，应松开安全带，按喇叭，关发送机，拉紧制动，把变速挡推到 1 挡，为送货完毕做好准备，这一系列动作要严丝合缝。然后，司机从驾驶室来到地面上，右臂夹着文件夹，左手拿着包裹，右手拿着车钥匙。他们看一眼包裹上的地址把它们记在脑海里，然后以每秒约 1 米的速度快跑到顾客门前，敲一下门以免浪费时间找门铃。送完包裹后，他们在回到卡车上的途中完成信息登录工作。

（资料来源：苏秦．质量管理[M]．北京：中国人民大学出版社，2011．）

二、工作分析的作用

工作分析是整个人力资源开发与管理的基础，具有十分重要的作用和意义。没有工作分析，就无法进行清晰的岗位描述与任职资格说明；没有清晰的岗位描述，就无法比较和评价岗位的价值；没有清晰的岗位职责描述，就无法确定岗位的关键职责与行为要项，进而无法提取恰当、准确、直击要害的绩效考评指标；缺乏绩效考评，就无法确定薪酬中的弹性、激励部分；没有工作分析就难以进行职位评价，无法确定基本的薪酬结构；没有职位评价与绩效管理，就无法让员工明确职业发展的通道以及个人在绩效上的差距。具体来说，工作分析在人力资源管理中的作用与价值主要表现在以下几个方面。

（一）工作分析是整个人力资源开发与管理科学化的基础

人力资源管理过程包括岗位设计、招聘、配置、培训、考核、薪酬等环节，每个环节的工作均需要以工作分析为基础。岗位设计要以岗位职责与职务说明书为依据，招聘要以职位说明书为依据，配置要以工作要求为依据，培训要以工作内容和要求为依据，考核要以工作目标为依据，付酬要以岗位职责大小、所需技能高低与实际贡献大小为依据。这一切都要以工作分析为基础。因此，工作分析有助于工作评价、人员测评、定员、定额、人员招聘、职业发展设计与指导绩效考评、薪酬管理及人员培训的科学化、规范化和标准化。

> **延伸阅读**
>
>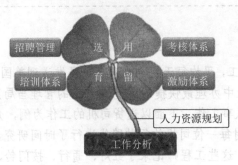
>
> 图 3-1　工作分析四叶草体系
>
> 用一张四叶草的图化繁为简如图 3-1 所示，从中可以看出在人力资源管理体系中，工作分析是基础，是孕育其他人力资源管理工作的土壤。
>
> （资料来源：樊建芳. 人力资源管理[M]. 杭州：浙江大学出版社，2011.）

（二）工作分析是组织现代化管理的客观需要

现代人力资源管理的突出特点是强调以人为中心，强调在工作分析的基础上进行工作再设计和恰到好处地定员、定额，为工作者创造和谐的人际关系和组织气氛，创造良好的工作条件和工作环境，控制各种有害因素对人体的影响，保护工作者的身心健康，以激发工作者的自觉性、主动性和创造性，从而满足现代化管理的需要。

（三）工作分析有助于实行量化管理

现代企业管理实践表明，提高效益要依靠好的政策和技术进步，更要依靠严格和科学的管理。实行严格和科学的管理需要一系列的科学标准和量化方法。工作分析通过岗位工作客观数据和主观数据分析，充分揭示了整个劳动过程的现象和本质的关系，有助于整个企业管理逐步走向标准化和科学化。

（四）工作分析是管理者决策的基础

对于一个组织（包括公共事业组织和企业组织）来说，每个岗位的工作相当于建筑大厦中的砖块，不但是组织结构中最为基本的组成部分，而且是一切管理行为的出发点和归宿。任何一个管理者，包括高层决策者，都要考虑什么样的工作内容与条件才能让员工的潜能与积极性得到充分发挥，什么样的工作标准与要求才能使员工的产品或服务满足社会需求，进而使自己的组织获得生存力和发展力，从而更具有竞争力。

（五）工作分析是当前组织变革与组织创新的重要手段

工作分析为组织工作目标的重新选择、调整与组合提供了科学的依据与支持，为组织目标变革后重新界定各部门与各岗位的工作提供了思路和基础，因此对于组织变革与结构调整条件下的管理决策来说非常重要。

（六）工作分析是提高现代社会生产力的需要

社会生产力的提高表现为生产效率和生产质量的提高。而提高生产效率与生产质量，关键在于简化工作程序，改进生产工艺，明确工作标准和要求，让每个人从事其最适合的工作，以达到最好的工作效果。

（七）工作分析对于人力资源管理研究者不可缺少

人力资源管理研究者主要研究人力资源管理的现象与规律。所有人力资源活动中的"人"与"事"及其关系，是整个人力资源管理研究的基本点。其中，"事"是内核；"人"在这里不是一般意义的人，是与一定"事"即工作相联系的"人"，是在职人员或求职人员。因此，对人力资源管理进行深入而科学的研究，不掌握工作分析的理论和方法是不行的。

三、工作分析的原则

为了提高工作分析研究的科学性、合理性，企业在实施工作分析时应注意遵循以下原则。

（一）系统原则

在对某一工作进行分析时，要注意该工作与其他工作的关系以及该工作在整个企业中所处的地位，从总体上把握该工作的特征及对人员的要求。

（二）动态原则

工作分析的结果不是一成不变的，而要根据战略意图、环境变化、业务调整，经常性地对工作分析的结果进行调整。工作分析是一项常规性的工作，需要定期地予以修订。

（三）目的原则

在工作分析中，要明确工作分析的目的，工作分析的目的不同，其侧重点也是不同的。如果工作分析的目的在于选聘人才，那么工作重点在于任职资格的界定；如果目的在于决定薪酬的标准，那么重点又在于对工作责任、工作量、工作环境、工作条件的界定等（图3-2）。

（四）经济原则

工作分析是一项非常费时、费力、费钱的事情，它涉及企业组织的各个方面。人力资源部门应根据工作分析的目的，本着经济性，采用合理的方法。

（五）职位原则

工作分析的出发点是从职位出发，分析职位的内容、性质、关系、环境以及人员胜任特征，即完成这个职位工作的从业人员需具备什么样的资格与条件，而不是分析在岗的人员如何。否则，会使员工产生恐惧心理与防御心理等不利于工作分析结果的问题。

（六）应用原则

应用原则是指工作分析的结果，即职位描述与工作规范，要用于公司管理的相关方面。

无论是人员招聘、选拔培训，还是考核、激励，都需要严格按照工作说明书和工作规范的要求来做。

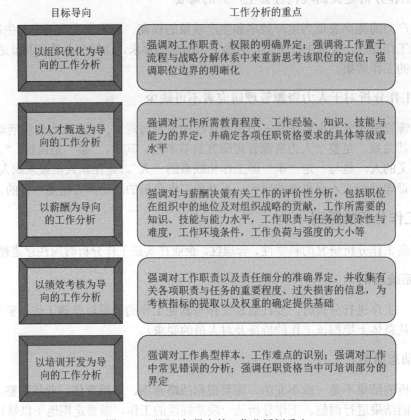

图 3-2　不同目标导向的工作分析侧重点

（七）全员参与原则

有效的工作分析，需要各级管理人员与员工的广泛参与，尤其是高层管理者的支持与重视以及业务部门的大力配合，仅靠人力资源部门是无法完成此项复杂的工作的。

钱静该怎么做

钱静在某高校人力资源管理专业毕业，今天是她来公司工作的第二天。午休时，她被叫到公司的会议室，因为管理顾问临时召见，同去的还有公司人力资源总监。

管理顾问：小钱，很高兴你的加盟，为了让你有机会展示自己的才能，我和人力资源总监决定由你来系统地做公司每个岗位的工作分析。有什么困难可以提出，我们会尽量提供帮助。

人力资源总监：我们公司已经通过了 ISO 9001 质量认证，你可以参照 ISO 体系文件，可能会有所启发。

> 小钱（先沉默了一下，因为她感觉事情并不简单）：好吧，我先试着去做。有问题，随时请求你们的帮助。
> 任务就这样接下来了，但对于小钱来说，真的有点难度，虽然在大学期间"工作分析"被列入重点专业课程，但现在已经忘得差不多了，更何况自己对整个公司的运营情况不了解，要做好恐怕不容易……小钱开始发愁了。
> 整个公司的工作分析由小钱一个人来做，你觉得这样对吗？
>
> （资料来源：葛玉辉，荣鹏飞. 工作分析与设计[M]. 北京：清华大学出版社，2014. 经过改编）

四、工作分析的时机

企业若要进行工作分析，应在什么情况下才显得合理和必要呢？一般来说，当企业出现以下情况时，就表明需要进行工作分析。

（1）缺乏明确、完善的书面职位说明，员工对职位的职责和要求不清楚。

（2）虽然有书面的职位说明，但工作说明书所描述的员工从事某项工作的具体内容和完成该工作所需具备的各项知识、技能和能力与实际情况不符，很难遵照它去执行。

（3）经常出现推诿扯皮、职责不清或决策困难的现象。

（4）当需要招聘某个职位上的新员工时，发现很难确定用人的标准。

（5）当需要对在职人员进行培训时，发现很难确定培训的需求。

（6）当需要建立新的薪酬体系时，无法对各个职位的价值进行评估。

（7）当需要对员工的绩效进行考核时，发现没有根据职位确定考核的标准。

（8）新技术的出现，导致工作流程的变革和调整。

五、工作分析的流程

工作分析是一项技术性很强的工作，需要做周密的准备，同时还需要具有与企业人力资源管理活动相匹配的、科学的、合理的操作流程。工作分析的流程是指完成工作分析任务的一系列相互衔接的步骤。工作分析是本着对工作做一个全面的评价，服务于构建人力资源管理平台的指导思想来进行设计的。工作分析的基本流程可概括为5个阶段：准备阶段、调查阶段、分析阶段、结果形成阶段和应用与反馈阶段。

（一）准备阶段

准备阶段的任务是了解有关情况，建立与各种信息渠道的联系，设计全盘的调查方案，确定调查的范围、对象与方法。

1. 工作分析的需求分析

工作分析是人力资源管理中一项基础性、常规性的工作。具体来说，当企业出现前述需要进行工作分析的8种情形时，就应着手准备开展工作分析了。

2. 建立工作分析小组

工作分析不是由人力资源部门单独完成的，也不是人力资源部门的工作人员仅凭个人对组织各岗位的认识"闭门造车"，编写出工作说明书。工作分析由于涉及面大、内容多且需要专门的技术,所以需要上至组织高层下到每位员工的理解、支持与参与,更需要成立专门的工作分析小组以保证工作分析的顺利进行。

工作分析小组成员一般由企业高层领导任组长,人力资源部经理担任项目执行组长,而且部分核心部门负责人也要参与进来。工作分析小组的具体人员则主要由人力资源部门专业人员和熟悉部门情况的各部门经理助理组成,以使工作分析在企业内获得最大限度的支持。

3. 工作分析的方案及计划设计

为了使工作分析能够顺利进行,在实施之前需要制订一个整体方案,根据工作分析的任务,将工作分析分解为若干个工作单元,以便逐项完成。整体方案是工作分析的蓝图,在具体实施时还需要形成一个具体的操作计划,以便工作分析能够有条不紊地进行。

一份工作分析整体方案通常应该包含以下内容。

(1) 工作分析的目的和意义。
(2) 工作分析调查方案的内容。
(3) 工作分析项目的组织形式、实施者和参与者。
(4) 工作分析实施的程序。
(5) 工作分析实施的时间、地点。
(6) 工作分析方法的选择。
(7) 工作分析所需要的背景资料和配合工作。
(8) 工作分析提供的结果。
(9) 工作分析结果的审核和评价者。
(10) 工作分析的费用预算。

4. 做好其他必要的准备工作

在进行工作分析之前,应由部门管理人员向有关人员介绍并解释,使有关人员对工作分析人员消除不必要的误解和恐惧心理,帮助二者建立起相互信任的关系。

(二) 调查阶段

调查阶段是工作分析的第二阶段,主要工作是对整个工作过程、工作环境、工作内容和工作人员等主要方面做全面的调查。具体工作如下。

(1) 编制各种调查问卷和提纲。
(2) 在调查中,灵活运用面谈法、问卷法、观察法、参与法、实验法、关键事件法等不同的调查方法。
(3) 根据工作分析的目的,有针对性地搜集有关工作的特征及所需要的各种数据。
(4) 重点收集工作人员必要的特征信息。
(5) 要求被调查人员对各种工作特征和人员特征的问题发生频率和重要性作出等级评定。

(三) 分析阶段

分析阶段是对调查阶段所获得的信息进行分类、分析、整理和综合的过程,也是整个分析活动的核心阶段。具体工作如下。

（1）整理分析资料。将有关工作性质与功能调查所得资料，进行加工整理分析，分门别类，编入工作说明书与工作规范的项目内。

（2）创造性地分析、揭示各职位的主要成分和关键因素。

（3）归纳、总结出工作分析的必需材料和要素等工作。

（四）结果形成阶段

这一阶段的主要任务是在深入分析和总结的基础上，编制工作说明书和工作规范。

（1）将收集到的信息进行处理，编写成工作说明书。工作说明书是以标准的格式对职位的工作以及任职者的资格条件进行规范化的描述文件。编写工作说明书是指通过对工作分析的结果（诸如工作描述、工作资格等）加以整合形成具有企业法规效果的正式文件的过程。

（2）工作分析工作的评估。评估就是要对工作分析工作的成效进行评价，以确定其价值，并总结经验教训，防止在工作分析中出现"虎头蛇尾"，只重视工作分析的过程，忽视工作分析的实用性和应该产生的真正效果，为今后更科学、有效地进行工作分析提供借鉴。

（五）应用与反馈阶段

（1）对工作说明书使用者的培训。工作说明书是由专业人员编写的，而使用者是实际从事工作的员工，尽管部分任职者参与了工作分析的全过程，但是工作分析的最终成果包含了大量技术性、专业性的内容，对工作说明书的使用者进行培训是必要的。

（2）将草拟的职务描述书和任职说明书与实际工作对比，以决定是否需要进行再次调查。

（3）修正职务描述书与任职说明书，对特别重要的岗位，还应按前面的要求进行再次修订。

（4）将职务描述书与任职说明书应用于实际工作中，并注意收集反馈信息，不断完善这两份文件。

（5）对工作分析工作进行总结评估，并以文件形式将职务说明书确定下来并归档保存，为今后的工作分析提供经验与信息基础。

职务说明书要定期进行评审，审查其是否符合实际的工作变化，同时要让员工参与到工作分析的每个过程中，一起探讨每个阶段的结果，共同分析原因；当职务说明书需要调整时，也要员工参与调整工作。只有亲身体验，才能加强员工对工作分析的充分认识和认同，从而在实践中被有效实施。

【知识应用】

仁德电子科技有限公司成立于 2005 年，是一家生产小型电器智能控制产品的高科技企业。该公司拥有多项专利，以领先的智能控制方案，创造美好的生活。该公司每年研发 100 多款新产品，年产量 400 万套以上。小型生活电器智能产品已被 Conair、TCM、BOOTS、Carrera 等欧美著名品牌公司及 PAITER 等国内著名品牌公司所采用。该公司拥有快速反应的资深研发团队，凭借专业的研发能力，能根据客户的要求，在较短的时间内提供各种性能优越、符合认证要求的电器控制产品服务。该公司拥有专业的智能控制器生产工厂，全面导入和推行 ISO 9001: 2000 质量管理体系，拥有丰富的产品研发设计和生产经验，有经验丰富的生产、品保队伍，研发、生产及检验等各环节严格按 ISO 9001 质量管理体系的要求运作，同时先进的供应链管理系统贯穿全过程。专业化生产品质以及高效的企业管理平台确保了公司产品的高质量及快速交货。对于仁德电子科技有限公司来讲，核心的电子研发人员对公司的发展至关重要。

试对仁德电子科技有限公司的电子研发岗位进行工作分析。

任务二 工作分析方法

【工作情境】

A公司是一家电梯生产企业，经过不断发展，该公司现已形成"一个总部、五加一全球研发体系、五大网络制造基地"的战略格局，不断推动中国都市建设事业的发展。A公司多年来一直致力于各类电梯、扶梯、自动人行道等的研发、制造、销售、安装、维修、保养以及进出口贸易服务，超过64家分公司遍布全国各个主要城市，并在广州、天津、上海、成都分别建立了大型制造基地。

王明是A公司的新任人力资源部经理。他在上任后经常收到员工的抱怨信，他发现员工对自身的岗位职责、岗位价值、岗位评价等都存在认知上的误区。他希望能够立即在公司中展开工作分析。在其接任后的第五个星期，他就将工作分析问卷发给员工，但是填写的结果令他迷惑不解，大失所望。从操作员工（机器操作工、技术员、抄写员等）那里得到的关于其工作的反馈与从他们的直接上级那里得到的大不相同。管理者所列出的都是比较简单的和例行的工作职责，而操作员工却认为自己的工作非常复杂，而且经常会有偶然事件发生，自己必须具备多种技能才能处理好工作。

管理者与员工对工作的不同理解更加坚定了王明进行工作分析的信心，他希望通过这次工作分析活动，使管理者和员工对工作的认识达成一致。

任务要求：

1. 针对A公司的具体情况，你认为应该采取何种方法才能使工作分析的结果更加有效？
2. 试帮助王明做一份A公司的工作分析方案。

【相关知识】

工作分析的方法有很多，常用的方法包括职位问卷分析法、工作日志法、问卷法、访谈法、工作抽样法、面谈法和关键事件法等，每种方法都有各自的优缺点。在进行工作分析时，常常需要根据不同的职位，把不同的工作分析方法结合起来使用。

一、通用工作信息收集方法

（一）访谈法

访谈法是目前国内企业中运用最广泛、最成熟、最有效的工作分析方法。访谈法是指访谈人员就某一岗位与访谈对象，按事先拟订好的访谈提纲进行交流和讨论。访谈法能够适用各类职位的职位分析要求，而且对中高层管理职位进行深度工作分析效果最好。访谈的成果不仅仅表现在书面信息的提供上，更重要的是，通过资深工作分析师牵引指导，协助任职者完成对职位的系统思考、总结与提炼。

（二）访谈的内容

（1）工作目标：组织为什么设立这一职务？根据什么确定职务的报酬？

（2）工作内容：任职者在组织中有多大的作用？其行动对组织产生的后果如何？

（3）工作的性质和范围：这是访谈的核心，包括该工作在组织中的关系，其上下级职能的关系，所需的一般技术知识、管理知识、人际关系知识，需要解决的问题的性质及主动权。

（4）所负责任：涉及组织战略决策、控制、执行等方面。

访谈法一般不能单独使用，最好与其他方法配合使用。该方法适合于不可能实际去做某项工作，或不可能去现场观察以及难以观察到某种工作的情况。访谈法的适用对象是脑力职位者，如开发人员、设计人员、高层管理人员等。

延伸阅读

分析访谈示例

（1）请您用一句话概括您的职位在本公司中存在的价值是什么，它要完成的主要的工作内容和要达成的目标是什么？

（2）与您的工作有联系的主要人员有哪些？联系的主要方式是什么？

（3）您认为您的主要工作职责是什么？（请至少列出8项职责）

（4）您是怎样完成这些职责的？在执行过程中遇到的主要困难和问题是什么？

（5）请您指出以上各项职责在工作总时间中所占的比重。（指出耗费时间最多的3项工作）

（6）您的以上工作职责中最为重要、对公司最有价值的工作是什么？

（7）公司赋予您的最主要的权限有哪些？您认为这些权限有哪些是合适的，哪些需要重新界定？

（8）这些职责哪些出色地完成了？

（9）您在工作中需要其他部门、其他职位为您提供哪些方面的配合、支持与服务？在这些方面，目前做得好的是什么，尚待改进的是什么？

（10）要出色地完成以上各项职责需要什么样的学历和专业背景？需要什么样的工作经验（类型和时间）？在外语和计算机方面有何要求？

（11）要出色地完成以上职责需要具备哪些专业知识和技能？

（12）您在工作中自主决策的机会有多大？工作中是否经常加班？工作繁忙是否具有很大的不均衡性？工作中是否要求精力高度集中？工作负荷有多大？

（三）问卷调查法

问卷调查法也称为书面问卷调查法或填表法。问卷调查法是企业工作分析中应用频率最高的调查分析方法。它是调查者根据岗位分析的目的，事先收集所要调查岗位的基本信息，设计统一的调查问卷，以调查问卷的方式向被选择的调查对象了解岗位工作信息或征询对岗位工作某一方面或某些方面意见和建议的方法。

1. 问卷调查法的种类

工作分析采用的问卷调查法的种类和方式有很多,具体如下。

(1)按照调查问卷填报方式分类。调查问卷根据填报方式可以分为自填问卷和代填问卷。其中,自填问卷根据送发和回收渠道的不同,可以分为邮政快递问卷、企业内部送发问卷和计算机填报问卷。代填问卷根据与被调查者沟通交流的方式不同,可以分为面对面访问代填问卷与电话或视频访问代填问卷。企业在工作分析中常用的是自填问卷,在条件许可的情况下,应该采用计算机自填问卷。有关调查问卷填报方式的适用范围和优缺点比较如表3-1所示。

表3-1 调查问卷填报方式比较

填报方式		适用范围	优缺点
自填问卷	邮政快递问卷	异地有常住分支机构且异地网络不发达	覆盖范围广泛但时间周期较长,存在问卷邮递过程中发生遗失的可能
	企业内部发送问卷	适用于本地公司	送达和回收占用人力
	计算机填报问卷	适用于任何类型和地域的公司	节约成本,速度快,效率高,便于统计和分析
代填问卷	面对面访问代填问卷	适用于本地公司	占用人力,时间周期长
	电话或视频访问代填问卷	适用于任何类型和地域的公司	对文化水平不高的被调查者具有针对性,占用人力,时间周期长

(2)按照调查问卷使用对象分类。根据问卷调查的使用对象,问卷可以分为全面调查问卷和抽样调查问卷。企业在工作分析中应根据不同目的选择采用全面调查或是抽样调查。在岗位分析工作中,为保证获取一定的样本量,如果企业人力资源规模小于200人,建议采用全面调查;如果企业人力资源规模超过了200人,建议采用抽样调查。

(3)按照调查问卷调查范围分类。根据问卷调查的范围,问卷可以分为综合调查问卷和专题调查问卷。问卷调查法应用广泛、普遍,在工作分析工作中,如果以编制岗位说明书为主要目的,所设计的问卷一般是专题调查问卷;如果工作分析工作中还涉及组织结构调整、工作流程优化等其他事项,则需要设计综合调查问卷。

(四)工作日志法

工作日志法是由任职者按时间顺序,详细记录自己在一段时间内的工作内容与工作过程,经过归纳、分析,达到工作分析的目的的一种方法。

1. 工作日志法的基本程序

第一步:准备阶段。向工作分析的对象解释工作分析的目的、意义和工作日志法的基本要求。

第二步:实施阶段。要求员工严格按照规定的格式和要求填写工作日志。

第三步:分析阶段。

第四步:编写工作说明书。

2. 工作日志法的填写要求

（1）应在每天工作开始前将工作日志放在手边，每天按时间顺序记录自己所进行的工作任务、工作程序、工作方法、工作职责、工作权限以及各项工作所花费的时间等。

（2）要严格按照表格要求进行填写，不要遗漏那些细小的工作活动，以保证信息的完整性。

（3）为了避免损害自己的利益，务必提供真实的信息。

（4）做好保管工作，防止遗失。

（5）以真诚的态度与管理人员合作。

（五）观察法

观察法就是工作分析人员在不影响被观察人员正常工作的前提下，通过观察将有关工作的内容、方法、程序、设备、工作环境等信息记录下来，最后将取得的信息归纳整理为适合使用的结果的方法。利用观察法进行工作分析时，应力求观察的结构化，根据工作分析的目的和组织现有的条件，事先确定观察的内容、时间、位置、所需的记录单等，做到省时高效。观察法可分为直接观察法、阶段观察法和工作表演法 3 种形式。

一般来说，观察法适用于外显特征较明显的岗位工作，如生产线上工人的工作、会计员的工作等。而不适合长时间的心理素质分析，也不适于工作循环周期很长的脑力工作，偶然、突发性工作也不易观察，且不能获得有关任职者要求的信息。

二、以人为基础的系统性方法

（一）职位分析问卷法

职位分析问卷法（Position Analysis Questionnaires，PAQ）是一种结构严谨的工作分析问卷，是目前普遍使用的人员导向职务分析系统。

1. PAQ 的基本实施步骤

PAQ 的基本实施步骤：明确工作分析的→赢得组织支持→确定信息收集的范围与方式→培训 PAQ 分析人员→与员工沟通整个项目→收集信息并编码→分析工作分析的结果。

2. PAQ 的项目

PAQ 包含 194 个项目，其中 187 项被用来分析完成工作过程中员工活动的特征（工作元素），另外 7 项涉及薪酬问题。

所有的项目被划分为信息输入、思考过程、工作产出、人际关系、工作环境、其他特征 6 个类别，PAQ 给出每一个项目的定义和相应的等级代码（表 3-2）。

3. PAQ 的使用

在应用 PAQ 时，工作分析人员要依据 6 个计分标准对每个工作要素进行衡量，给出评分。这 6 个计分标准是信息使用程度、工作所需时间、对各个部门以及各部门内各个单元的适用性、对工作的重要程度、发生的可能性，以及特殊计分。

表 3-2 PAQ 问卷维度示例

1. 信息输入：从何处以及如何获得工作所需的信息		2. 体力活动：工作中包含了哪些体力活动，需要使用什么工具设备	
知觉解释	解释感觉到的事物	使用工具	使用各种机器、工具
信息使用	使用各种已有的信息资源	身体活动	工作过程中的身体活动
视角信息获取	通过对设备、材料的观察获取信息	控制身体协调	操作控制机械、流程
知觉判断	对感觉到的事物作出判断	技术性活动	从事技术性或技巧性活动
环境感知	了解各种环境条件	使用设备	使用各种各样的装备和设备
知觉运用	使用各种感知	手工活动	从事手工操作性相关的活动
		身体协调性	身体一般性协调
3. 脑力处理：工作中有哪些推理、决策、计划、信息处理等脑力加工活动		4. 工作情境：工作发生的自然环境和社会环境如何	
决策	作出决策	潜在压力环境	环境中是否存在压力和消极因素
信息处理	加工处理信息	自我要求环境	对自我严格要求的环境
		工作潜在危险	工作中的危险因素
5. 人际关系：工作中需要与哪些人发生何种内容的工作联系		6. 其他特征：其他活动、条件和特征	
信息互换	相互交流相关信息	典型性	典型和非典型工作时间的比较
一般私人接触	一般性的私人联络和接触	事务性工作	从事事务性工作
监督/协调	从事监督协调等相关活动	着装要求	自我选择与特定要求着装的比较
工作交流	与工作相关的信息交流	薪资浮动比率	浮动薪酬与固定薪酬的比率
公共接触	公共场合的相关接触	规律性	有无规律工作时间的比较
		强制性	在环境的强制下工作
		结构性	从事结构性和非结构性工作活动
		灵活性	敏锐的适应工作活动、环境的变化

在使用 PAQ 时，用 6 个评估因素对所需要分析的职务——进行核查。核查每项因素时，都应对照这一因素细分的各项要求，按照 PAQ 给出的计分标准，确定职务在职务要素上的得分。具体如下：

使用程度：NA：不曾使用；1：极少；2：少；3：中等；4：重要；5：不重要。
工作资料来源（请根据任职者使用的程序，审核下列项目中各种来源的资料）：
　　4　书面资料（书籍、报告、文章、说明书等）。
　　2　计量性资料（与数量有关的资料，如图表、报表、清单等）。
　　1　图画性资料（如图形、设计图、X 光片、地图、描图等）。
　　1　模型及相关器具（如模板、钢板、模型等）。
　　2　可见陈列物（计量表、速度计、钟表、画线工具等）。
　　5　测量器具（尺、天平、温度计、量杯等）。
　　4　机械器具（工具、机械、设备等）。
　　3　使用中的物料（工作中、修理中和使用中的零件、材料和物体等）。
　　4　尚未使用的物料（未经过处理的零件、材料和物体等）。
　　3　大自然特色（风景、田野、地质样品、植物等）。
　　2　人为环境特色（建筑物、水库、公路等，经过观察或检查以成为工作资料的来源）。

（二）管理职位分析问卷法

所谓管理职位分析问卷法（Management Position Description Question，MPDQ），指利用工作清单专门针对管理职位分析而设计的一种工作分析方法。它是一种管理职位描述问卷方法，是一种以工作为中心的工作分析方法。MPDQ 是对管理者的工作进行定量化测试的方法，涉及管理者所关心的问题、所承担的责任、所受的限制以及管理者的工作所具备的各种特征。

（三）工作要素法

1. 工作要素法的实施步骤

第一步，提出工作要素，由专家组来完成。
第二步，利用工作要素表对工作及其下级子要素进行评估。
第三步，对评估结果进行解释和描述，以确定最终的工作要素及其下级子要素。

2. 工作要素的内容

只有那些对完成工作有重要影响的要素才能被列入考虑之中，而不是所有的与工作相关的要素都要考虑，具体如下。

（1）知识，如专业知识掌握程度、外语水平、知识面的宽窄等。
（2）技能，如计算机运用、驾驶技术、叉车操作技术等。
（3）能力，如口头表达能力、判断能力、管理能力等。
（4）工作习惯，如对工作的热爱程度、承担超负荷的工作的意愿等。
（5）个性特点，如自信、主动性、独立性、外向、内向等。

三、以工作为基础的系统性分析方法

（一）职能工作分析法

职能工作分析法（Functional Job Analysis，FJA）又可称为功能性职位分析法，是美国培训与职业服务中心开发的一种以工作为中心的职位分析方法。它是以员工所需发挥的功能与应尽的职责为核心，列出加以收集与分析的信息类别，使用标准化的陈述和术语来描述工作内容。职能工作分析法的框架包括以下几个方面。

（1）完成什么与做什么。每项任务描述必须以能描述工作行为的特定动词开始，如誊写、阅读等，而以"目的是"或"为了"等对工作结果描述的词作为任务描述的结尾。只有同时具备工作行为和工作结果任务描述才算完整。
（2）工作者的职能——数据、人、事。工作者与数据、人、事发生关系时所表现的工作行为，可以反映工作的特征、工作目的和人员的职能。
（3）完整意义上的工作者。工作者完成工作职能时必须具备 3 种技能：通用技能、特定工作技能和适应性技能。

（二）任务清单分析系统

任务清单分析系统（Task Inventory Analysis，TIA）一般由两个子系统构成：一是用于收集工作信息的一整套方法、技术；二是与信息收集方法相匹配的用于分析、综合和报告工作信息的计算机应用程序软件。

任务清单分析系统收集工作信息的工具实际上是高度结构化的调查问卷，一般包括两大部分：一是背景信息；二是任务清单。任务清单部分其实就是把工作任务按照职责或其他标准以一定顺序排列起来，然后由任职者根据工作的实际情况对这些工作任务进行选择、评价等，最终理顺并形成该工作的具体内容。

任务清单分析系统的实施步骤如下。

（1）构建任务清单。构建的方法有很多种，既可以来自对所研究工作的观察或工作日志，也可以来自另外的任务清单。

（2）利用任务清单收集信息。在列出任务清单的基础上加上评价尺度便成为用于收集信息的工具。

（3）分析任务清单收集的信息。任务清单收集的信息，绝大部分是量化的，可以用计算机程序进行统计分析。至于不可量化的信息，或为某些特殊目的收集的附加信息，应根据工作分析的目的进行相应的处理。

（4）利用任务清单编辑工作说明书。利用任务清单对工作进行分析，分析结果是典型的工作说明书，包括工作描述和工作规范两个部分。

（三）关键事件法

关键事件法（Critical Incident Technique，CIT）要求岗位工作人员或其他有关人员描述能反映其绩效好坏的关键事件，即对岗位工作任务造成显著影响的事件，将其归纳分类，最后就会对岗位工作有一个全面的了解。关键事件的描述包括导致该事件发生的背景、原因；员工有效的或多余的行为；关键行为的后果；员工控制上述后果的能力。

关键事件法的实施步骤包括以下几个方面。

（1）正确编写事件的规则。一个正确的关键事件编写应该具备以下 4 个特征：特定而明确的；集中描述工作所展现出来的可观察到的行为；简单描述行为发生的背景；能够说明行为的结果。

（2）获取关键事件所需使用的方法。广泛应用的 3 种典型方法是工作场所会议、观察/访谈和调查（非工作会议形式）。这 3 种方法的目的是帮助工作人员整理出能够体现工作业绩与行为的范例。产生结果的过程应该结构化和简单化，这样使回忆和整理的过程尽量容易。

（3）编辑关键事件。在关键事件收集好之后，必须对其进行编辑加工，为下一步应用关键事件做好准备。除了纠正一些拼音和语法错误外，首先，按照要求，检查每个范例是否内容完整，前后的格式是否统一；其次，要考虑范例的长度，长度适合才能保证提供必需的信息，太长则对阅读者带来困难；最后，要考虑读者的认同感，技术语言、职业行话、俗语应该被保留，其中的细微差别能使它的使用者深有同感。

STAR 法则

关键事件法又称为 STAR 法则，翻译成中文就是"星星法则"。星星就像一个十字行，分成 4 个角，记录一件事情也要从 4 个角度去分析（图 3-3）。

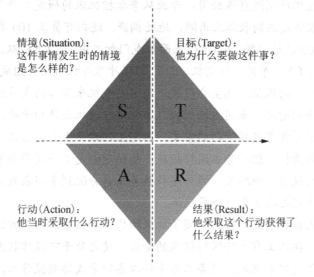

图 3-3 STAR 法则

（资料来源：http://www.hr.com.cn.）

【知识应用】

人力资源经理 Luna 刚从某外企跳槽到一家民营企业，她发现企业管理有些混乱，员工职责不清，工作流程也不科学。她希望进行工作分析，重新安排组织架构。一听是外企的管理做法，老板马上点头答应，还很配合地做了宣传和动员。

Luna 和工作分析小组的成员在积极筹备之后开始行动。不料，员工的反应和态度出乎意料地不配合。

"我们部门可是最忙的部门了，我一个人就要干 3 个人的活。"生产部门的小赵抱怨道。

"我每天都要加班到晚上 9 点以后才回家，你们可别再给我加工作量了。"生产部门的晓丽也很反感。

多方了解后，Luna 才知道，她的前任也做过工作分析。不但做了工作分析，还立即根据分析结果进行了大调整。不但删减了大量的人员和岗位，还对员工的工作量都做了调整，几乎每个人都被分配到更多的工作。有了前车之鉴，大家忙不迭地夸大自己的工作量，生怕工作分析把自己"分析掉了"。

试帮助 Luna 和她的工作分析小组选择合适的方法对生产部门的生产操作工人进行工作分析，并说明理由。

任务三　编写岗位说明书

【工作情境】

德生公司是数控机床制造有限公司，专业从事数控机床的研发生产及专用数控机床的设计制造。企业位于经济发达的长江三角洲，地处桐庐。现拥有员工100多人，厂房20 000多平方米，由高精度CNC龙门磨床、CNC五面体龙门加工中心、CNC双工位卧式加工中心、CNC立式加工中心、CNC等离子切割机、CNC转塔冲床等机械设备组成的数控设备生产线，为产品精度提供了可靠的保证。德生公司最近经常发生机床操作间大量的机油洒在其他机床周围而无人清扫干净的情况。车间主任叫操作工把洒掉的机油清扫干净，操作工拒绝执行，理由是工作说明书里并没有包括清扫的条文。车间主任顾不上去查看工作说明书的原文，就找来一名服务工来做清扫。但服务工同样拒绝，他的理由是工作说明书里也没有包括这一类工作。车间主任威胁说要把他解雇，因为这种服务工是分配到车间来做杂务的临时工。服务工勉强同意，但是干完之后立即向公司投诉。

德生公司人事人员看了投诉后，审阅了机床操作工和服务工的工作说明书。机床操作工的工作说明书规定：操作工有责任保持机床的清洁，使之处于可操作状态，但并未提及清扫地面。服务工的工作说明书规定：服务工有责任以各种方式协助操作工，如领取原材料和工具，随叫随到，即时服务，但也没有明确写明包括清扫工作。德生公司相关人事人员分析认为，导致机床操作间大量的机油洒在其他机床周围无人清扫干净的原因是由于机床操作工和服务工的岗位说明书存在一定的问题。

任务要求：

1. A公司的岗位说明书存在哪些问题？
2. 清晰和完善的岗位说明书应该包含哪些内容？制定岗位说明书时需要注意哪些问题？
3. 试为A公司的机床操作工和服务工各制定一份清晰和完善的岗位说明书。

【相关知识】

工作分析的结果表现为岗位说明书，它是人员聘用、考核奖惩、聘后管理、员工培训的重要依据。编制岗位说明书是实施岗位设置管理和人员聘用的重要环节与基础性工作。

一、岗位说明书的定义

岗位说明书是人力资源管理的基础性文件，它是明确岗位目的、主要职责、工作关系、基本任职要求等的说明性文件。通俗来讲，岗位说明书实际上就是以规定的格式定义一个岗位为什么存在，该做什么事，需要什么样的人来做，如何考核评价。

岗位说明书不仅是保证企业的每项工作都能按管理要求进行分工和工作分配的基础，也是帮助员工掌握对自己的职责、任务和能力要求的关键。

岗位说明书是开展绩效管理、培训、岗位定编、岗位评估、招聘、职业发展规划等一切人力资源管理活动的起点。

二、岗位说明书的编写指南

1. 岗位基本信息

岗位的基本信息,是一个岗位区别于其他岗位的基本标志。该部分还常常有关于岗位分析的时间、人员、有效期等。具体格式如下:

岗位基本信息:　　　　　　　　　岗位分析的基本信息:
岗位名称:　　　　　　　　　　　直接上级的岗位名称:
岗位编号:　　　　　　　　　　　所在部门:

2. 岗位关系

岗位关系是该岗位在组织中的位置,用组织图来进行反映,属于岗位描述的必需的核心内容。

组织图是岗位描述中的核心部分,反映了与该岗位在组织中的上下左右的关系,组织图实例如图 3-4 所示。

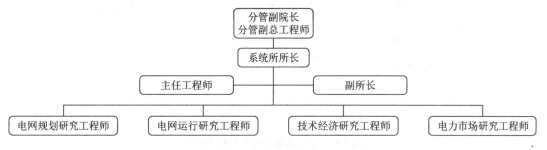

图 3-4　某研究院电网规划工程师在组织中的岗位关系

3. 岗位目的

岗位目的和存在的价值,一般用一句非常简洁和明确的话来表达。一个完整的岗位目的描述一般包含条件、行动和目标三大部分(图 3-5)。

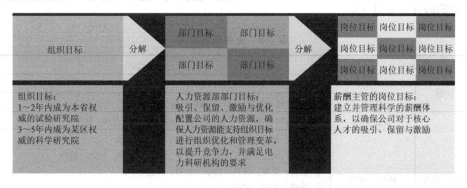

图 3-5　某研究院薪酬主管的岗位目标

岗位目标是岗位存在的价值和努力的方向,是以结果导向的。常用的岗位目标包括市场份额、利润、销售量、工作质量、产品质量、员工素质能力、服务质量、工作效率、期限、安全、持续改善等。

限制条件是完成岗位目标时必须遵守、遵循的法律、制度、战略，以及文化、道德的约束或前提条件。在编写岗位使命与任务时常用的限制条件包括法律、法规、原理、政策、战略、规划、指示、模型、方法、技术、体系、做法、程序、条件、标准、规范等。

行动是完成岗位目标时采取动作手段或方法。在编写岗位使命与任务时常用的行动包括组织、计划、监督、指导、检查、评估、教练、培训、研究、分析、编制、完成、保障等。

4. 岗位职责

岗位职责主要回答以下三个方面的问题：第一，为达成岗位使命，工作主要在哪些核心领域中开展？第二，在每个核心领域岗位所负有的职责或者说所需要采取的行动是什么？第三，每个核心领域的主要工作成果是什么？

一条完整的岗位职责描述包括职责（行动或角色）、范围（具体对象）和成果（职责目标）三大部分（图3-6）。

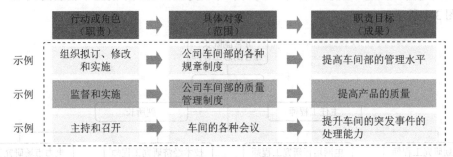

图3-6 岗位职责示例（车间主任）

职责采用动词进行描述，又称为关键动词。在职责的书写过程中应特别注意动词的正确选择，通过动词的准确使用，可以清晰表达任职者在该项职责履行过程中扮演的角色、发挥的作用和拥有的权限。

为规范、统一企业的管理语言，在编写岗位职责时，必须使用企业规定的关键动词，以避免语言的歧义（表3-3）。

表3-3 企业关键动词

通用管理行为		关键动词
研究、计划	研究	收集、统计、调查、分析、研究、开发
	计划	起草、计划、规划、制定、编制、编写、准备
	布置下达	布置、通知、下达、下发、发布、布置、批准、否决、统筹
下达、执行、报告	执行、操作	① 负责、参与、执行、协助、联络、传达、召开 ② 提交、制作、编写、实施、指导、参加、解释、预防、翻译 ③ 销售、受理、谈判、演示、协商、体验 ④ 编程、测试、试验 ⑤ 安装、维修、维护、服务、调度、生产、监控、建设、操作 ⑥ 培训、讲授、教练
	汇报	建议、报告、推荐

续表

通用管理行为	关键动词
检查	审核、监督、审计、考核、评估、核对、监控、指导、检查
纠偏	反馈、总结、改正、纠偏、修订

5. 工作权限

工作权限是指根据该岗位的工作目标与岗位职责，企业赋予该岗位的决策范围、层级与控制力度。

例如，管理人员的工作权限，一般分为人事、财务和业务3个方面来进行表达。其格式如下：

财务权限：批准……元以内的……费用。

人事权限：批准……类（或级）以下员工的录用、考核、升迁、出差、请假等。

业务权限：批准……（事项）。

6. 工作协作关系

工作协作关系是工作联系所涉及的合作对象，包括企业内部主要联系（所受监督、所施监督、合作关系）和对外的工作对象。

延伸阅读

营销总监的工作协作关系

1. 企业内部的主要联系

（1）所受监督：在本职业务工作开展中接受业务副总经理及总经理的指导和监督。

（2）所施监督：对直接下级及全体营销人员的工作开展实施指导、监督。

（3）合作关系：在行销计划和推广方案的实施、营销费用审核、营销部业务工作开展等方面与公司相关中高层管理人员发生合作关系。

2. 企业外部的主要联系

（1）与政府房管、物价、工商等职能部门的公共关系。

（2）与新闻媒体、广告公司、策划公司的业务合作关系。

---

7. 关键业绩指标

关键业绩指标就是指衡量该岗位职责履行程度的指标。在编写时只需要列出指标项目即可。每个岗位的关键业绩指标以不超过5个为宜。

8. 任职资格

任职资格是决定岗位价值、招聘、培训等的重要依据。岗位任职资格应包括如表3-4所示的项目要素。

表 3-4 岗位任职资格项目要素

包含要素	要素定义
学历要求	从事该岗位需具备的最低学历要求
专业要求	从事该岗位需具备的专业要求
专业工作经验要求	从事该岗位需具备的专业工作经验最低年限
相关岗位工作经验要求	从事该岗位需具备的其他岗位工作经验最低年限
管理工作经验要求	从事该岗位需具备的管理工作经验最低年限
相关培训要求	从事该岗位需完成的并通过的各专业类培训要求
相关资质认证要求	从事该岗位需具备的认证资质
计算机能力要求	从事该岗位需具备的计算机及系统操作最低技能
普通话/外语要求	从事该岗位需具备的普通话或外语水平

9. 需要的培训

现代企业的培训体系，一般可以按照岗位层级的不同要求归纳为 3 个不同的层次：①针对中下层基础岗位的岗位知识与技能培训、企业的基础技术与产品知识培训；②针对中层管理人员的管理技能培训；③针对中高层管理人员的经营管理理念培训等。

10. 工作时间

岗位说明书中的工作时间主要涉及工作时间的波动性和出差时间的比重，如表 3-5 所示。

表 3-5 工作时间

维度	具体界定
工作时间的波动性	定时制：一个工作周期内（管理人员一般为一个月，或者更长）基本上，工作量没有太大的变化，如出纳员
	适度波动：一个工作周期内，出现以天计的工作忙闲不均的情况，如主管工资发放的会计人员，在月末比较忙，而平时工作比较简单
	周期性：在长期的工作过程中，出现强烈的反差，如市场人员在投标前期工作极其紧张，但是与工程部门完成交接以后，就相对轻松了
出差时间的比重	经常出差，占总时间的 40%以上
	出差较为频繁，占总时间的 20%~40%
	出差时间不多，占总时间的 10%~20%
	很少出差，占总时间的 6%~10%
	偶尔出差，占总时间的 0~5%

11. 工作环境

工作环境条件，是为了界定工作的物理环境在多大程度上会对人员造成身体上的不适或者影响其身体健康。

12. 必备的办公设备/工具

对于工作必备的办公设备/工具，通常依据实际工作所需填写即可。

【知识应用】

兴盛宽带数字技术有限公司（以下简称"兴盛公司"）成立于1993年，是行业内小有名气的从事机顶盒研究开发的高新企业。公司员工虽然不到200人，但是组织结构安排得井井有条，从机顶盒的产品规划到研究开发，再到生产最后走上数字电视的大市场，该公司都配备了一套得力的班子。去年，在机顶盒行业并不十分景气的情况下，该公司凭着独特的经营方式、强有力的人力资源后盾创下了年销售量6万台的佳绩，在行业内遥遥领先。

今年为了迎接更好的机遇、更大的挑战，以管理顾问为首的公司领导班子决定进行深度改革，首先从组织架构着手，把市场部提到了新的高度，重整了原来的系统软件部、应用软件部、硬件部等，同时引进了一批更专业的人才。但是，由于组织架构的变动，有些岗位名称变了，有些部门名称变了，也有一些员工的部门隶属关系变了，部门的主要职能变了。因此，有些员工开始迷茫：我现在该做什么呀，什么叫作"项目管理总经理"……缘此，管理顾问提出让人事专员小西形成的工作分析小组，系统地进行工作分析，明确岗位的职责。

假设你是小西，试为该公司的人力资源部经理制定一份岗位说明书。

任务四　工作分析应用

【工作情境】

德宏公司是一家高尔夫机械制造有限公司，随着公司的发展和壮大，员工人数大量增加，尤其是一线的机械操作工。公司人力资源部经理老陈持续不断地给机械操作部门输送招聘到的机械操作工，但是结果不是很令人满意。

"小王，我真不知道你到底需要什么样的机械操作工？"人力资源部经理老陈说道，"我已经送去了4个人给你面试，这4个人都基本符合所需工作说明书的要求，可是，你却将他们全部拒之门外。"

"符合工作说明书的要求？"小王颇为惊讶地回答道，"我要找的是那种一录用就能够直接上手做事的人；而你送给我的人都不能够胜任实际操作工作，并不是我所要找的人。再者，我根本就没有看见你所说的什么工作说明书。"

闻听此言，老陈二话没说，为小王拿来工作说明书。当他们将工作说明书与现实所需岗位逐条加以对照时，才发现问题之所在：原来这些工作说明书已经严重脱离实际，也就是说，工作说明书没有将实际工作中的变动写进去。德宏公司不仅在招聘的时候存在问题，在绩效考核、薪酬环节也经常有员工抱怨不公平，干得多不一定挣得多；在培训中也经常有员工叹气，培训内容跟我们有什么关系，对工作没有任何帮助，只是在浪费时间。

任务要求：

1. 德宏公司的人力资源管理存在哪些问题？
2. 工作分析可以应用到人力资源管理的哪个环节？具体应如何实施？

【相关知识】

工作分析可以应用于人力资源管理的以下环节：人事制度的建立健全，人力资源规划，定编定员，人员招聘、配置，绩效考核，薪酬管理，员工培训，工作设计，职业生涯管理。

一、工作分析在人力资源规划中的应用

人力资源规划的制订是以企业的工作分析为基础的，同时它又为下一步的人力资源管理活动确定了目标、原则和方法。

（一）工作分析与需求预测分析

工作分析的目的在于掌握企业现有的人力资源的整体情况；工作职责分析的目的在于掌握各类人员的职责是否符合企业未来的发展目标；工作规范分析的目的在于了解企业现有职位人员是否具备实现企业发展战略的技术和能力；发展战略、企业文化环境的分析可以对企业需要的人力资源数量、质量及结构的总体状况作出预测分析，从而确定企业是否需要进行人员的补充，需要哪种类型的人才补充，并设计出未来所需人员的职责。

（二）工作分析与供给预测分析

企业人力资源供给预测分析的信息主要来源于两个方面：一是企业外部人员的招聘；二是企业内部人员的晋升、调配。企业在对人力资源供给预测的信息进行分析时，都在一定程度上依赖于工作分析的结果，如确定所需人员的标准、提供供给预测分析的资料。

（三）工作分析与人力资源政策

完成人力资源的需求预测与供给预测，比较平衡后企业会制定相应的人力资源政策。

（四）工作分析与人力资源规划的控制与反馈

人力资源规划的最后一个步骤——控制与反馈，即对人力资源规划的合理性、准确性进行反馈，并根据现实情况不断予以修正和完善的过程，是为了实现对人力资源的有效配置，其最终的目标是保证企业战略的顺利实施。这需要以工作分析的结果为依据来检验和衡量。

二、工作分析在人员招聘中的应用

（一）确定招聘需求

通过工作分析掌握人力资源规划中人员配置是否得当，了解招聘需求是否恰当，分析需要招聘职位的工作职责、工作规范。

（二）确定招聘信息

根据工作说明书准备需要发布的招聘信息，使潜在的候选人了解对工作的要求和对应聘者的要求。

（三）发布招聘信息

根据工作规范的素质（知识、技能等）特征要求及招聘的难易程度选择招聘信息发布渠道。

（四）应聘者资料筛选

根据工作规范的要求进行初步资格筛选，以便选择适当的应聘者面试，以节约招聘成本。

（五）招聘测试

根据招聘职位或职位的实际工作，选用适当的方式（操作考试、情境测试、评价中心），选用与实际工作相类似的工作内容对应聘候选人进行测试，了解、测试其在未来实际工作中完成任务的能力。

（六）面试应聘者

通过工作分析掌握面试中需要向应聘者了解的信息，验证应聘者的工作能力是否符合工作职位的各项要求。

（七）选拔与录用

根据工作职位的要求，录用最适合的应聘者。

（八）工作安置和试用

根据工作职位的要求进行人员的合理安置，对试用期的员工进行绩效考核，确认招聘是否满足职位需求。

三、工作分析在绩效管理中的应用

为了制定客观的工作业绩评价指标，必须从员工的工作任务出发，分析工作中的关键工作领域或关键业绩指标，在各项关键业绩指标间分配权重，构成制定岗位的关键业绩指标体系，然后据此确定岗位绩效指标关系。

（一）工作分析与工作绩效范围的确定

绩效管理的基本前提是确定工作绩效的范围，即被考查工作的范围，而这一范围的确定，必须通过工作分析来完成。

（二）工作分析与关键业绩指标的确定

关键绩效指标是指企业宏观战略目标决策经过层层分解产生的可操作性的战术目标，是宏观战略决策执行效果的检测指标。关键绩效指标是衡量企业战略实施效果的关键指标，其目的是建立一种机制，将企业战略转化为内部过程和活动，以不断增强企业的核心竞争力，持续地取得高效益。

关键绩效指标体系与工作分析的关系：中高层职位的绩效指标体系是主要采用关键绩效指标未知的绩效考核体系；基层职位的绩效考核体系是基于战略的关键绩效指标，其内容往往以包含于工作分析所得到的考核指标之中，基层职位形成关键绩效指标、年工作分析和工作任务三位一体的考核指标体系。

（三）工作分析与绩效考核方法的关系

绩效考核的方法主要有特性法、比较法、行为评价法、结果法等以及由各种方法组合或衍生出的其他方法。这些方法都是以工作分析为基础的。

（四）工作分析与绩效考核管理和评估的关系

在绩效管理的任何一个阶段都有可能出现一些问题，如缺乏明确的工作绩效评价标准，工作绩效标准不贴切或主观性太强，工作绩效标准脱离现实等。从实践的角度来看，在排除了企业外部环境因素的前提下进行分析，不难发现，造成这些问题的原因与工作绩效标准没有来源于工作分析有重要的关系。这些绩效管理问题都需要通过工作分析来解决。

四、工作分析在薪酬管理中的应用

薪酬是指员工被组织雇佣、作为个人劳动付出的回报而得到的各种类型的经济或非经济上的回报、报酬。员工的薪酬有很多种形式，如直接经济报酬中的工资、薪水、奖金、佣金、津贴等，间接经济报酬中的各种福利待遇等。

薪酬体系的设计需遵循一定的流程，图 3-7 是一个典型的薪酬体系设计流程。

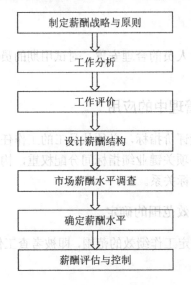

图 3-7　薪酬体系设计流程

从图 3-7 可以看出，薪酬管理从制定薪酬战略和原则开始，然后进行工作分析，在工作分析的基础上进行工作评价，对企业内部的各个岗位进行价值衡量，以确保各个职位的相对价值。再根据工作评价的结果将所有的岗位划分为一定的工资等级，通过各种方式了解市场薪酬水平，特别是那些与本企业有竞争关系的企业相似岗位的市场劳动力价格。通过对比将企业内的岗位的相对价值用薪酬的绝对值水平来表示，确定薪酬水平。最后对薪酬结构中的特殊岗位进行调整，以保持组织内薪酬的吸引力和成本的合理性。

从薪酬设计流程可以看出，企业薪酬设计必须建立在科学的工作评价基础之上，而工作评价的依据则来自工作分析形成的工作说明书。因此，以工作分析为基础的工作评价是薪酬设计的客观依据，也可以说，工作分析是薪酬体系设计的前提和基础。

五、工作分析在培训与开发中的应用

工作分析对培训的贡献与支持主要集中在对培训需求的分析这一阶段，如表 3-6 所示。

表 3-6　工作分析对培训的贡献与支持

培训需求分析的层次	工作分析的贡献与支持
组织分析	一是帮助企业构建内部的人力资源信息系统，使企业能够对人力资源现状进行度量；二是提供关于工作的情境信息，包括关于职位最终产品与服务、工作流程、工作成本等方面所面临的问题，以找到企业中可以改进的方面，从而为企业层面的培训需求的确定提供依据
任职资格分析	一是岗位说明书，关于岗位的知识要求、技能要求以及素质要求中纯粹属于能力而与个性无关的部分，如信息收集能力、观察能力、计划能力、组织能力等。二是自我观念、内在动机等，在岗位说明书中则体现为素质要求中的个性特征部分，如责任心、外向性等。在这两个部分中，前者是较容易改变的，而后者则较为稳定与固化，改变起来相当困难。培训中的任职资格主要针对前者
人员分析	人员分析是建立在任职资格分析之上，将任职资格与任职者现状进行对比的过程，因此，工作分析对人员分析的贡献主要体现在任职资格分析之中

【知识应用】

三维通信有限公司成立于 2002 年，倾力为海内外客户提供卓越的无线网络覆盖产品和服务，以业内最高质量体系 TL9000 为标准，与国内外专业厂商合作，采用领先的生产自动测试技术，以专业精神、创新思维，自主开发出多款高性能的、符合客户需求的无线网络覆盖产品。

该公司高薪招聘了 40 名本科以上学历的技术型人才。招聘时该公司人力资源部承诺为新进员工提供良好的工作环境、优越的工作条件和具有诱惑力的薪水。然而，很多员工工作不到一年，各类问题接踵而至：有人抱怨专业不对口，技术优势无法发挥；有人认为自己的才能远远超过岗位工作的要求；有人反映工作条件并不能满足岗位工作的需要，而有些资源却没有充分利用。更有甚者，在一次偶然的技术事故中，当事人以岗位说明书未注明工作风险的可能性为由，推脱责任。部分表现出类拔萃的优秀员工离开了公司。员工的不满情绪和换岗要求搞得人力资源部经理非常困惑。

试为三维通信有限公司的技术型人才拟定清晰的岗位说明书，为公司招聘到合适的技术型人才。

【模块知识小结】

本模块主要介绍了工作分析的基本流程、内容、常用的方法，岗位说明书的编写等内容。工作分析又称岗位分析，是指收集分析企业中的工作岗位，制定岗位说明书和工作规范书等人力资源管理文件。工作分析的常用方法有观察法、访谈法、问卷法、工作日志法、专家会议法、关键事件法等。

【复习思考题】

1. 工作分析的时机有哪些？
2. 岗位说明书在哪些人力资源管理环节中可以使用？
3. 岗位说明书的结构包含哪些部分？各自有什么内容？
4. 工作分析的方法有哪些？

【企业案例分析】

伟晨公司是我国东北地区的一家房地产开发公司。近年来，公司飞速发展，规模持续扩大。随着公司的发展壮大，众多的人力资源治理问题逐渐凸显出来。

人力资源部开始着手进行人力资源治理的变革，变革首先从进行工作分析、确定职位价值开始。工作分析、职位评价究竟如何开展，如何抓住工作分析、职位评价过程中的要害点，为公司本次组织变革提供有效的信息支持和基础保证是摆在伟晨公司面前的重要课题。

首先，伟晨公司开始寻找进行工作分析的工具和技术。在阅读国内目前流行的工作分析书籍之后，他们从中选取了一份工作分析问卷作为收集职位信息的工具。然后，人力资源部将问卷发放到了各个部门经理手中，同时他们还在公司内部网上发布了一份关于开展问卷调查的通知，要求各部门配合人力资源部的问卷调查。

据反映，问卷在下放到各部门后却一直搁置在各部门经理手中，而没有下发下去。很多部门是直到人力资源部开始催收时才把问卷发放到每个员工手中。同时，由于员工都很忙，很多人在拿到问卷之后，没有时间仔细思考，而是草草填完了事。还有很多人在外地出差或者任务缠身，自己无法填写而由同事代笔。此外，据一些较为重视这次调查的员工反映，大家都不了解这次问卷调查的意图，也不理解问卷中那些生疏的治理术语，何为职责，何为工作目的，许多人对此并不理解。很多人就疑难问题向人力资源部进行询问，可是不知道具体该找谁。因此，在回答问卷时只能凭借自己个人的理解来填写，无法把握填写的规范和标准。

一个星期后，人力资源部回收了问卷。他们发现，问卷填写的效果不太理想，有一部分问卷填写不全，一部分问卷答非所问，还有一部分问卷根本没收上来。辛苦调查的结果却没有发挥它应有的价值。

与此同时，人力资源部着手选取一些职位进行访谈。但在试着访谈了几个职位之后，他们发现访谈的效果也不好。因为，在人力资源部，能够对部门经理访谈的只有人力资源部经理一人，主管和一般员工都无法与其他部门经理进行沟通。同时，由于经理们都很忙，能够把双方凑到一块，实在不易。因此，两个星期过去了，只访谈了两个部门经理。

这时，各种职位的信息收集还不完全。怎么办呢？人力资源部在无奈之中，不得不另觅他途。于是，他们通过各种途径从其他公司收集了许多岗位说明书，试图以此作为参考，结合问卷和访谈收集的一些信息来撰写岗位说明书。

在撰写阶段，人力资源部成立了几个小组，每个小组专门负责起草某一部门的岗位说明书，并且要求各个组在两个星期内完成任务。在起草岗位说明书的过程中，人力资源部的员工都颇感为难，一方面，他们不了解其他部门的工作，问卷和访谈提供的信息又不准确；另一方面，他们缺乏写岗位说明书的经验。因此，写起来都觉得很费力。规定的提交时间快到了，很多人为了交稿不得不东拼西凑了一些材料，再结合自己的判定，最后成稿。

最后，岗位说明书终于出台了。然后，人力资源部将成稿的岗位说明书下发到各个部门，同时，还下发了一份文件，要求各部门按照新的岗位说明书来界定工作范围，并按照其中规定的任职条件来进行人员的招聘、选拔和任用。但这却引起了其他部门的强烈反对，很多部门经理公开指责人力资源部，说人力资源部的岗位说明书是一堆垃圾，完全不符合实际情况。

于是，人力资源部与相关部门召开了一次会议来推动岗位说明书的应用。人力资源部经理本来是想通过会议来说服相关部门支持自己的工作，但结果却恰恰相反。在会上，人力资源部遭到了各个部门的一致批评。同时，人力资源部由于对其他部门不了解，对其他部门提出的很多问题也无法进行解释和反驳，因此，会议的最终结论是，让人力资源部重新编写岗位说明书。后来，经过多次重写和修改，岗位说明书始终无法令人满意。最后，工作分析项目不了了之。

人力资源部的员工在经历了这次失败之后，对工作分析彻底丧失了信心。他们认为，工作分析只不过是"雾里看花,水中望月"的东西,说起来挺好,实际上没什么大用。他们还认为工作分析只能针对西方国家那些治理先进的大公司,拿到中国企业来,根本行不通。原来雄心勃勃的人力资源部经理也变得心灰意冷,他对这次失败耿耿于怀,对项目失败的原因也是百思不得其解。

(资料来源:http://www.doc88.com/p-998957799799.html.)

思考:
1. 在工作分析的整个组织与实施过程中,伟晨公司存在着哪些问题?
2. 伟晨公司所采用的工作分析工具和方法,主要存在着哪些问题?
3. 如果你是人力资源部新任的主管,让你重新负责该公司的工作分析,你将如何开展工作?

【能力训练】

假如你是一位工作分析专家,就近到一家麦当劳或者肯德基快餐店,运用现场观察法和访谈法进行工作分析,并回答下列问题:你能观察到的岗位有哪些?各个岗位的主要职责和任务是什么?岗位之间有什么关联关系?不同的岗位对任职者的要求有什么不同?选择其中一个相对重要的岗位,编制一份详细的岗位说明书。

模块四

员工的招聘与甄选

【学习目标】

能力目标

1. 能够设计和实施招聘选拔方案；
2. 能够采用专业的方法进行招聘和甄选面试。

知识目标

1. 理解员工招聘与甄选工作的意义；
2. 掌握招聘工作的具体流程；
3. 理解招聘选拔工作的要求；
4. 掌握员工招聘渠道；
5. 掌握员工测评方法；
6. 掌握员工面试方法。

素质目标

1. 通过资料收集、课外调查和课堂研讨，提高学生的组织能力；
2. 通过小组集体学习和训练，培养学生的团队协作精神。

任务一 认知员工招聘

【工作情境】

天宇公司于1990年在中国正式注册成立，是一家生产、销售通信设备的通信科技公司。该公司的产品主要涉及通信网络中的交换网络、传输网络、无线及有线固定接入网络和数据通信网络及无线终端产品，为世界各地通信运营商及专业网络拥有者提供硬件设备、软件、服务和解决方案。该公司的产品和解决方案已经应用于全球160多个国家，服务全球运营商50强中的45家及全球1/3的人口。

天宇公司由于新产品的上市，需要开发新专卖店，急需一批销售人员。人力资源部按照以往的经验，从以往招聘销售人员的人才库里重新选拔，根据成熟专卖店对销售人员的要求，即拥有丰富的行业经验和较强的销售能力，进行招聘选拔。由于人才库的应聘人数有限，结果为新专卖店招进来的这批高薪聘用的销售团队的业绩并没有比应届毕业生高。后来人力资源部才发现新开发专卖店的所需销售人员和以往成熟专卖店的销售人员要求不一样,他们应具有市场拓展和新店开发的经验。

任务要求:
1. 对企业而言,什么样的招聘程序才是最有效的?
2. 根据天宇公司的实际,一份完善的招聘计划书应该包括哪些内容?
3. 根据天宇公司的实际,如何设计一份吸引人的招聘广告?

【相关知识】

员工招聘简称招聘,是"招募"与"聘用"的总称,是指企业为了发展的需要,根据人力资源规划和工作分析的要求,寻找、吸引那些既有能力又有兴趣到本企业任职的人员,并从中选出合适人员予以录用的过程。员工招聘是企业人力资源管理活动的基础,有效的招聘工作能为以后的培训、绩效管理、薪酬管理、劳动关系等管理活动打好基础。因此,员工招聘是人力资源管理的基础性工作。

一、员工招聘的意义

企业的竞争归根结底是人才的竞争。在企业的发展过程中能不能在恰当的时候获取企业所需要的人才,为不同岗位挑选出最合适的人选,实现人、岗和组织的最佳匹配,达到人尽其才,才尽其用,这是企业能否在竞争中取得胜利的关键一环。企业的员工招聘具有重要的意义,具体表现在以下几个方面。

(一)员工招聘是企业补充人力资源的基本途径

企业要生存和发展,就必须拥有高质量的人力资源。获取高质量的人才,能够大大提升企业的竞争力。现代企业的成功更多地依赖于员工的质量与能力。这意味着企业拥有员工的质量,在绝大程度上决定着企业在市场竞争中的地位。招聘工作是企业通过甄别、筛选,最后获得高质量人才的最佳途径。有效的招聘工作,能加速企业所需人才的集聚,有助于企业经营目标的实现。

(二)员工招聘有利于增强组织市场竞争力

市场竞争归根到底是人才的竞争。一个组织拥有什么样的员工,就在一定意义上决定了它在激烈的市场竞争中处于何种地位:是立于不败之地,还是最终面临被淘汰的命运。但是,对人才的获取是通过人员招聘这一环节来实现的。因此,招聘工作能否有效地完成,对提高组织的竞争力、绩效及实现发展目标,均有至关重要的影响。

(三)员工招聘有助于组织形象的传播

美国学者的研究结果显示,企业招募过程质量的高低会明显地影响应聘者对企业的看法。许多经验表明,人员招聘既是吸引、招募人才的过程,又是向外界宣传企业形象、扩大组织影响力和知名度的一个窗口。应聘者可以通过招聘过程来了解该企业的组织结构、经营理念、管理特色、企业文化等。尽管人员招聘不是以企业形象传播为目的的,但招聘过程客观上具有这样的功能,这是企业不可忽视的一个方面。

二、影响员工招聘的因素

影响员工招聘的因素主要有外部和内部两个方面。

（一）外部因素

有许多外部因素影响着企业的招聘工作，这些因素对于企业来说是不可控的，主要包括以下几个方面。

1. 劳动力市场

通常把劳动力供给小于需求的市场称为短缺市场，而把劳动力供给充足的市场称为过剩市场。一般来说，当失业率比较高时，在外部招聘人员比较容易。相反，某类新兴行业所需的技术人员的短缺可能引起其价格的上升并迫使企业扩大招聘范围，有的企业甚至从国外高薪聘请，而使招聘工作变得错综复杂。因此，劳动力市场状况会影响招聘计划、范围、来源、方法和成本。为了有效地工作，招聘人员必须密切关注劳动力市场的变化，并进行充分分析。

2. 国家的政策和法规

政府对全社会的人力资源配置承担着宏观调控的责任，并通过法律、法规和政策从客观上界定了企业招聘对象选择和限制的条件。例如，西方国家中的人权法规定在招聘信息中不能有优先招聘哪类性别、种族、年龄、宗教信仰的人员的表述，除非这些人员是因为工作岗位的真实需要。在我国，和招聘有关的法律主要是《中华人民共和国劳动法》（以下简称《劳动法》）以及与之配套的一些法律法规。

3. 教育发展水平

教育和培训是把潜在的人力资源变成现实的人力资源的重要手段和途径。一个国家和地区的教育发展水平高低，直接影响着劳动力资源供给的质量。在发达国家，由于教育体系完备，教育资源丰富，因而能培养出大量高素质、高能力的人才。不同国家和地区之间，由于存在着教育水平的客观差异，导致了人力资源供给在数量和质量上的差异。

（二）内部因素

1. 企业的形象

企业是否在应聘者心中树立了良好的形象以及是否具有强大的影响力，将直接影响着企业对人才的吸引力，引起应聘者对企业空缺职位的兴趣，从而有助于提高招聘效果。而企业是否具有吸引力取决于多种因素，如企业的发展前景、发展阶段、薪酬待遇、老板的个人魅力、工作机会以及企业文化等。例如，一些老牌的大型企业，以其在公众中的声望和地位，就能很容易吸引大批应聘者。

2. 企业的招聘成本

企业招聘活动所产生的成本是必须考虑的因素。企业的招聘成本直接影响招聘效果，招聘资金充足的企业在招聘渠道上可以有更多的选择，它们可以花大量费用做广告，所选择的传播媒体可以是在全国范围内发行的报纸、杂志和电视等。此外，也可以去大学或其他地区招聘。同时，由于资金充足，企业可以大大提升自己在人才市场上的吸引力，如在高校设立奖学金等。

3. 企业的招聘政策

企业的招聘政策影响着招聘人员选择的招聘方法。例如，对于要求较高业务水平和技能的工作，企业可以利用不同的来源和招聘方法，这取决于企业高层管理者是喜欢从内部还是从外部招聘。目前，大多数企业倾向于从内部招聘上述人员，这种内部招聘政策可以向员工提供发展和晋升机会，有利于调动员工工作的积极性。如果内部没有合适的人选，企业可以通过外部招聘，或者通过猎头获得稀缺人才。

三、招聘的程序

为了保证招聘工作的科学、规范、高效，提高招聘的效果，招聘活动一般要按照下面几个步骤来进行。

（一）确定招聘需求

招聘需求主要由用人部门根据企业总体发展规划、战略业务发展情况等制定用人需求。一般由空缺职位的部门负责人向人力资源部门提出人员补充要求，需求的数量和要求写清楚，并如实汇报到人力资源部门。人力资源部门接到需求后，在对组织人力资源现状进行分析的基础上对各个部门的人力资源需求进行确认。人力资源部门对招聘需求的确认，包括需求数量、岗位工作内容和基本任职资格等。有的企业，还对薪酬水平或其他特殊要求进行确认。这些内容的确认，以人力资源规划和工作分析为基础。但在具体的实际工作中，并不一定一旦职能部门发生职位空缺，就一定会采取招聘这种方式来解决。更多的情况是，人力资源部门接到人员短缺报告的申请后，人力资源经理往往会先对本组织现有的人力资源存量进行分析，分析是否可以通过内部岗位调动或岗位职责调整等方式来解决职位空缺问题。

（二）制订招聘计划

在确定招聘需求之后，接下来的工作就是制订招聘计划。由于内部招聘是在企业内部进行的，相对比较简单，因此招聘计划大多都是针对外部招聘而制订的。科学地设计、制订一个具有影响力和吸引力的招聘计划，对整体招聘工作的开展以及人员招聘质量都具有重要的意义。人力资源招聘计划的制订一般包括以下几个方面的内容（表4-1）。

（1）人员需求清单，包括招聘的职务名称、资格条件、工作要求和招聘数量等。

（2）招聘时间。企业的职能部门一旦产生职位空缺，都希望人力资源部门能在最短的时间内为其招聘到合适的人选。但招聘工作需要花费一定时间，再加上选拔和岗前培训的时间，所以应合理安排好招聘时间。最常用的确定招聘时间的方法是时间流失数据法。该方法显示了招聘过程中关键决策点的平均时间间隔，通过这些时间间隔可以确定招聘的时间。使用这个方法确定招聘时间时，要考虑两个因素：招聘录用的所有流程和流程中每个环节所需的时间。环节越多，各环节的时间越长，那么招聘开始的时间就要越早。

（3）选择招聘来源和渠道。根据人员需求清单和人力资源部门对现有的企业总体的人力资源情况进行分析，确定招聘的来源。企业的招聘来源可以分为内部和外部。然后，再根据不同的招聘来源选择不同的招聘渠道。

（4）确定招聘小组人选，包括小组人员的姓名、职务、各自的职责。

（5）应聘者的选拔方案，包括选拔的场所、时间、方式、考题设计等。

（6）招聘的截止日期和新员工的上岗时间。

（7）招聘费用预算。在招聘计划中，还要对招聘的预算作出估计。招聘的成本一般由以下几项费用组成：①人工费用，包括负责招聘人员的工资、福利、差旅费、生活补助以及加班费等；②业务费用，包括通信费、专业咨询与服务费、广告费、资料费等；③一般管理费用，包括临时租用设备、场地等费用。准确的招聘费用预算，不仅有利于控制招聘成本，也有利于高层管理者对招聘计划的可行性进行判断。

（8）详细的招聘工作时间表。

（9）招聘广告样稿。

表 4-1 招聘计划

一、招聘目标（人员需求）		
职务名称	人员数量	其他要求
软件工程师	1	本科以上学历，相关工作经验 5 年以上，35 周岁以下
销售经理	3	本科以上学历，相关工作经验 3 年以上，40 周岁以下
行政文员	2	专科以上学历，女性，28 周岁以下
二、信息发布的时间和渠道		
1. ××日报		3 月 8 日
2. ××招聘网站		3 月 8 日
三、招聘小组成员名单		
组长：张××（人力资源部经理），对招聘活动全程负责		
成员：陈××（人力资源部培训专员），具体负责应聘人员接待、应聘资料整理		
刘××（人力资源部招聘专员），具体负责招聘信息发布、面试、笔试的安排		
四、选拔方案及时间安排		
1. 软件工程师		
资料筛选	开发部经理	截至 3 月 15 日
初试（面试）	开发部经理	3 月 17 日
复试（笔试）	开发部命题小组	3 月 19 日
2. 销售经理		
资料筛选	销售总监	截至 3 月 15 日
初试（面试）	销售总监	3 月 17 日
复试（面试）	销售总经理	3 月 19 日
3. 行政文员		
资料筛选	行政部经理	截至 3 月 15 日
面试	行政部经理	3 月 17 日
五、新员工的上岗时间		
预计在 3 月 25 日		

续表

六、费用招聘预算	
1. 广告刊登费	××元
2. 招聘网站信息刊登费	××元
七、招聘工作时间表	

3月1日：起草招聘广告
3月2—3日：进行招聘广告版面设计
3月4日：与报社、网站进行联系
3月8日：报社、网站刊登广告
3月9—15日：接待应聘者、整理应聘资料、对资料进行筛选
3月16日：通知应聘者面试
3月17日：进行面试
3月19日：进行软件工程师笔试（复试）、销售经理面试（复试）
3月22日：向通过复试的人员通知录用
3月25日：新员工入职

（三）撰写招聘广告

1. 招聘广告的编写原则

招聘广告不仅要为企业招揽人才，也是招聘企业对外的一种宣传。一般而言，招聘广告的写作方式须符合企业特色，应遵循以下几点原则。

（1）真实。这是编写招聘广告的首要原则。企业必须保证招聘广告内容客观真实，并且要对虚假广告承担法律责任。

（2）合法。广告中出现的信息要符合国家的法律、法规和政策。

（3）简洁。广告的编写要简洁明了，重点突出招聘单位的岗位名称、任职资格、工作职责、工作地点、社会保障、联系方式、薪资水平、福利待遇等内容。这些内容对充实招聘广告是必不可少的，求职者只有从招聘广告里得到了他想要的足够的信息，才会向企业投放简历。对企业的介绍要简明扼要，不喧宾夺主。

（4）实效。编写招聘广告不必拘于格式对错、内容长短，灵活、清楚表述招聘内容就是一份好的招聘广告。广告没有格式可言，一切以实效为目的，所有对格式的追求，都是徒劳的，因为广告最不讲形式，实效才是唯一真理。

2. 招聘广告内容

招聘广告的内容包括以下几个方面。

（1）广告题目。首先标题一定要简洁醒目，吸引人来看。广告题目一般是"××公司招聘""高薪诚聘"等。

（2）企业简介。企业简介包括企业的全称、性质、主营业务等，要求简明扼要。

（3）审批机关。发布招聘广告一般要经过人事主管机关进行审批，一般是当地的人才交流中心。

（4）招聘岗位。招聘岗位部分包括岗位名称、任职资格、工作职责、工作地点等内容。

（5）人事政策。人事政策包括公司的薪酬政策、社会保障政策、福利政策、培训政策等内容。

（6）联系方式。联系方式包括公司地址、联系电话、联系传真、网址、电子邮件地址、联系人等内容。

3. 编写招聘广告的注意事项

人才选拔决定的企业的核心竞争力。随着人才竞争的激烈，让企业更加重视人才招聘工作。作为人力资源部门的重要工作，招聘广告的设计将影响着它的宣传效果。一份优秀的招聘广告要充分显示出企业对人才的吸引和企业自然的魅力。如何才能编写出吸引人的招聘广告呢，应尤其注意以下几个方面。

（1）要弄清楚招聘广告要发布在哪个媒体，这点很关键。现场招聘海报岗位突出，要求及待遇明了，企业优势要简洁明了地表达出来，切忌繁文缛节，否则既占篇幅又没说到重点，避免求职人群走马观花遗漏招聘岗位。网络招聘因为不受字数限制，可以对企业做详细的介绍和描述。报纸招聘因为受到版面的限制，字数不能太多，原则是简单明了，把主要信息说清楚就可以了。

（2）明确招聘广告的主要组成部分。一般来讲，招聘广告主要是写给求职者看的，主要信息有企业名称、企业简介、岗位名称、招聘名额、职位描述、职位要求、联系方式等。如何通过设计、创意把这些内容展示出来，吸引应聘者的注意。

（3）招聘广告也可以将企业对人才如何重视、对人才如何培训、对人才如何晋升等关键点突出来，增强吸引力。

（4）避免不必要的争议。广告招聘的内容不能有对种族、性别、年龄的偏见。

延伸阅读

长城汽车公司招聘人力资源助理的广告创意

位于保定的长城汽车公司此次主要是招聘人力资源助理，因此广告的创意主要目的是吸引人力资源方面的人才去应聘。根据招聘岗位的特点，是为了吸引更多刚毕业的大学生去应聘，广告应充满活力和新鲜感，并且能够把应聘者关心的事项（如待遇、发展空间等）展示出来。长城汽车公司的广告创意如下：

以灰太狼刚从大学人力资源专业毕业，要找相关方面的工作，并找到了长城汽车公司，要去应聘之前和红太郎进行一段对话。

灰太狼："老婆，长城汽车公司要招聘人力资源助理，想去应聘。"

红太狼："那是什么公司啊？那个职位都干什么呀？"

灰太狼："长城汽车公司是中国最大规模的民营汽车制造企业，是中国首家融资17亿港元在香港上市的民营汽车制造企业，连续10余年创造了高增长和盈利的业绩，经济实力雄厚，连续多年为保定市第一纳税大户。长城汽车公司是中国民营上市公司十强企业、河北省百强企业。我应聘的工作主要负责管理各类人事资料，办理人事相关手续，协助招聘、培训、薪酬福利等各项工作。"

红太狼："听起来还不错，工资怎么样？"

灰太狼："（假设）工资制度是：试用期，工资+出勤奖+奖金；转正后，工资+住房补贴+生活补贴+年终奖。"

> 红太狼:"那还等什么! 还不快去应聘,整天在家闲着干吗!"
> 灰太狼:"马上去,马上去。"
> 在此对话的旁边写上"保定长城我动心,我选择! 保定长城你加入了吗?"的标语。
> 利用这则招聘广告创意制作的招聘广告,吸引了大量的大学毕业生去参加招聘,为长城汽车公司提供了更多的选择人才的机会。
>
> (资料来源:http://www.docin.com/p-912154018.html。)

四、员工招聘原则

轻率的招聘既是对员工的不负责,也是对公司的不负责。招聘是人力资源管理的第一环节,是与绩效考评并齐的世界性管理难题。员工招聘应遵循的基本原则包括以下几个方面。

(一) 人岗匹配原则

招聘的目的不是选拔和录用最优秀的人员,而是要招聘到最适合企业的人员。实际上,企业在招聘之前,根据工作分析中的任职资格,已经有了这个人的轮廓,并详细界定了他的各种素质和能力。员工招聘,就是找到对号入座的人。

(二) 外部招聘和内部选拔相结合的原则

企业发展需要引进外部人才,需要"空降兵"。因为企业也和万物一样需要"杂交",一味"近亲繁殖"会出现管理退化、老化、固化、缺乏活力。但是企业的主要人才选拔方式还应侧重于内部选拔、竞争上岗,自己培养人才,这样能让内部员工看到成长有路,有希望,当然也能减少内外"磨合期",有利于公司的稳定。

(三) 效率原则

员工招聘录用以提高企业效率、提高企业竞争力、促进企业发展为根本目标,为企业人力资源管理奠定基础。企业可以采取领导招聘和后续服务相结合的办法,由最高领导人现场招聘,直接回答应聘者提出的一些问题,双方满意当时就可拍板,既提高效率,又会招到所需的好人才。人才引进之后,后续的服务性工作一定要跟上。留住人才是一个系统工程,要用愿景留人、待遇留人、情感留人、福利留人、事业留人。

(四) 客观原则

对于所有应聘者,企业应当一视同仁,不得人为地设置各种不平等的限制。企业在招聘过程中要避免出现以下行为:一是反弹效应,人们会倾向于寻找一个与过去不满意的人的特点相反的人,或寻找一个与过去满意的人的特点完全一致的人;二是不现实的要求,企业提出的招聘要求只有"超人"才能达到。

华为招聘的七大原则

员工招聘是企业获取人才以保持自身活力和健康发展的重要环节,而华为的成功很大程度上是其人才战略的成功。华为进行招聘始终遵循一个原则：招聘公司规划中最需要的人才，做到让所有招聘到的员工都能人尽其才。

原则1：最合适的，就是最好的。
原则2：强调"双向选择"。
原则3：坚持条条都要有针对性的招聘策略。
原则4：招聘人员的职责=对企业负责+对应聘者负责。
原则5：用人部门要现身考场。
原则6：设计科学合理的应聘登记表。
原则7：人才信息储备就是给企业备足粮草。

（资料来源：http://news.peixun360.com/63226.）

五、招聘选拔工作的要求

（一）招聘选拔者具备的知识和技能

一个合格的招聘选拔者首先自身需要具备良好的专业知识和技能，这是企业能够成功选拔到最合适人选的基础。招聘选拔工作者所需要具备的知识和技能通常包括以下几个方面。

（1）能够准确理解职位需求。这是对招聘选拔者最基本的要求，一个不能有效理解职位需求的招聘人员很难帮助用人部门选到合适的人选。

（2）对企业及行业、业务知识有一定的基本储备。一名合格的招聘选拔者应该理解公司的战略、了解部门的业务、领会企业文化以及对企业现有人员现状的把握，这是做好招聘工作的选拔必备的基础。

（3）迅速获取人才信息的能力。招聘选拔者能够准确、快速地获取到应聘者的相关信息。

（4）熟练应用招聘选拔工具的技能。招聘选拔人员必须对招聘所使用的工具有深入的理解和掌握，能够有效组织使用招聘选拔工具，并能够对结果进行正确的分析和解读。

（5）具有一定观人的能力。招聘选拔者必须对人的特质、动机、个性、心理具有足够的敏感性，并且能够作出准确的判断。

（二）招聘选拔者具备的素质

合格的招聘选拔者除了掌握基本的知识和技能之外，还需要具备一定的职业素质，具体包括以下几个方面。

（1）认真负责的工作态度。招聘选拔者必须具有高度的责任意识，既对企业、用人部门负责，同时也应对求职者负责。一般而言，招聘选拔工作需要连续高强度的工作，同时对应聘者信息的判断不能盲目自大，不能过于相信自己的直觉，能够从求职者信息中的蛛丝马迹进行准确分析和深度挖掘，勤奋敬业、严谨细致的工作作风是保证其工作质量和效率的重要条件。

（2）良好的服务意识。招聘选拔者应给自己一个准确的定位，首先是一个服务者，而不是一个人事官员，其角色首先是为用人部门提供人才供给服务的。

（3）宽阔的胸怀。招聘选拔者必须具备良好的大局意识和开放的胸怀，否则坚决不能交付其人才招聘的职责与任务。

（4）自尊与尊人。招聘选拔者直接决定了候选人对公司的第一印象，一个优秀的招聘选拔者应该在保持内在严肃认真的同时，对应聘者给予充分的尊重，除了精心设计的压力测试类环节外，应尽量让应聘者保持轻松，使其能够充分展现真实的自己。这也有利于企业招到合适的人选。

【知识应用】

2015年，罗格朗集团首度被列为环球指数100成员企业，在全球可持续发展企业百强排行第48位。罗格朗集团成立于1860年，致力于为各类型建筑提供完整的电气解决方案，在80个国家设有分支机构，拥有36 000名雇员，旗下经营罗格朗、视得安、卡博菲等32个商业品牌，有215 000个不同系列产品，包括开关插座、智能系统、楼宇对讲系统、综合布线、线缆管理、低压产品等。20世纪90年代初，罗格朗集团进入中国。20年来，罗格朗集团一直以并购的方式迅速成长。在中国，罗格朗集团拥有6 000名员工，分布于上海总部、北京、无锡、惠州、东莞、深圳、香港分公司，以及45个大中型城市中的100多个销售办事处。罗格朗集团的主要优势为强大的销售能力和经销商网络。

罗格朗集团欲在中国范围内进行招聘，招聘的岗位是会计人员和一般管理人员，请你为该公司设计一份招聘广告。

任务二　认知员工招聘的渠道

【工作情境】

开信公司是一家电子商务企业，是中国最大的电子商务公司之一，员工人数超过20 000人，该公司拥有中国领先的B2B电子商务公司、在线零售网站、第三方在线支付平台、以数据为中心的先进云计算服务开发平台和中国领先的门户网站。该公司拟拓展广西市场，现希望招聘1名地区销售经理、10名销售人员，公司提供了每个岗位完善的岗位职责。销售经理的主要职责是负责市场调研和需求分析、年度销售的预测、目标的制定及分解、制定销售计划和销售预算、销售渠道和客户的管理、组建和管理销售队伍，应具备较强的市场分析、营销、推广能力，良好的人际沟通、协调能力，分析和解决问题的能力；销售人员的主要职责是主动寻找并上门拜访企业客户，推广销售网络及其增值服务。

任务要求：

1. 对开信公司而言，有哪些渠道可以获得应聘者的消息？

2. 根据开信公司的现状，采取哪种招聘方式更能有效获得应聘者的消息，从而招聘到合适的人才？请说明理由。

【相关知识】

鉴于企业对招聘人员的需求及应聘者层次的不同，人力资源部门应在招聘前对招聘对象进行划分，以最有效的招聘方式进行招聘。招聘渠道有两个方面：一是内部招聘，从企业内部人力资源储备中选拔出合适的人员补充到空缺或新增的岗位上；二是外部招聘，指对外发布招聘信息，通过对其外部人员进行筛选并择优录取，弥补岗位的空缺。

一、外部招聘渠道

企业每年都会有退休、离职的员工，有的企业会有新增业务模块需要增加招聘新员工补充到相应岗位。随着移动互联网时代的到来，企业招聘人才的途径越来越多样化。企业发布招聘信息和应聘者接受信息的渠道更加广泛，外部招聘员工的渠道也越来越多元化。

（一）校园招聘

校园招聘通常是指企业直接从应届专科生、应届本科生、应届硕士研究生、应届博士研究生中招聘企业所需要的人才。对于应届毕业生的招聘和暑期临时工的招聘可以通过校园招聘的方式进行。对于个别优秀的学生，可以由学校推荐，也可以通过和学校联合培养的形式进行。校园招聘的优点是，企业可以找到足够数量的可塑性人才，比较有活力，干劲充足，一般刚毕业的学生学习能力较强。但是与具有多年工作经验的人相比，刚毕业的学生没有实际工作经验，相应地薪酬也较低，培训成本较高。另外，学生在求职中会有"脚踩多只船"的问题，因而可能花费很大的力气物色到了合适的人选，到时候学生却拒绝了。宝洁、微软等大型企业每年都会通过校园招聘的方式招聘新员工。

（二）猎头招聘

猎头招聘主要是指通过猎头公司为企业输送中高层次人才。猎头公司是为企业物色人力资源的专业机构，这些机构扮演着双重角色，一方面为企业选聘有经验的专业人士和管理人员，另一方面帮助人才找到合适的雇主。这种招聘渠道对企业来说，比较省时、省力，当企业急需用人的情况下，并且是中高层管理者时或高端人才时，采取猎头招聘方式是较理想的选择。企业只需将其空缺职位的相关信息交给猎头公司，猎头公司就会根据自身掌握的资源和信息寻找和考核人才，并将合适的人员推荐给企业。但是利用猎头公司招聘的成本是相当高的，猎头公司一般会收取人才年薪的 20%～30%作为猎头费用。企业如果准备招聘高端人才，可以考虑通过猎头招聘这种渠道。

（三）网络招聘

互联网为企业实行网上招聘提供了平台，网络招聘就是通过公司网站或专业招聘网站发布招聘信息进行招聘的方式之一。企业的人力资源管理部门通过互联网或内部网发布招聘信息，并通过 E-mail 或简历库收集应聘信息或者在数据库的终端填写信息，经过信息处理后，初步确定所需岗位人选的一种招聘方法。网络招聘的主要优点是招聘的成本比较低，信息收集及时、充分，缩短企业招聘时间；企业选择余地较大，不受空间和时间的限制，应聘者也可以随时了解招聘信息，最重要的是在使用视频简历的情况下，企业不用见应聘者本人，就能够较全面地了解应聘者了，这能很大程度上节约了应聘者和用人单位的时间。网络招聘的主要缺点是不能很好控制招聘人员数量和质量，不能进行面对面的交流，不适合招聘知识技能要求较低的职位。

（四）现场招聘会

人才交流中心或其他人才服务机构每年都要举办多场人才招聘洽谈会。在招聘会中，用人企业与应聘者可以直接进行交流，节省了企业和应聘者时间，当然双方只能进行初步的选择，企业会将大量的信息带回去做进一步的筛选。随着人才市场的日益完善，现场招聘会呈现出向专业方向发展的趋势，如有中高级人才洽谈会、应届生双向选择会、信息技术交流人才交流会等。但是现场招聘会的专业化在方便企业的同时，也带来了一定的负面效应。如果企业需要同时招聘几种人才，那么就要参加几场不同的招聘会，这提高了企业的招聘成本。通过参加现场招聘会，企业招聘人员不仅可以了解当地人力资源的素质状况，还可以了解到同行业其他企业人事政策和人力资源需求状况。

延 伸 阅 读

人人可举办招聘会，是否可以打破招聘难的现状

随着网络技术的发展，招聘求职从之前的传统招聘发展到了网上求职，但是仍然改变不了招聘难、求职难的问题，不少人力资源主管抱怨"招聘真难""招不到人才"。而网络现场招聘会，实现了人人可以举办招聘会。就如淘宝一样，只要注册账号，就可以开店，卖女装的淘宝店统统归到"女装"这个分类下面，这样购买者可以很方便地找到自己想要的分类产品。对于网络现场招聘会也是如此。例如，举办"广告专业类招聘会""退伍军人招聘会"等，不论对求职者还是招聘者，针对性更强。当然，不仅企业，个人也可以举办招聘会。以"广告专业招聘会"为例，如果求职者是广告专业的学生，然而招聘会场该职位的招聘信息较少，这样个人就可以举办专门针对广告专业的招聘会，如果相关企业要招聘，就会首先选择这个招聘会，因为针对性更强，会有更加集中的求职者，相对来说更容易招到人才。

（资料来源：http://www.ceconlinebbs.com/FORUM_POST_900001_900004_1063295_0.HTM）

（五）员工推荐

企业通过内部员工推荐其亲戚、朋友、同事等来应聘企业的空缺职位，从而可以较快地招到符合职位要求的合适人才。员工推荐对招聘专业人才比较有效。这种招聘方式最大的优点是企业和应聘者双方掌握的信息较为对称，招聘成本小，针对性较强，介绍人会将应聘者真实的情况向企业介绍，企业可以不对应聘者进行真实性考查，同时应聘者也可以通过介绍人了解企业各方面的内部情况，从而作出理性选择。但是该方法也存在缺点，一些企业内部员工或中高层领导为了栽培个人在公司的势力，在公司重要岗位安排自己的亲信，形成小团体，这会影响企业正常的组织架构和运作。据了解，美国微软公司40%的员工是通过员工推荐方式获得的。为了鼓励员工积极推荐，企业会采取一系列的激励政策，奖励那些为企业推荐优秀人才的员工。

延 伸 阅 读

英特尔聘人的独特渠道

英特尔的招聘渠道很多，包括委托专门的猎头公司帮物色合适的人选。另外，求职者通过浏览该公司的网页，也可以随时了解有哪些职位空缺，并通过网络直接发送简历。只

要英特尔认为求职者的简历适合,他就有机会接到面试通知。

英特尔还有一个特殊的招聘渠道,就是员工推荐。它的好处首先在于现有的员工对英特尔很熟悉,而对自己的朋友也有一定了解,基于这两方面的了解,他会有一个基本把握,那个人是否适合英特尔,在英特尔会不会成功。这比仅有两个小时的面试要有效得多,相互的了解也要深得多。英特尔非常鼓励员工推荐优秀的人才给公司,如果推荐了非常优秀的人,这个员工还会收到公司的奖金。当然,决策者是没有奖金的。如果因为人情招到了不适合的人,决策者会负一定责任,所以决策者会紧紧把握招聘标准,绝不会出现裙带关系。

(资料来源:http://hr.cntrades.com/show-31244.html。)

(六)广告招聘

为了尽量扩大信息影响范围,招聘到更多更合适的员工,企业可以通过在报纸、杂志、电视或电台等载体上刊登、播放招聘信息。广告招聘仍然是许多企业招聘新员工的主要方式之一。在报纸、杂志、电视和电台等载体上刊登、播放招聘信息受众面广,收效快,过程简单,一般会收到较多的应聘资料,同时也对企业起了一定的宣传作用。不同层次的企业可以选择不同级别的新闻媒体,避免在宣传方面造成不必要的浪费。由于目前通过传统媒体进行招聘的公司众多,如何在利用传统媒体吸引更多人的注意也是需要考虑的问题之一,因为它的特点是接触面广,如果吸引不到大量的应聘者,就算是一次失败的招聘了。所以,企业一定要在宣传方式的科技含量上做文章,力争达到"让受众看一次就忘不了"的效果。

二、内部招聘渠道

外部招聘并不是企业选拔员工的唯一途径,内部招聘也是招聘人才的重要渠道。从减员增效、重视人力资源效能的角度,当企业存在空缺职位、需要招聘员工时,首先应该从内部考虑,充分利用现有人才。为此,企业的人力资源部门要对各个部门员工的基本情况有基本的了解,当企业需要为空缺职位寻找替补人员时,分析现有的员工是否具有填补职位空缺的资格,先从企业内部选择合适的后备人员。利用内部招聘,不仅能够解决空缺职位问题,而且可以避免由于盲目进入而出现机构冗员问题,同时员工可以通过竞聘得到晋升或者换岗。因此,这是一种有效的激励手段,可以提高员工的满意度,留住人才。

(一)毛遂自荐

"企业发布信息,员工毛遂自荐",被认为是比较公正的一种招聘方式。企业发布空缺岗位的信息,让有能力、有愿望的人写自荐申请书。若存在多个自荐者,企业需要举办竞聘会,通过专家评定的方式确定最终人选。为了能够招到合适的人选,企业首先需要拟定空缺职位的职责、性质和所应该具备的任职条件等。随后,由企业的人力资源部门通过组织选拔委员会对参选人员进行科学、公正的测评,最后确定企业所需要的人才。

(二)档案选拔

发展时间比较长的企业一般都有员工档案,这个档案不仅是员工的人事档案,而且是员工的业绩档案，从中可以确定能够补充到空缺职位上的人选。企业的人力资源部门可以通过查询这些资料初步确定合适的人选，先确定人员范围后再做进一步的考查，这样可以减轻人才选拔的工作量，提高工作效率。这种方法的优点是客观性比较强，选人的依据主要是员工以往的业绩；缺点是透明度低，员工参与也较少。

（三）领导提名

主管领导在充分考虑其他管理者的意见，并与被选拔员工做充分沟通后，当众宣布选拔结果。这种方法节省了很多时间，但是这种方法不透明程度更高，容易让人产生怀疑，会让员工认为这是一种的暗箱操作。这种方式会在很大程度上彰显领导的权威性，会让员工对权力产生不全面的认识。这对企业文化建设是非常不利的。很多企业为了避免这种负面影响，一般会在领导提名的基础上结合其他方式。例如，领导提名多个候选人，然后再通过竞选或者民主测评等多种方式，从多个候选人中选择一人，这样能够在一定程度上弥补领导提名方式的不足。

（四）民主测评

民主测评虽然比较透明的，但实际操作起来比较麻烦。企业人力资源部门将空缺岗位公布出来，然后有意向的员工递交申请。接下来组织普通员工对这些人投票。一般要求全体员工都要参与进来，参与人的越多，投票的结果就越真实。这种方式虽然不能完全避免拉选票的问题，但由于参与进来的人数非常多，所以可以有效避免不公平的因素。民主测评产生的结果也容易让其他员工心服口服，能够使企业形成一种正能量的文化。

三、招聘渠道分析

内外部招聘各有优缺点，如表 4-2 所示。

表 4-2 两种招聘途径的优缺点分析

内部招聘		外部招聘	
优点	缺点	优点	缺点
① 提高员工士气 ② 更好进行能力评估 ③ 成本较低 ④ 激励佳绩出现	① 近亲繁殖 ② 没有被提升人员的士气可能受损 ③ 可能会产生内部矛盾，需要较强的管理制度约束	① 能够补充新知识、新观念 ② 较培训企业内部人员费用低 ③ 避免企业内部派系纷争 ④ 可能带来竞争者的秘密	① 很难找到合适的人选 ② 可能使企业内部人员的士气受损 ③ 需要较长的适应过程 ④ 固守原企业的老做法

（一）内部招聘渠道的优点

（1）组织和员工之间相互之间比较了解。首先，可以通过获悉候选人员的现任和前任管理者对其潜力的发展给予评价，即能够有机会观察候选人的工作习惯、工作技能、与他人相处的能力以及在组织中的适应性。组织可以得到现有员工的更为准确的资料，从而减少作出错误决策的概率。其次，员工也了解组织的更多情况，理解组织的运作、价值观和文化，这样员工的预期不准确性和对组织不满意的可能性就降低了。

（2）容易提高组织内部员工的工作热情，给员工创造晋升的机会，晋升对员工动机的激发和士气的提高会产生积极的、重大的作用。如果员工知道自己有希望得到晋升和职业有发展就会为组织努力工作，这也是对员工的绩效和忠诚的奖励。

（3）成本较低。内部招聘在评价、测试和背景资料方面，能节约一定的人力、物力和财力，而且招聘的速度快。同时，组织可以充分利用现有员工的能力，以前在员工的人力资本投资上获得了一定的回报。

（二）内部招聘渠道的缺点

（1）容易造成思维定式和近亲繁殖。员工在组织内部长期工作，会通过非正式组织建立起自己的关系圈。思维定式使新员工，尤其是被提拔为管理层的员工容易在自己已经建立的友好圈内展开工作，从而可能将一些优秀的非友好圈层成员游离于考虑范围之外。

（2）易形成复杂的关系网。有可能在友好圈层的基础上形成错综复杂的关系网，从而使任人唯亲乃至拉帮结派的现象不断发生。

（3）过多的内部招聘可能会使组织变得封闭。不断从内部提拔人才可能会鼓励员工安于现状，一个必须改进组织流程的组织应适当从外部招聘人员。

内部招聘渠道既有优势也有劣势。在组织实施以稳定为主的战略、面临的外部环境威胁较小的情况下，内部招聘可能会发挥重要作用。在时间或经费有限的情况下，内部招聘较为适宜。

（三）外部招聘渠道的优点

组织从外部招聘人员的渠道很多。那些快速成长的组织，需要招聘大量有技术的熟练工人或高精尖的研发人才，这就需要从外部招聘。

（1）人员选择范围广泛。外部招聘面向整个社会，比内部招聘更广泛，不论是从技术、能力和数量方面讲都有很大的选择空间。

（2）突破现有的思维模式和工作方法的束缚，有利于带来新思想和新方法。外部招聘来的员工来自不同的背景，其思维模式不受企业既往发展框架的约束，会给组织带来"新鲜的空气"，会把新的技能和想法带进组织。这些新思想、新观念、新技术、新方法、新价值观、新的外部关系，使得企业充满活力与生机，能用新的方法解决一直困扰企业的问题。这对于需要创新的企业来说就更为关键。

（3）有利于缓和组织内部激烈的竞争局面。企业中有空缺的岗位会被很多员工盯着，企业内部人员之间往往处于激烈竞争的局面，以致破坏了企业中原有的士气，可能产生员工之间的矛盾或不服管理的情况，不利于企业的整体发展。外部招聘能有效避免这种情况产生。

（四）外部招聘渠道的缺点

（1）外部招聘选错人的风险比较大，难以准确判断新员工的才能。这是因为外部招聘会使企业和应聘者之间存在严重的信息不对称，在吸引、联系和评价员工方面比较困难。

（2）需要更长的培训和适应阶段。即使是一项对企业来说很简单的工作，员工也需要对企业的人员、程序、政策和企业文化的特征加以熟悉，而这是需要时间的。

（3）内部员工士气可能会受到打击。外部的招聘会影响企业内部那些认为自己可以胜任空缺职位员工的士气，很可能使其为组织发展而奋斗的愿望大大削弱。

（4）招聘费用高。使用外部招聘渠道，企业需要通过各种渠道传播招聘信息，这都需要一定的广告费用，还需要招聘人员的费用、测试费、专家顾问费等。

四、内外结合的招聘渠道

研究表明，不能简单评价是外部招聘渠道好还是内部渠道好，企业在招募人员时最好采取内外部相结合的办法。具体的是偏向于内部还是外部，取决于企业战略、职位类别和企业在劳动力市场上的相对地位等因素的影响。对于招募企业的中高层管理人员而言，内部与外部招聘都是行之有效的方法。在实践过程中并不存在标准答案。一般来说，对于需要保持相对稳定的企业中层管理人员，可能更多地需要从企业内部获得提升，而高层管理人员在需要引入新的风格、新的竞争时，可以从外部引进合适的人员。

【知识应用】

大丰集团在刚刚起步时，曾在报纸上公开刊登向社会招聘高级技术管理人才的广告，在一周内就有 200 余名专业技术人员前来报名，自荐担任大丰集团的经理、部门主管、总工程师等。大丰集团专门从某大学聘请了人力资源管理方面的专家组成招聘团，并由总裁亲自主持。随后，招聘团对应聘者进行了笔试、面试等选拔测试，挑选出一批优秀的人才。这次向社会公开招聘人才的尝试，给大丰集团带来了新的生机和活力，使其迅速发展成为当地知名的公司。

随着知名度的迅速提高，大丰集团开始从企业内部寻找人才。大丰集团决策层认为：寻找人才是非常困难的，但是组织内部机构健全，管理上了轨道，大家懂得做事，单位主管有了知人之明，有了伯乐人才自然会被挖掘出来。基于这个思想，每当人员缺少的时候，大丰集团并不是立即对外招聘，而是先看集团内部的其他部门有没有合适的人员可以调任。如果有，先在内部解决，各个部门之间可以互通有无地进行人才交流，只要是本部门需要的人才，双方部门领导同意就可以向人力资源部提出调动申请。

1. 在起步阶段，大丰集团为什么采用外部招聘的方式？
2. 随着企业的知名度越来越高，大丰集团为什么优先从组织内部寻找人才？

任务三　员工测评与甄选

【工作情境】

大兴集团属于连锁企业，在全国拥有 1 000 家酒店，其宗旨是以服务制胜，拥有合适的员工是酒店能够实现以服务制胜的根本保障。目前，全国各地酒店员工离职率高，工作积极性不高，怨言较多，各地酒店的甄选程序还不太正规，通常是由各地的酒店经理收取求职申请表、面试求职者。最近大兴集团总部对服务人员进行一项雇佣测试，结果令人吃惊，发现，员工的绩效和员工的胜任素质及行为之间存在着一致性的显著关系，这些胜任素质和行为包括办理入住和退房手续的速度、按规定热情应答电话的比例等。

大兴集团的人力资源部认为，各家酒店需要规范甄选程序，加强和规范对新招聘员工的素质测评，找到那种具有高昂士气、有耐心、愿意以人为本的员工。

任务要求：

1. 根据大兴集团的业务和职位情况，新员工需要进行哪些素质测试？使用什么样的测试工具更合适？
2. 大兴集团应如何进行新员工的选拔工作？

【相关知识】

一、员工素质测评

（一）员工素质测评的依据

世上没有两片相同的树叶，更没有两个相同的人，每个人的外貌、性格、脾气、爱好都不相同，再加上成长的环境、人生追求的目标等方面的原因，"千人千面"就很容易理解了。既然人与人之间是有差异的，那么管理者在选人时就要分析人的这种差异，对员工进行详细分析，进行素质测评，以便发现员工对自身的认识与别人对其认识的差异，做到"适才适能，人岗匹配"。

1. 个体差异

由于人们具备的素质有差异，进而在工作中具有不同的绩效表现。人的出身环境、受教育经历等的差异，会导致对同一事物的认识程度有差异，人们在认知事物的过程中，不仅是在从外部接受信息，而且在对这些信息进行加工，所以经常会出现不同员工在同一工作岗位中，工作的业绩是有差别的。

2. 岗位性质不同

企业划分岗位的目的，是使工作更加专业化，分工更细，效率更高。不同岗位之间存在差异，所以在选拔人才的时候，就应该根据岗位的性质选拔合适的人才充实到相应的岗位上去，每个岗位都有各自面临的问题，即使是相同的工作岗位，在不同的时间由于环境的变化，面临的问题也会有差别。同时，岗位会随着企业的发展业务、发展目标的变化，对任职要求也会随之改变，管理者在选拔人才时要用与时俱进的眼光来选择所需的人才，以防犯"刻舟求剑"的错误。

3. 岗-人需要磨合

很多人开始在某个岗位上工作都是第一次，为了将工作做好，管理者应该为员工提供试错的机会。管理学上有一句名言："没有最好，只有更好。"管理者在选拔人才的过程中，不要过于追求完美，也不要"拉郎配"，否则对岗位还是对员工都是不利的。给员工一个磨合期，是管理者选人时的默认前提，员工在这段时间内应尽快熟悉工作，若经过一段时间后，员工还是无法胜任工作，说明管理者选错了人。

4. "管"与"被管"相投

管理者选人的过程也是为自己选择合作者的过程。管理者对被选拔的人自然应该尽量熟悉，所以普通员工一般从外部招聘，而中层干部一般是从内部提升的。人们一般喜欢与自己喜欢的人打交道，做事情的效率比较高。双方不但要在业务上能够相互支撑，而且在性格上也彼此相投。所以，基层管理者选拔本部门的员工或者高层管理者选择各层次的管理人员时，除了考虑以上各方面因素外，还要考虑该备选者是否与自己"情投意合"。如果应聘者在处事态度、做事风格、个性爱好等方面与直接管理者相悖，则入职后在工作过程中较容易与直接主管产生冲突，这样不但无法提升管理效率，反而会产生负面效果。

（二）员工素质测评的原则

随着管理技术的不断发展，员工素质测评方法也在不断进步。虽然人们在想方设法让测评手段量化，但是有很多指标虽然表面上量化了主观性仍然很强，所以测评的结果还是存在某些定性的因素。然而定性测评并不意味着完全凭测评者的感觉行事，只要从多角度对测评过程进行把握，测评结果的信度和效度都会增加。在测评实践中，必须坚持以下原则。

1. 客观测评与主观测评相结合

客观测评与主观测评相结合是指在素质测评过程中，既要尽量采取客观的测评手段与方法，又不能忽视主观性综合评定的作用，既要强调客观性，又不能完全追求客观性，要最大限度地发挥测评工具客观性与测评主体主观能动性的作用，使其彼此优势互补，而不要相互对立。

2. 定性测评与定量测评相结合

定性测评是采取经验判断与观察的方法，侧重从行为的性质方面对员工素质进行测评。定量测评是采取量化的方法，侧重从行为的数量特点方面对员工素质进行测评。将定量与定性的方法进行有效结合，在能够发挥定量方法优势的同时，也将定性方法的优势充分渗入进来，既可以避免在定性方法下所造成的主观臆断，也可以尽量避免在完全定量方法下可能造成的数字来源科学性不足的问题。这两种方法的结合，会让测评的结果更加准确和科学。

3. 静态测评与动态测评相结合

静态测评是指对被测评者已形成的素质水平的分析评判，是以相对统一的测评方式在特定的时空下进行测评，不考虑素质前后的变化。动态测评是根据素质形成与发展的过程而不是结果进行素质测评，是从前后的变化情况而不是当前所达到的标准进行素质测评。对员工的测评不是一劳永逸的，企业的内外环境发生变化，员工的素质、岗位情况也会发生变化，所以对员工的素质测评需要静态和动态的结合，测评过程和测评方法都需要讲究动态性。素质测评是为企业用人提供依据的，所以只有测评结果保持动态性，企业用人的依据才会科学。

4. 素质测评与绩效测评相结合

素质测评是对一个人的德、能、识、体等素质的测评，而绩效测评是一种业绩实效的考查评定。素质与绩效相结合的素质测评能够比较全面反映员工的情况，既能反映员工的整体素质，也能反映员工的实干能力，能将企业的发展和员工的个人内在素质进行有效融合。

（三）员工素质测评的指标

为了较好地进行员工素质测评，需要设计出比较完善的测评指标体系。为此，管理学已经形成了一套比较系统的方法。按照不同的依据可以对这些方法进行分类：依据量化的深度，可以分为一次量化和二次量化；依据量化的特征，可以分为顺序量化、等距量化和比例量化。

1. 依据深度进行量化

按照量化的深度，量化可以分为一次量化和二次量化。一次量化指对素质评价的对象进行直接的定量刻画。二次量化是指对素质测评对象进行间接的定量刻画，即先定性描述再定量刻画的量化形式。一次量化的测度指标是可以直接用数量表示出来的，如受到奖励的次数、违纪的次数、身高体重、发表文章的数量等，这些方面只要经过统计就可以用具体的数据表示出来，不需要进行二次处理，量化过程一次完成，于是测评工作也节省了许多事情。而有些指标有所不同，如学生对教师授课的评价可以有非常好、优、好、较好、不好，分别记为5分、4分、3分、2分、1分，需要将所有学生对每个教师的打分分别加总求和、求平均。教师的得分越高，意味着教师的授课越受欢迎。这就属于二次量化。

2. 依据特征进行量化

量化依据特征可以分为顺序量化、等距量化与比例量化，它们都可以看作二次量化。顺序量化一般是先依据某一素质特征或标准，将所有的素质测评对象两两比较排列，然后给每个测评对象一一赋予相应的顺序数值。等距量化不但要求素质测评对象的排列有强弱、大小先后顺序关系，而且要求任何两个素质测评对象间的差距相等，然后给每个测评对象一一赋予相应的顺序数值。比例量化不但要求素质测评对象的排列有顺序等距关系，还要存在倍数关系。无论是看"顺序"，还是看"等距"或者"比例"，实际上都是主观描述，只有将这种主观感觉用相应程度的数量表示出来后，才能彻底改变测度方法的描述性特征，从而真正用定量方法表示出来。3 种量化方法之间稍微有差别：顺序量化是在形式量化的基础上对评价结果进行排序，如进行第一、第二、第三等的排序，排序后进行优劣甄别；等距量化是对形式量化的结果进行赋值，但是赋值是按照由大到小的顺序且每个数值之间的距离相等，从而使各个数据之间表现出一定的规律性；比例量化与等距量化非常相似，只是赋值的原则不同，由大到小的数据不是按照等间距赋而是按照一定的比例赋值。

（四）影响员工素质测评的因素

员工测评过程是在既定的条件下完成的，在测评前也已经对测评者进行培训，且对测评行为也进行了严格约束，这些虽然会让测评结果尽量做到公正客观，但仍然会有很多因素会影响测评结果的客观性，导致测评结果与实际情况之间存在一定差距。以下因素可以导致这种差距。

1. 晕轮效应

晕轮效应又称光环效应，是指当认知者对一个人的某种特征形成好或坏的印象后，他还倾向于据此推论这个人其他方面的特征。晕轮效应本质上是一种以偏概全的认知上的偏误。所以，在测评过程中会由于员工某个方面特点的存在而导致测评者忽视员工其他方面的特点，从而使测评者对员工作出不客观的判断。在这种心理作用下，容易产生"爱屋及乌"的问题，即测评者会过度关注被测评者的优点，忽略被测评者的缺点，导致测评结果存在偏差。

2. 近因效应

近因效应是指当人们识记一系列事物时对末尾部分项目的记忆效果优于中间部分项目的现象。这种现象是由于近因效应的作用。信息前后间隔时间越长，近因效应越明显。原因在于前面的信息在记忆中逐渐模糊，从而使近期信息在短时记忆中更清晰。这种错误简单地说就是"以近代远"。所以，测评者往往会根据新近发生的事情概况员工很久以来的行为表现，从而对员工在较久以前发生的事情不予考虑或很少考虑，就可能产生对员工测评的误差。

3. 首因效应

首因效应也叫首次效应、优先效应或第一印象效应，是指交往双方形成的第一次印象对今后交往关系的影响，即"先入为主"带来的效果。虽然这些第一印象并非总是正确的，但却是最鲜明、最牢固的，并且决定着以后双方交往的进程。如果一个人在初次见面时给人留下良好的印象，那么人们就愿意和他接近，彼此也能较快地取得相互了解，并会影响人们对他以后一系列行为和表现的解释。由于测评是在规定的时间内进行的，无论测评人对被测评人怎样进行全方位的评价，也都是比较片面的。这就需要对测评者加强培训，要耐住性子，不要对被测评者过早地下结论。这样才有助于形成客观公正的测试结果。

4. 对比效应

对比效应也称感觉对比，即同一刺激因背景不同而产生的感觉差异的现象。在测评过程中，测评者要面对不止一个被测评者，很多被测评者走马灯一样在测评者面前"闪过"，测评者难免会对这些被测评者形成对比。所以，容易产生一种不公平的现象，如果上一个被测评者表现非常出色，接下来的是一个表现不很突出的人，测评者给这个人的分数可能就会低点；而同是一个人，如果其前面的被测评者表现不是很好，则其得分就会相对较高。如果在测试前，建立一个标准化的平台对被测评者打分，无论什么样的被测评者，都要与这个标准化的平台进行对照，则测评者对每位被测评者的打分就变成"海拔高度"而不是"相对高度"，这样的测评结果会相对客观。

5. 用人压力

在企业存在较大的用人压力时候，测评者不免会降低用人标准。尤其是在招聘员工的过程中，由于企业急于招聘新员工充实空缺职位，管理者就可能对测评者作出"降低录用标准"的要求，虽然被测评者某些方面并符合要求，但还是将其录用。用人压力问题的产生，原因在于企业没有建立起"人才蓄水池"，导致人才匮乏的时候没有合适的人顶上去。这样的测评结果带有主观性，对企业的长远发展是不利的。

6. 个人素质

个人素质指的是测评者的个人素质。测评者也是个有血有肉的人，虽然在履行企业制度，在测试过程中难免会掺杂个人情感因素。若测评者在测评前接受过严格培训，并且自觉地按照测评要求对员工进行打分，讲究原则，能够秉公办事，则测评结果就会接近真实情况。所以，在选拔测评者时，要求测评者具备坚持原则、作风正派、经验丰富、事业心强的个人素质。

二、员工素质测评的内容

员工素质测评是指运用各种科学或经验的方法对被测评者进行评价,从而挑选出符合职位要求的人员的过程。

(一)知识测试

知识测试是指通过笔试的形式了解被测评者的知识广度、知识深度和知识结构的一种方法。这种测评主要用来衡量被测评者是否具备履行职位职责所要求的知识。虽然各职位所要求的知识并不是实际工作绩效良好的充分条件,但却往往是一个必要的条件,所以,不同的职位,知识测试的内容也不一样。

(二)智力测试

智力测试主要是通过词汇、相似、相反、算术等类型的问题进行测试,用于测试被测评者在思维能力、想象力、记忆力、推理能力、分析力、空间关系以及数字识别和语言表达等方面的能力。在企业招聘中最常用的智力测试方法有 4 种,包括韦克斯勒成人智力游戏、韦斯曼人员分类测试、奥蒂斯独立管理心理测试、旺德力克人员测试。

(三)能力测试

能力指个人顺利完成某种活动所必备的心理特征。能力测试包括一般能力测试和特殊能力测试两种。一般能力指在不同类活动中表现出来的共同能力,如观察能力、注意能力、记忆能力、操作能力、思维能力等,这些能力是人们日常心理活动必不可少的,是完成任何工作都需要的能力。特殊能力指某些特殊专业活动中表现出来的能力。能力测试有两个功能:一是判断个人具有什么样的能力,即诊断技能;二是测定在所从事的活动中成功的可能性,即预测技能。

1. 一般能力测试

一般能力测试由美国劳工部在 1934 年发起、花了 10 多年的时间研究制定的。它是对许多职业群同时检查各自的不适合者的一种成套测试。这套测试由 15 种测试构成,其中 11 种是纸笔测试,其余 4 种是器具测试,可以测定 9 种能力倾向,包括智能、言语能力、数理能力、书写的知觉、空间判断力、形状知觉、运动协调、手指灵活度和手部敏感性。这 9 种能力倾向对完成各种职业的工作是必要的。实施一般能力测试,有利于企业了解被测评者有关职业能力倾向的客观信息和个人特质。

2. 特殊能力测试

特殊能力指那些独特于某项职业或职业群的能力。特殊能力测试的目的包括:测量已有工作经验的人员在某些工作领域中的熟练程度或水平,从而选拔只需接受很少或无须经过特殊培训就可以从事某项工作的人才。特殊能力测试方法包括明尼苏达办事员能力测试、麦夸里机械能力测量、斯乃化视觉测试法、西肖尔音乐能力测试、梅尔美术测试方法等。特殊能力测试不一定每一次都需要测试,其只适用于有特殊工作要求的职位。

(四) 人格和兴趣测试

1. 人格测试

仅仅凭一个人的能力测试和智力测试是无法判断一个人未来工作的绩效，个人特征如态度、动机、性格对一个人在工作中的绩效起着重要的作用。企业常常会通过人格和兴趣测试来测量和预测这些无形特征。例如，惠普公司在甄选首席执行官候选人的过程中，会让候选人参加一个耗时 2 小时、包括 900 道试题的人格测试。人格测试方法主要有问卷调查法和影射法。

（1）问卷调查法。问卷调查法主要采用自陈式问卷调查量表方式进行，常规的调查表包含了与行为、态度、感觉、信仰有关的陈述性问题，要求被测者根据自己的情况回答。比较常见的问卷调查方法有吉尔福德气质测试和明尼苏达多重人格测试。

（2）影射法。影射法指测评者向求职者提出一些未经认真组织的问题，这些问题多带有刺激性，要求求职者在完全不受限制的情况下自由表现其反应，使其在不知不觉中表露人格特征。常用的技术方法主要有罗夏墨迹测试和主题理解测试。

2. 诚实性测试

国内外心理学研究证明，通过一系列的刺激物引起求职者的生理和心理反应，能够科学地测试出求职者的诚实水平，这种方法叫诚实性测试。诚实性测试的原理是通过衡量应试者的心跳速度、呼吸强度、体温和出汗等方面的微小心理变化，来判断他是否在说谎，准确率可以达到 70%~90%。但诚实性测试被认为侵犯了人们的隐私，在许多国家被明文禁止。

3. 职业兴趣测试

在进行人格测试的同时，专家一般还会要求对被测评者做兴趣测试，将人格测试和兴趣测试两者的结果结合起来，判断被测评者适合什么工作。

职业兴趣测试是心理测试的一种方法，它可以表明一个人最感兴趣的并最可能从中得到满足的工作是什么，该测试反映了职业特点和个体特点之间的匹配关系，是被测评者选择职业的重要依据和指南。

美国的心理学家约翰·霍兰德认为人的人格类型、兴趣与职业密切相关，兴趣是人从事事项活动的巨大动力，凡是具有职业兴趣的职业，都可以提高人们的积极性，促使人们积极、愉快地从事该职业，且职业兴趣与人格之间存在很高的相关性。霍兰德认为人格可分为现实型、研究型、艺术型、社会型、企业型和常规型 6 种类型。

(五) 工作样本测试

工作样本测试就是要求被测评者完成职位中的一项或若干项任务，依据任务的完成情况来作出评价。这种方法强调直接衡量工作的绩效，因此具有较高的预测效度。工作样本测试的优点：一是所测量的是实际工作任务，所以被测试者难以弄虚作假；二是工作样本的内容是任职者在实际工作中必须履行的工作任务。

工作样本测验可以用来评估体力技能（如操纵各种设备）、文员技能（如打字能力）、管理技能（如领导、行政和诊断技能）。

（六）评价中心的主要测试

评价中心测试也称情境模拟测试，即创建一个模拟的管理系统或工作场景，将被测评者纳入系统中，采用多种评价技术和手段，观察分析被试者在模拟的工作情境压力下的心理和行为，以测量其管理和潜在能力。了解被测评者是否胜任某项拟委任的工作以及工作成就的前景，同时还可以了解其不足之处，以确定上岗后培训的内容和方式。测试方法包括文件筐练习、无领导小组讨论、管理游戏、个人演说等。

1. 文件筐练习

在这个练习中，被测评者要面对一大堆广告、备忘录、来电记录、信函以及其他资料，这些资料均与被测评者模拟承担的职位相关，它们或者被装在真的文件筐中，或被放在计算机桌面的文件夹里。求职者必须对每份文件进行适当的处理。在练习完成后，受过训练的测评者会对被测评者的工作情况作出评价。

2. 无领导小组讨论

无领导小组讨论是经常使用的一种测评技术，采用情境模拟的方式对被测评者进行集体面试。无领导小组是将一定数目的被测评者组成一组，进行一小时左右时间的与工作有关问题的讨论，讨论过程中不指定谁是领导，也不指定位置，让被测评者自行安排组织，测评者来观测被测评者的组织协调能力、思维能力、辩论的说服能力等各方面的能力和素质是否达到拟任职位的要求，以及自信程度、进取心、情绪稳定性、反应灵活性等个性特点是否符合拟任职位的团体气氛，由此进行。

3. 管理游戏

游戏参加者作为在同一个市场上相互竞争的几家模拟公司中的成员来解决一些现实问题。

4. 个人演说

测评者会为每个被测评者指定一个题目来发表口头演讲，然后据此评价被测评者的沟通能力和说服能力。

三、员工选拔程序

为了招聘到合适的员工，企业一定要有并严格执行招聘制度，在制度的约束下进行严格选拔，这样的选拔结果会显得客观和公正。选拔录用工作一般应按照以下程序进行。

1. 工作申请表和简历筛选

大多数企业对求职者的了解始于简历或工作申请表。虽然简历也能提供应聘者的一些基本信息，但仅仅根据简历对求职者进行筛选是不全面的，因为有的求职者在简历中只提到了自己的优点，很少提及缺点，还有不同的求职者的简历所提供的信息的全面程度也是不同的。

为了更全面地了解求职者的信息，招聘到合适员工，企业要事先设计好规范的申请表格，将企业需要获取的求职者的信息填写在申请表上，要求求职者填写，根据申请表的信息一般可以初步选定符合要求的人才了。申请表通常包括性别、年龄、婚姻状况、籍贯、学历、性格爱好、工作经历、兴趣爱好、个性特点、健康状况等方面的信息。求职者一般可以在招聘会上或是企业的招聘网站上获得这些表格。

通过筛选工作申请表或简历，企业能够迅速地从求职者中排除明显不合格者以挑选出符合任职基本条件、有可能被录用的求职者。筛选的依据是岗位的任职资格和条件。在筛选过程中应注意3个方面：一是做好人数控制；二是留有选择空间；三是做好拒绝工作。

2. 选拔测试

在最初的筛选之后，已通过第一轮筛选的人员要接受选拔测试，这是人员甄选的第二个环节。选拔测试是运用各种科学或经验的方法对求职者进行评价，从而选拔出符合职位要求的人员的过程。选拔测试是对人员甄选的重要环节。具体岗位对人才都有不同的要求，包括学历、学习能力、分析判断力、组织能力、沟通能力等，这就需要通过运用各种科学的测试方法能够更全面、更深入地了解求职者，从而作出更精准的录用选择。

3. 面试

面试是现代人力资源管理中一种重要的测评技术，是发现人才、获取人才最常用且最重要的手段之一。面试中，测评者通过与求职者进行面对面的观察、交谈等双向沟通，了解求职者的素质特征、能力状况和求职动机等基本情况。

4. 背景调查

如果求职者的各个方面的条件均具备，就需要进行背景调查。背景调查包括求职者以往的经历（包括工作时间、岗位名称、工作职责、教育经历、薪资水平）、个人品质、交往能力、工作能力等信息。背景调查有助于帮助企业人力资源部门筛除有虚假信息的求职者和全面了解求职者的素质与能力，同时有利于帮助企业节省成本、规避用人风险。背景调查的内容多种多样，有的企业会通过电话向求职者以前的雇主了解求职者当前的职位、工资以及工作表现；有的企业则会通过向其以前的主管和同事询问，了解求职者离职的原因、求职的动机、团队合作的情况；当然也有的企业利用商业调查公司更详细地了解求职者信誉等级、资产负债等情况，这一般在国外企业招聘中高层管理人员时应用较多。

5. 体格检查

体格检查是大部分企业要求的，健康的体魄是员工正常工作的基本保证。为了避免录用有传染病或危险病症的人，有的企业需要对求职者进行更严格的体格检查，如餐饮行业、一些危险的操作岗位等。

6. 试用期考察

在试用期内，企业和新员工已经建立起了劳动关系，但双方有以法定的方式和理由解除劳动关系的权利。试用期对员工和企业来说都是一个非常重要的阶段，双方彼此进行了解，进行考察，只要双方在互相认同的情况下，才会顺利进入正式签约阶段。现在的很多企业在对新员工进行试用期考查时，存在以下两种情况：一是过于强调对新员工的考察而忽视应该给予相应的培训和支持。在新的环境下，即使新员工拥有较强的能力，也可能出现工作表现不是很理想的情况，这就需要给新员工一定的培训和支持，才能发挥新员工的能力，给予客观的评价。二是有的企业认为在试用期内可以随意解除员工的劳动合同。按照《劳动法》的要求，企业解除试用期内员工的劳动合同，必须证明该员工不符合录用条件。为避免法律风险，企业应该在试用期内给新员工安排明确的工作任务，确定明确的工作标准，事先明确地告知新员工，并对其实际工作成果做出客观记录。只有这样，企业才能依法解除试用期员工的劳动合同，真正起到在试用期考察新员工的目的。

7. 正式录用

在试用期考察合格后，员工被正式录用后就能够享受正式员工的待遇。

【知识应用】

1. 举例说明如何利用兴趣测试来改进员工甄选。举出几个你认为能够预测一个人在不同的职业（包括大学教师、医生、会计员以及计算机程序员）中取得成功的职业兴趣测试的例子。

2. 以一个人或小组为单位，列出一张清单，具体说明你们会建议所在学校的校长利用哪些人员素质测评技术来雇佣商学院的院长，说明选择这些测评技术的理由。

任务四　员　工　面　试

【工作情境】

天天酒店的竞争战略是"通过卓越的顾客服务将自己与同行区别开来，以吸引顾客延长入住时间，提高顾客入住比率，从而提高酒店的收入和利润水平"。人力资源部经理认为酒店现在必须制定和实施战略性人力资源管理政策和活动，通过帮助酒店获得战略所需的员工行为和胜任素质来支持酒店这一竞争战略。

可是天天酒店的管理人员在面试和雇佣员工的技能方面存在很大的差异，有些管理人员在面试方面很有效，但绝大多数则不行。目前酒店没有一个正式的面试培训计划，也没有一个供酒店管理人员使用的标准化的面试方案。现需要对一批应聘前台服务接待员、经理助理、保安等职位的候选人进行面试。

任务要求：

1. 针对酒店和职位的情况，该酒店人力资源部应该采取何种面试方式更为合适？

2. 天天酒店的人力资源部经理为了做好这次面试工作，确保招到合适的人才，哪项工作应首先做好？在面试过程中应注意哪些因素？

3. 天天酒店人力资源部应如何确定具体的面试实施步骤？

【相关知识】

面试是通过面谈的形式来考查应聘者的各方面能力的一种测试方法，是一种经过组织者精心策划的招聘活动,在面试过程中采取边评定、边分析、边观察的方式。它采用心理学研究中的会谈法获得应试者的气质、性格、能力、态度、价值观、信念、背景、以往绩效、应聘动机、潜能等方面的信息,并对其进行综合评价,从而初步判断应聘者是否可以融入自己的团队,为企业的最终录用决定提供决策依据。

一、面试的类型

企业进行面试的方式是多种多样的。

(一) 结构化面试

结构化面试是指面试的内容、形式、程序、评分标准及结果的合成与分析等构成要素具有统一制定的标准和要求。根据对职位的分析,确定面试的测评要素,在每一个测评维度上预先编制好面试题目并制定相应的评分标准,面试过程遵照一种客观的评价程序,对求职者的表现进行数量化的分析,给出一种客观的评价标准,不同的评价者使用相同的评价尺度,以保证判断的公平合理性。

延伸阅读

结构化面试指南

应聘者姓名:　　　　　　　　申请职位:

工作兴趣:

1. 据你了解,这份工作(职位)包括哪些内容?
2. 你为什么申请这份工作(职位)?
3. 你为什么认为你适合这份工作(职位)?

……

目前工作状态:

1. 你现在有工作吗?是(　)否(　)。如果没有,你已经失业多久了?
2. 你为什么没有工作?
3. 如果你有工作,你为什么申请这份职位?
4. 你什么时间可以开始到本公司上班?

工作经历:

(从现在的工作或上一份工作向前倒退,所有的时间都要涉及,不要重复申请表或简历已经重复的信息)

1. 你最喜欢现在或上一份工作的什么方面?
2. 你最不喜欢现在或上一份工作的什么方面?
3. 你为什么想离开?

……

业余活动:

……

面试者的特殊问题:

面试者对于特殊的工作可以增加其他问题（要注意避免歧视性的问题）。
……
个人信息：
……
自我评价：
……
面试者的印象：
总体评价：
优秀（　　　）良好（　　　）合格（　　　）不太合格（　　　）不合格（　　　）
评语：

（资料来源：吴宝华. 人力资源管理实用教程[M]. 3版. 北京：北京大学出版社，2015.）

（二）非结构化面试

非结构化面试就是没有既定的模式、框架和程序，考官可以根据具体情况随时向应试者提出问题，而应试者也无固定答题标准的面试形式。这种方法给谈话双方以充分的自由，考官可以针对应试者的特点进行有区别的提问。虽然非结构化面试形式给面试考官以自由发挥的空间，但这种形式也有一些问题，如它易受考官主观因素的影响，面试结果无法量化以及无法同其他应试者的评价结果进行横向比较等。

（三）半结构化面试

半结构化面试是指面试构成要素中有的内容做统一的要求，有的内容则不做统一的要求，也就是在预先设计好的试题（结构化面试）的基础上，面试中考官向应试者又提出一些随机性的试题，半结构化面试在实际招聘面试过程中最常用也是最典型的一种面试方法。这种面试的方法有很多优势，具有双向沟通性，面试官可以获得比材料中更为丰富、完整和深入的信息，并且面试可以做到内容的结构性和灵活性的结合。所以，半结构化面试越来越得到广泛使用。

（四）个人面试

个人面试又称单独面试，是指考官与应聘者单独面谈，是面试中最常见的一种形式。

个人面试有两种情况：一是只有一个主考官负责整个面试的过程。这种面试大多在较小规模的单位录用较低职位人员时采用。二是有多位主考官参加整个面试过程，但每次均只与一位应试者交谈。

个人面试的优点是能够提供一个面对面的机会，让面试双方较深入地交流。一旦通过，一般可以参加小组面试。但其缺点是受主考官的知识面的限制，考查内容往往不够全面，而且易受主考官个人主观因素的影响。经过小组面试和小组讨论，从中即可筛选出参加最终面试的应聘者。最终面试会再次出现个人面试的情况。

（五）小组面试

小组面试是由一个若干名（通常是2~3名）面试考官共同组成的面试小组同时对求职者

进行面试，然后再把他们对求职者的评定结果综合起来，形成最后的面试小组给分。小组面试主要用于考查应试者的人际沟通能力、洞察与把握环境的能力、组织领导能力等。在集体面试中，通常要求面试者做小组讨论，相互协作解决某一问题，或者让应试者轮流担任领导主持会议，发表演说等，从而考查面试者的组织能力和领导能力。无领导小组讨论是最常见的一种集体面试法。众考官坐于离面试者一定距离的地方，不参加提问或讨论，通过观察、倾听为面试者进行评分，面试者自由讨论主考官给定的讨论题目。这一题目一般取自于拟任岗位的职务需要，或是现实生活中的热点问题，具有很强的岗位特殊性、情景逼真性和典型性及可操作性。

（六）电话面试

有些企业会通过电话来进行某些面试。与面对面的面试相比，这种面试形式具有一定的优势：一是双方不必担心着装，可以专注于更实质性问题的回答；二是更能比较自然地回答，能获得较真实的信息，因为招募者是在求职者没有防备的情况下打来电话的。

（七）视频/网络面试

在互联网时代，很多企业采用网络来进行甄选面试，特别是初次面试和筛选面试。这种面试方式减少了企业的差旅成本和招聘费用，随着各种可视对话软件的广泛应用，视频/网络面试会得到越来越普遍的使用。

二、影响面试成功的因素

甄选面试在企业招聘过程中发挥着重要作用，几乎所有的企业都在使用，但有时面试会很尴尬，不能有效地发挥应有的作用，多数是因为面试考官在面试过程中犯了一些错误，影响面试的效果。面试成功已否，受到诸多因素的影响。

1. 匆忙判断

许多企业的面试考官通常会在面试的最初几分钟里，仅仅是根据测试结果或个人简历资料，就马上得出结论，作出匆忙判断。据研究人员调研估计，85%的面试都属于这种情况，即主要根据求职者的申请表以及个人外表所形成的第一印象作出判断。一般而言，当求职者的历史信息是负面的时候，第一印象会带来很大的伤害，同时会对求职者过去取得的成就表示出更少的信任，并且认为求职者应当对他们本人在过去招致的失败承担更多的责任。

2. 不能准确把握职位要求

面试考官如果不能准确地把握职位的工作内容，以及什么类型的求职者最适合这一职位，往往会根据错误的印象或者对所谓的好求职者的刻板印象作出决定。然后，他们会把求职者与自己脑海中存在的那种错误的刻板印象加以匹配。所以，企业面试官应在面试之前，明确自己正在为某一特定职位的任职资格，需要寻找具备哪些特征的求职者，以及为什么要求求职者具备这些特征。

一项经典的研究证明，面试考官只获得了他们所要招聘职位的简单职位描述，这些缺乏信息的面试考官很难把求职者区分开来，他们倾向于给所有的求职者都打高分，往往这些面试考官很难达成一致的意见，而那些了解更加明确详细的工作职位信息的面试考官能够对每一位求职者的潜能达成一致的意见。

3. 面试顺序对比误差和雇佣压力

求职者面试顺序对比误差是指求职者参加面试的顺序会影响面试考官对他们作出的评价。一般情况，面试考官在评价了几位不理想的求职者之后，再去评价一位水平很一般的求职者，结果，他们对这位实际水平很一般的求职者作出的评价要高于正常情况下作出的评价。这是因为与那些水平很不理想的求职者相比，水平很一般的求职者要显得比实际水平要高得多。这种对比效应存在的可能性很大。有时雇佣压力也会导致这种问题。

4. 面试考官的行为

面试考官的行为也会影响求职者的表现及其评价结果。有些面试考官的话说得太多，以至于求职者没有时间回答问题；面试考官缺乏面试技巧，不能问出像样的问题；有些面试考官让求职者主导了面试过程，甚至无法完成所有的提问。但有些面试官则很擅长发现求职者的长处，能够很专业地探求在求职者所说的每件事情背后隐藏的信息。

三、有效实施面试

有效实施面试，除了避免犯上面提到的影响面试成功因素的错误外，还有很多方法能使面试更为有效。

1. 确保面试考官足够了解职位

面试考官需要充分了解这个职位的职位描述，企业需要寻找的是具备哪些能力、知识、品质、技能的人来担任这个职位，以及这个职位所需要的理想任职者应当具备哪些特征和能力，否则就不能开始面试工作。

2. 使面试结构化

一般而言，结构化面试的结果要好于非结构化面试。如果时间很紧迫，那么也可以在不开发全套的结构化面试方案的情况下询问一些具有一致性且与职位相关的一些问题。

（1）根据实际工作岗位职责来提问题，这会使那些不相关问题的数量会减到最少。

（2）为了对求职者作出客观的评价，尽可能多地了解职位，要多提问知识性、情境性或行为性问题。若问一些简单的问题询问求职者的观点和态度、目标和理想以及自我描述和自我评价等，会使求职者以对自己有利的方式来表达自己或避免自己暴露更多的弱点。

（3）对所有的求职者提出相同的问题。在面试过程时，一个基本的原理就是问题的标准化程度越高越好。对所有的求职者都提相同的问题，可以提高面试的信度，同时可以减少偏见，实现客观公正。

（4）使用描述性评价尺度（如优秀、良好、一般、较差）来对求职者的回答进行评价。

（5）尽可能使用标准化的面试表格。

3. 面试安排

面试应该在一个相对安静的环境中进行，这里不能接电话，同时各种干扰的因素最好降至最低。在面试之前,面试考官要审阅一遍求职者的求职申请表和个人简历,标出其中存在模糊问题的地方或是能够显示求职者优势和劣势的地方。

4. 营造和谐气氛

面试的主要目的是要获得更多的信息,更加全面地了解求职者。所以,要达到这一目的,在面试一开始就应给求职者营造轻松自由的环境。面试考官在面试刚开始时要给求职者打招呼问候,从问一些没有争议的问题开始入手,如天气或交通状况。对所有的求职者都应礼貌对待,这关系到企业的声誉。

5. 提问题

面试考官要尽量按照事先列出的情境性、行为性、工作知识性问题来提问。提问时应遵循以下原则。

(1) 不要提出那种求职者只需要说"是"或"不是"就可以回答的问题。
(2) 不要把答案告诉求职者或者在不经意间传递出自己希望得到的答案。
(3) 不要像审罪犯一样审问求职者,不要表现出傲慢或漫不经心。
(4) 不要让闲聊占据整个面试过程,也不要让求职者主导面试过程。
(5) 要提出一些开放性的问题。
(6) 要倾听求职者的回答并鼓励其充分表达自己的想法。
(7) 要通过提问的方式来重复求职者最后说的某句话,从而总结出求职者的观点和感受。
(8) 要问一些具体的例子。
(9) 要问这样的问题:"如果我准备去跟你的老板做一次访谈,你猜他会怎样评价你的优点、缺点以及总体工作绩效?"

6. 在面试过程中做简要的记录

这样有助于避免在面试的前期阶段就凭借不充分的信息作出仓促决定,同时也助于在面试结束后唤起自己的记忆。但是记录无须非常详尽,只要记下求职者回答的要点即可。

7. 结束面试

在面试即将结束时一定要留出时间来回答求职者可能提出的任何问题。无论对求职者的面试是否满意,都应与肯定的语气结束面试。若要当面拒绝求职者,要讲究策略,因为无论求职者最终能否得到录用并接受企业提供的机会,都应让求职者的这次面试经历给其留下关于本企业长期的、积极的印象。如要拒绝时,可以说"虽然您的能力给我们留下了深刻的印象,但其他求职者的经验和专业更适合我们公司职位的要求";如果无法立即决策时,可以这么说"按照公司的惯例,我们公司会在面试后几天以书面的形式正式通知求职者面试的结果"。

8. 回顾面试

在求职者离开之后,面试考官应该审阅自己的面试记录,回顾整个面试的过程。若有几个面试官,还可以做简单沟通,以利于下次更好地进行面试。

求职者面试技巧

1. 亲友团：不带为妙

在应聘面试时，"亲友团"还是不带为妙。千万不要以"情侣档"或父母陪同的方式求职，这样会让面试考官认为你依赖性太强、独立性太差，继而对你的能力产生怀疑。

2. 微笑：始终如一

微笑应贯穿应聘全过程。应聘者进了公司，从跟前台打交道开始，就不妨以笑脸示人。见到面试考官之后，不管对方是何种表情，都要微笑着与其握手、自我介绍。在面试过程中，也要始终注意，不要让面部表情过于僵硬，要适时保持微笑。

3. 自我介绍：两分钟秀自我

有一位公共关系学者说过这样一句话："每个人都要向孔雀学习，两分钟就让整个世界记住自己的美。"自我介绍也是一样，只要在短时间内让考官了解自己的能力、特长，就已经足够，千万别干"画蛇添足"的蠢事。

4. 倾听：聚精会神

面试时，应聘者的目光应正视对方，在面试考官讲话的过程中要适时点头示意。

5. 应答：思考5秒钟

当面试考官问及一个重要问题，尤其是有关工作业绩方面的，在回答之前，应适当停顿5秒钟，留出一段思考的时间。这样做，除了可以组织要表达的内容，重要的是告诉对方你正在认真回忆过去的经历，并可以给对方留下真实性的感觉。

（资料来源：http://yjbys.com/mianshi/jiqian/306104.html.）

【知识应用】

1. 通过互联网查找借助网络来进行甄选面试的事例。你认为这种面试有用吗？为什么？

2. 以"如何做一个有效的面试考官"为题写一篇文章，并就此做一个简短的演讲。

【模块知识小结】

本模块主要介绍了招聘与甄选的4个任务，分别是认知员工招聘、员工招聘渠道、员工测评与甄选、员工面试。

员工招聘是指企业为了发展的需要，根据人力资源规划和工作分析的要求，寻找、吸引那些既有能力又有兴趣到本企业任职的人员，并从中选出合适人员予以录用的过程。

员工招聘有两个渠道：一是内部招聘，从企业内部人力资源储备中选拔出合适的人员补充到空缺或新增的岗位上；二是外部招聘，指对外发布招聘信息，通过对外部人员进行筛选并择优录取，弥补岗位的空缺。

员工测评与甄选部分主要介绍了员工素质测评的依据、原则、指标和员工素质测评的内容，以及员工选拔程序。

员工面试是通过面谈的形式来考查面试者的各方面能力的测试方法，是一种经过组织者精心策划的招聘活动，在面试过程中采取边评定、边分析、边观察的方式。

【复习思考题】

1. 简述影响员工招聘的因素。

2. 简述内外部招聘渠道的优缺点。
3. 简述员工素质测评的内容。
4. 如何有效地实施面试？

【企业案例分析】

招聘的主观直觉和客观依据

B 公司是 NLC 化学有限公司在中国的子公司，主要生产、销售医疗药品。随着生产业务的扩大，为了对生产部门的人力资源进行更为有效的管理开发，从 2016 年年初开始，B 公司决定在生产部门设立一个新的职位，主要工作是负责生产部与人力资源部的协调工作。部门经理希望从外部招聘合适的人员。根据 B 公司的安排，人力资源部设计了两个方案：一是通过在本行业专业媒体中做招聘广告，费用为 7 000 元，优点是专业对口的应聘人员的比例会高些，招聘成本低；缺点是企业宣传力度小。二是在大众媒体上做招聘广告，费用为 15 000 元，优点是企业影响很大；缺点是不合格的应聘人员的比例很高，前期筛选工作量大，招聘成本高。人力资源部的初步意见是选用第一种方案。人力资源部把两种方案向上级主管汇报，反馈回来的意见是，考虑到公司在中国大陆地区处于初期发展阶段，市场的知名度不高，公司应该抓住每一个宣传企业的机会，而第二种方案显然有利于宣传企业，所以人力资源部最后选择了第二种方案。

在接下来的一周里，人力资源部收到了 800 多份简历。人力资源部的人员首先从这 800 多份简历中选出 70 份候选简历，经再次筛选，最后确定 5 名候选的应聘人员，并将这 5 个候选人名单交给了生产部的负责人。经过与人力资源部协商，生产部经理于欣最后决定选出两人进行面试。这两位候选人是李楚和王智勇。

李楚和王智勇的基本资料相当，但值得注意的是，王智勇在招聘过程中，没有上一个公司主管的评价。公司告知两人一周后等待通知。在此期间，李楚在静待佳音，而王智勇打过几次电话给人力资源部经理，第一次表示感谢，第二次表示非常想得到这份工作。人力资源部和生产部的负责人对两位候选人的情况都比较满意，虽然第二位候选人的简历中没有在前一家公司工作的主管评价，但是生产部负责人认为并不能说明其一定有什么不好的背景。生产部负责人虽然感觉王智勇有些圆滑，但还是相信可以管理好他，再加上王智勇在面试后主动与该公司联系，生产部负责人认为其工作比较积极主动，所以最后决定录用王智勇。

王智勇来到 B 公司工作了 6 个月，公司经观察发现：王智勇的工作不如预期的那样好，指定的工作经常不能按时完成，有时甚至觉得他不胜任其工作。王智勇也觉得很委屈：工作一段时间之后，他发现招聘时所描述的公司环境及其他方面情况与实际情况并不一样；原来谈好的薪酬待遇在进入公司后有所减少；工作的性质和面试时所描述的也有所不同；没有正规的工作说明书作为岗位工作的基本依据。

（资料来源：http://3y.uu456.com/bp_9dnda5dr7d6trx0166eb_1.html.）

思考：
1. 评价企业招聘工作开展得好坏的标准是什么？
2. B 公司在招聘过程中存在哪些问题？
3. B 公司应如何进行有效的招聘与甄选？

【能力训练】

　　企业为了招到合适的人才，通常会采取各种各样的甄选面试方法，如某高科技公司会利用每周午餐时间和"古怪的后续环节"取代第一轮面试。在非正式的用餐过程中，该公司期待求职者能够与其他人进行交流，然后让在午餐时间与这些求职者见过面的现有员工来对求职者进行审查。该公司的一位员工要求求职者在她的办公室里骑单轮脚踏车，以考查"他们是否能融入公司的文化"。到甄选过程结束时，已经通过前面各个环节的求职者还要做一些脑筋急转弯的游戏。然后公开评价其他求职者的优点和不足。

　　1. 你认为这种新型的面试方法有什么优点和缺点？
　　2. 你会推荐企业采用这种面试方法吗？这种方法应进行哪些改进？
　　3. 请举例两种以上非传统的面试方法。

模块五

人力资源培训开发

【学习目标】

能力目标
1. 能够设计和实施培训;
2. 能够采用专业的方法进行培训的效果评估。

知识目标
1. 理解员工培训与开发的意义;
2. 掌握培训工作的具体流程;
3. 掌握培训需求调研的方法;
4. 掌握培训实施常用的方法;
5. 掌握培训效果评估的方法。

素质目标
1. 通过资料收集、课外调查和课堂研讨,提高学生的组织能力;
2. 通过小组集体学习和训练,培养学生的团队协作精神。

任务一 认知培训与开发

【工作情境】

　　C公司是一个由几十名员工的小作坊式机电企业发展起来的民营企业,目前已拥有3 000多名员工,年销售额达几千万元,其组织结构属于比较典型的直线职能制。随着本行业的技术更新和竞争的加剧,该公司高层领导开始意识到,企业必须向产品多元化方向发展。该公司的一个重要决策是转产与原生产工艺较为接近、市场前景较好的电信产品。恰逢有家电子设备厂濒临倒闭,于是他们并购了该厂,在对其进行技术和设备改造的基础上,组建了电信产品事业部。然而,在企业的转型过程中,各种人力资源管理问题日益显现出来。除了需要进行组织结构的调整之外,还需要加强企业人力资源管理的基础工作,调整不合理的人员结构,裁减一批冗余员工,从根本上改变企业人力资源落后的局面。

　　此外,根据并购协议,安排在新组建的电信产品事业部工作的原厂18名中层、基层管理人员与公司委派的12名管理人员之间的沟通与合作也出现了一些问题。例如,双方沟通交往较少,彼此的信任程度有待提高;沟通中存在着障碍和干扰,导致了一些不必要的误会、矛盾,甚至是冲突的发生。他们希望公司能够通过培训来帮助他们解决这些问题。

任务要求:
1. 对企业而言,培训对企业发展的意义和价值是什么?
2. 根据C公司的现状,C公司需要开展的培训有哪些内容?
3. 根据C公司的情况,为他们设计一个合理的培训方案,帮助电信产品事业部的管理人员加强沟通与合作。

【相关知识】

培训与开发是人力资源管理的一个重要职能。其主要目的是为长期战略绩效和近期绩效提升作出贡献,确保组织成员在组织战略需要和工作要求环境下,有机会、有条件进行个人绩效提升和经验积累。员工培训是指为了满足企业不断发展的需要,为了提高员工的知识和技能,改善员工的工作态度,使员工能胜任本职工作并不断有所创新,在综合考虑企业的发展目标和员工的个人发展目标的基础上,对员工进行的一系列有计划、有组织的学习与训练活动。员工开发是指为员工未来发展而开展的正规教育、在职实践、人际互动以及个性和能力的测评等活动。

一、培训与开发的含义

员工培训与开发是指企业根据发展和工作需要,通过学习、训练等手段提高员工的工作能力、知识、业务技能,改善员工工作价值观、工作态度、工作行为,最终改善和提高个人和企业绩效的有计划、有组织的培养和训练活动过程。广义上讲,它是一个系列的工作过程,具有长期、系统性。狭义上说,某一次(项)的培训也属于培训开发的范畴。

培训与开发的内涵主要包括:①根本目的是改进组织绩效、满足个人职业发展需要,实现组织和个人双重发展;②内容具有多元性,不仅是对知识和技能的培训,也是能力态度、思维、心理,甚至改进工作绩效的培训;③它是事先有计划(如培训需求分析、培训与开发计划设计)、过程有控制、结果有考评的完整体系。

二、培训与开发的意义

(一)培训与开发对企业的意义

1. 有助于促进改善企业改善绩效

企业整体绩效提升的实现是以员工个人绩效的实现为前提和基础的,有效的培训与开发能够帮助员工提高本身的知识技能,改变他们对工作的态度,增进对企业员工对企业战略、经营目标、规章制度、工作标准等的理解和接受,不断提高他们的工作积极性,从而改善他们的工作业绩,进而促进企业整体绩效的提高。

2. 有助于增强企业的竞争优势

构筑自己的竞争优势是任何企业在现在及将来的激烈竞争中谋求生存、发展和壮大的关键。通过培训与开发,一方面可以使员工及时掌握新的知识和技术,确保企业在现在及将来拥有高素质的人才队伍;另一方面可以营造出鼓励知识学习和技能创新的良好氛围,有助于提高企业的学习能力,增强企业的竞争优势。

3. 有助于培育企业文化

良好的企业文化对员工具有强大的凝聚、规范、导向和激励作用,在企业文化的构建过程中使员工拥有共同的价值观念和道德准则,培训开发中的教育和宣传是一种非常有效的手段。

4. 有助于使提高员工的满意度

对员工适时地进行培训与开发不仅可以提高员工的能力,有助于其在现在或将来的工作中有进一步的提升,满足员工的成就感,而且可以使员工感受到企业对他们的关心与重视,提高员工的归属感。

5. 有助于节约企业成本

培训的投资回报率一般在 33%左右。在对美国大型制造业公司的分析中,公司从培训中得到的回报率可达 20%~30%。摩托罗拉公司向全体员工提供每年至少 40 小时的培训。调查表明:摩托罗拉公司每 1 美元培训费可以在 3 年以内实现 40 美元的生产效益。摩托罗拉公司指出,素质良好的公司员工已通过技术革新和节约操作为公司创造了 40 亿美元的财富。

(二)培训与开发对员工的意义

培训与开发对员工的意义主要表现在以下几个方面。

1. 提高员工的自我认识水平

通过培训,员工能够更好地了解自己在工作中的角色和应该承担的责任和义务,帮助员工更加全面、客观地了解自身能力、素质等方面的不足,提高自我认识水平。

2. 提高员工的知识和技能水平

通过培训,员工的知识和技能将得到提高,而员工技能的提升将极大地提高企业的生产率,从而为企业创造更多的利润,员工也为此获得更多的收入。

3. 转变员工的态度和观念

企业通过培训可以使员工转变态度,如对待技术革新的态度、对待企业的态度和责任心问题。此外,员工培训可以让员工转变观念,如树立终身学习的观念、质量意识和观念。百事可乐公司对 270 名深圳分公司的员工进行了一项调查,这些人绝大多数参加过培训。其中,80%的员工对自己从事的工作表示满意,87%的员工愿意继续留在公司工作。培训不仅提高了员工的技能,而且提高了员工对自身价值的认识,使其对工作目标有了更好的理解。

三、培训与开发的学习理论

(一)诺尔斯成人学习理论

诺尔斯是美国著名的成人教育学家,他在 1967 年提出了"成人教育学"的概念。他把成人教育学定义为"帮助成人学习的艺术和科学"。其理论的出发点是区分成人和儿童（包括在校学习的青少年）在身心发展和社会生活方面的质的区别。通过分析成人学习活动和儿童学习活动的差别，诺尔斯提出了确立其理论的 4 个基本论点。

（1）随着个体的不断成熟，其自我概念将从依赖型人格向独立型人格转化（学习心理倾向——自主学习）。诺尔斯认为，成人学习者和儿童在学习的主动性上存在着显著差别，在儿童的学习活动中，教师决定学习目的、学习内容、学习计划和教学方法，儿童的学习被动地依赖教师的教学活动。而成人学习者以自己为学习的主体，自己做主，不受他人支配，不受外界干扰。

（2）成人在社会生活中积累的经验为成人学习提供了丰富的资源（学习的认知过程——以经验学习为主）。诺尔斯认为，个体生活经验在对儿童与成年学习者的学习活动的影响上存在着很大差异。对儿童而言，生活经验主要来自成人（主要是教师和家长），并且很不丰富和全面。因此，儿童的生活经验对其学习活动的影响是十分有限的。对成人而言，情况则大不相同。

（3）成人的学习计划、学习内容与方法，与其社会角色任务密切相关（学习任务——完善社会角色）。成人的学习任务已经由青少年时期的以身心发展为主，转变为以完成一定的社会职责为主。青少年的学习任务主要是促进其身心成熟与发展，他们必须按照社会的统一要求学习掌握最基础的知识。对成人而言，学习的任务是促使其更有效地完成他所承担的社会职责。

（4）随着个体的不断成熟，学习目的逐渐从为将来工作准备知识，转变为直接应用知识而学习（学习目的——解决问题）。青少年的学习目的是指向未来的生活，而成人的学习目的在于直接运用所学知识解决当前的现实问题，因而教育活动对成人而言应该是一个十分明确的学以致用的过程。成人学习者能够针对社会生活中的具体问题进行学习，并带有通过学习解决实际问题的强烈愿望。

（二）场依存型与场独立型

所谓场，就是环境，心理学家把外界环境描述为一个场。

美国心理学家赫尔曼·威特金认为，有些人知觉时较多地受他所看到的环境信息的影响，有些人则较多地受身体内部线索的影响。他把个体较多依赖自己内部的参照，不易受外来因素影响和干扰，独立对事物作出判断的称为场独立型；个体较多地依赖自己所处的周围环境的外在参照，以环境的刺激交往中定义知识、信息称作场依存型。场独立型学习者与场依存型学习者在学习上的不同特点比较如表 5-1 所示，优势和劣势如表 5-2 所示。

表 5-1 场独立型学习者与场依存型学习者的区别

项目	场独立型学习者	场依存型学习者
学科兴趣	自然科学	社会科学
自然科学成绩	好	差
社会科学成绩	差	好
学习策略	能独立自觉地学习；由内在动机支配	易受暗示，学习欠主动；由外在动机支配
教学偏好	结构不严密的教学	结构严密的教学

表 5-2　场独立型和场依存型学习者的优势和劣势

学习者类型	优势	劣势	注意事项
场独立型	善于从整体中分析出各个元素，喜欢学习无结构的材料，不太喜欢受外界的影响，对于他人的评价有自己的看法，不受外界环境的干扰	倾向于冲动，冒险，容易过分主观	应注意把老师等人的要求与自己的想法相协调，使自己的做法与外界相辅相成
场依存型	善于把握整体，善于学习系统化、条理化的材料，喜欢与同伴一起讨论或进行协作学习，注意环境的要求，很容易适应环境，受大家欢迎，受内在动机支配	表现较为谨慎，不愿冒险，但受到批评时，很容易受影响，学习的积极性下降，容易受外界环境的干扰，学习前主动，受外在动机支配	应注意不轻易受他人评价的影响，尤其是当他人提出批评时，应分析原因，并考虑自己应该怎样努力，而不能就此气馁

（三）行动学习法

行动学习法是由英国管理学思想家雷吉·雷文斯在 1940 年发明的，并将其应用于英格兰和威尔士煤矿行业的企业培训。所谓行动学习法培训，就是通过行动实践学习，即在一个专门以学习为目标的背景环境中，以组织面临的重要问题作为载体，学习者通过对实际工作中的问题、任务、项目等进行处理，从而达到开发人力资源和发展组织的目的。

行动学习法实际是一种看似复杂实际简单的方法。它是如此简单，以至于其蕴藏的力量多年来一直被人们所忽视。行动学习法的目的不仅是为了促进某一具体项目或个人的学习发展，更致力于推动组织变革，将组织全面转化成"一个学习系统"。行动学习包含 4 类重要的学习过程。

（1）学习知识：从已有的知识中学习。
（2）体验经验：从个人的经验中学习。
（3）团队学习：从小组其他成员的经验中学习。
（4）探索性的解决问题：在解决实际问题的过程中学习。

（四）团队学习理论

团队学习是指一个单位的集体性学习，是学习型组织进行学习的基本形式，采用这种形式，便于单位成员之间的互相学习、互相交流、互相启发、共同进步。团队学习是发展团队成员整体能力与实现共同目标的过程，对组织与个体来说是双赢的选择，也是双赢的结果。

目前，学术界对团队学习理论的描述存在 3 种不同的取向，即行为取向、信息加工取向和结果取向。

1. 行为取向的团队学习

行为取向的团队学习强调团队学习过程中团队成员进行互动的具体行为，并认为这些行为对团队绩效具有重要影响。有学者认为，团队学习是一种基于反思与行动相互交叠的过程，并总结概括出该过程中团队成员应有的学习行动，即提出问题、寻求反馈、进行实验、反思结果、讨论错误或者出人意料的行为后果。

2. 信息加工取向的团队学习

信息加工取向的团队学习强调团队学习是发生在团队水平之上的信息加工过程。尽管团队的信息加工过程与个体的信息加工过程相似,但团队在信息加工的具体方式和特征上与个体是不同的。

3. 结果取向的团队学习

结果取向的团队学习强调团队学习是一种发生在团队成员之间的知识转移。团队学习发生的标志是在团队成员在知识和绩效上发生相对持久的改变,并利用组织和团队学习曲线的分析方法测量团队学习的结果。团队学习是一种经由团队成员通过分享各自的经验,从而导致在集体水平上的知识和技能发生相对持久变化的过程。团队学习既包括个体从直接经验中的学习,也包括个体从其他成员的经验中学习。

四、培训与开发的内容

人力资源培训与开发是企业通过各种形式的教育方式改进员工能力水平,提高组织业绩的一种有计划的、连续性的工作。企业的员工培训内容主要分为3个部分。

1. 知识培训

通过知识培训,员工应了解企业的发展战略、企业愿景、规章制度、企业文化、市场前景及竞争环境;掌握岗位职责及本职工作基础知识和技能,如如何节约成本、控制支出、提高效益,如何处理工作中发生的一切问题,特别是安全问题和品质事故等。

2. 技能技巧培训

技能就是指为了满足工作需要必备的能力,而技巧则是需要通过不断努力地练习才能得到的,熟能生巧。企业高层干部必须具备的技能是战略目标的制定与实施,需要领导力方面的培训;企业中层干部的管理技能是目标管理、时间管理、有效沟通、计划实施、团队合作、品质管理、营销管理等,需要执行力方面的培训;基层员工应具备的技能是按计划、按流程、按标准等操作实施,完成生产任务,需要基础培训。

3. 素质培训

态度决定一切,没有良好的态度,即使能力好也没有用。员工的态度决定其敬业的精神、团队合作、人际关系和个人职业生涯发展,能不能树立正确的人生观和价值观,塑造职业化精神。目前,企业对员工职业化方面的培训很少,很多企业的高级管理人员不够职业化,基层员工就更不用说了,员工的职业化程度严重制约着企业的发展。

五、培训与开发的类型

人力资源培训与开发要视企业的需要和员工的具体情况而定。培训与开发从不同的角度可以划分不同的类型。按照常用的培训与开发方式,人力资源培训与开发可以根据以下4种标准进行分类。

1. 按照培训内容分类

按照培训内容,培训与开发可分为基本技能培训、专业知识培训和工作态度培训。

基本技能培训是通过培训使员工掌握从事工作必备的技能；专业知识培训是通过培训使员工掌握完成本职工作所需要的业务知识；工作态度培训是通过培训改善员工的工作态度，使员工与组织建立互相信任的关系，使员工更加忠诚于组织。这 3 类培训对员工个人素质的提升和组织绩效的改善都具有非常重要的意义。

2. 按照培训对象分类

按照培训对象，将培训与开发可分为新员工培训和在职员工培训。

新员工培训又称向导性培训或岗前培训，是指对新进员工进行的培训，主要是让新员工了解组织的工作环境、工作程序、人际关系等；在职员工培训是对组织中已有人员的培训，主要是为了提高现有员工的工作绩效。

3. 按照培训目的分类

按照培训目的，培训与开发可分为应急性培训和发展性培训。

应急性培训是指企业急需什么知识、技能就培训什么。例如，某企业计划新购一台高精度的仪器，而目前没有员工能够操作，就需要针对此仪器的应急培训。发展性培训是从组织长远的发展需要出发而进行的培训。

4. 按照培训形式分类

按照培训形式，培训与开发可分为岗前培训、在职培训和脱产培训。

岗前培训也称入职培训，是为了员工适应新的岗位工作而进行的培训。在职培训就是在工作中直接对员工进行的培训，员工不离开实际的工作岗位。脱产培训是让员工离开工作岗位，进行专门性业务和技术培训。

【知识应用】

米拉日湖公司拥有并经营着 3 家娱乐公司，每年吸引着 3 000 万左右的游客。它是一家非常成功的企业，过去几年中投资者获得的回报率每年高达 22%，该公司被称为美国最令人羡慕的企业之一。据 12 家商业杂志称，该公司在赌博业和酒店业中的生产效率是最高的。该公司的酒店始终保持着 98.6% 的入住率，而当地其他酒店则为 90%。米拉日湖公司成功的关键是以高质量的服务来赢得回头客。公司研究了 200 多家其他企业的人力资源管理活动，包括酒店、赌场和生产型企业。研究的结果使公司认识到培训的重要性，不仅是要提高雇员的专业技能，而且要为他们在米拉日湖的职业生涯发展做好准备。

为了扩大经营业务，米拉日湖招聘了一批新员工，请你为这些新员工拟定本次培训的具体内容。

任务二 掌握培训与开发的程序

【工作情境】

D 集团是一家以物流为主产业链，跨地区、跨行业、跨国经营的产业集团。公司创建于

1993年5月，历经20多年的拼搏，现已形成房地产开发、建筑施工、教育后勤、物业管理等一体的连锁化、整体化、系统化全新规模产业，位居全国大型企业集团千强之列。集团现有资产50亿元，员工2万余人，在北京、上海、武汉及浙江等全国8个省市设立分公司。

D集团非常重视人才的培养，定期会对员工进行培训。但是最近公司花大价钱邀请来的培训师，授课效果不理想，课后员工们抱怨不止。在这次培训课堂上，培训师时而在长篇大论地讲述，时而在白板上书写着，但是讲台下面却很混乱。中间下课休息时，学员聚集在一起议论，各种各样的抱怨，如仓储主管小李说："你们觉得这位名师如何？我可是耐着性子听了这两天半的课了，本以为他可能会讲些实用的内容，可是这3天的培训课快完了，我也没听到与我工作相关的内容！"

根据员工培训结束后的反映，人力资源部经理意识到了培训开发的流程工作没有落实到位。为了避免类似的事情再次发生，人力资源部经理准备制订一份完善的培训计划书。

任务要求：
1. D集团的这次培训过程主要存在哪些问题？
2. 对企业而言，怎样的培训程序才是有效的？
3. 根据D集团的情况，一份完善的培训计划书应该包括哪些内容？

【相关知识】

市场竞争使许多企业竞相通过加强培训与构建学习型组织等举措，千方百计提升员工素质，提高员工的岗位胜任力，以更好地应对市场竞争带来的压力。目前，国内很多企业虽然已经意识到培训对于提升员工素质、提高企业生产力和竞争力的重要性，但由于种种原因，其培训工作开展得还是不理想，培训效果不明显，缺乏反馈机制和沟通渠道。因此，国内企业想要有效开展培训工作，首先就必须运用科学的方法做好培训需求分析，确定培训需求和项目，从而提高培训的有效性。

一、培训开发需求分析

（一）培训需求分析的概念

培训需求起源于企业希望员工达到的技能或素质、水平或状态与员工现有的技能或素质、水平或状态存在的差距。这样的差距不一定完全来自于员工自身的水平问题，也有可能来自于企业软件、硬件设施的不完善（如规章制度等）。当剔除了企业设施等方面的因素后，确定员工的技能或素质、水平或状态未能满足企业发展的需要（图5-1）。

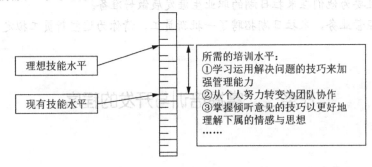

图5-1 培训需求差距分析模型

培训需求分析是指在企业规划与设计培训活动之前，根据企业战略发展和组织绩效的需要，由培训部门、直线经理采用各种方法和技术，对员工的现有状况与应有状况的差距进行鉴别和分析，以确定是否需要培训，从而确定培训内容和方式的活动过程。它既是确定培训目标、设计培训规划的前提，也是进行培训评估的基础，因而是培训活动的首要环节。

（二）培训需求分析的作用

培训需求分析具有较强的指导性，要为企业确定培训目标以及设计培训计划，是企业培训活动的首要环节，是培训评估的基础。

1. 有利于找出差距确立培训目标

在进行培训需求分析时，应该先找出差距，明确目标，确认培训对象的实际状况与理想状况之间的差别，明确培训的目标与方向。差距的确认一般有 3 个环节：一是明确培训对象目前的知识、技能、能力水平；二是分析培训对象理想的知识、技能、能力、模型；三是对培训对象的理想和现实的知识、技能、能力水平进行对比分析。

2. 有利于找出解决问题的方法

解决需求差距的方法有许多，既有培训的方法，也有与培训无关的方法。例如，人员变动、工资增长、新员工的吸收等多种综合方法。企业面临的问题复杂多变，最好把这几种解决问题的方法综合起来，制定多样性的培训策略。

3. 有利于进行前瞻预测分析

企业的发展过程是一个动态的、不断变化的过程，当企业发生组织变革时，培训计划也必须进行相应的调整。这种变革涉及技术、程序、人员以及产品与服务。

4. 有利于进行培训成本的预算

企业培训管理人员要把成本因素引入培训需求分析，测算出培训成本，对不进行培训所造成的损失与进行培训的成本之间的差额进行分析。

5. 有利于促进企业各方达成共识

通过培训需求分析，可以收集制订培训计划、选择培训方式的大量信息，为确定培训对象、目标、内容、方式提供依据，促进企业各方达成共识，有利于培训计划的顺利实施。

（三）培训需求信息的搜集方法

培训需求信息的搜集方法有很多，主要有观察法、问卷调查法、访谈法、测验法和关键事件法等。每种方法都有其适用的情形和优缺点。

1. 观察法

观察法是培训者亲自到员工工作岗位上去了解员工的具体情况。通过与员工一起工作，观察员工的工作技能、工作态度，了解其在工作中遇到的问题及可用培训解决的问题。

1) 优点

(1) 基本上不妨碍被观察对象的正常工作和集体活动。

(2) 所得的资料与实际培训需求之间相关性较高。

2) 缺点

(1) 观察者必须十分熟悉被观察者所从事工作的程序及内容。

(2) 观察者个人成见对观察结果影响较大。

(3) 在进行观察时,被观察者由于意识到自己被观察而可能故意做出种种假象,这会加大观察结果的误差。

2. 问卷调查法

问卷调查法是当前收集资料最流行且最有效的方式之一。该方法是以书面提出问题的方式搜集资料的一种研究方法。调查者将所要研究的问题编制成表格,以当面作答或者通过访谈方式由调查者代表填答,从而了解被访员工对某一现象或者问题的看法和意见,所以又称问题表格法。

1) 优点

(1) 可在短时间内收集到大量的反馈信息。

(2) 成本较低。

(3) 无记名方式可使调查对象畅所欲言。

(4) 所得到的信息资料比较规范,容易分类汇总处理。

(5) 在标准条件下进行,相对较客观。

2) 缺点

(1) 针对性太强,无法获得问卷之外的内容。

(2) 需要大量的时间和特定的技术,如问卷设计技术和统计分析技术。

(3) 易造成低回收率、夸大性回答、无关性回答和不适当的回答等问题。

(4) 很难收集到问题产生的原因和解决问题的方法方面的准确信息,因为很多人不愿意做太具体的回答。

3. 访谈法

访谈法是通过与被访谈人进行面对面的交谈来获取有价值的培训需求信息。访谈对象可以是企业管理者或相关部门负责人员,也可以是一线员工。访谈的形式可根据访谈对象和内容而灵活变化,具体表现如下:第一,它可以是正式的或非正式的,结构性的或非结构性的,或者两者兼而有之;第二,访谈对象既可以是单个个体,也可以是某个特定群体,如董事会、培训委员会等;第三,可以采用面对面的方式,也可以采用打电话的方式;第四,可以在工作现场进行,也可以在远离工作场合的任何方便之处进行。

1) 优点

(1) 有利于发现培训需求的具体问题及问题产生的原因和解决办法。

(2) 为调查对象提供自由表达自己意见的机会。

2) 缺点

(1) 耗时较多。

(2) 多为定性资料，整理任务繁重，分析难度大。
(3) 需要水平较高的访问者，否则易使访谈对象紧张或心生警惕，从而出现被访者不敢据实相告的情形，以致影响所得信息的可靠性。

4. 测验法

测验法就是用一套标准的统计分析量表，对各类人员的知识、技术熟练程度、培训观念、素质等进行评估。根据评估结果，确定培训需求。

1）优点
(1) 有助于确定一个已知问题是由于能力低还是由于态度不端正造成的。
(2) 测验结果容易量化和进行比较。

2）缺点
(1) 测试项目数量少，则有效程度有限。
(2) 测试项目数量多，则费时费力。

5. 关键事件法

当组织内部或外部发生对员工或客户影响较大的事件时，往往采用关键事件法来收集培训需求信息。

1）常见的关键事件
(1) 产品质量投诉。
(2) 服务投诉。
(3) 产品供应出现短缺。
(4) 重大事故。
(5) 员工违反公司纪律并造成损失。
(6) 经常性的失误。
(7) 员工集体辞职或大量换血。
(8) 经销商（代理商）处产品大批滞销。
(9) 经销商（代理商）出现信用危机。
(10) 竞争对手行动对组织产生重大冲击。
(11) 新闻媒介等社会机构对组织的负面反应。

2）优点
(1) 易于分析和总结。
(2) 可以分清楚是培训需求还是管理需求。

3）缺点
(1) 事件的发生具有偶然性。
(2) 容易以偏概全。

（四）培训需求分析的方法

要做好培训需求分析的工作，运用正确、科学的方法至关重要。传统的培训需求分析方法有三要素分析模型和绩效分析模型，近年来出现了一些现代的培训需求分析方法并不断被运用于企业员工的培训需求分析中,如胜任力素质模型、前瞻性培训需求分析模型和刺激-反应模型。这些现代的培训需求分析方法弥补了传统培训需求分析方法的不足,引导企业从新的角度开展员工培训需求分析工作。

1. 传统的培训需求分析方法

传统的培训需求分析方法包括三要素分析模型和绩效分析模型。三要素分析模型包括组织分析、人员(员工)分析、任务分析,三要素分析框架确定了培训需求评估的基本维度;而绩效分析模型侧重于确定预期绩效与实际绩效之间的差距,分析差距产生的原因,从而识别培训需求。

1)组织分析

培训需求的组织分析主要是指通过对企业完成某一项任务(工程)所需的知识、技能状况同现有状况的差距的分析,来确定组织的培训需要及培训内容。

2)员工个体分析

员工个体分析是以员工个体作为企业员工培训需求分析的对象,主要分析员工个体现有状况与应有状况之间的差距,在此基础上确定谁需要和应该接受培训及培训的内容。

3)任务分析

任务分析是指通过运用各种方法收集某项工作的信息,对某项工作进行详细描述,明确该工作的核心内容以及从事该项工作的员工需要具备的素质和能力,从而达到最优绩效。

任务分析的结果是有关工作活动的详细描述,包括员工执行的任务和完成任务所需知识、技术和能力的描述。

实际上,组织分析、人员分析与任务分析并不是按照特定的顺序进行的。只是由于组织分析与培训是否适合公司的战略目标及公司是否愿意在培训上投入时间与资金的决策有关,决定培训的方向,一般首先进行,而员工分析和任务分析通常同时进行。

2. 现代培训需求分析方法

1)胜任力素质模型

胜任力素质是指将某一工作(或组织、文化)中表现优异者与表现平庸者区分开来的个人表层特征与深层特征。胜任力素质模型建立在人员素质冰山模型之上,如图5-2所示。

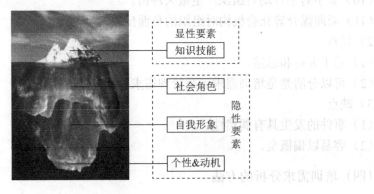

图 5-2 人员冰山素质模型

胜任力素质模型和传统的工作分析法分析员工培训需求的区别：

2）前瞻性培训需求分析模型

将"前瞻性"思想运用在培训需求分析中是前瞻性培训需求分析模型的精髓，如图5-3所示。该模型指出，随着技术的不断进步和员工在组织中个人成长的需要，即使员工目前的工作绩效是令人满意的，也可能会需要为工作调动、晋升等做准备或者适应工作内容的变化等原因提出培训要求。前瞻性培训需求分析模型为此提供了良好的分析框架，在确定员工任职能力和个人职业发展方面具有极大实用价值。

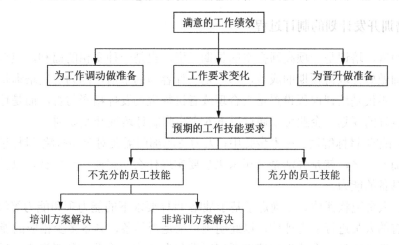

图 5-3　前瞻性培训需求分析模型

3）刺激-反应模型

刺激-反应模型是复杂适应系统理论中用来描述和研究适应性主体对环境刺激进行反应，以及二者相互作用方式的一种主要方法。模型中适应性主体由探测器、规则集和效应器3个部分组成，如图5-4所示：

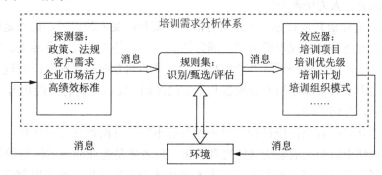

图 5-4　刺激——反应模型

二、制订培训开发计划

为了让企业的员工培训进行得更加顺利，并且切合员工的培训需求，使培训效果达到最优，企业需要制订培训开发计划。培训开发计划可以帮助企业为员工合理安排培训资源，用最少的资源实现最大的效果。

（一）培训开发计划的概念

培训计划是根据全面、客观的培训需求分析，从企业组织战略发展出发，对培训时间、培训内容开发、培训方式、培训师、培训对象等方面进行系统的设定。

培训开发计划必须同时满足企业和员工两个方面的需要，还要根据企业现有的资源条件和员工本身的基础进行设定，做到实事求是。另外，企业在编制培训开发计划时要有前瞻性，充分考虑未来企业经营的各种变化和培训过程中的不确定因素。

（二）培训开发计划的制订过程

对企业而言，培训是一项高回报率的长期投资，也是一种变相的福利，但在实际操作过程中要把培训做好并取得预期的成效，却不是一件容易的事情。因为决定培训是否能够取得预期成效的并不仅是培训课程设置是否合理或者讲师现场发挥精彩与否，而是培训是否成体系、是否有良好的规划。企业可以通过以下6个步骤制订培训开发规划。

第一步：战略/目标解读。在本步骤中，人力资源部门需要对公司战略/目标进行详细的分解和解读，简而言之，就是弄清楚公司未来想要实现什么、想要达到什么，以及为了实现这一目标所应具备的能力。

第二步：人员现状评估。在确定了基于战略/目标要求下的能力项和能力等级之后，就需要对企业现有的人员进行能力评估，以此明确员工是否具备、具备多少相应的能力。

第三步：课程选型。企业里的培训课程通常分为3类：企业文化类课程、通用能力课程和专业能力课程。企业文化类课程是为了让员工了解企业的历史和企业文化所编撰的课程，主要是为了提高员工对企业的认同感和归属感；通用能力课程是指适合所有员工、属于每个员工都应该掌握的基本能力的课程，如Office应用、沟通能力等；专业能力课程则划分的更细一些，通常是按照职位序列和职位族进行划分，如销售类、市场类、财务类、生产类、研发类、项目管理类、人力资源类等。

第四步：课程/师资开发计划。不是所有的课程都有必要外聘讲师，也不是所有的课程都应自行开发，关键还是要看课程的类型。通常情况下，财务类、人力资源类、项目管理类课程更适合外聘讲师，因为这些领域专业性极强，对讲师的专业积累和经历有较高的要求，而企业内部人员通常不具备深厚的专业积累和丰富的经历（尤其是跨行业经历），所以，这些类型的课程比较适合外聘讲师。

第五步：建立培训效果评价机制。培训做得好不好，有两种视角去评价：一是现场反馈效果；二是培训结束后员工的素质技能提升效果。后者才是企业应该关注的效果。

第六步：制订费用预算。在完成了上述5个步骤的工作之后，就可以制订费用预算和实施计划/时间表了。制订培训预算最大的意义不仅在于便于人力资源部门统计培训的成本，还能够让企业动态调整其人力资源战略——人才培养与薪酬战略。

培训是一项长期系统工程，培训课程又如此多样化，所以还需要分清轻重缓急。因此，制订实施计划的核心在于课程的排期、授课时间段与授课地点。制订实施计划的要领在于急用先行。

三、评估培训开发效果

当前对培训开发效果进行系统评估的模型主要是四层次评估法,不过许多研究者针对该模型的不足提出了自己的评估模型,主要有五层次评估法、投资回报率评估模型。

(一)四层次评估法

四层次评估法由威斯康星大学教授唐纳德·L. 柯克帕特里克于 1959 年提出,是世界上最早、应用最广泛的培训评估工具,在培训评估领域具有难以撼动的地位。四层次评估法简称"4R",其主要内容如下。

1. 反映(Reaction)评估:评估被培训者的满意程度

反映评估是指评估受训人员对培训项目的印象如何,包括对讲师和培训科目、设施、方法、内容、自己收获的大小等方面的看法。反映评估主要是在培训项目结束时,通过问卷调查来收集受训人员对于培训项目的效果和有用性的反映。这个层次的评估可以作为改进培训内容、培训方式、教学进度等方面的建议或综合评估的参考,但不能作为评估的结果。

2. 学习(Learning)评估:测定被培训者的学习获得程度

学习评估是目前最常见也是最常用到的一种评价方式。它是测量受训人员对原理、技能、态度等培训内容的理解和掌握程度。学习评估可以采用笔试、实地操作和工作模拟等方法来考查。培训组织者可以通过书面考试、操作测试等方法来了解受训人员在培训前后,知识以及技能的掌握方面有多大程度的提高。

3. 行为(Behavior)评估:考查被培训者的知识运用程度

行为评估指在培训结束后的一段时间里,由受训人员的上级、同事、下属或者客户观察受训人员的行为在培训前后是否发生变化,是否在工作中运用了从培训中学到的知识。这个层次的评估可以包括受训人员的主观感觉、下属和同事对其培训前后行为变化的对比,以及受训人员本人的自评。这通常需要借助于一系列的评估表来考查受训人员培训后在实际工作中行为的变化,以判断所学知识、技能对实际工作的影响。行为层是考查培训效果的最重要的指标。

4. 成果(Result)评估:计算培训创造的经济效益

成果评估即判断培训是否能给企业的经营成果带来具体而直接的贡献,这一层次的评估上升到了组织的高度。成果评估可以通过一系列指标来衡量,如事故率、生产率、员工离职率、次品率、员工士气以及客户满意度等。通过对这些指标的分析,管理层能够了解培训所带来的收益。

四层次评估法是目前应用最广泛的评估模型,它简单、全面,有很强的系统性和操作性。该模型从反映、学习、行为、成果 4 个层面上进行了评估,比较全面和具体。实际上,这个模型确实能解释大多数培训计划,同时为以后评估模型的发展研究奠定了基础。但是,四层次评估法中的反应仅仅是从情感上进行评估的,而缺乏对培训效用大小的重视,而效用型反应与培训结果的转化相关性更大,因此出现了在此基础上的扩展模型。

(二）五级评估法

美国学者考夫曼扩展了柯克帕特里克的四层次评估法。他认为培训能否成功，培训前的各种资源的获得是至关重要的，因而应该在模型中加上对这一层次的评估。另外，培训所产生的效果不应该仅仅对本组织有益，它最终会作用于组织所处的环境，从而给组织带来效益，因而他加上了第五个层次，即评估社会和客户的反映。

（三）投资回报率评估模型

投资回报率评估模型由杰克·菲利普斯提出。菲利普斯是 Performance Resources Organization 的创造人，该公司是目前全球顶尖的会计领域咨询公司。菲利普斯曾担任过银行总裁、财富500强企业的培训与发展经理以及大学教授，他非常重视量化管理，擅长通过数据作出判断，寻找企业隐性收益。

投资回报率评估模型是针对培训发展的投入进行评估的一种评估模型。该模型在四层次评估法中加入了第五个层次——投资回报率，即运用财务绩效来评估培训效果。该模型是从行动、学习、工作应用、组织结果和投资回报率5个层次进行评估的。

延伸阅读

投资回报率评估模型的计算步骤

（1）确定成果（如质量、事故发生率）。
（2）给每一个成果确定一个权重。
（3）在消除其他潜在因素对培训结果的影响后，确定绩效的变化。
（4）通过比较培训前后的结果（用货币形式），获得每年的收益数额（操作结果）。
（5）确定培训成本（直接成本+间接成本+开发成本+一般管理费用+学员薪酬）。
（6）计算总的结余，方法是用收益（操作结果）减去培训成本。
（7）计算投资回报率，方法是用收益（操作结果）除以成本。投资回报率是对花在培训上的每一元获得的货币回报的大致估计。

（资料来源：陈国海. 员工培训与开发[M]. 北京：北京大学出版社，2014.）

进行投资回报率的计算，企业必须有基础数据和专业人员。基础数据包括量化的培训目标、直接培训成本、间接成本、培训效果评估周期、受益人群和受益时间等，专业人员则需要有人力资源管理和财务管理方面的经验，尤其是需要有心理测评、成本预算等方面的丰富经验。在实际操作中，企业很少进行投资回报率的评估，因为投资回报率的评估是一个困难且昂贵的过程，中小企业采用四层次评估法即可，发展战略清晰的大型企业如果基础工作扎实，可以设置专门岗位，开展投资回报率的评估工作。

四、培训开发的方法

1. 讲授互动

讲授互动，即培训讲师通过语言表达，系统地向学员传授知识，期望学员能记住其中重要观念与特定知识。

(1) 主要适用范围：所有的课程内容都可以采用讲授互动的方式。

(2) 优点：有利于学员系统地接受新知识；容易掌握和控制学习的进度；可同时对许多人进行培训。

(3) 缺点：讲授内容具有强制性；学习效果易受培训讲师讲授的水平影响；只是培训讲师讲授，没有反馈；学员之间不能讨论，不利于促进理解；学过的知识不易被巩固。

2. 小组讨论

小组讨论是指讲师将学员划分成若干个小集体或小班子，在给出同一主题后让学员相互表明见解或论证，并最终找出解决方案。

(1) 主要适用范围：主要用于企业文化、管理类课程、服务应急事件等内容。

(2) 优点：学员参与性强，有利于利用已有知识和经验；学员加深对问题的全面认识和理解，适用于概念或原理性知识的把握和学习。

(3) 缺点：容易出现跑题；讨论需要时间比较长；学员的知识水平及能力决定小组讨论的质量。

3. 角色扮演

角色扮演是指在设定一个接近现实环境的前提下，指定学员扮演某种角色，并借助角色的演练来理解角色的内容。过程中讲师观察学员表现并根据标准进行评估，以提高主动面对现实和解决问题的能力。

(1) 主要适用范围：主要用于服务流程课程中练习或测评。

(2) 优点：有助于训练基本动作和技能；提高人的观察能力和解决问题的能力；活动集中，有利于培训专门技能；可训练态度仪容和言谈举止。

(3) 缺点：人为性大；时间比较长。

4. 试听法

试听法，即利用幻灯片、电影、录像、录音、计算机等可看到、可听到的一种教学手段，强调在一定情境中听觉感知（录音）与视觉（图片影视）感知相结合。

(1) 主要适用范围：适用于企业文化、岗位技能的培训。

(2) 优点：由于视听培训是利用人体的 5 种感觉（视觉、听觉、嗅觉、味觉、触觉）去体会的一种培训，所以比讲授或讨论给人更深的印象。而且教材内容与现实情况比较接近，不单单是靠理解，而是借助感觉去理解。生动形象且给学员以亲近感，所以也比较容易引起学员的关心和兴趣；视听教材可反复使用，从而能更好地适应学员的个别差异和不同水平的要求。

(3) 缺点：视听设备和教材的购置需要花费较多的费用和时间；选择合适的视听教材不太容易；学员受视听设备和视听场所的限制。

5. 案例分析

案例分析就是向学员提供一段背景资料，然后提出问题，在问题中要求学员阅读分析给定的资料，并依据一定的理论知识，或作出决策，或作出评价，或提出具体的解决问题的方法或意见等。

（1）主要适用范围：适用于管理类、文化类课程。

（2）优点：提供了一个系统的思考模式；在案例分析的学习过程中，学员可得到一些有关管理方面的知识与原则；有利于使学员参与企业实际问题的解决；使学员得到实践经验和锻炼机会；容易养成积极参与和向他人学习的习惯。

（3）缺点：案例过于概念化并带有明显的倾向性；案例的来源往往不能满足培训的需要；需时较长，对学员和培训讲师要求较高。

【知识应用】

为了打造学习型组织，晨明公司规定公司每年的培训经费为公司毛利的2%，并将其是否使用到位作为考核人力资源部的一项指标。2015年年初，晨明公司估计全年的毛利为2 000万元，因此其培训费用预算为40万元。公司人力资源部根据员工的状况以及职业生涯规划要求制定了相应的培训计划。但是到了10月底，公司经营状况非常好，毛利已达2 300万元，预计全年毛利在2 700万元左右。公司总经理指示人力资源部将培训费用调整为54万元。由于人力资源部做培训计划时只按照40万元进行考虑，加上已经是11月份了，因此人力资源部不知如何使用多出来的14万元培训经费。为了应付考核指标，人力资源部经理就把这一任务交给了负责培训工作的小李。由于时间紧，小李就到网上搜索培训广告，凡是与本公司业务有关联的一律报名，然后要求各部门必须派人参加培训。由于年底工作任务比较重，各部门在派人参加培训时都是将非关键岗位上的人员派出去，但由于与自己的工作关联不大，因此参加培训的人员都不是太重视。人力资源部经理意识到了本公司在培训开发计划上存在一定的问题。

为了避免类似的事情再次发生，请你帮助人力资源部经理制订一份完善的培训计划书。

任务三 撰写培训效果评估分析报告

【任务情境】

H公司是一家大型连锁超市。为了增加销售额，提高销售人员与客户进行信息沟通的水平，该公司对销售人员进行了销售技巧培训。项目由外部咨询公司设计和实施，内容包括2天的技能培训，1天后续跟踪培训（由学员实践所学技能，然后讲述各自实践的情况，探讨克服实施障碍的方法），3周技能在工作中的应用。48名学员来自3个分店的电子部门，每个部门16人。

培训结束后，需要对这次培训项目的效果进行评估。H公司对该项目效果评估的主要思路是：从另3个分店的电子部门各选1组作为对照组，对照组在超市规模、地点和客流量等方面与培训组相同；采用有对照组的后测方案；监测记录每人、每周的平均销售额；通过培训组和对照组的周销售额的比较，了解培训的实际效果。具体情况如下：在培训的后期，由培训师主持，通过角色扮演等方法了解学员对15种销售技巧和6种影响客户的步骤的熟悉、选择和运用的情况。在培训结束时，由培训师负责，通过反馈问卷的形式了解学员对培训项目的评价和建议。其中对项目的质量、用途和收获评价为 4.2 分，满分是 5 分。在培训后 3 周，培训师主持召开了以学员为对象的后续研讨会，了解技能在工作中应用的频率和效果以及与客户打交道中的主要障碍。在培训后 3 个月，由培训协调员实施了对学员的问卷调查，其内容也是关于销售技巧应用和与客户沟通的障碍。在培训后 3 个月，由培训协调员汇总业绩监测的记录，了解销售额增长的情况。最后是投资回报收益率分析，如表 5-3 所示。

表 5-3 培训项目年收益

单位：元

代码	项目	金额
A	周平均销售额/人（培训组）	12 075
B	周平均销售额/人（对照组）	10 449
C	增幅（A-B）	1 626
D	利润贡献率（C×2%）	3 250
E	周总体受益（D×48 人）	1 560
F	年总体受益（E×52 周）	81 120
G	讲课费（包括咨询公司的开发成本、实施成本和福利）	11 250
H	培训资料（35 元/人×48 人）：	1 680
I	用餐（28 元/人·天×3 天×48 人）	4 032
J	设施	1 080
K	学员工资福利	12 442
L	评估	2 500

人力资源部经理需要对培训项目的效果进行合理的判断，以便了解本次培训项目是否达到原定的目标和要求，受训员工知识技能能力的提高或行为的改变是否直接来自于培训的本身，也可以检查出培训费用的效益，有助于资金得到更加合理的利用，较客观地了解培训工作者的工作。

任务要求：

1. 对企业而言，有效的培训效果评估分析报告分为哪几个阶段？
2. 根据 H 公司的情况，培训效果评估分析报告包含哪些内容？请你帮 H 公司撰写培训效果评估报告书。

【相关知识】

培训效果评估分析报告是培训与开发流程的最后一步，因此人们很容易把这一步看作培训与开发完成后才需要实施的环节，其实不然。如果培训需求分析指明了"为什么做"和"做什么"的方向，培训与开发项目设计和实施阶段解决了"做到什么程度""怎么做"的过程，那么撰写培训效果评估分析报告就是对当初的假设（培训与开发的出发点）进行验证，对项目实施的过程进行跟踪，对项目产生的成果进行测量，回答"做得怎么样"这一问题。因此，效果评估贯穿于培训与开发活动的全过程，而不是等到项目结束时，才启动这项工作。

一、培训效果评估分析报告的意义

要了解培训效果评估分析报告的意义，首先要从评估分析报告的两个层面和 3 个阶段着手。

(一)培训效果评估分析报告的两个层面

传统的培训效果评估分析报告是不全面的,需要完善。传统的培训效果评估分析报告主要针对项目的评估,属于微观层面的评估。评估对具体项目的诊断非常有用,能够清楚地显示每一个项目的成果和不足,但是很难反映组织整体培训与开发活动的情况,因此需要进行宏观层面的评估。指标法就是对组织整体培训与开发活动进行宏观层面评估的方法。对于企业来讲,指标法简单且易于采用,多种指标结合在一起能够全面反映关于培训与开发活动的完整画面。

微观层面的培训与开发项目效果评估方法主要有以四层次评估法为代表的经典模型。宏观层面的培训与开发活动效果评估指标法主要包括财务指标法、知识资本法和人力资源指标法。

(二)培训效果评估分析报告的3个阶段

培训效果评估按照时间顺序可以划分为3个阶段:培训与开发前评估、培训与开发中评估和培训与开发后评估。表5-4列出了评估的3个阶段及评估内容。

表5-4 评估的3个阶段及评估内容

评估阶段	评估内容
培训与开发前	① 对学员的知识、技术、能力和行为进行摸底 ② 选择培训起点,包括确认差距、选择评估方法
培训与开发中	① 对项目实施过程的监控,包括培训讲师评估、培训内容评估和培训保障评估 ② 了解学员掌握新知识和技能的情况以及对培训讲师的反应和要求 ③ 对培训内容、培训环境和培训讲师做相应的调整
培训与开发后	① 重点是对业绩提升的跟踪 ② 包括项目结束后的即时评估、中期评估和长期评估。项目结束后的即时评估集中在反映层面,即了解学员对整个培训与开发活动的评价和建议,同时可能涉及学习层面的知识掌握情况;通过考核手段,了解学员在知识方面的改善程度。项目结束后的中期评估侧重于学习和行为两个层次。在学员回到工作岗位一段时间后,观察其行为是否改变。在这一阶段,也可以对在短时间内产生的绩效加以评估。项目结束后的长期评估是对培训与开发活动所产生的经济绩效的评估。评估培训与开发活动对企业绩效的贡献需要一定的时间周期,有时还是相当长的周期,如注重内部晋升的企业,如果从领导人继任计划的角度评估其领导力开发项目的效果,少则5年,多至10年以上都是有可能的

综上所述,培训效果评估分析报告是运用科学的理论和技术对培训与开发活动的需求分析、项目设计、项目执行和实际成果进行系统的考查和评价,是对整个培训与开发活动过程和结果的评估分析报告。这一评估报告对企业具有重大意义,具体如下。

(1)判定某一培训与开发项目是否达到目标。
(2)找出项目中的优点和不足之处,并作出相应的改进。
(3)确定谁应该参加并真正能够从培训与开发中受益。
(4)收集信息用来推广培训与开发项目。
(5)权衡培训与开发项目的成本和收益。
(6)为管理层决策提供信息和数据。

(7) 增强培训与开发部门在企业中的信用和地位，争取广泛的支持。
(8) 赢得培训与开发部门生存和发展所必需的资源。

二、培训效果评估分析报告的内容

培训效果评估分析报告的结构和核心内容如表 5-5 所示。

表 5-5　培训效果评估分析报告的结构和核心内容

项目	核心内容	描述
一般信息	背景信息	通过对项目需求分析的概括来说明评估的基础以及重要的结论和意义；提供培训项目的大纲
	评估目的	对照预先设定的目标，评价培训项目所带来的贡献大小，而不是判断培训投资是否合理或培训是否有必要继续存在
评估方法	评估的级别	根据培训的需求和目的，确定哪一级评估需要评估的项目，争取进行第五级评估。在无法将培训成果转化成货币价值时，至少应提供第四级业务影响因素的改进作为无形收益
	投资回报率流程	将业务影响因素转换成货币价值，同时项目成本要包括所有的成本
	数据收集	培训前、培训期间和培训后数据的收集
	鉴别培训效果	至少采用两种方法对培训效果作出鉴别
	将数据转化为货币价值	从最精确的转换策略向最不精确的策略依次进行选择，可选择多个策略，并考虑数据的可获得性和便利性
数据转换及分析	财务数据	由硬数据转换而来的货币价值的有形收益
	非财务数据	无法转换成货币价值的无形收益
项目成本	成本阶段	需求分析阶段、项目设计阶段、项目实施阶段和项目评估阶段
结果	一般信息	总体反馈；目标的实现状况
	结果 1：反映/满意度，行动计划	数据来源、数据统计和分析、结论
	结果 2：学习成果	数据来源、数据统计和分析、结论
	结果 3：应用与实施	数据来源、数据统计和分析、结论
	结果 4：对业务的影响	数据来源、数据统计和分析、结论
	结果 5：投资回报率	数据来源、数据统计和分析、结论
	结果 6：无形收益	数据来源、数据统计和分析、结论
障碍与促进因素	障碍	对培训项目产生负面影响的因素
	促进因素	对培训项目产生积极影响的因素
结论与建议	结论	提供基于所有结果的结论，简要说明每个结果得到的方法
	建议	就培训项目提供一个建议清单，并就每一条建议给予简要解释
附录	补充资料	原始资料及相关图表，如调查问卷、访谈记录、绩效档案、行业标准、技术模型等

【知识应用】

医疗公司销售培训效果评估报告

项目：传达（公司）优势。

时间：1月8～9日。

参与者：180名保健公司销售助理和销售经理，分成24个小组。

项目目的：当公司员工在接触潜在客户或现有客户时，能够给予客户专业的形象，与客户建立相互信赖的关系,将公司的价值传递给客户,并且直接强调公司的医疗管理能力。

项目描述:"传达(公司)优势"是一个为期两天的培训项目,主要培训倾听、提问和表达技巧,目的在于提高销售助理向客户传达公司医疗管理能力的水平,从而提升销售绩效。在为期两天的培训项目中,销售经理也会协助开展项目,不仅提供技术性指导,而且担任沟通教练。在项目结束后,销售经理还要在实际工作中评估销售绩效。

总的来说,"传达(公司)优势"培训项目取得了显著的效果。目前,在第一期项目结束后的10个月内,在评估的所有领域中,培训项目都超额完成既定目标,表5-6详细介绍了各方面所取得的效果。

表5-6 培训项目目标完成情况

评估项目	目标完成情况
绩效: 　财务效果	409%
学习: 　技能	117%
认知: ● 参与者的认知 ● 发起人的认知	149% 147%
批准人: 　销售绩效副总裁	日期:　　年　　月　　日
抄送名单: ● 总裁 ● 人力资源部高级副总裁 ● 人力资源开发部副总裁 ● 财务部副总裁 ● 区域运营主管	

以下是培训项目在绩效、学习和认知3个方面取得的结果的详细报告。

1. 绩效结果

本项目的目的是通过提高沟通和表达技巧,提高销售绩效。表5-7列出了由该绩效提升项目直接带来的销售额增长情况。

表5-7 销售额增长情况

销售类型	销售收入/元
2个"X"市场业务	57 620 000
18个"Y"市场业务	5 500 000
2个PPO公司业务	2 000 000
1个牙齿保健业务	290 000
1个内部财务核算业务	13 000 000
24笔销售总计	78 410 000

培训项目的总收益按计算如下:

总收益=78 410 000×3.0%(净收益率)=2 352 300(元)

每个组的销售培训成本是12 000元,24组的总培训成本是288 000元。投资回报率计算如下：

$$投资回报率 = \frac{2\ 352\ 300 - 288\ 000}{288\ 000} \times 100\% = 717\%$$

以项目的预期投资回报率200%为计划目标，该培训项目的实际投资回报率超出目标的百分比为259%。

2. 学习结果（略）

3. 认知结果（略）

（资料来源：理查德·斯旺斯·爱尔伍德·霍尔顿. 人力资源开发效果评估[M]. 陶娟，译. 北京：中国人民大学出版社，2008.）

根据涉及的资料，试对该公司开展培训项目的成果进行评价。

【模块知识小结】

本模块系统介绍了人力资源培训与开发的基础理论、原则、意义，进而从操作层面介绍了培训与开发的基本流程及内容、形式和方法等。人力资源培训与开发的经典理论主要有成人学习理论、行动学习法、团队学习理论、场独立型和场依存型理论。培训与开发的基本流程为培训开发调查、确定培训需求、设置培训目标、拟定培训计划、实施培训计划、培训效果评估。

【复习思考题】

1. 现代企业为什么十分重视员工的培训？
2. 人力资源培训与开发的目的是什么？
3. 简述人力资源培训与开发的流程。
4. 人力资源培训与开发的方法有哪些？
5. 人力资源培训与开发的效果评估方法有哪些？

【企业案例分析】

肯德基的人力资源培训与开发

作为世界最大的餐饮连锁企业，肯德基自进入中国以来，带给中国的不仅是异国风味的美味炸鸡、上万个就业机会，还有全新的国际标准的人员管理和培训系统。

肯德基的培训分多个层次，从餐厅服务员、餐厅经理到公司职能部门的管理人员，公司都按其工作性质安排严格的培训计划。培训内容涉及品质管理、产品品质评估、服务沟通、有效管理时间、领导风格、人力成本管理、团队精神等多个方面。

对于应届毕业生，一般会在见习助理职位上锻炼3个月，学习服务员的业务。升做助理后，公司会安排参加餐厅基本管理课程及进阶管理课程培训。晋升的每一梯层上，都有相应的培训做支撑。肯德基对餐厅的服务员、餐厅经理到公司的管理人员，都要按照其工作性质的要求，安排严格的培训计划。例如，餐厅服务员刚进入公司时，每人平均有200小时的"新员工培训计划"，对加盟店的经理培训更是长达20周时间。餐厅经理人员不但要学习领导入门的分区管理手册，同时还要接受公司的高级知识技能培训，并会被送往其他国家接受新观念以开拓思路。这些培训，不仅提高员工的工作技能，还丰富和完善了员工的知识结构以及个性发展。

肯德基在中国建有适用于当地餐厅管理的专业训练系统及教育基地——教育发展中心。这个基地成立于1996年，专为餐厅管理人员设立，每年为来自全国各地的2 000多名肯德基的餐厅管理人员提供上千次的培训课程。中心大约每两年会对旧有教材进行重新审定和编写。

那么，肯德基的内部员工培训体系究竟是怎样的呢？

肯德基的内部培训体系分为职能部门专业培训、餐厅员工岗位基础培训以及餐厅管理技能培训。

1. 职能部门专业培训

肯德基隶属于世界上最大的餐饮集团——百胜全球餐饮集团，中国百胜餐饮集团设有专业职能部门，分别管理着肯德基的市场开发、营销、企划、技术品控、采购、配送物流系统等专业工作。

为配合公司整个系统的运作与发展，中国百胜餐饮集团建立了专门的培训与发展策略。每位职员进入公司之后要去肯德基餐厅实习 7 天，以了解餐厅营运和公司企业精神的内涵。职员一旦接受相应的管理工作，公司还开设了传递公司企业文化的培训课程，一方面提高了员工的工作能力，为企业及国家培养了合适的管理人才；另一方面使员工对公司的企业文化也有了深刻的了解，从而实现公司和员工的共同成长。

2. 餐厅员工岗位基础培训

作为直接面对顾客的餐厅员工，从进店的第一天开始，每个人就都要严格学习工作站基本的操作技能。从不会到能够胜任每一项操作，新进员工会接受公司安排的平均近 200 个工作小时的培训，通过考试取得结业证书。从见习助理、二级助理、餐厅经理到区经理，随后每一段的晋升都要进入这里修习 5 天的课程。根据粗略估计，每训练一名经理，肯德基就要花上好几万元。在肯德基，见习服务员、服务员、训练员以及餐厅管理组人员全部是根据员工个人对工作站操作要求的熟练程度，实现职位的提升、工资水平的上涨的。在这样的管理体制下，年龄、性别、教育背景等都不会对你未来在公司的发展产生任何直接影响。

3. 餐厅管理技能培训

目前，肯德基在中国有大约 5 000 名餐厅管理人。针对不同的管理职位，肯德基都配有不同的学习课程，学习与成长的相辅相成，是肯德基管理技能培训的一个特点。

当一名新的见习助理进入餐厅，适合每一阶段发展的全套培训科目就已在等待着他。最初，他将要学习进入肯德基每一个工作站所需要的基本操作技能、常识以及必要的人际关系的管理技巧和智慧。随着他管理能力的增加和职位的升迁，公司会再次安排不同的培训课程。

当一名普通的餐厅服务员经过多年的努力成长为管理数家肯德基餐厅的区域经理时，他不但要学习领导入门的分区管理手册，同时还要接受公司的高级知识技能培训，并具备获得被送往其他国家接受新观念以开拓思路的资格的机会。除此之外，这些餐厅管理人员还要不定期地观摩录像资料，进行管理技能考核竞赛。

4. 纵横交流：传播肯德基理念

为了密切公司内部员工关系，肯德基还举行不定期的餐厅竞赛和员工活动，进行内部纵向交流。有位餐厅服务员说，在肯德基的餐厅，她学到的最重要的东西就是团队合作精神和注重细节的习惯。当然，这些对思想深层的影响今后会一直伴随他们，无论是在哪里的工作岗位工作。

另外，肯德基为了强化对外交流，进行行业内横向交流。肯德基和有关方面已经共同举办了数届"中式快餐经营管理高级研修班"，为来自全国的中高级中式快餐管理人员提供讲座和交流机会，由专家为他们讲述快餐连锁的观念、特征和架构，市场与产品定位，产品、工艺、设备的标准化，快餐店营运和配送中心的建立等。对技能和观念的培训与教育，不但会提高员工的工作能力，而且这种形式的交流也推动了中国快餐业尽快学习国际先进的快餐经营模式。

肯德基的技术部和采购部在利用星级系统完成每年对供应商的各项评估的同时，也针对供应商各自的弱点和不足进行相应的培训，从而把餐饮业的国际质量标准要求带给了肯德基的供应商。技术部主要负责技术转移，如对各家禽厂家推行养殖技术中"公母分饲"技术、鸡肉深加工技术、分阶段屠宰技术等；采购部则经常拜访供应商，积极举办交流会，安排一些经验不足的小型企业参加有经验的大型供应商的交流会，从中扶持小型供应商的发展。

这些举措，在创造社会效益的同时，也让肯德基理念获得了更广泛的认可，让肯德基品牌的核心竞争力得到了提升。肯德基已经在用行动努力把创造利润和创造知识结合在一起，现在更多的企业也意识到了这一点：未来，创造财富不仅仅是靠资本、资源，更多的是靠知识。

（资料来源：http://www.795.com.cn/wz/38681.html.）

思考：
1. 肯德基的人力资源培训与开发体系有什么特点？
2. 肯德基的人力资源培训与开发策略带给中国企业哪些启示？

【能力训练】
一个团队需要很多角色，每个角色的任务不同，但是都有一个共同的目标，就是要完成整个团队的任务。

能力训练要点：
（1）3名学生扮演工人一起被蒙住双眼，被带到一个陌生的地方。
（2）有两名学生扮演经理，一名学生扮演总裁。
（3）规则："工人"可以讲话，但什么都看不见；"经理"可以看，可以行动，但不能讲话；"总裁"能看能讲话，也能指挥行动，但他却被许多琐事缠住（他要在规定时间内做许多与目标不相干的事情），所有的角色需要共同努力才能完成训练的最终目标——把工人转移到安全的地方。
（4）注意：任务可以由教师根据情况设计，关键是"总裁"要有许多琐事缠身。

思考与讨论：
1. 你在本次训练中最大的体会是什么？
2. 你认为在团队合作中什么是最重要的？

模块六

绩效管理

【学习目标】

能力目标

1. 能够组织与实施绩效管理；
2. 能够根据实际情况运用绩效考评方法。

知识目标

1. 理解绩效管理的概念、内容、特点及绩效管理的目的；
2. 掌握绩效管理组织与实施的过程；
3. 掌握绩效反馈面谈的原则与技巧；
4. 理解绩效考评方法（比较法、量表法、360度绩效考核法）；
5. 掌握绩效考评方法（关键绩效指标法、平衡计分卡法、目标与关键成果法）。

素质目标

1. 通过资料收集、课外调查和课堂研讨，提高学生的组织能力；
2. 通过小组集体学习和训练，培养学生的团队协作精神。

任务一 认知绩效管理

【工作情境】

在大明公司，小王是公认的销售状元，进入公司仅5年，除前两年打基础外，后3年一直荣获"三连冠"，也正因为如此，小黄从一般的销售工程师发展到客户经理、三级客户经理、办事处副主任，最后坐上了办事处主任这个宝座，小黄的发展同他的销售绩效一样，成了大明公司不灭的神话。

小王担任大明公司办事处主任后，深感责任重大，上任伊始，身先士卒，决心再创佳绩。他把最困难的片区留给自己，经常给下属传授经验。但事与愿违，一年下来，绩效令小王非常失望，全公司33个办事处，其他办事处的销售绩效全面看涨，唯独自己办事处不但没升，反而有所下降。烦心的事还真多。临近年末，除了要做好销售总冲刺外，公司年终才开始推行的"绩效管理"还要做。小王叹了一口气，自言自语道："天天讲管理和考核，办事处哪有精力去抓市场。考来考去，考得主管精疲力竭，考得员工垂头丧气，销售怎么可能不下滑。

不过，还得要应付，否则，公司一个大帽子扣过来，自己吃不了还得兜着走。"好在绩效管理也是轻车熟路了，通过内部电子流系统，小黄给每位员工发送了一份考核表，要求他们尽快完成自评工作。同时，他根据员工一年来的总体表现，利用排队法将所有员工进行了排序。排序是一件非常伤脑筋的工作，时间过去那么久了，下属又那么多，自己不可能都那么了解，谁好谁坏确实有些难以的区分。不过，好在公司没有什么特别的比例控制，特别好与特别差的，自己还是可以把握的。

任务要求：
1. 大明公司应怎样树立企业的绩效管理理念？
2. 小王主管的办事处绩效最低，问题出在哪里？
3. 假设你是小王，应如何展开绩效管理？

【相关知识】

一、绩效管理概述

绩效管理是一个完整的系统，在这个系统中，组织及其管理者在组织使命、核心价值观的指引下，为达成远景和战略目标而进行绩效计划、绩效监控、绩效评价以及绩效反馈，其目的是确保组织成员的工作行为和工作结果与组织期望的目标保持一致，通过持续提升个人、部门以及组织的绩效水平，最终实现组织的战略目标。例如，丰田汽车公司凯美瑞工厂的员工组成的团队在监督着他们自己的绩效结果，他们通过持续不断地调整自己以及整个团队的做事方式，以使团队的绩效结果与团队的绩效标准以及整个工厂的总体质量和生产效率要求持续性地保持一致。

二、绩效管理的内容

绩效管理系统是由绩效计划、绩效监控、绩效评价和绩效反馈4个部分组成的一个系统。

（一）绩效计划

绩效计划是绩效管理系统的第一个环节，是指根据组织的战略目标及目标的分解，结合员工的工作内容和岗位职责，通过面谈，共同确定组织、部门、员工以及个人的工作任务，并签订目标协议的过程。其作用在于帮助员工认清目标，明确路线。绩效目标应明确、具体、可衡量，并且要充分考虑所需要资源以及可能面临的障碍。

（二）绩效监控

绩效监控是绩效管理的第二个环节，也是整个绩效周期历时最长的环节，是指在绩效计划实施过程中，管理者与下属通过持续的沟通，采取有效的监控方式对员工的行为及绩效目标的实施情况进行监控，并提供必要的工作指导与工作支持的过程。要发挥绩效管理系统的作用，要求管理者在整个绩效计划实施过程中持续与下属进行绩效沟通，了解下属的工作状况，预防并解决绩效管理过程中可能发生的各种问题，帮助下属更好地完成绩效计划。在绩效监控阶段，管理者需要采取有效的管理方式监控下属的行为方向，通过持续不断的双向沟通，了解下属的工作需求并向其提供必要的工作指导，并且需要记录好工作过程中的关键事件或绩效数据，为绩效评价提供信息。

从绩效监控的手段看,管理者与下属之间进行的双向沟通是实现绩效监控目的的一种非常重要的手段。

(三) 绩效评价

绩效评价是绩效管理的核心环节,是指根据绩效目标协议书约定的评价周期和评价标准,由绩效管理部门选定的评价主体,采用有效的评价方法,对组织、部门及个人的绩效目标完成情况进行评价过程。需要注意的是,应当把绩效评价放到绩效管理过程中,将其看作绩效管理过程的一个环节。

(四) 绩效反馈

绩效反馈是指在绩效评价结束后,管理者与下属通过面谈,将评价结果反馈给下属,共同分析绩效不佳的方面及其原因,制订绩效改进计划的过程。绩效反馈在绩效管理过程中具有重要的作用,是绩效管理过程中的一个重要环节,也是一个正式的绩效沟通过程。有效的绩效反馈可以使员工了解到自己的长处与不足,以此为依据制订自己的改进和发展计划,还可以从制度上避免或减少考核中不公平的现象,减少考核误差。绩效管理的目的绝不仅仅是得出一个评价等级,而是要着眼于提高绩效,确保员工的工作行为和工作产出与组织目标保持一致,从而实现组织的绩效目标。

延伸阅读

绩效管理的"葡萄串原理"

如果把组织和个人的关系看成葡萄串和葡萄的话,一个组织就是一整串葡萄,每个人则是一个个葡萄,如果要想拿起整串葡萄,一定要抓住葡萄串的"根",否则所有葡萄都有可能会被扯落。绩效管理就如同这串葡萄,公司的绩效考核就是这串葡萄的"根",部门的绩效考核就是根的分支,职位的绩效考核就是葡萄,绩效管理的三层面在这串葡萄上得到了体现。

因此,绩效管理必须有公司的绩效考核表,而且必须得出公司的绩效考核成绩,这是所有"葡萄"的绩效成绩的依据,一旦缺少了这个最重要的"根",部门的绩效考核与职位的绩效考核都将散落,导致公司的绩效与所有人的绩效脱节,公司为了考核而考核,直到绩效考核把所有人都"烤糊"为止。

为了避免这个结局,绩效计划显得格外重要,绩效计划主要目的是把公司年度目标提炼成指标,依据目标的重要性配置指标权重,依据目标的要求形成考核标准,最后编制公司绩效考核表,这是绩效计划环节的最终成果。目标、指标、权重、标准构成公司绩效考核表的核心四要素。只有具备这四要素,绩效管理体系才能够开始运行。

(资料来源:http://www.hr.com.cn/p/1423415795.)

三、绩效管理的特点

理解绩效管理的特点,对构建科学的绩效管理体系具有极大的意义。绩效管理具有以下几个特点。

1. 多维性

多维性是指员工的绩效可以从多个角度或方面考核，如知识、能力、态度等。例如，一名酒店服务人员的绩效包括服务态度、出勤情况、与同事的合作以及遵守纪律的情况等方面。因此，对员工的绩效必须多方面进行考查。当然，不同的维度在整体绩效中的重要性也是不同的。

2. 协同性

协同性是指通过绩效管理系统，实现组织、业务部门、支持部门、外部合作伙伴的全面协同，形成合力，促进竞争优势的形成。协同是组织设计的最高目标，一个组织由不同部门组成，为了实现组织的整体绩效超过组织内各部门所产生的绩效的总和，即产生"1+1>2"的整体效应。绩效管理系统的协同性需要重点关注组织与业务部门之间的纵向协同，业务部门之间以及业务部门与支持部门之间的横向协同，组织与外部合作伙伴的协同，从而形成全方位、多维度的协同体系，最终为实现组织战略目标服务。在当前竞争如此激烈的时代，同类企业之间的硬实力的差距越来越小了，现代企业如何实现全面协同，形成较大的合力，已经成为企业获取竞争优势的法宝。

3. 公平性

公平性是指绩效管理系统必须站在推动组织持续发展的立场上，公平地处理各种关系，让所有的员工感受到过程与结果的公平。通常情况下，一个绩效管理系统执行的效果好坏和效率高低，与员工所感知到的公平感有很大的关系。因此，形成一个各方都能接受的充分公平的绩效管理系统，对组织而言是非常重要的。在绩效评价过程中，组织一定要重视绩效评价程序的公平和绩效评价结果的公平。

延伸阅读

绩效管理的九大误区

误区一：结果重要还是过程重要

很多人会回答：同样重要。考核以结果为导向，但没有好的过程不可能会产生好的结果。

误区二：与驱动力脱节

对剩余价值的再分配，还是对增量价值的再分配？这是传统绩效与现代绩效的最大差别。考核的价值与其驱动力成正比。

误区三：为求全面错误拼盘

因为以结果、量化为鲜明特征的关键绩效指标考核，具有不能全面反映员工工作表现的局限性，加之在客观操作上，很多有价值的工作无法实现真正的量化管理，因此，为了追求评价衡量的全面性、整体性，将一些行为能力指标（如责任感、敬业精神、沟通能力等）与关键绩效指标搭配，形成一个看似全面的拼盘，但实际上，它们是不可能在同一周期使用同一评价模式进行考核的。

误区四：标准与目标相混淆

目标一般以关键绩效指标作为考核工具，做加法，弹性大，正向激励性强。标准一般以成本绩效指标作为考核工具，做减法为主，弹性小，反向压力性强。

误区五：视绩效考核为百病良药

绩效考核并不能解决企业管理中的所有问题，对于员工心态，要通过企业文化、团队管理来解决；对于基础性工作，要通过流程构建、制度规范来解决。

误区六：忽视员工的参与

绩效考核涉及目标管理、利益分配，与员工息息相关。只有得到员工认同、参与的绩效方案，才能促进员工努力达到目标，共享效益成果。

误区七：过分依赖物质驱动

日本经营大师稻盛和夫曾说：当一个员工回答"好的，我知道了"，那他能达成 30%的目标。当员工回答"我会尽力的"，他能达成 50%的目标。当员工说"这是我的事业，我一定全力以赴"，他能达成 90%的目标。物质激励固然重要、不可取代，但企业绝对不能只依赖物质驱动。如果企业的激励只剩下钱，有时再多的钱也不够。

误区八：绩效文化的缺失

中国人与美国人最大的差别是什么？以前比较多的回答是：发达国家与发展中国家。现在，大家发现文化差异成为最大差别：中国人需要在压力与监控下工作，绩效才好，而美国人喜欢放松与自由的环境。中国人看重利益驱动，美国人看重文化驱动。中国人喜欢为自己干，美国人喜欢大家一起干。如果缺乏绩效文化的支撑，再好的考核工具也会黯然失色。

误区九：追求完美反自困

绩效考核就像处于发展过程中的企业一样，每天都在优化，每天都在进步。绩效考核工具与激励模型，虽然在企业某一个发展时期发挥了作用，在下一个经营周期，可能逐渐失去原来的价值，要通过优化、改进才能继续发挥功效。

（资料来源：http://www.rlzygl.com/jxgl/1211.html.）

四、绩效管理的目的

组织的一切绩效管理活动都是围绕绩效管理目的展开的，偏离了目的，绩效管理就失去了存在的价值和意义，失败将不可避免。总结起来，绩效管理的目的包括战略目的、管理目的和开发目的，只有 3 个目的同时实现，才能够确保组织绩效管理活动的科学性、有效性和合理性。

（一）战略目的

绩效管理与组织战略密切相关。绩效管理系统能够将员工的具体工作活动与组织的战略目标联系起来，通过采用先进的绩效管理工具，如平衡计分卡、关键绩效指标等，将组织、部门和员工个人的绩效紧密地联系在一起，使员工个人绩效提高的同时促进组织整体绩效的提升，从而确保组织战略目标的实现。所以，应该将组织的战略目标逐层落实到部门和员工个人，并在基础上制定相应的绩效评价指标体系，设计相应的绩效评价和反馈系统。管理者可以通过绩效评价指标体系来引导员工的行为，帮助与员工正确认识自己和提高自己，使员工的努力方向与组织战略保持高度一致，有利于组织战略目标的实现。

（二）管理目的

绩效管理的管理目的主要是指要以绩效评价结果为依据作出各项管理决策，从而激励和引导员工不断提高自身的工作绩效，最大限度地实现组织目标。组织的各项绩效管理决策离不开准确的员工绩效信息，绩效评价的结果是组织进行人力资源规划、人员配备、人员培训、调薪、晋升，以及员工进行职业生涯规划等的重要依据。绩效考核的反馈结果能够反映管理系统的潜在问题，使管理者知道员工的优势和不足，为下一阶段的工作提供参考，同时还为协调各部门之间的关系提供了制度依据。绩效考核是依据岗位说明书进行的，考核结果与岗位要求出现差距，或者是因为岗位要求太高，或者是因为员工素质较差，若是前者，就应该适当调整岗位说明书，让岗位要求变得更加科学；若是后者，就应该加强员工培训或提高招聘要求，做到岗得其人。根据绩效考核的结果，组织能确定员工培训目标，并制订切合实际的具体培训方案，使人力资源培训取得良好的效果。绩效考核结果可直接作为员工薪酬的发放和调整依据，客观反映员工对企业贡献和所得回报之间的对应关系，发挥奖惩和激励作用。管理者可以通过分析绩效考核结果，从众多的员工中选拔出优秀员工，发现员工的工作兴趣方向和工作潜力，使员工有比较理想的职业生涯。

（三）开发目的

绩效管理的开发目的的主要是指管理者通过绩效管理过程发现员工的不足，以便对员工进行有针对性的培训，从而使员工能够更加有效地完成工作。通过绩效评价，管理者可以发现员工绩效不佳的原因，这就为绩效反馈环节分析绩效差距、制订绩效改进计划提供了依据。通过绩效反馈环节，管理者不仅要指出下属绩效不佳的表现，也应帮助下属找出造成绩效不佳的原因，如技术缺陷、积极性不足、沟通或沟通障碍等，继而针对问题采取措施，制订相应的绩效改进计划。只有这样，才能更有效地帮助员工提高自己的工作能力和素质，促进员工个人的发展和组织的发展。

总之，一个有效的绩效管理系统应该将员工的工作活动与组织的战略目标联系在一起，并为组织对员工作出的管理决策提供有效的信息，同时向员工提供及时、准确的绩效反馈，从而实现绩效管理的目的。

延 伸 阅 读

摩托罗拉公司的绩效管理

关于管理与绩效管理，摩托罗拉公司有一个观点，就是"企业=产品+服务，企业管理=人力资源管理，人力资源管理=绩效管理"，可见，绩效管理在摩托罗拉公司的地位是多么的重要。正是因为重视，绩效管理才开展得好；正是因为定位准确，摩托罗拉公司的业绩才会越来越好，员工才会越来越有干劲，企业的发展才会越来越有希望。在摩托罗拉公司看来，绩效管理是一个不断进行的沟通过程，在这个过程中员工和主管以合作伙伴的形式就下列问题达成一致。

（1）员工应该完成的工作。
（2）员工所做的工作如何为组织的目标实现做贡献。
（3）用具体的内容描述怎样才算把工作做好。
（4）员工和主管怎样才能共同努力帮助员工改进绩效。
（5）如何衡量绩效。
（6）确定影响绩效的障碍并将其克服。

由此可见，绩效管理在摩托罗拉公司中的地位。绩效管理关注的是员工绩效的提高，而员工绩效的提高又是为实现组织目标服务的，这就将员工和企业的发展捆绑在了一起，同时也将绩效管理的地位提升到了战略的层面，战略性地看待绩效管理，战略性地制定绩效管理的策略并执行策略。

（资料来源：http://www.yjbys.com/bbs/687353.html.）

【知识应用】

下面是一段关于绩效和绩效管理的描述：

组织绩效是指组织在某一时期内，组织任务完成的数量、质量、效率及盈利状况。员工绩效是指员工在工作过程中所表现出来的工作结果。在理解员工绩效含义时，应当清楚，员工绩效是与员工的岗位职责有关的，但不一定与组织的目标有直接关系。绩效无论能否评价，都是客观存在的事实。绩效管理是指制订员工的绩效目标并收集与绩效有关的信息，定期对员工的绩效目标完成情况作出考核和反馈，以改善员工工作绩效并最终提高企业整体绩效的制度化过程。

1. 上述描述正确吗？试说明理由。
2. 举例说明树立正确的绩效管理观的意义。

任务二 绩效管理的组织与实施

【工作情境】

星光公司是一家中日合资企业，成立于20世纪90年代中期，生产销售勘探和开采石油用的钻杆。星光公司依靠自身的技术优势和创业者的不懈努力，在国内石油钻杆市场上与另外3家国内企业形成了四分天下的局面。在企业创立之初，星光公司导入日本先进的生产管理系统，建立健全了质量管理体系。从2013年开始，星光公司着手建立一系列的人力资源管理制度，依靠自身的力量制定了一套员工绩效考核制度，对员工进行半年一次的绩效考核，考核结果作为分配奖金的依据。

但是，在实际绩效考核过程中，管理者发现由于公司给员工制定的考核指标和评分标准过于模糊，给下属打分时十分困难；而员工则认为管理者打分不公正，纷纷质问上级和人力资源部为何给自己较低的分数，加之考核需要填写大量的表格，员工满腹牢骚。几个考核期下来，管理者和下属都十分苦恼。管理者为了不给自己制造太多的麻烦，就倾向于给下属相同的分数，这样一来，绩效考核便成了摆设，失去了应有的作用。

任务要求：
1. 绩效管理的实施流程是什么样的？
2. 星光公司在实施绩效管理的过程中存在哪些问题？
3. 试为星光公司制订绩效管理实施方案。

【相关知识】

在实践中，绩效管理是按照一定的步骤来实施的，这些步骤可以归纳为准备阶段、实施阶段和反馈阶段。

一、准备阶段

绩效管理的准备阶段需要解决以下几个问题。

（一）确定考核关系

在绩效考核开始之前，需要明确的一个具体问题就是"谁考核谁"。除了出资方的代表——董事，组织内的任何一个员工都应该是被考核的对象，所以确定考核关系其实就是确定由谁担任考核者。可以作为考核者的人员包括上级、下属、同事、客户以及外部专家。此外，有些组织也采取员工自我评价的方式。

1. 上级

上级，尤其是员工的直接上级，在绩效考评时居于特别重要的位置，组织应当特别重视直接上级的考评意见。但由于考核者的主观因素往往会影响考核的客观性与公正性，有时需要更高级的上级做二次考查，以减少偏差。

2. 下属

对于管理者的工作作风和领导能力，其直接下属最有发言权。对管理人员的考核有必要引入下属作为考核者。

3. 同事

由共同工作的同事参与绩效考核会使绩效考核结果更为客观全面。因为员工通常会把自己最好的一面展现给上级，但是同事会了解得更客观、更全面，这样的考评结果会显得更有说服力。

4. 客户

客户包括外部客户和内部客户，外部客户是企业产品或服务的接收方；内部客户指工作服务对象或工作流程中的下一个环节。由客户对员工进行考核有助于养成员工的客户服务意识。

5. 外部专家

对一些专业性较强的岗位进行评估，往往需要外部专家的参与。一般情况下，外部专家参与考核会得到较为客观的结果，而且具有较高的权威性。

6. 自我考核

自我考核，即由员工本人对自己进行考核。这种方法可以提高员工的参与度，给员工一个思考自身缺点的机会。同时，自我考核在考查员工发展潜力方面也有积极的意义。

（二）选择绩效考评方法

在绩效管理实践中产生了许多考核方法，组织应根据具体的情况选择合适的方法。这里主要分析讨论如何选择合适的考评方法。一般来说，选择绩效考核的方法主要考虑以下因素。

1. 组织管理水平和文化氛围

需要考查组织管理规范程度、基础管理水平、管理者素质水平和自我管理能力、企业文化等因素，以此确定相应的绩效考核方法。一般而言，管理基础比较薄弱的、规模较小的组织，适用一些简便易行的考核方法，而那些管理规范化程度高、规模大的组织、员工自我管理能力强的组织可尝试用较复杂精细的考核方法。

2. 工作特性

工作特性包括工作的稳定性、复杂性、紧密程度、独立性、工作程序的重复性等。在选择考核方法时，首先应考虑工作岗位是否长期存在，工作内容是否稳定。对于重复性的岗位较适合采用结构化、低成本的考核方法，如量本法。创造性、复杂性的岗位不能过多注重过程考核，这类岗位更适合使用以动态工作任务为侧重点的考核方法。

3. 成本

具体采用何种绩效考评方法，还需要考虑设计和实施成本问题。有的考评方法设计成本高，但在避免评价误差方面非常有效；有的考评方法设计成本虽低，但在实际操作中容易出现评价误差。因此，应权衡各种评价方法的优缺点，加以综合使用，以适应不同发展阶段对绩效评价的不同需要。

（三）设定考核指标和标准

在绩效考评中，指标指的是从哪些方面对工作产出进行衡量，而标准指的是在各个指标上应该达成怎样的水平。在设定绩效考评指标时，应遵循以下原则。

1. 绩效考核指标应与企业的战略目标相一致

在绩效考核指标的拟定过程中，首先应将企业的战略目标层层传递和分解，使企业中每个职位都被赋予战略责任，每个员工承担各自的岗位职责。绩效管理是战略目标实施的有效工具，绩效管理指标应围绕战略目标逐层分解而不应与战略目标的实施脱节。只有当员工努力的方向与企业战略目标一致时，企业整体的绩效才可能提高。

2. 绩效考核指标应抓住关键

抓住关键而不要空泛，要抓住关键绩效指标。指标之间是相关联的，有时不一定要面面俱到，通过抓住关键业绩指标将员工的行为引向组织的目标方向。指标一般控制在 5 个左右，太少可能无法反映职位的关键绩效水平；但太多、太复杂的指标只能增加管理的难度和降低员工满意度，对员工的行为是无法起到引导作用的。

3. 绩效考核指标应素质和业绩并重

重素质，重业绩，二者不可偏废。过于重素质，会使人束手束脚，过分重视个人行为和人际关系，不讲实效，而且妨碍人的个性、创造力的发挥，最终不利于组织整体和社会的发展。过于重"业绩"，又易于鼓励人的侥幸心理，令人投机取巧、走捷径、急功近利、不择手段。一套好的考核指标，必须在业绩和素质之间安排好恰当的比例，应该在突出业绩的前提下，兼顾对素质的要求。

（四）明确考核评价周期

所谓评价周期，即多长时间评价一次。评价周期的设置应尽量合理，既不宜过长，也不能过短。绩效评价周期过短，会增加企业的管理成本，因为绩效考核需要耗费一定的人力、物力；绩效评价周期过长，评价结果就会出现严重的近因效应，不利于员工个人绩效和组织绩效的改善。

决定评价周期长短的最重要因素是绩效指标的类型和内容。在此基础上可以引申出不同类别的指标评价周期。例如，若根据职位的类别来确定评价周期，则研发类、职能管理类职位的评价周期相对较长，而销售类、服务类职位的评价周期相对较短；根据职位的等级来确定评价周期，则高级管理职位评价周期较长，而基层职位的评价周期较短。但是，评价周期与评价指标、组织所在行业特征、职位等级和类别以及绩效实施的时间等诸多因素有关，采用年度、季度、月度甚至工作日作为评价周期的情况都有。因此，选择绩效评价周期时不宜一概而论，搞"一刀切"，而应根据评价指标的特点，结合管理的实际情况和工作需要，综合各种相关影响因素，合理选择适当的绩效评价周期。

（五）制定绩效目标和计划

在目标管理思想指导下的绩效管理，一般强调在考核期开始前要制定具体的绩效目标和绩效计划。绩效目标和计划一般包括以下内容：本岗位在本次绩效周期内的工作要项，衡量工作要项的具体绩效指标（即所占权重），预期的工作结果及其测量方法和计算公式，为达到目标计划所采取的措施，计划实施过程中可能遇到的困难和障碍，在完成工作的时候拥有的权力和可调配的资源，组织能够为员工提供的支持和帮助等。

二、实施阶段

在绩效管理的实施阶段，员工的主要任务是按照绩效计划开展各项业务工作，努力实现绩效目标，参与绩效考核。管理者在这个阶段的主要任务包括绩效信息收集、绩效沟通与辅导、绩效评价。

（一）绩效信息收集

绩效考核是基于事实的考核，有关员工的工作行为及结果的事实构成了评价的基本依据。

所以，员工和管理都需要对考核周期的事实进行全面的记录，以确保绩效评价的客观、全面。一般而言，管理者在绩效信息收集方面负有主要责任。

绩效信息收集的渠道包括直接的客户、相关部门的经理和员工、员工本人、本部门的上下级员工、供应商以及管理者的观察。此外，工作例会、各种工作总结报告、会议纪要等文件都能够提供可靠的信息。绩效信息收集的内容应该是对绩效评价具有重要意义的行为或工作结果，包括：①能够确定绩效好坏的具体事例或数据，如个人销售量、个人生产量、客户投诉量、客户的满意度等；②能够体现员工工作能力或态度的具体事件，影响客观结果的客观条件、技术原因等；③能够帮助找出绩效优异原因的事件；④员工受表扬或批评的记录；⑤管理者和员工就绩效问题谈话的记录等。

（二）绩效沟通与辅导

绩效沟通与辅导是绩效管理过程中管理者的主要工作。绩效沟通的目的是通过了解员工绩效计划实施的进展，掌握绩效目标达成的状况和存在的问题；和员工一起努力寻找解决问题的方法，确保员工在规定的期间内实现绩效目标。绩效沟通是绩效管理的核心，绩效沟通的目的是为了发现问题，更是为了解决问题。管理者要善于帮助和鼓励员工克服各种障碍和困难。

（三）绩效评价

绩效评价是指根据绩效目标协议书所约定的评价周期和评价标准，由绩效管理主管部门选定的评价主体，采用有效的评价方法，对组织、部门及个人的绩效目标完成情况进行评价的过程。不论是评价组织绩效、部门绩效还是个人绩效，都要以绩效计划阶段设定的相关目标、指标、目标值等内容为依据。绩效评价在管理活动中有着非常重要的作用，通过绩效评价获得员工工作的真实信息，对绩效突出、表现优异的员工进行鼓励，或对绩效一般、表现不佳的员工进行惩戒，同时可以有针对性地开发员工的各种潜能，并为组织提供员工在提升、调动和加薪等方面决策的信息。

绩效评价要求准确、客观地评价员工在考核期内的工作业绩和态度行为，但是在绩效评价的实施过程中，会存在由晕轮效应、首因效应、近因效应、对照效应等原因造成的偏差。为了减少甚至避免这些偏差，可采取以下措施。

（1）建立科学的绩效评价指标体系。绩效考评指标和考核标准必须具体明确，含义界定要清晰、严谨，尽量避免出现模棱两可的情况。

（2）选择合理有效的考评方法，并通过正确运用这些方法避免考核偏差。

（3）选择合适的考评者，确保考评者能够方便、全面地了解被考核者的工作结果与工作行为。

（4）为考评者提供充分的培训和辅导，帮助他们建立对绩效考核的正确认识，提高他们正确运用考核工具的能力。

（5）建立并完善绩效考核结果的审核制度以及员工申诉制度，以此加强对考核者的监督，减少和纠正主观因素导致的评价偏差。

> **延伸阅读**
>
> **三只老鼠与企业的绩效管理**
>
> 三只老鼠一同去偷油喝。找到了一个油瓶，三只老鼠商量，一只踩着一只的肩膀，轮流上去喝油。于是三只老鼠开始叠罗汉，当最后一只老鼠刚刚爬到另外两只的肩膀上，不知什么原因，油瓶倒了，惊动了人，三只老鼠逃跑了。回到老鼠窝，大家开会讨论为什么会失败。最上面的老鼠说，我没有喝到油，而且第二只老鼠抖动了一下，所以我推倒了油瓶。第二只老鼠说，我抖了一下，但我感觉到第三只老鼠也抽搐了一下。第三只老鼠说，对，对，我因为好像听见门外有猫的叫声，所以抖了一下。三只老鼠异口同声地说："哦，原来如此呀！"
>
> 很多企业员工也具有老鼠的心态，请看看企业绩效会议。
>
> 营销部张经理说："最近销售做得不好，我们有一定责任，但是最主要的责任不在我们，竞争对手纷纷推出新产品，比我们的产品好，所以我们很不好做，研发部门要认真总结。"
>
> 研发部李经理说："我们最近推出的新产品是少，但是我们也有困难呀！我们的预算很少，就是少得可怜的预算，也被财务部削减了！"
>
> 财务部赵经理说："是，我是削减了你的预算，但是你要知道，公司的经营成本在上升，我们当然没有多少钱。"
>
> 这时，采购部陈经理跳起来，嚷道："我们的采购成本是上升了10%，你们知道为什么吗？俄罗斯的一个生产铬的矿山爆炸了，导致不锈钢价格上升。"
>
> 张经理、李经理、赵经理说："哦，原来如此呀，这样说，我们大家都没有多少责任了！"
>
> 人力资源部姜经理说："这样说来，我只好去考核俄罗斯的矿山了！"
>
> （资料来源：https://wenku.baidu.com/view/330f6d8159eef8c75ebfb30f.html.）

三、反馈阶段

绩效反馈是绩效管理系统的最后一个环节，主要是完成绩效反馈的任务，即就绩效考评的结果和员工进行面对面的沟通，通过良好的沟通使员工了解自己在绩效周期内的绩效表现，并针对绩效方面存在的问题采取相应的措施，一起制订绩效改进计划，从而提升绩效水平。及时有效的反馈既给管理者和下属提供了一个促进沟通的渠道，也为组织、部门和个人的绩效改进提供了一个平台，是绩效管理系统良好运转的重要保障。

绩效反馈一般以沟通的形式完成，因此绩效反馈也被称绩效反馈面谈。

（一）绩效反馈的方式

一般来讲，反馈包括反馈信息、反馈源和反馈接受者 3 个因素。在绩效反馈中，上级为反馈源，评价对象为反馈接受者，而整个绩效周期内的工作绩效和绩效评价结果就是反馈信息。选择恰当的绩效反馈方式对于绩效反馈效果是至关重要的。绩效反馈有以下几种方式。

1. 负面反馈和中立反馈

负面反馈和中立反馈是针对员工错误的行为进行反馈的，管理者针对下属的错误行为进行反馈的目的，是为了帮助下属了解自身存在的问题并引导其纠正错误，对错误的行为进行反馈就是通常所说的批评。大多数人认为批评是消极的，其实际上批评是应该是积极的和建设性的，这样负面反馈就成为中立反馈。例如，小李上班经常迟到，在反馈中，他的上司就这个问题与他沟通。他的上司如果说："小李，你怎么那么懒，上班总是迟到，难道你就不知道守时吗？"这是负面反馈，这种方式没有具体的数据来支持说话的内容，有针对个人的倾向，容易使下属产生抵触情绪。同样，管理者也可以这样说："小李，我注意到上周5天内你有4天是迟到的。你是不是有什么困难？但迟到的这种行为是不被接受的，你以后要注意！"这属于中立反馈，管理者让下属知道了他具体迟到的次数，说明管理者无法接受这样的行为，而且提出了具体的改进意见。现在越来越多的研究者和管理者已经认识到中立反馈的重要性。建设性批评是一种典型的中立反馈。

2. 正面反馈

正面反馈是指对正确的行为进行反馈。一般而言，管理者通常更加倾向于关注对错误行为的训导，而往往忽视对正确行为的反馈。管理者在进行正面反馈时需要注意以下几点：①明确指出员工值得称赞的行为，并给予正面的肯定；②当员工有进步时应及时给予反馈。

3. 自我反馈

自我反馈是指员工在一套严格、明确的绩效标准的基础上主动将自己的行为与标准进行比对，发现并解决问题的过程。自我反馈是员工自己与自己进行"沟通"的形式，是绩效反馈的一种特殊方式。这种方式能够有效地使员工对自己的绩效表现有正确的认识。

（二）绩效反馈面谈的原则

绩效反馈面谈是一种正式的沟通。在许多组织中，绩效反馈面谈并没有得到足够的重视，人们往往将填写表格、计算评价结果视为绩效评价乃至绩效管理的全过程。实际上，如果缺少将评价结果和管理者的期望传达给评价对象的环节，组织就无法实现绩效评价和绩效管理的最终目的，而要实现这一环节的最重要手段就是绩效反馈面谈。绩效反馈面谈是一种面对面的沟通，对于组织、部门及个人绩效水平的提高、组织内成员间的关系的改善等具有非常大的影响，因此在实施绩效反馈面谈时要把握好以下几点原则。

1. 直接具体原则

面谈交流要直接而具体，不能做泛泛的、抽象的、一般性的评价。对于管理者来说，无论是赞扬还是批评，都应用具体、客观的结果或事实来支持，使员工明白哪些地方做得好，差距与缺点在哪里。既有说服力又让员工明白管理者对自己的关注。如果员工对绩效评估有不满或质疑的地方，向管理者进行申辩或解释，也需要有具体客观的事实作基础。

2. 互动原则

面谈是一种双向的沟通，为了获得对方的真实想法，管理者应当鼓励员工多说话，充分表达自己的观点。因为思维习惯的定向性和职位的差异，管理者似乎常常处于发话、下指令的角色，员工是在被动地接受；然而，有时管理者得到的信息不一定就是真实情况，下属迫不及待的表达，主管不应打断与压制；对于员工好的建议应充分肯定，也要承认自己有待改进的地方，一同制定双方发展、改进的目标。

3. 基于工作的原则

绩效反馈面谈中涉及的是工作绩效，是工作的一些事实表现，员工是怎么做的，采取了哪些行动与措施，效果如何，而不应讨论员工个人的性格。性格特点本身没有优劣好坏之分，不应作为评估绩效的依据。对于关键性的影响绩效的性格特征需要指出来，必须是出于真诚地关注员工发展的考虑，且不应将它作为指责的焦点。因此，管理者在进行绩效面谈时必须以下属的工作情况为基础，建立在客观事实的基础上，针对绩效评价的结果展开深入的分析和讨论，以便达到绩效反馈面谈的目的。

4. 互为信任的原则

缺乏信任的面谈会使双方都感到紧张、急促，充满冷漠进而产生抵触情绪。管理者应从了解员工工作中的实际情形和困难入手，分析绩效未达成的各种原因，并试图给予辅助、建议，这样，员工是能接受管理者的意见甚至批评的。绩效反馈面谈应是一个双方沟通的过程，沟通想得以顺利进行，促进双方的相互理解和达成共识，就必须营造互相信任的良好氛围。

(三) 绩效反馈面谈的常见问题

绩效考评对于管理者和员工而言都是头等大事，尤其是员工将其看得很重要，因为考评最终关系到员工的切身利益。绩效反馈面谈的目的在于将考评中没有预见到的一些问题通过面谈的方式充分考虑进来，最终使企业的绩效考评能够做到公正和透明。但由于种种原因，绩效考核面谈往往难以顺利进行。绩效反馈面谈往往会存在以下一些问题。

1. 考核标准不够客观

考核标准是对员工进行考评的依据。考核标准应尽量客观，只有在这样的基础上进行考核，才能使得员工对考核结果心服口服。若考核结果不客观，会造成在绩效反馈面谈过程中，管理者和员工会针对同一问题争执不下，双方各持一词形成对峙的僵局。这种公说公有理、婆说婆有理的事情经常发生。

2. 员工抱有不合作的态度

如果员工考评结果较差，自然会影响到他的收入，员工自然会抱有不合作的态度，并向相关职能部门发牢骚，他在绩效反馈面谈中只谈自己的优点，或一言不发，或与管理者"唱对台戏"，根本听不进管理者的意见。

3. 管理者盛气凌人

管理者在考评中姿态较高，认为考核的结果就是定论，没有任何可申辩的余地，绩效反馈面谈只是在走过场，员工参加绩效反馈面谈就是承认过错并在以后工作过程中杜绝错误的过程。这样在面谈中，管理者与员工就无法进行平等的面谈。

4. 将"人"和"事"混为一谈

管理者借题发挥,这与管理者个人的素质有关系。面谈管理者可能心胸狭窄,加上与员工有过节,就会在绩效反馈面谈中紧紧抓住员工的"小辫子",认为这是惩戒该员工的机会。管理者在工作中将"人"和"事"混在一起,而且将对人的态度强加于事的处理上,以致当事员工受到不公正的对待。

5. 面谈中不切入主题

管理者在绩效反馈面谈中扮演"和事佬"的角色,面谈中双方只在"拉家常",并不涉及实质性问题,员工不愿表达个人思想,管理者为了减少工作麻烦,也不愿意深入谈绩效考评中出现的问题,认为这不是自己一个人能解决的,使绩效反馈面谈流于形式,最终承受损失的是受到不公正对待的员工。

(四) 绩效反馈面谈的技巧

在绩效反馈面谈过程中,掌握着权力的管理者应该掌握一些处理问题的技巧,尽量避免面谈双方可能出现的冲突,达到面谈的目的。所以,面谈双方,尤其是管理者,应该掌握一些面谈技巧。

1. 时间与场所的选择

避开上下班、开会等让人分心的时间段,与员工事先确定双方都能接受的时间,远离办公室,选择安静、轻松的小会客厅,双方呈一定夹角而坐,给员工一种平等、轻松的感觉。采用什么样的开场白,往往取决于谈话的对象与情境,设计一个缓冲带,时间不宜太长,"好的开始是成功的一半"。

2. 认真倾听员工解释

面谈中,谈话的主角应该是员工而不是管理者。在面谈过程中,管理者要适当地提问,而不是滔滔不绝地向员工讲述,连指责带命令,这样只会使面谈成为只有一个听众的演讲,而没有信息的交流。管理者应尽量撇开自己的偏见,控制情绪,耐心地听取员工讲述并不时地概括或重复对方的谈话内容,要适当地运用肢体语言,鼓励员工继续讲下去,这样往往能更全面地了解员工对绩效考评结果的实际反应,帮助分析原因,这也是面谈获得成功的重要基础。

3. 以积极的方式结束面谈

如果在面谈中双方信任关系出现裂痕,或被其他意外事件打断,应立即结束面谈,不谈分歧,而肯定员工的工作付出,真诚希望对方的工作绩效有提高,并在随后的工作中抽空去鼓励员工,给予应有的关注。如果绩效反馈面谈顺利实现了信息沟通,管理者要尽量采取积极的令人振奋的方式结束面谈,语气亲切而诚恳地说"所有的问题都能解决,真令人高兴",或"辛苦了,好好干吧",这可以使面谈更加完美。

不管绩效面谈反馈在什么时间、场所,以何种方式进行,过去的行为已不能改变,而未来的业绩与发展则是努力的目标。绩效反馈面谈应尽量传递给员工鼓励、振奋的信息，使员工摆脱信息劣势，与管理者一道以平等、受尊重的心态制订下一个绩效期的发展目标与可行方案，实现组织目标与员工个人发展，这才是绩效反馈面谈的最大成功。

延伸阅读

刘邦分配绩效的奥秘

刘邦在西汉建国之后，就马上对有功之臣进行封赏。不光是刘邦，历代皇帝在建国之初都会对其功臣名将进行封赏，这样是稳定局面、避免再起战火的最好方式，也能化解一些内部矛盾。但是分配绩效也是一门学问，刘邦是怎么做的呢？

首先，他对在打败项羽的战争中贡献突出、相对独立的各路军事统帅进行分封，给予最高封赏。然后分封爵位，这个过程充满了争议，焦点是"一线业务人员"与"二线支持与管理人员"的绩效贡献大小问题。刘邦认为萧何的功劳最大，所以得到的封赏应该最多。而一线的功臣们则认为，自己在战场上出生入死，却没有一个舞文弄墨的行政后勤官员得到的多，大呼不公。这样的争吵持续了一年，才封了二十几位功臣，其余的人仍然没有得到封赏。舆论开始对刘邦不利，未被分封的大臣们抱怨刘邦"所封皆萧、曹故人所亲爱，而所诛者皆生平所仇怨"。刘邦身陷"绩效门"危机。为摆脱困境，巩固国家政权，刘邦针对绩效评价的各关键环节采取应对措施。

1. 明确绩效标准，区分战略绩效与执行绩效

在绩效评价过程中，对绩效评价的标准存在较大争议。焦点问题是文官萧何的绩效评价高于所有武官，这遭到了武官们的集体反对。面对大臣的质疑，刘邦举了一个不是很恰当，但很能说明问题的例子，有效地区分了战略绩效与执行绩效的差别。刘邦说："你们知道打猎是怎么回事吗？"大臣们说："知道。"刘邦又问："那你们也知道猎狗吧？"大臣们说："也知道。"刘邦说："这个打猎呢，追杀野兽、兔子的，是猎狗；指明野兽、兔子的位置的，是猎人。你们这些能够抓到野兽的，只不过是功狗罢了，而萧何能够指出野兽的位置、适时放出猎狗，则是功人！"这样一来，大家就不敢再说什么了。

2. 注重绩效沟通，适时传递评价信息

绩效管理的灵魂是沟通，没有沟通的绩效必然是"两张皮"，必败无疑。刘邦是一位注重沟通的领导，能够利用各种机会与大臣们交换关于绩效评价的看法。有一次刘邦请大臣们饮酒，但刘邦避而不谈自己的领导才能，借机将张良、萧何、韩信三位取得卓越绩效的功臣推向前台，表达自己对绩效评价的观点，为自己的分封行赏决策奠定舆论基础，减少冲突的发生。刘邦还向重臣了解其对各位官员的看法，拓宽绩效评价的角度，减少偏差。例如，"韩信带兵，多多益善"就发生在刘邦与韩信的一次绩效面谈的过程中。

3. 关注绩效评价反馈，保持绩效评价策略的灵活性

刘邦看见一些将领聚在一起窃窃私语，就问顾问张良："这些人在嘀咕什么呢？"张良说："陛下，您还不明白吗？他们是在谋反啊。"刘邦说："天下马上就要安定下来了，为什么还要谋反呢？"张良说："陛下您原来就是平民百姓，靠着这帮人得到了天下，而您现在给跟您关系比较近的萧何、曹参都封了大官，把跟您结仇的人都杀了。现在朝廷在搞绩效评价，大家都知道，您就是把天下都送出去，恐怕也不够这些人分的，所以，这些人担心

不但得不到封赏,反而担心因以前得罪过您而被您杀掉,所以,他们就商量着要谋反。"刘邦忙问:"那怎么办?"张良说:"陛下现在最憎恨的人是谁?而且,得大家都知道这事儿。"刘邦说:"雍齿跟我有过节,曾经有几次都让我很没面子,我很想杀了他,但考虑到他还有些功劳,所以有些下不了手。"张良说:"那你就先封他吧,这样大家就不会担心自己没有封赏和被杀了。"刘邦听后,马上着手落实有关部门为雍齿确定绩效成绩并封侯。没有被封的大臣们听到这件事后,高兴得喝酒庆祝。

(资料来源:http://www.hr.com.cn/p/1423416114.)

【知识应用】

1. 在绩效面谈过程中,管理者应如何避免员工的防御心理?
2. 以个人或小组为单位,用一周的时间,以本班级的某一位教师为对象,编制一份反映其教学绩效的一系列关键事件。

任务三 认知绩效考评方法

【工作情境】

卓晶公司是一家生产制造塑料玩具的民营企业,市场销售业绩连年徘徊在 5 000 万元左右。该企业是一个典型的家族式民营企业,老板的三亲六戚遍布企业的各个管理要位,企业人浮于事,计划赶不上变化的事情非常突出。各个机构山头林立,企业内耗严重,并且导致企业价值观非常混乱,很多事情只有老板亲自过问才有成效。

这种粗放式的管理效率太低,已不能适应竞争需要,为了实现企业的二次飞跃,老板下决心对企业实施变革。于是卓晶公司开始进行绩效管理,以提高自己的内部管理水平。在绩效管理实施一个季度后,考核结果一公布,各部门就开始吵架,主要原因就在于大家对有些考核指标的内涵、考核的方法存在着不同理解,似乎谁都有道理,谁也无法说服谁,到底该如何进行打分评价成了焦点问题。

任务要求:

1. 卓晶公司实施绩效管理的前提是什么?
2. 卓晶公司在实施绩效管理过程中存在哪些问题?
3. 针对卓晶公司存在的问题,试为其制订实施绩效管理的方案。

【相关知识】

为了使绩效考评结果与员工实际绩效相符,绩效考评方法的使用是非常重要的。对不同的员工、不同的业务采用不同的考评方法,以及综合运用各种考评方法是使绩效考评结果名副其实的保证。绩效考评方法的选择是绩效管理中一个技术性很强的问题,下面介绍一些实践中较为常用的绩效考评方法。

一、比较法

比较法是通过员工之间的相互比较从而得出考评结果,这是一种相对评价法。因为对很多实际工作而言,绝对评价标准很难制定,这时人们就会倾向于通过相对比较和分析,确定一个相对的评价标准。比较法是最方便的评价法，评价结果也一目了然，作各类管理决策的依据时也十分方便，因此得到广泛应用。但是，采用比较法得出的评价结果无法在不同评价群体之间进行横向比较，很难找出充分的理由说明最终评价结果的合理性，更重要的是无法找出绩效差距的原因。所以，组织一般不能单独使用相对评价的评价方式。在实践中，比较法往往与后面介绍的描述法和绝对评价法结合使用。

常见的比较法有排序法、配对比较法和人物比较法。

（一）排序法

排序法也称为排列法，这种方法类似于学校里使用的"学生成绩排名"，即按照工作绩效从好到差的顺序进行排列，从而得出考评结论。排序法是使用较早的一种方法，设计和应用成本较低，设计和使用都很简单，并且能够有效地避免宽大化倾向、中心化倾向以及严格化倾向。但是评价过程中的主观性和随意性使评价往往容易引起争议，当几个人的绩效水平相近时，难以进行排列，容易发生晕轮效应。

常见的排序法主要有以下两种类型：直接排序法和交替排序法。

1. 直接排序法

直接排序法是最简单的排序法，考评者经过通盘考虑后，以自己对考评对象工作绩效的整体印象为依据进行评价，将本部门或一定范围内需要评价的所有人从绩效最高者到绩效最低者排出一个顺序。

2. 交替排序法

交替排序法是根据绩效考评要素，将员工从绩效最好到最差进行交替排序，最后根据序列值来计算得分的一种考评方法。交替排序法的具体操作方法如下：①列举出所有需要进行评价人员的名单，然后去掉不是很熟悉因而无法对其进行评价的人的名字；②选择一个被评价要素，并列出在该被评价要素上，哪位员工的表现是最好的，哪位员工的表现又是最差的；③在剩下的员工中挑出最好的和最差的。以此类推，直到所有必须被评价的员工都被列出。

排序法的优点是简单实用，其考评结果也令人一目了然，适合用于评价一些无法用量化指标表达的工作质量和效率，在西方企业员工绩效评价中运用得很广泛。缺点是容易对员工造成心理压力，在感情上也不易被接受。

（二）配对比较法

配对比较法也称平行比较法、一一比较法、成对比较法，这种方法要求按照某种绩效标准，把员工进行两两比较，每一次比较时，给表现好的员工记"＋"，另一个员工就记"－"，"○"表示两个人的绩效水平一致。具体操作程序如下：将每一个评价对象按照所有的评价要素与其他评价对象一一进行比较，根据比较结果排出名次，即两两比较，然后排序。所有员工都比较完后，计算每个人"＋"的个数，以此对员工作出考评；将每个人得到的"＋"的次数纵向相加，谁得到的"＋"的个数多，谁的名次就排在前面。

例如，我们要对 5 个人进行评价，应先设计如表 6-1 所示的表格，表明要评价的绩效要素并列出需要评价的人员名单；然后将所有人根据表 6-1 中标明的要素进行配对比较，将比较的结果填入两个比较对象相交的单元格中。

表 6-1 配对比较法示例

评价要素：××××

配对人姓名	A	B	C	D	E
A	○	＋	＋	－	＋
B	－	○	－	－	＋
C	－	＋	○	＋	＋
D	＋	＋	－	○	＋
E	＋	＋	＋	－	○

一般来说，这种方法在人力资源管理中经常用于对职位的评价，这时选取几个指标，如职位的重要性、影响程度、风险等，分别对职位进行配对比较。

（三）人物比较法

人物比较法又称标准人物比较法，是一种特殊的比较法。人物比较法是先在员工中选择一人作为标准，其他人通过与这个标准员工的比较来得出其绩效水平。具体操作程序如下：在评价之前，先选出一位员工，以他的各方面表现为标准，将其他员工与之相比较，从而得出评价结果，如表 6-2 所示。

表 6-2 人物比较法示例

评价项目： 标准人物：许××

被评价人姓名	A 非常优秀	B 比较优秀	C 相同	D 比较差	E 非常差
陈××					
李××					
王××					
张××					

人物比较法能够有效地避免宽大化倾向、中心化倾向及严格化倾向，并且设计和使用容易，成本很低，比其他方法更能刺激员工的工作积极性。但这种方法也存在一些问题：标准人物的挑选很难，无法与组织的战略目标联系，很难发现问题存在的领域，不便于提供反馈和指导，容易发生晕轮误差和武断评价。

二、量表法

量表法指将绩效考评的指标和标准制作成量表，依照量表对员工的绩效进行考核。量表法是一种绝对评价法，所采用的评价标准一般都是客观的职位职能标准，因此，评价结果更客观、准确，并且可以在不同员工之间进行横向比较。而且得出的结果能够直接有效地运用各类人力资源管理决策。但是，量表法的设计要耗费大量的时间和精力，并且由于评价指标和权重的设计专业性很强，因此通常需要外部专家的协助。

（一）评级量表法

评级量表法指在量表中列出需要考核的绩效指标，将每个指标到标准区分成不同到等级，每个等级都对应一个分值。考评者根据员工的表现，在每个指标方面确定员工相应的等级，最后汇总员工在每个指标上所评定等级对应的分值，就可以得出员工的考核结果（表6-3）。

表6-3 评级量表

考核项目	考核要素	要素说明	评定				
业务能力	理解能力	是否能充分理解上级要求和公司目标，完成本职工作任务，不需要上级重复指示和指导	A	B	C	D	E
			10	8	6	4	2
	沟通能力	是否能正确领会公司的发展战略，与下属的沟通频率是多少，受到多少下属的拥护，部门目标和工作计划的可实现性程度如何	A	B	C	D	E
			10	8	6	4	2
	组织能力	是否能独立分配资源去配合多个同事进行复杂项目，有效委派工作，如期完成目标	A	B	C	D	E
			10	8	6	4	2
	判断能力	是否能充分理解上级的意图，正确把握现状，随机应变，恰当处理	A	B	C	D	E
			10	8	6	4	2

评级量表法也存在不足，考评者很容易产生趋中误差。过于宽大的或中庸的考评者，就会把每个人的每个项目很快地评为高分或平均分。多数评级量表并不针对某一特别岗位，而是适用于组织的所有岗位，因而不具有针对性。

（二）行为锚定考评法

行为锚定考评法是等级评价表和关键事件法的结合。它通过等级评价表，将对于特别优良绩效和特别劣等绩效的叙述加以等级化、量化，从而将描述性关键事件法和量化等级评价表的优点结合起来。其基本使用方法是：对职位实际的行为事例确定相应的评价等级，实施考核时则以工作中的具体行为与指标对比作出评估。它主要针对的是那些明确的、可观察到的、可测量到的工作行为。这种评价方法的优点是评估指标有较强独立性，评价尺度较精确，对具体的行为进行评价，准确性较高。它的缺点是不能涵盖实际工作中的全部工作行为，维度较多时较难把握。

（三）行为观察量表法

行为观察量表法是对各项评估指标给出一系列有关的有效行为，将观察到的员工的每一项工作行为同评价标准进行比较并评分，考评者通过指出员工表现各种行为的频率来考核他的工作绩效。通过将员工在每一种行为上的得分相加，得到各个考核项目上的得分，最后根据各个项目的权重得出员工的总得分。这种方法的优点是有一个比较有效的行为标准；缺点是观察到的工作行为可能带有一定的主观性。

（四）混合标准量表法

混合标准量表法的特征在于所有的评价指标的各级标度被混在一起随机排列，而不是按照评价指标的一定顺序进行排列，因而对每一个行为锚定物都作出"高于"、"等于"或者"低于"的评价，而不是在一个指标中选出某个水平作为最终的评价。混合标准量表法的基本操作程序如下：先分解出若干考核维度，每一维度分为好、中、差3个等级，各拟定出一条典型表现的陈述句，然后将它们打乱顺序进行排列，使考评者不易觉察各陈述句是考评哪一维度或表示哪一等级，因而可以减少主观成分的渗入。考评者只需将被考核者的实际表现与这些绩效标准陈述句逐条对照评判，陈述句描述的与被考核者表现相符的，在此句后面画一个"〇"，优于陈述句所述的画一个"＋"，不如所述的画一个"－"。最后根据所给的符号，较准确地判断该员工在各维度上的应获分数。

可以说，打乱次序是混合标准量表法的最大特色，也是检验考评者是否有效、认真、可靠地进行评估的重要手段，当然对于提高考评的效度与信度也起着重要作用。

三、360度绩效考核法

360度绩效考核法又称为全方位考核法，是常见的绩效考核方法之一。该方法是指通过员工自己、上司、同事、下属、客户等多角度、全方位地评价员工的绩效。它是一种全方位获取组织成员工作行为表现的观察资料，然后对获得的资料进行分析评估的方法，它包括来自上级、同事、下属及客户的评价，同时也包括被考核者自己的评价。

360度绩效考核法的具体操作程序如下。

（1）上级考评。上级考评的实施者一般为被考核者的直接上级，也是绩效考核中最主要的考评者。

（2）同级考评。同级考评者一般为与被考核者工作联系较为密切的人员，他们对被考核者的工作技能、工作态度、工作表现等较为熟悉。

（3）下级考评。下级对上级进行考评，对培养企业民主作风、提高企业员工凝聚力等方面起着重要的作用。

（4）自我考评。自我考评是被考核者本人对自己的工作表现进行评价的一种活动，它既有助于员工提高自我管理能力，也可以取得员工对绩效考核工作的支持。

（5）客户考评。对于那些经常与客户打交道的员工来说，客户满意度是衡量其工作绩效的主要标准。

360度绩效考核法的优点是：突破了传统考核制度下单纯由上级考核下属的制度，有效避免了考核中出现的光环效应、个人偏见等；考核过程更加全面，使管理层获得更准确的信息，能够作出更为客观的评价结果；同时，员工有参与考核的机会并得到反馈，有助于提高员工的主动性，促进员工的自我管理，也有利于团队建设和沟通。但是该方法也存在一些缺点：因为来自各方面的评估，工作量比较大，协调和时间成本较大；很难保证考核中的所有考评者都具备正确运用评价工具和技术进行准确评价的能力；可能存在非正式组织，影响考核的公正性。

四、关键绩效指标法

（一）关键绩效指标的内涵

对于关键绩效指标（Key Performance Indicator，KPI）的概念，有广义和狭义之分。狭义的关键绩效指标主要是指一种指标分解的方法，即通过对组织及个体关键绩效指标的确认，在层层分解量化的基础上，建立关键绩效指标体系，从而获得个体对组织所做贡献的评价依据，实现对组织重点活动及其核心效果进行直接提取、把握和衡量。

广义的关键绩效指标是通过提取组织成功的关键因素，并利用目标管理的方式，不断分解和传导到基层单位，从而确保组织战略目标实现的一种绩效管理方法。实施关键绩效指标法对组织而言，具有非常重要的战略指导意义。这是一种全新的激励员工的考核机制，对组织的发展起着战略导向的作用。它能将组织战略转化为内部管理过程和活动，可以很好地将员工的个人行为与组织的战略目标紧密地结合起来，在一定程度上实现了组织目标与个人目标的统一，以不断增强组织的核心竞争力和可持续发展动力。

关键绩效指标法所衡量的内容最终取决于组织的战略目标，是对组织战略目标的进一步细化和发展，并随着组织战略目标的发展而调整。总体上看，关键绩效指标法是从组织战略出发，以事实为基础，从最高目标向下层层分解，建立团队和个人的绩效衡量指标体系，以制订并检查绩效计划，促进行动过程，实现绩效结果，使各个绩效链条向预期方向发展，促进组织目标达成的一项绩效管理工具。所以，关键绩效指标法不仅使绩效管理体系成为一种激励约束的手段，更成为一种战略实施的工具。

建立明确的切实可行的关键绩效指标体系，是做好绩效管理的关键。确定关键绩效指标有一个重要的 SMART 原则。SMART 是 5 个英文单词首字母的缩写：S 代表具体（Specific），指绩效考核要切中特定的工作指标，不能笼统；M 代表可度量（Measurable），指绩效指标是数量化或者行为化的，验证这些绩效指标的数据或者信息是可以获得的；A 代表可实现（Attainable），指绩效指标在付出努力的情况下可以实现，避免设立过高或过低的目标；R 代表相关性（Relevant），指年度经营目标的设定必须与预算责任单位的职责紧密相关，它是预算管理部门、预算执行部门和公司管理层经过反复分析、研究、协商的结果，必须经过他们的共同认可和承诺；T 代表有时限（Time-bound），注重完成绩效指标的特定期限。

（二）关键绩效指标的特征

关键绩效指标一定是一个指标，但是一个指标并不一定是就是一个关键绩效指标，两者之间的区别是，关键绩效指标反映的是组织战略的驱动因素，而普通指标可能仅仅是任何一项商业活动的衡量指标。因此，在设计关键绩效指标时要注意它们是否具备以下特征。

1. 具有系统性，反映企业战略价值的驱动因素

关键绩效指标具有系统性，组织、部门、班组有各自独立的关键绩效指标，但是必须由组织远景、战略、整体效益展开，而且是层层分解、层层关联、层层支持。确切地说，关键绩效指标反映了哪些对组织的财务状况影响最大的几个领域内的运行状况，往往是关于公司财务绩效方面的一些领先而非落后的指标。

2. 可控与可管理性

绩效考核指标的设计是基于组织的发展战略与流程，而非岗位的功能。

3. 具有价值牵引和导向性

在关键绩效指标体系中，下道工序是上道工序的客户，上道工序是为下道工序服务的，

内部客户的绩效链最终体现在为外部客户的价值服务上。

4. 具有可理解性

大部分关键绩效指标目前存在的问题是指标太多了，这容易失去了能够引起员工的注意和改正员工行为的作用。一般来说，关键绩效指标最适合的数量应该是 10～20 个，如果过多则可能使员工很难细读这些关键绩效指标并采取必要的行动。同时，员工必须知道哪些是将要被衡量的以及它们是怎么被计算出来的。更重要的是，员工必须知道他们能做什么（或不能做什么）以积极影响关键绩效指标。这就意味着仅仅公布一个绩效考核方案是不够的，管理人员必须让员工明白哪些绩效指标将被跟踪，并且让员工经常得到反馈以保证他们能够理解并采取相应的行动。

5. 具有积极性

为了使指标有效，关键绩效指标必须与奖金挂钩起来。目前，将近 40%的公司在实施关键绩效指标法的时候重新设计了奖金体系。实施关键绩效指标的目的是提高绩效，但是实际情况是许多组织让部门独立设计关键绩效指标，这将使各个部门之间的关键绩效指标可能发生冲突并对组织产生破坏性的结果。

6. 具有沟通性

一个组织可能会有很多指标，但是只有少数的几个关键绩效指标能够使员工将注意力集中在那些为组织创造最大价值的几个关键活动中。同时，关键绩效指标实际上也是一种沟通工具。它们使高层管理者能够向员工传递组织使命和组织所关注的方面，并且能够引起员工的注意。当关键绩效指标贯穿于整个组织的各个层级时，就能确保层级上的每个人步调一致地沿着正确的方向前进，并实现组织价值的最大化。

延 伸 阅 读

阿里巴巴绩效管理的实践与组织

1. 目标设定：回归客户价值，共同规划

绩效管理的第一步是目标设定，一个是定，一个是晒。定是要回归客户价值。在确定绩效目标的时候，一定要回答这几个问题：①我们公司或者团队到底是做什么的？②我为谁服务和要给别人解决什么样的问题？③别人能做，为什么我们还要做？④我们现在要做的跟原来做的有什么不同？第二个是晒，上下左右，用各种方法去晒。目标要人人知道，人人理解，人人相信，人人支持，因为目标靠关键绩效指标的精细分解想达到协同基本上是表面繁荣，真正协同的是让彼此之间能够了解，能够理解，能够相信。在目标设定中，阿里巴巴强调的是聚焦。思考如何通过目标设定，推动业务聚焦在关键业务实现场景和这场"仗"上，以及在打仗的过程中，怎么样去凝聚人心。在定目标过程中，阿里巴巴使用的方法是共同规划。要把大家看见的因素放在一起，大家共同看我们应该去做什么事，应该定什么样的目标，我们叫"共同看见、共同规划、共同执行和共同复盘"，更强调的是参与。为了让组织活力充分发挥，阿里巴巴开发了像"三板斧"、晒关键绩效指标等组织发展的工具和方法。

2. 绩效执行：丑话当先，持续追踪业务进展

在绩效执行过程中，除了中间要辅导，要关注关键细节，就是要丑话当先。阿里巴巴人非常直接，比如某个下属有问题，就会找他谈，同时会把如果他不能及时改进会产生什么后果谈清楚。阿里巴巴流传着一句话：在阿里巴巴做负责人对下属要修理，要下工夫，要把话直接说出来。

3. 绩效评估：业绩与价值观的双轨制考核

阿里巴巴采取双轨制考核，既考核业绩，也考核价值观，结果要好，过程也要好。价值观考核的方法在不断变化，在公司发展的前10年，价值观需要不断去强化，让大家不断地认知，那个时候业绩考核和价值观考核是并轨制，两个都是要打分的，最终总的结果产生绩效结果。发展到后面，阿里巴巴的价值观考核变成了通关制，起码要到 B，符合价值观的要求，做到 A 是杰出青年，是非常好的；但是如果做到了 C，那是不能容忍的。这种变化实际上是随着企业发展和管理层对文化价值观的认知做的调整。

4. 面谈反馈：帮助员工成长是最大善意

阿里巴巴半年做一次面谈反馈，"立场坚定""今天的表现是明天最低的要求""丑话当先""No surprise""One over one plus HR"，这些是面谈反馈最基本的原则。其实人都需要直接的反馈，要做到公正、真诚、善意，这种善意不是指用好话鼓励别人，而是要花很大的脑力和心力去帮他想哪点干得不好，这才是真正对人的帮助。阿里巴巴有很多年轻人，对年轻人很重要的是能够帮助他们成长，善意更多的应该是帮助他们看到有哪些做得不够的地方。

5. 改进提升：借事修人，借人成事

在做业务的过程中，业务做成了，人能不能成长，人的成长会在什么地方。我们原来叫雌雄同体，雄是做业务，把事情做好；雌是把团队带好，雌雄同体是我们业务负责人做循环的过程中，不断要去思考的地方。

（资料来源：http://36kr.com/p/5057418.html.）

（三）选择关键绩效指标应遵循的原则

1. 必须是关键的

选择关键绩效指标要从企业的整体考虑，而不能"只见树木，不见森林"。在选择关键绩效指标的过程中，不能随便按照别的企业的关键绩效指标，而要结合企业自己的实际情况进行，每个企业的关键绩效指标不一定是一样的。

2. 有利提升企业的核心竞争力

关键绩效指标的选取一定是为企业的发展服务的，所以关键绩效指标的选定应该沿着企业的发展方向，要有利于提升企业的核心竞争力以便不断创新目标。

3. 稳中有变

关键绩效指标一旦确定下来，就要保持相对稳定，但在企业发展过程中伴随新情况、新的业务、新的问题的不断出现，关键绩效指标也应体现这些变化，关键绩效指标也需进行相

应的调整。

4. 方便操作

关键绩效指标一定要具体明确，要用最简练的并能够被理解的文字表达出来。执行人员不会对相关表述产生歧义，只有这样才不会造成一些不必要的麻烦。所以，随着企业不断走向成熟，相关层面的内涵要用相应的术语进行表述，这样信息在组织内传递时就会简单方便。

5. 关联性

企业的关键绩效之间不是彼此孤立的。这个指标体系要能够很好地涵盖企业的各个方面，能够通过这些指标反映出企业的骨架，它们彼此之间存在紧密的联系。

五、平衡计分卡法

平衡计分卡（Careersmart Balanced Score Card，BSC）是由美国著名的管理大师罗伯特·卡普兰和国际咨询企业总裁戴维·诺顿提出的战略管理业绩评价工具。平衡计分卡的思想是：要求在制定企业战略发展指标时，综合考虑企业发展过程中的财务指标和一系列非财务指标的平衡，不能只关注企业的财务指标。平衡计分卡的"平衡"体现在以下几个方面：短期与长期的平衡、财务与非财务的平衡、结果性指标与动态性指标间的平衡、组织内部群体与外部群体间的平衡、领先指标与非领先指标的平衡。

（一）平衡计分卡的主要内容

1. 财务方面

平衡计分卡的财务绩效衡量显示组织的战略及其实施和执行是否正在为最终经营结果的改善作出贡献。常见的财务指标包括资产负债率、流动比率、速动比率、应收账款周转率、存货周转率、资本金利润率、销售利税率等。

2. 客户方面

平衡计分卡的客户衡量指标包括客户满意程度、客户忠诚度、客户获得、获利能力和在目标市场上所占的份额。

3. 内部业务流程方面

内部经营过程衡量方法所重视的是对客户满意程度和实现组织财务目标影响最大的那些内部过程。平衡计分卡把革新过程引入到内部经营过程之中，要求企业创造全新的产品和服务，以满足现有和未来目标客户的需求。这些过程能够创造未来企业的价值，提高未来企业的财务绩效。

4. 学习和成长方面

组织的学习和成长有 3 个主要来源：人才、系统和组织程序。平衡计分卡会揭示人才、系统和程序的现有能力和实现突破性绩效所必需的能力之间的巨大差距。

（二）平衡计分卡的优点

平衡计分卡的优点表现在以下几个方面。

（1）平衡计分卡强调了绩效管理与组织战略之间的紧密关系，能够将部门绩效与组织整体绩效很好地联系起来，使各部门工作努力方向同组织的战略目标实现联系起来。

（2）平衡计分卡符合财务评价和非财务评价并重的业绩评价体系的设置原则。传统的业绩评价系统主要是对财务评价指标的评价。在日益复杂激烈的竞争环境下，单一的财务指标评价不能全面反映组织的实力。平衡计分卡为了弥补单一财务指标在客户、员工、供应商、业务程序、技术创新等方面的不足，增加了客户、内部运营、学习与成长 3 个层面的非财务指标，很好地实现了财务指标与非财务指标的结合，在此基础上形成一套完整的指标体系。

（3）平衡计分卡能够避免企业的短期行为。财务评价指标往往以过去的信息为依据，无法评价组织未来成长的潜力。非财务评价指标能很好地衡量组织未来的财务业绩。例如，对顾客满意度的投资能够增加收入，培养顾客对组织的忠诚度，吸引新的顾客，减少交易成本，从而提高组织未来的业绩。平衡计分卡从战略目标和竞争需要的角度出发，实现了公司长期战略与短期行动有效结合。

（三）平衡计分卡的缺点

平衡计分卡的缺点表现在以下几个方面。

（1）实施难度大，对管理者水平要求高。平衡计分卡的实施不仅要求组织有明确的组织战略，而且高层管理者具备分解和沟通战略的能力和意愿，中高层管理者应具有创新指标的能力和意愿。因此，管理基础差的组织不可以直接引入平衡计分卡，必须先提高自己的管理水平，才能循序渐进地引入平衡计分卡。

（2）指标体系的建立较困难。平衡计分卡如何建立非财务指标体系、如何确立非财务指标的标准以及如何评价非财务指标。这些非财务指标比较难以收集，需要组织长期探索和总结。

另外，平衡计分卡对组织战略的贯彻基于各个指标间明确、真实的因果关系，但贯穿平衡计分卡的因果关系链很难做到真实、可靠，因为难以用足够的数据去证明平衡计分卡各指标之间存在显著的相关关系和因果关系，这会增加实践中的操作难度。在短期内管理人员对战略影响的评价，不得不依靠主观的定性判断。而且，如果竞争环境发生了剧烈的变化，原来的战略及与之相适应的评价指标可能会丧失有效性，从而需要重新修订。

六、目标与关键成果法

目标与关键成果法（Objectives and Key Results，OKR）的主要目标是明确组织和团队的目标以及明确每个目标达成的可衡量的关键结果。目标与关键成果法的本质是一个组织探讨如何将员工个人目标同组织整体战略目标相关联的管理框架，旨在鼓励员工主动设置有挑战性的目标，并将之公之于众，从而激励员工更好地表现。

目标与关键成果法要想在实践中收获预期的效果，对于企业的文化基础、高层的支持、管理者的成熟度甚至是员工的特点都提出了相应的要求。所以，组织在准备推行目标与关键成果法之前，一定要做内部检测，了解组织是否具备推行目标与关键成果法的条件。

一般而言，如广告案策划、产品研发等探索型工作适合采用目标与关键成果法，这些岗位的工作不可复制，需要更好的创意，更大的创新。员工需要具备更少关注行为带来的外部奖励，而更多关注行为的内在成就感。这类员工也更适合目标与关键成果法。例如，谷歌践行目标与关键成果法的成功，让很多企业纷纷效仿。

总之，组织要真正发挥目标与关键成果法的作用，需要具备以下几个条件。

（1）公开透明，追求创新、协作、更快速发展的企业文化。

（2）组织高层的重视，具有持续推动目标与关键成果法的决心。

（3）关注员工成长发展，拥有责任心、自我实现意愿、自我管理意识的员工。

延伸阅读

谷歌的目标与关键成果法实践

目标与关键成果法源于英特尔公司为公司、团队、个人量身定制的一套考核系统。英特尔公司的副总裁约翰·多尔将目标与关键成果法引入谷歌，并一直沿用至今。不仅仅是英特尔公司和谷歌，其他互联网公司，甚至一些基金公司都曾经全部或部分采用目标与关键成果法。

谷歌执行目标与关键成果法的基本要求包括以下几个方面。

（1）最多5个O（目标），每个O最多4个KR（关键成果）。

（2）60%的O（目标）最初来源于底层。

（3）所有人都必须根据目标与关键成果协同，不能出现任何命令。

（4）最好能在一页写完，但两页是最大限值。

（5）目标与关键成果法不是绩效评估工具，不与薪酬和晋升直接挂钩。分数永远不是最重要的，只是起到直接的引导作用。

（6）争取0.6~0.7的得分。满分1分并不意味着成功，反而说明O（目标）不具有野心。0.4以下也不意味着失败，但要考虑项目是不是应该继续进行，明确该做什么及不该做什么。只有在KR（关键成果）仍然很重要的情况下，才持续为它而努力。

（7）公司联合会保证每个人都朝同样的目标行进。每个员工都能够获得大家的认可和帮助。

（资料来源：http://www.360doc.com/content/16/0421/19/17753496_552651584.shtml.）

【知识应用】

以小组为单位，选择一家自己熟悉的企业进行深入调研。调研该企业所使用的绩效考评方法，并分析其利弊，根据所掌握的信息，为该企业选择一种适合的绩效考评方法，并说明理由。

【模块知识小结】

本模块主要介绍了招聘与甄选的3个任务，分别是认知绩效管理、绩效管理的组织与实施、认知绩效考评方法。

绩效管理是一个完整的系统，在这个系统中，组织及其管理者在组织的使命、核心价值观的指引下，为达成远景和战略目标而进行绩效计划、绩效监控、绩效评价以及绩效反馈。

绩效管理的组织与实施可以归纳为3个阶段：第一，准备阶段，包括确定考核关系、选择绩效考评方法、设定考核指标和标准、制订目标和计划；第二，实施阶段，包括收集绩效信息、绩效沟通与辅导、绩效评价；第三，反馈阶段，包括绩效反馈面谈的原则与技巧、绩效反馈面谈中存在的问题。

绩效考评方法的使用非常重要，对不同的员工、不同的业务采用不同的考评方法，以及综合运用各种考评方法是使绩效考评结果名副其实的保证。绩效考评方法的选择是绩效管理中一个技术性很强的问题。常用的绩效考评法有比较法、量表法、360度绩效考核法、关键绩效指标法、平衡计分卡法、目标与关键成果法。

【复习思考题】
1. 简述绩效管理的内容和目的。
2. 简述选择绩效考核方法的主要因素。
3. 简述绩效反馈面谈的原则。
4. 简述平衡计分卡的优缺点。

【企业案例分析】

绩效考核考跑了员工的信心

天达科技公司在3个月前开始试行绩效考核。考核试行至今，所有参与绩效考核的人都丧失了工作激情，企业氛围比以前没做绩效考核更差了。

年初的时候，总经理刚从外面听了绩效考核讲座，兴致很高，认为绩效考核是一个好东西，一定要在全公司试行绩效考核，并要求人力资源部经理王新强组织员工学习绩效考核，并且试行绩效考核。王新强听了后，心里很不舒服，他认为目前公司的各项工作都不完善，也没有良好的绩效氛围，不宜搞绩效考核。即使要搞绩效考核，也一定要请外部咨询公司，或者人力资源部组织一次全员绩效考核的动员；各部门经理要具体讨论绩效考核方案，总经理最好亲自主持会议；人力资源部要深入沟通，形成一种良好的绩效考核氛围。但总经理哪会听这么多，他是一个说做就做的人。公司没有开会，也没有统一思想，只说要做绩效考核，只说要全面试行绩效考核，前两个月暂时不与工资挂钩。

人力资源部经理王新强做了一个系统的绩效方案给总经理审批，他提出的思路是既然要试行绩效考核方案，不要给员工造成一种扣工资的想法，于是给每位员工增加工资100~300元，再把工资总额的40%作为绩效考核标准工资，绩效考核分数达到80分才能拿到现有工资，做得越好，工资越高。总经理看了考核方案之后，没说同意，也没说不同意，可能是看到工资涨了，就一拖再拖。后来，生产部拿出一个新的考核方案，总经理批准了。

随着绩效考核的进行，公司出现了一些情况：有些部门经理认为下属员工不容易，不管业绩如何，分数都打得很高。而有些部门经理很严格，分数很低。这样，分数低的人看到人家做得不好也得了高分，心里很不是滋味。而分数高的人想反正领导好，不会怎么扣分，做好做坏一个样。绩效考核使公司内部更加不公平，考掉了员工的信心、激情，公司处于进退两难的局面。

（资料来源：http://doc.mbalib.com/view/a92c6b1bffe950f01c05537ce43cdf9f.html.）

思考：
1. 天达科技公司绩效考核失败的原因是什么？
2. 针对绩效考核存在的问题，天达科技公司应如何重新实施绩效管理？

【能力训练】

张力大学毕业后，被一家大型民营公司招为业务员。他很满意这份工作，因为工资比较高，还是固定的。随着业务能力的提升和与客户的关系越来越熟悉，张力的销售额也渐渐上升了。到了第三年年末，张力已列入全公司百余名业务员中前10名了。下一年，他很有信心冲击业务冠军。不过根据公司的政策，是不公布每个业务员的销售额，也不鼓励互相比较，所以他还不能说很有把握地说自己一定会坐上第一把交椅。去年，张力干得特别出色。尽管定额比前年提高了25%，到了9月初他就完成了这个销售金额。根据他的观察，同事中间还没有人完成定额。

10月中旬，销售经理召张力去汇报工作。听完他汇报后，销售经理对他格外客气，祝贺他已取得的成绩。在他要离开时，销售经理对他说："咱公司要再有几个像你一样的明星就好了。"张林只微微一笑，没说什么，不过他心中思忖，这不就意味着承认他在业务员队伍中出类拔萃、独占鳌头吗？今年，公司又把张力的销售定额提高了25%，尽管一开始不如去年顺利，他仍是一马当先，比预计干得要好。张力根据经验估计，10月中旬前他准能完成自己的定额。可是张力觉得自己的心情并不舒畅。最令他烦恼的事，也许莫过于公司不告诉大家干得好坏，没个反应。张力决定向销售经理辞职。

1. 归纳总结张力想辞职的原因。
2. 假如你是销售经理，应如何挽留张力？
3. 试拟订一份可行的绩效管理实施方案，有利于企业留住人才。

模块七

薪酬管理

【学习目标】

能力目标

1. 能采集薪酬调整需要的信息；
2. 能对有关工资指标进行统计分析；
3. 能对薪酬状况进行诊断；
4. 能对工资进行核算，能统计核算企业各种社会保险费，能建立工资、保险以及福利台账；
5. 能为企业设计科学合理的薪酬福利制度；
6. 能发放薪酬福利，办理社会保障。

知识目标

1. 理解薪酬和薪酬管理的概念；
2. 掌握基本薪酬体系的设计步骤；
3. 掌握常见的岗位评价方法和薪酬调查方法；
4. 掌握工资形式的内容和种类，工资支付的有关规定，工资统计指标的种类；
5. 掌握社会保险的基本内容；
6. 了解福利的含义、作用及类型。

素质目标

1. 运用一切有效手段激发学生的求知欲，培养学生的动手习惯、创造性和探索精神；
2. 培养学生以人为本、热爱人力资源管理工作的职业道德和专业精神；
3. 培养学生自觉关注时事政策、法律法规的意识。

任务一 认知薪酬管理

【工作情境】

Y公司7年前在中国南方设立首家工厂，主营食品饮料，其母公司是老牌的法资食品饮料商。Y公司刚投产的两年中，业务发展迅猛，企业的经济实力也得到了较大提高。然而，近年来由于国内同类企业日益涌现，食品饮料行业市场竞争激烈，Y公司面临着巨大的挑战。

为了更好地留住关键岗位人员，调动员工的工作积极性，同时吸引更多高素质的人才进入企业，Y 公司的人力资源总监张峰率先大胆提出"高薪资、高吸引力、高效益"的"三高"策略。与其他公司把高效益摆在第一位的战略不同，Y 公司凭借高薪酬来提高员工的工作意愿，增强公司对于员工的吸引力，最终达到公司高效益。Y 公司多年来一直按月支付员工薪酬，只在年底时根据员工的业绩水平支付一定奖金，但奖金占员工总薪酬的比例较低，员工间的差距也较小。有鉴于此，Y 公司修改了原有的薪酬制度，并对所有岗位的薪酬按比例进行了提高，工资总额大大提高了。再加上 Y 公司在行业内的知名度，很快就聚集了一大批有经验的行业人才。

然而，事实并未如张峰所料。在之后的两年中，各部门员工的业绩并没有突飞猛进，一些老员工的工作业绩仍旧停滞不前，而新进员工的表现也不尽如人意，这也直接导致 Y 公司的整体效益未如预期呈现增长势头。此时，张峰不得不重新审视自己当初制定的"三高"策略，高薪资带来高效益的初衷难道真的不可行吗？面对公司的诸多员工，张峰陷入了沉思：员工需要的究竟是什么？

任务要求：
1. Y 公司的薪酬结构应该如何重新设计？
2. 根据 Y 公司的情况和员工的需要，薪酬受到哪些因素的影响？
3. 薪酬设计的具体程序是什么？

【相关知识】

一、薪酬的内涵及相关概念

薪酬，由薪和酬组成。在现实的企业管理环境中，往往将两者融合在一起运用。薪，指薪水，又称薪金、薪资。所有可以用现金、物质来衡量的个人回报都可以称之为薪，也就是说薪是可以数据化的，企业发给员工的工资、保险、实物福利、奖金、提成等都是薪。酬，即报酬、报答、酬谢，是一种着眼于精神层面的酬劳。有一些企业，给员工的工资不低，福利不错，员工却对企业存在诸多不满，到处说企业坏话；而有些企业，给员工的工资并不高，工作量不小，员工很辛苦，但员工却很快乐，为什么呢？究其原因，还是在付"酬"上出了问题。当企业没有精神、没有情感时，员工感觉没有梦想，没有前途，没有安全感，就只能跟企业谈钱，员工跟企业间变成单纯的交换关系，这样的单纯的"薪"给付关系是不会让员工产生归属感的。

薪酬是员工因向所在的组织提供劳务而获得的各种形式的酬劳。狭义的薪酬指货币和可以转化为货币的报酬，如图 7-1 所示。广义的薪酬除了包括狭义的薪酬以外，还包括获得的各种非经济形式的满足，如图 7-2 所示。

通常，我们在工作中都会用到工资、薪水、薪金、薪资和薪酬这几个概念，但是有人经常会把这些概念混淆，并且一直以来把它们作为同一含义的不同表述来看待，在这里我们对上述概念进行区分。

（1）工资（Wage）：最基本的报酬形式，是劳动者劳动收入的主要部分，是具有法律意义的劳动者报酬。

(2) 薪水、薪金（Salary）：主要指白领员工和国家公务员的工资收入。

(3) 薪资（Pay）：主要指货币薪酬，不仅包括劳动报酬，也包括其他货币收入，如补贴、工作津贴、奖金、分红和股票收益等。

(4) 薪酬（Compensation）：最宽泛的一个企业报酬概念，包含直接经济报酬（工资、薪水、奖金、佣金和红利）和间接非经济报酬（以福利、保险等间接、非经济形式支付的物质报酬）。

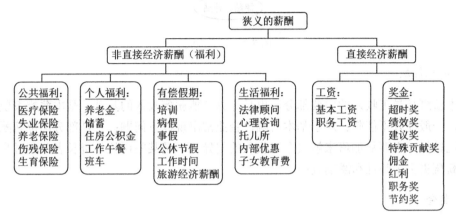

图 7-1　狭义的薪酬

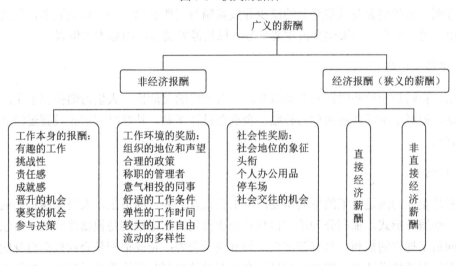

图 7-2　广义的薪酬

二、薪酬构成

薪酬构成是指薪酬的各组成部分在薪酬总体中的结构与比例。薪酬的各个成分各有侧重地执行不同的职能，以更好地体现按劳分配原则和全面调动劳动者的积极性，促进生产（工作）提高、效益增加。薪酬构成各国不尽一致，在各企业、机关、事业单位也不尽相同。这是由生产力水平、生活水平、历史习惯、国家政策、经济体制等因素所致。一般来说，薪酬构成包括基本薪酬，奖金，津贴、补贴，福利四大部分，如图7-3所示。

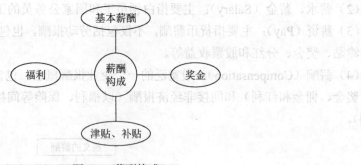

图 7-3　薪酬构成

1. 基本薪酬

基本薪酬是员工收入的主要部分，也是计算其他薪酬收入的基础。基本薪酬表现出较强的刚性，一般能升不能降。对于基本薪酬，企业常出现以下问题：一是部分岗位薪酬与市场水平相比较低，主要靠加班来解决个人收入的差异；二是某些岗位年资长者薪酬过高，对他们而言薪酬失去了弹性和激励效用。

2. 奖金

奖金分为绩效奖金和效益奖金。绩效奖金反映员工工作业绩；效益奖金反映企业经济效益。一方面，绩效奖金及效益奖金的缺少导致薪酬与工作业绩、经济效益脱节，使薪酬缺乏激励效用；另一方面，如果奖金占主要部分，以致滥发奖金，则是本末倒置。

3. 津贴、补贴

津贴、补贴是一种补偿性的劳动报酬，具有一定的灵活性。人们习惯把属于生产性质的称为津贴，把属于生活性质的称为补贴。企业在设计津贴、补贴时要防止设置过滥和随意取消两种倾向。

4. 福利

福利是企业为满足员工的生活需要，在工资收入之外，向员工本人及家属提供的货币、实物及一些服务形式。福利分为法定福利和企业福利。法定福利是根据政府的政策法规，企业必须向员工提供的福利，具有强制性，如五险一金等；企业福利是企业根据自身的特点有目的、有针对性地设计的一些福利项目。企业在设计福利时应注重其长期性、整体性和计划性。另外，近年来弹性福利制兴起，员工可以从企业提供的列有各种福利项目的"菜单"中选择其所需要的福利，让员工有更大的自主权，激励效果更佳。

薪酬构成的确定应注重以下两点：一是其制定过程要科学、合理；二是薪酬之间的差异要合理。其设计思路一般有两种：一是趋于平等的薪酬构成；二是趋于等级化的薪酬构成。

三、薪酬结构的类型

企业的薪酬政策制定者经常会考虑这样一个问题：如何用相同的薪酬水平更好地保留和

激励人才？要解决这个问题，一是要明确企业的薪酬支付理念，选择相应的薪酬结构类型；二是要确定合理的薪酬结构比例。如果说薪酬水平会对企业的吸引力产生重大影响，那么薪酬结构的合理与否往往会对员工的流动率和工作积极性产生重大影响。

薪酬结构的类型主要是以下 4 种：基于岗位的薪酬结构、基于技能和能力的薪酬结构、基于绩效的薪酬结构、组合薪酬结构。

1. 基于岗位的薪酬结构

基于岗位的薪酬结构是指首先对员工所从事的工作本身的价值作出客观评估，然后根据所评价的结果赋予担任这一工作的员工与其工作价值相当的薪酬结构。这种薪酬结构的特点是：它以岗位（工作）评价为基础，完成工作所需的技能越多，则该员工的薪酬越高；工作条件越差，则薪酬越高；该工作对组织的贡献越大，则薪酬越高。

2. 基于技能和能力的薪酬结构

基于技能和能力的薪酬结构是根据员工所掌握的技能和能力来确定的薪酬结构。其有以下两种表现形式。

1）以知识为基础的薪酬结构

以知识为基础的薪酬结构就是根据员工掌握的完成工作所需要的知识的深度来确定薪酬。在教师职业中。以知识为基础的薪酬结构应用最为普及。两位教师正在承担相同的工作，其中一位拥有本科学历，另一位拥有博士学历。在接受教育过程中花费的不同时间意味着他们具有不同的知识深度。由于具有较高文凭的教师，工作效果可能更好，而且可以承担更高级别的科研活动，其薪酬应该高于具有本科学历文凭的教师。

2）以多重技能为基础的薪酬结构

以多重技能为基础的薪酬结构就是根据员工能够胜任的工作的种类数目，或者员工技能的广度来确定薪酬，员工所掌握的技能种类越多，应该得到的薪酬也就越多。

基于岗位的薪酬结构与基于技能和能力的薪酬结构的区别如表 7-1 所示。

表 7-1　基于岗位的薪酬结构与基于技能和能力的薪酬结构的区别

项目	基于岗位的薪酬结构	基于技能和能力的薪酬结构
结构基础	承担的工作	掌握的技能
价值依据	整个工作的价值	技能的价值
对应关系	薪酬对应工作，员工与工作匹配	薪酬对应员工，员工与技能相联系
激励机制	追求工作晋升，以获得更好报酬	追求更多技能，以获得更高报酬
必要步骤	评估工作内容，估值工作	评估技能，估值技能
绩效评估	业绩考核	能力测试
提薪依据	年资、业绩的考核；结果和实际产出	技能测试中表现出来的技能提高
工作变动	引起工资变动	不引起工资变动
培训作用	是工作需要，而非员工愿意	是增加工作适应性和增加报酬的基础
晋升条件	需要工作空缺	不需要空缺，要通过能力测试

3. 基于绩效的薪酬结构

基于业绩的薪酬结构是指根据员工的绩效来确定薪酬结构，薪酬结构因工作绩效的不同而变化，处于同一职位的员工不一定能获得相同数额的薪酬。基于绩效的薪酬有以下 3 种类型。

（1）销售人员绩效薪酬模型。

（2）生产人员的绩效薪酬模型。通常有简单计时制、差别计时制、简单计件制、差别计件制等。

（3）管理人员的绩效薪酬模型。管理人员的业绩很难测量，一般情况下企业会采取评价的方式。薪酬模型通常为：绩效工资基数×绩效评价系数。绩效工资基数一般通过岗位测评来确定，或参照市场同类岗位的劳动力价格的平均数确定。绩效评价系数则根据测评结果在区间 0.8～1.2 取值。正常的绩效表现对应的系数为 1，优秀对应的系数为 1.2，差对应的系数为 0.8。

4. 组合薪酬结构

组合薪酬结构分为几个组成部分，分别依据绩效、技术和培训水平、职务、年龄和工龄等因素确定薪酬额。其优点是全面考虑了员工对企业的投入，适用各种类型的企业。岗位技能工资、薪点工资制、岗位效益工资等属于这种薪酬结构。

四、影响薪酬的因素

在我国企业管理水平不断发展的今天，薪酬是与员工积极性结合得最紧密的一个因素。影响薪酬的因素主要有以下 3 个方面考虑：企业因素、个人因素和外部因素（图 7-4）。

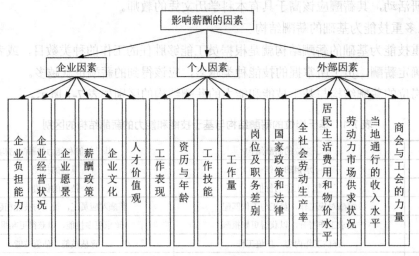

图 7-4 影响薪酬的因素

1. 企业因素对薪酬的影响

1）企业负担能力

员工的薪酬与企业负担能力的大小存在着非常直接的关系，如果企业负担能力强，则员工的薪酬水平高且稳定；如果薪酬负担超过了企业的负担能力，那么企业就会出现严重亏损、停业或破产。

2）企业经营状况

企业经营状况直接决定着员工的薪酬水平。经营状况好的企业，经济效益自然好，其薪酬水平相对比较稳定且有较大的增幅。而那些经营业绩较差的企业，员工薪酬水平相对较低且没有保障。

3）企业愿景

企业处于行业的不同时期（初创期、成长期、成熟期、衰退期），企业的盈利水平和能力及企业愿景是不同的，这些差别会导致薪酬水平的不同。

4）薪酬政策

薪酬政策是企业分配机制的直接表现，直接影响企业利润积累和薪酬分配的关系。一部分企业注重高利润、高积累，一部分企业注重二者之间的平衡关系，所有这些差别会直接导致企业薪酬水平的不同。

5）企业文化

企业文化是企业分配思想、价值观、目标追求、价值取向和制度的土壤。企业文化不同，必然会导致观念和制度的不同，这些不同决定了企业的薪酬模型、分配机制的不同，这些因素间接地影响着企业的薪酬水平。

6）人才价值观

人才价值观的不同会直接导致薪酬水平的不同，例如，对"是否只有支付高薪才能吸引最优秀的人才""是否要重奖优秀人才"的回答不同，薪酬水平是完全不一样的。

2. 个人因素对薪酬的影响

1）工作表现

员工的薪酬是由个人工作表现决定的，因此在同等条件下，高薪也来自于员工个人的高绩效。员工工作表现好，一般来说会产生较高的绩效。

2）资历与年龄

通常资历高的员工比资历低的员工薪酬要高，其主要原因是要补偿员工在学习技术时所耗费的时间、体能、金钱和机会，甚至是心理压力等直接成本，以及因学习而减少收入所造成的机会成本，而且还带有激励作用，即促进员工愿意不断地学习新技术，提高工作水平。

3）工作技能

如今科技进步，资讯发达，企业之争便是人才之争，掌握关键技能的人，已成为企业竞争的利器。这类人才成为企业高薪聘请的对象。企业竞争激烈，使企业愿意付高薪给两种人：第一种是掌握关键技术的专才；第二种则是阅历丰富的通才。

4）工作量

不管按时计薪、按件计酬，还是按绩效计酬，通常工作量较大时，薪酬水平也较高。这种现实的工作量差别是导致薪酬水平高低差别的基本原因。

5）岗位及职务差别

职务既包含着权力，同时也负有相应的责任。权力是以承担相应的责任为基础的，责任是由判断力或决定能力而产生的。通常情况下，职务高的人权力大，责任也较重，因此其薪酬水平相对也较高。

3. 外部因素对薪酬的影响

1）国家政策和法律

不同时期，国家的经济政策会有所不同，有时为刺激消费，有时为抑制通货膨胀，甚至下令冻结工资。许多国家对于职工最低工资从法律上予以规定。

2）全社会劳动生产率

劳动生产率水平及其变化是决定一个国家或地区或企业薪酬水平的首要因素。合理的薪酬水平就一定要处理好薪酬水平与劳动生产率的关系。薪酬水平应该随劳动生产率的增长而增长，其增长幅度应该低于劳动生产率的增长幅度，但又不能大大低于劳动生产率的增长幅度。

3）居民生活费用和物价水平

职工的正常收入至少应能支付家庭的基本生活费用，而这个费用又与居民消费习惯及当地物价水平有关。

4）劳动力市场供求状况

当劳动力供过于求时，员工就会接受较低的薪酬水平；当劳动力供不应求时，组织就要提高员工的薪酬水平。

5）当地通行的收入水平

人们总是在做各种横向比较，尤其是与当地就业者的收入水平作比较，同一行业在不同企业的收入不能相差太多，否则收入低的企业就会不稳定。

6）商会与工会的力量

某一地区某一行业的薪酬水平，往往是商会（业主或经理的联合会）与工会谈判的结果。商会势力大，薪酬可能被压低；工会势力大，薪酬可能会提高。

【知识应用】

兴宇公司是深圳的一家光电产品生产企业。近两年来，由于人才极度匮乏，兴宇公司采取了不惜代价、广招人才的政策，虽然解决了用人问题，但也给薪酬管理埋下了很大的隐患。一段时间之后，由于薪酬保密工作未做到位，薪酬矛盾日益突出，具体体现如下：同级同职的员工在薪酬上居然相差 2 000～3 000 元，研发部门的经理与主管之间相差却不到 1 000 元；招聘时抬高了新人的薪酬，而老员工任职多年，非常负责尽心，虽经历过多次加薪，但是薪酬水平却只与新人持平还没达到市场平均水平。如此混乱的薪酬现状，让一些员工（特别是核心员工）心理失衡，整体士气低落，工作效率急剧下降。兴宇公司迫切需要进行薪酬调整。

兴宇公司的这种现状应该如何调整？如何避免员工因薪酬调整产生不满情绪？

任务二　认知薪酬调查

【工作情境】

华宇公司有在职员工 1 000 多人。由于现行薪酬体系是 5 年前制定的，目前已经处于滞后水平，所以该公司打算对其进行修改，人力资源部命令小刘负责主导这项工作。对于小刘来说现在最大的困难就是薪酬调查。公司在三线城市，本市内没有同行企业，省内只有3~4家竞争企业，所以调查起来很困难；如果与专业的调查公司合作，又很难判断它们提供数据的真实性。

任务要求：
1. 华宇公司有哪些途径可以进行薪酬调查？
2. 华宇公司可以采用哪些薪酬调查方法？如何设计薪酬调查表？
3. 华宇公司对内、对外分别应该调查哪些数据？

【相关知识】

薪酬调查，就是通过一系列标准、规范和专业的方法，对市场上的各种职位进行分类、汇总和统计分析，形成能够客观反映市场薪酬现状的调查报告，为企业提供薪酬设计方面的决策依据。大多数企业在作出自己的薪酬水平决策、确保薪酬的外部竞争优势时，都是以薪酬调查数据为依据的。据统计，美国93%的企业主利用薪酬调查来确定薪酬水平，50%以上的企业主认为进行薪酬调查是非常必要，也是非常重要的。

一、薪酬调查的目的与意义

通过薪酬调查，企业既可以了解同行和相关行业劳动力市场的流行薪酬率，还可以增强对竞争对手的了解，建立更有竞争力的薪酬体系。此外，薪酬调查的结果对于企业实现薪酬在效率、公平、合法等方面的目标也有重要的意义。一般来讲，薪酬调查的目的与意义体现在以下几个方面。

1. 为企业的薪酬调整提供参考

薪酬调整包括对薪酬水平、薪酬结构，甚至薪酬政策、薪酬管理实践的调整。调整的依据一般包括生活成本变动、员工绩效的改善、企业经营状况与支付能力、国家劳动法律有关薪酬政策的变化，如最低工资线的调整。

2. 为企业新岗位的薪酬定位提供依据

企业在业务发展壮大或进入新的市场、行业时一般会产生新的岗位，这些新岗位都是与业务壮大或新市场、新行业密切相关的，可以说这些岗位在某种程度上决定了企业能否扩张成功。企业必须通过薪酬调查为新岗位薪酬水平的确定提供依据。

3. 以此评估竞争对手的人力成本

企业的薪酬成本和其总成本密切相关，通常企业可以通过"薪酬成本＝雇员总数×（人均现金薪酬+人均福利成本）"来对竞争对手的总体成本进行大致的估算。

4. 为企业制定薪酬预算和控制人力成本提供参考

薪酬水平调查结果是企业进行薪酬决策的重要依据之一，最终会通过薪酬体系的实施影响到公平、公正、合理这一薪酬目标。

5. 为解决与薪酬相关的人力资源管理问题做好准备

不同类型的员工有不同的薪酬分配偏好,企业需要通过薪酬调查的结果审视自己的薪酬体系,实现薪酬效用最大化,既解决由薪酬导致的效率低下、人员流失等问题,又可避免引发各种劳资纠纷。

二、薪酬调查的途径

由于薪酬涉及企业及个人的切身利益,所以属于敏感信息,对于有些行业或企业来说,薪酬信息甚至可以归类为商业机密。因此,对于大部分企业来说,由于不是专业做数据调查的,所以对于薪酬调查有时有无所适从的感觉。那么,薪酬调查应该如何开展呢?一般来说,薪酬调查的主要途径和方法有以下几个方面。

1. 直接面向企业调查

企业可以通过各种渠道与目标企业达成一致,共享彼此的薪酬信息。企业可以得到目标企业的薪酬水平,同时向对方提供一些自己掌握的信息,这样能达到合作共赢的目的。这种调查可以是一种正式的调查,采取座谈会、问卷调查等多种形式,也可以是非正式的调查,如电话沟通、私下面谈等形式。这种调查方式得到的信息往往真假参半,需要甄别或以其他信息来印证。

2. 委托专业机构调查

现在,一线大城市均有提供薪酬调查服务的专业机构。企业通过与这些专业机构合作可以大幅减少调查的工作量,省去了很多协调成本,但同时需要支付一定的服务费用。这种途径得来的信息一般可信度较高,但一定要注意选择资信水平高的专业机构来做,以免得到的是过时的甚至是是编造的数据。

3. 从公开信息中了解

有些企业在发布招聘广告时,会写明薪酬待遇,某些城市的人才交流部门也会定期发布一些岗位的薪酬参考信息。另外,通过其他企业来本企业应聘的人员可以了解一些该企业的薪酬状况。由于招聘企业或应聘人员倾向于夸大薪酬,所以通过这些途径得来的信息可信度比较低。

除了以上 3 种薪酬调查方式外,还有企业自行调查、询问求职者、网络搜索等途径,其优势和劣势如表 7-2 所示。

表 7-2 薪酬调查途径优势和劣势比较

项目	优势	劣势
企业自行调查	可直接对竞争对手企业群开展	征集参与企业难度大,费时费力,缺乏科学工具
询问求职者	获取信息直接,成本低	真实度因人而异,不易得到多个职位的全面信息
从公开信息中了解	来自权威部门,有说服力,可获知涨跌趋势	数据不全面
直接面向企业调查	获取信息直接,成本低	信息不全面,可类比性差

续表

项目	优势	劣势
网络搜索	信息量大，成本低	数据源不详，信息凌乱
委托专业机构调查	数据真实，可获知行业内各职位的详细薪酬状况	花费高

三、薪酬调查的方法

薪酬调查方法有电话调查、个人访谈、问卷调查（包括纸质问卷和电子问卷）等。不同的调查方式对企业来讲其成本、效率和质量大不一样。企业选用哪种调查方式受调查要求的期限、调查成本、数据要求的准确性、参加调查的公司数量和职位数量等因素影响。

1. 电话调查

电话调查是时间最迅速、成本最低的薪酬信息收集方式，一般用于获取的信息有工资政策、工资管理以及少数几个职位的工资信息等。其适合对相近职位进行简单信息的调查，但调查结果的可靠性较低。

2. 个人访谈

个人访谈能获得最有效的薪酬信息，其最大的优点是可以获取关于被访谈者的高质量和深入的信息，信息的可信度和可靠度都很高，但成本高，样本量小。同时，个人访谈对调查者素质要求较高，调查者应经过训练，对被调查工作有一定了解，具备较好的人际沟通能力，能取得被调查者的配合，很好地控制调查的进行。

3. 问卷调查

薪酬调查中最常用也是最有效的方法是问卷调查，这种方法具有调查面比较广、信息相对可靠和较为经济等特点。调查问卷的内容通常由调查目的决定，主要包括以下几个方面：企业背景信息、企业薪酬政策、员工福利、具体工作资料。薪酬调查问卷除了要涵盖以上有关内容外，有时还需要作出更加详细的划分，如员工福利就包括养老金、医疗、住房、休假、交通、餐饮等，而且福利通常不是以现金形式发放给员工的，因而对于福利一般以单项福利标准为调查的内容。薪酬调查表如表 7-3 所示。

表 7-3 薪酬调查表示例

一、该岗位的基本信息
1. 岗位名称：　　　　　　　　2. 公司所在城市：　　　　　　　　3. 公司所在行业：
4. 公司性质： 　A. 国有企业　　B. 合资企业　　C. 外商独资企业　　D. 民营企业　　E. 国有民营企业
5. 公司的总资产规模： 　A. 1 亿元以上（含 1 亿元）　B. 1 000 万元　C. 100 万～1 000 万元　D. 100 万元以下
6. 公司的年度销售额： 　A. 100 亿元以上　B. 10 亿～100 亿元　C. 1 亿～10 亿元　D. 1 000 万～1 亿元　E. 500 万～1 000 万元 　F. 500 万元以下
7. 公司的年度税后净利润： 　A. 1 亿元以上　B. 5 000 万～1 亿元　C. 1 000 万～5 000 万元　D. 500 万～1 000 万元　E. 100 万～500 万元 　F. 100 万元以下
8. 该岗位在组织中的位置：

续表

二、岗位描述

该岗位在公司中要达成的工作目标以及主要工作内容,可以概括如下:

该岗位主要从事以下工作职责,请您判断下面列举的各项工作职责是否与贵公司中该岗位的实际工作职责相符合,并在符合的项目的括号中打上"√",不符合的打上"×"。如果贵公司中该岗位除了上述工作职责之外还须承担其他工作职责,请您在"其他"一栏中加以简要叙述。

(　) 1. ×××××××××。
(　) 2. ×××××××××。
(　) 3. ×××××××××。

其他:
1.
2.

三、任职者的个人信息

1. 性别:
   A. 男　　B. 女
2. 学历:
   A. 高中及其以上　　B. 大专毕业　　C. 本科毕业　　D. 硕士毕业　　E. 博士毕业
3. 在本公司的任职年限:
   A. 1年以下　　B. 1~2年　　C. 2~3年　　D. 3~4年　　E. 4年以上
4. 从事本职工作或工作内容和难度相似的工作的年限:
   A. 1年以下　　B. 1~3年　　C. 3~6年　　D. 6~8年　　E. 8年以上
5. 英语水平:
   A. 基本不具备英语水平　　B. 国家英语四级,简单读写　　C. 国家英语六级,具备一定听说读写能力
   D. 英语专业,能熟练使用英语表达
6. 是否具备专业资格证书:
   A. 不具备　　B. 具备,其证书为:

四、该岗位的薪酬状况

1. 基本工资:　　元/月
2. 奖金(凡是与绩效挂钩的部分均称为奖金,请在下面填写在绩效中等水平情况下的奖金额度):
   A. 月度奖金:(1) 无　(2)　　元/月
   B. 季度奖金:(1) 无　(2)　　元/季度
   C. 半年度奖金:(1) 无　(2)　　元/半年
   D. 年度奖金:(1) 无　(2)　　元/年
3. 福利项目。请在该岗位任职者能够获得的福利项目前面打"√",并注明其现金额度:
   (　)(1) 话费补贴　　元/月
   (　)(2) 交通补贴　　元/月
   (　)(3) 每月住房补贴　　元/月
   (　)(4) 一次性住房补贴　　元/月
   (　)(5) 过节费　　元/月
   (　)(6) 免费餐饮或餐补　　元/月
   (　)(7) 其他福利　　元/月
4. 福利总额:共　　元/年
5. 年度薪酬总额:共　　元/年

四、分析薪酬调查数据

整理好薪酬调查问卷之后,得出统计结果,接下来的任务就是对统计结果进行分析。数据分析的方法包括频率分析、集中趋势分析、离散趋势分析等。

1. 频率分析

频率分析是最简单也是最直观的一种分析方法，即将所得到的与每一职位相对应的薪酬数据从高到低排列，然后看落入每一薪酬范围内的企业数量。哪一个薪酬范围内企业的数量越多，表示这个薪酬范围越接近目前市场的薪酬水平。以北京市为例，企业行政主管一职的薪酬调查数据经过频率分析之后，得到如表 7-4 所示的结果。

表 7-4 行政主管薪酬数据频度分析

薪酬浮动范围/元	此范围内的企业数量/家	薪酬浮动范围/元	此范围内的企业数量/家
4 501～4 750	0	5 751～6 000	6
4 751～5 000	1	6 001～6 250	7
5 001～5 250	2	6 251～6 500	2
5 251～5 500	4	6 501～6 750	1
5 501～5 750	5	6 751～7 000	1

为了更为直观地进行观察，还可以根据调查数据绘制出直方图（图 7-5）。

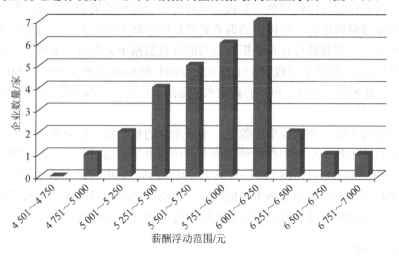

图 7-5 行政主管薪酬数据频度分析

从表 7-3 和图 7-5 可以很容易看出，该职位的主要薪酬浮动范围介于 5 251～6 250 元，这也是大部分企业为之支付的薪酬范围。

2. 集中趋势分析

集中趋势分析是描述一组数据聚焦在某一中心点的程序，这个点代表一个职位典型的薪酬数据，通常用平均数和中位数来度量。以北京市为例，销售工程师一职的薪酬数据如表 7-5 所示的结果。

表 7-5 销售工程师薪酬调查数据统计

公司代码	职位数	平均工资/（元/年）
A	5	60 000

续表

公司代码	职位数	平均工资/(元/年)
B	11	68 000
C	30	62 000
D	7	63 000
E	16	61 000
F	9	65 000
G	26	66 000
H	8	69 000
K	12	64 000
L	8	67 000
N	4	70 000

平均数是应用得最多的反映集中趋势的指标，又可细分为简单平均数和加权平均数。

1）简单平均数

简单平均数是一种最为常见的分析方法，就是将所有数据相加，然后除以数据个数即可获得。这种方法操作起来比较简单，但极端值有可能会破坏结果的准确性，所以有些企业会首先使用频率分布将极端值剔除掉。当调查者获得的数据不能全面代表行业或者竞争对手的情况，或者因为一些重要的目标企业拒绝参与而导致数据不完善时，采用简单平均数的方法是最好的。在上例中，简单平均数为 65 000 元[(60 000+68 000+62 000+…+70 000)/11]。企业可以利用简单平均数来判断销售工程师的薪酬水平是高于市场薪酬水平还是低于市场薪酬水平。

2）加权平均数

与简单平均数不同，在加权平均数中，不同企业的薪酬数据将会被赋予不同的权重，而权重的大小则取决于每一企业中在同种职位上工作的员工人数。上例中，薪酬的加权平均值为 64 426.47 元[(5×60 000+11×68 000+…+4×70 000)]/136。采用这种方法求得的最终结果比简单平均数更为科学。在调查结果基本上能代表行业总体状况的情况下，加权平均数的分析结果是最好的，因为这时经过加权的平均数比较接近劳动力市场的真实状况。

3. 离散趋势分析

离散趋势分析是用来描述一组数据分散程度的。在薪酬调查分析中运用离散趋势分析是为了分析公司薪酬与市场薪酬水平之间的差异。描述离散趋势的指标主要有标准差、四分位和百分位，下面只介绍四分位和百分位。

1）四分位

四分位是将所有的薪酬数据从小到大排列，以 25%、50%、75%这 3 个百分比将这些数值分为 4 组，第 1 个四分位数的薪酬数据位于最低的 25%范围内，常用 25P 表示；第 2 个四分位数的薪酬数据位于 25%~50%，常用 50P 表示；第 3 个四分数的薪酬数据位于 50%~75%，常用 75P 表示；第 4 个四分位数的薪酬高于均值，在薪酬数据中位于 75%以上，常用 100P 表示（表 7-5）。

2）百分位

百分位是把薪酬数据按百分比划分，所代表的是有百分之多少的公司的薪酬水平低于位于该百分位上的公司的薪酬水平。较为重要的一般是位于整数百分比（如 10%）处的数据。在百分位分析法中，第 50 个百分位是中间值（表 7-6）。百分位分析在企业的薪酬水平战略定位中是最常用的，因为它提示了本企业的薪酬水平在劳动力市场上的地位。

表 7-6　工资分位数表

工资（元/月）	分位数
23 000	
23 000	第 10 个百分位数
23 000	
24 500	
24 500	
25 000	第 1 个四分位数（25P）
25 000	
25 500	
25 500	
26 500	
26 500	
28 000	第 2 个四分位数（50P）（中位数）
28 000	
29 000	
29 000	
30 500	
30 500	
31 000	第 3 个四分位数（75P）
31 000	
32 000	
32 000	
34 500	第 90 个百分位数
34 500	第 4 个四分位数（100P）

企业可以将薪酬调查数据和统计分析结果在统一的分析表中进行展示，以方便了解同一职位在不同企业中的不同薪酬水平和不同企业采用的不同薪酬结构。

将所有职位薪酬水平的中值（中上值）和 25P（中下值）从高到低排序，然后分别连接起来，就可以得到一张反映所有基准职位的市场薪酬水平图。在图中加上本企业自身的薪酬中值线，就可以直观地了解到在不同的岗位上企业薪酬水平的相对市场位置，或高于市场水平，或与市场水平持平，或低于市场水平。

【知识应用】

某化妆品企业现在在职员工 700 多人。这家企业决定进行组织变革，其中一项重要工作就修改多年前制定的薪酬体系。企业领导高度重视此项工作，决定由人力资源部经理主导这项工作。该公司处在二线城市，本地区没有同行企业，所以这给薪酬调查工作带来了一定困难。困难企业领导决定与专业的调查公司合作，由调查公司负责具体的调查工作，人力资源部门监督，确保其提供数据的真实性。

该企业的薪酬调查工作的重点是什么?怎样确保调查数据的真实可信?

任务三 进行员工福利管理

【工作情境】

刘先生是某国有企业的人力资源部主管。几年前,他入职该企业,当时企业效益不错,福利也多,不用掏钱可以分到吃不完的粮油,上下班免费接送,有的职工甚至还可以外出旅游度假。能在这样的企业工作,他觉得荣耀和自豪,并产生一种内在的归属感。而近几年,他发现本单位的技术骨干不断流失,进入一家工资高出3倍的同行企业。人力资源部对员工满意度进行了调查,近七成的员工对单位的福利不再感兴趣,倾向拥有较高工资。刘先生意识到,要单位拿出同样高工资留住人才是不现实的,而福利对员工的激励功能明显减弱,有福利无福利一个样,福利多福利少一个样。

任务要求:

1. 该企业的员工福利有哪些?
2. 作为人力资源部门主管,刘先生该不该向领导提出建议,取消一部分没用的福利呢?并说明理由。
3. 由你帮刘先生分析问题产生的原因并提出解决思路,形成可行的员工福利方案。

【相关知识】

福利是一种很好的吸引和保留员工的工具,有吸引力的员工福利计划既能帮助企业招聘到高素质的员工,又能保证留住员工。企业往往通过福利的形式为员工提供各种照顾,会让员工感觉到企业和员工之间的关系不仅仅是一种单纯的经济契约关系,更是在雇佣关系中增加一种类似家庭关系的情感成分,以提高员工的工作满意度,增强企业的向心力。

一、员工福利的含义

在企业向员工提供的报酬中,很多人关注基本薪酬、奖金以及其他一些直接的货币报酬,其实还有相当一部分报酬是以其他形式提供给员工的,如缴纳保险、伙食津贴、住房补助、带薪休假、员工服务等,这就是我们在前面提及的员工福利。所谓员工福利,就是企业基于雇佣关系,依据国家的强制性法令及相关规定,以企业自身的支付能力为依托,向员工所提供的用以改善其本人和家庭生活质量的各种以实物、货币或延期支付形式为主的补充性报酬与服务。

二、员工福利的意义

1. 员工福利对于组织的意义

组织设置福利有国家立法规定、集体谈判等原因,也会增加组织运营成本,但从组织发展的大局来看,员工福利的结果肯定是利大于弊的。

(1) 使报酬形式多元化,能吸引和保留人才。
(2) 有助于营造和谐的企业文化,强化员工的忠诚感。

(3) 提高企业的经济效益。良好的福利一方面可以使员工得到更多的实惠，另一方面用在员工身上的投资会产生更多的回报。从经济学角度来看，员工福利是一种投资，而且能长远地取得效益。

2. 员工福利对于员工的意义

从劳动经济学的角度来说，如果同样的薪酬水平可以由不同的直接薪酬和间接薪酬组合构成，但总的薪酬成本不变，那么对于企业来说，货币薪酬多一些还是福利多一些实际上是无关紧要的。在这种情况下，企业是否实行某种福利或者福利的水平高低就要取决于员工的偏好了。那么，员工为什么会喜欢福利呢？

1）税收的优惠

福利不仅对企业存在税收优惠，而且对员工同样如此。以福利形式获得的收入往往无须缴纳个人所得税。因此，在企业薪酬成本一定的情况下，员工直接从企业获得福利，与自己用拿到手的薪酬去购买福利相比，成本要低许多。

2）集体购买的优惠或规模经济效益

员工福利中的许多内容是员工工作或生活所必需的，即员工自己也要花钱去购买的。而在许多商品和服务的购买方面，集体购买具有较多的优势，能够得到一定优惠，体现出规模经济效益。

3）满足员工的多样化需要

不同的员工，甚至同一个员工在其职业生涯的不同阶段，对福利的项目偏好都是不同的。

三、员工福利的种类

员工福利包括很多不同种类的福利项目，划分的方式也很多，我们可以把员工福利分为法定福利和企业内部福利。

1. 法定福利

法定福利通常指国家法律法规规定的、强制性的基本福利制度，如养老保险、失业保险、生育保险、带薪年假、婚丧假等。

1）社会保险

大多数市场经济国家的企业都要面对很多按照法律规定必须提供的福利项目。下面主要介绍我国规定的5种社会保险项目：养老保险、失业保险、医疗保险、工伤保险和生育保险。

（1）养老保险。法律规定的养老保险又称老年社会保障，是针对退出劳动领域或无劳动能力的老年人实行的社会保护和社会救助措施。经过近10年的改革与建设，我国的养老保险制度已初步建成，形成了以基本养老保险、企业补充养老保险和个人储蓄性养老保险为主体的多层次、多支柱的新型养老保险体系。

（2）失业保险。失业保险是为遭遇失业风险，收入暂时中断的失业者设置的一道安全网。它覆盖范围通常包括社会经济活动中的所有劳动者。现行的失业保险是2011年7月1日实施的《中华人民共和国社会保险法》（以下简称《社会保险法》）。根据《社会保险法》的规定，职工应当参加失业保险，由用人单位和职工按照国家规定共同缴纳失业保险费。

（3）医疗保险。医疗保险是指由国家立法，通过强制性社会保险原则和方法筹集医疗资金,保证人们平等地获得适当的医疗服务的一种制度。

(4) 工伤保险。工伤保险是针对那些最容易发生工伤事故和职业病的工作人群的一种特殊社会保险。我国的工伤保险制度建立了基金体制,工伤保险费用完全由企业承担,按照本企业职工工资总额的一定比例缴纳,职工个人不缴纳工伤保险费。

(5) 生育保险。生育保险是指国家通过社会保险立法,对女职工因生育子女而导致暂时丧失劳动能力和正常收入时,由国家或社会提供物质保障等方面帮助的一项社会保险制度。

2) 住房公积金

住房公积金制度是住房保障体系的重要组成部分,其主要作用于改善工薪阶层居住条件,解决缴存职工买房租房困难问题。为了规范我国住房公积金管理工作,确保公积金缴存职工合法权益,为缴存职工提取公积金提供法律依据,国务院于颁布实施了《住房公积金管理条例》。为了解决《住房公积金管理条例》实施过程中出现的问题,国务院于2002年对《住房公积金管理条例》进行了修订,并沿用至今。

3) 法定假期

(1) 公休假日。公休假日是劳动者工作满一个工作周之后的休息时间。国家实行劳动者每日工作时间不超过8小时、平均每周工作时间不超过44小时的工时制度。《劳动法》规定:用人单位应当保证劳动者每周至少休息一天。

(2) 法定休假日。法定休假日即法定节日休假。《劳动法》规定,法定休假日安排劳动者工作的,支付不低于工资的300%的劳动报酬。除《劳动法》规定的节假日以外,企业可以根据实际情况,在和员工协商的基础上,决定放假与否以及加班工资多少。

(3) 带薪年休假。世界上很多国家都通过法律规定了带薪年休假制度,但是带薪年休假的天数却相差很大。例如,很多西欧国家的员工可以享受每年30天的休假时间,而在美国,尽管劳动者可以享受的带薪休假时间是14天,但他们通常只会休11天。

我国《劳动法》规定,国家实行带薪休假制度。2007年12月7日,国务院颁布了《职工带薪年休假条例》,并于2008年1月1日起开始施行。按照《职工带薪年休假条例》的规定,机关、团体、企业、事业单位、民办非企业单位、有雇工的个体工商户等单位的职工连续工作一年以上的,享受带薪年休假。职工在带薪年休假期间享受与正常工作期间相同的工资收入。职工累计工作已满1年不满10年的,年休假5天;已满10年不满20年的,年休假10天;已满20年的,年休假15天。

(4) 其他假期。员工福利通常还包含病假。病假是指在员工因病无法上班时,组织仍然继续给他们支付薪酬的一种福利计划。在我国,员工还可以享受探亲假、婚丧假、产假与配偶生育假等。

2. 企业内部福利

企业内部福利是指企业内部自行设定的一些福利内容,如旅游项目、补充养老金、公积金、生日蛋糕、节假日的津贴和礼物等。

1) 津贴和补贴

津贴是企业对员工在特殊劳动条件(时间、地点、岗位、环境)下工作,所支付的超额劳动及额外的生活费用,或对有损身心健康的岗位给予的报酬,是工资的补充形式。津贴的常见形式包括矿山井下津贴、高温津贴、野外矿工津贴、林区津贴、山区津贴、驻岛津贴、艰苦气象台站津贴、保健津贴、治疗卫生津贴等。此外，生活费补贴、价格补贴也属于津贴。

2）企业补充保险

我们在前面曾经讨论过的养老保险是社会保障的组成部分，是法律要求的退休福利。由于各方面的原因，法律规定的养老金水平不会很高，很难保证劳动者在退休以后过上宽裕的生活。为此，很多国家都鼓励企业在国家法定的养老保险之外，自行建立企业的补充养老保险计划，其主要手段是提供税收方面的优惠。除此之外，还有团体人寿保险计划和健康医疗保险计划。

3）员工服务福利

现代很多企业除了给员工提供法定福利和企业补充保险之外，还为针对不同员工的具体问题提供服务福利，具体包括给员工提供援助咨询服务、教育援助计划、儿童老人看护、饮食和健康服务等。

延伸阅读

谷歌的高福利

令人称道的高福利非谷歌公司莫属。谷歌向来以丰厚的员工福利闻名业界，其中最常见的福利包括免费的美食、现场洗衣店、配备 WiFi 无线功能的通勤班车等。除了这些生活方面的福利之外，谷歌的福利还包括娱乐福利、假期福利、保险福利、育儿福利和死亡福利等诸多方面。

为了让员工保持健康的体魄，谷歌为员工配备各种室内、室外的运动设备与场地，员工不仅可以踢足球、打篮球、打网球，还可以游泳、攀岩、跳舞。谷歌甚至配备了专门的游戏室给那些爱打电玩的员工。

在医疗方面，谷歌向员工提供全额医疗保险，甚至包括牙医补贴、眼部保健费用等。谷歌还为员工及其家人投保旅游保险，包括私人假期旅行。

从 2015 年 1 月 1 日起，谷歌将为其员工提供新福利，那些患有癌症的员工或其家人可免费接受高科技 DNA 检测，以帮助确定治疗癌症所需的最合适药物。据了解测试价格在 5 800～7 200 美元。

（资料来源：http://www.douban.com/group/topic/834211151.）

四、弹性福利计划

传统福利制度带来的一个问题是：组织提供的福利组合并不适用于每一个员工。在这种情况下，可能企业支付的福利成本很高，但提供的福利对有的员工没有价值。例如，对年龄大的员工提供儿童保健福利计划就是没有意义的，这样的福利计划不能很好地激励员工。弹性福利计划为员工提供了多种不同的福利选择方案，从而满足了不同员工的不同需要，还能够更好地控制福利成本。

弹性福利计划又称为自助餐式的福利计划，其基本思想是让员工对自己的福利组合计划进行选择。这种选择会受两个方面的制约：一是企业必须制定总成本约束线；二是每一种福利组合中都必须包括一些非选择项目，如社会保险、工伤保险以及失业保险等法定福利计划。在上述两个因素的限制下，员工可以挑选福利项目。选择何种弹性福利计划方案取决于企业想要从弹性福利计划中获得什么。

1. 附加福利计划

实施附加福利计划，不会降低原有的直接薪酬水平和福利水平，而是提供给员工一张特殊的信用卡，员工可以根据自己的需要自行购买商品或福利。发放给员工的信用卡中可使用的资金额度取决于员工的任职年限、绩效水平，还可以根据员工基本薪酬的百分比来确定。在实施这种福利计划时，信用卡可能局限于某一商场或某一福利提供组织，如某一保险公司。换句话说，信用卡中的钱必须全部花完，不能提取现金，这也是与直接薪酬相区别之处。

2. 混合匹配福利计划

在实施混合匹配福利计划时，员工可以按照自己的意愿在企业提供的福利领域中决定每种福利的多少，但是总福利水平不变。一种福利的减少意味着员工有权选择更多的其他福利。当然，如果降低其他福利项目的水平仍然不能使员工对某种特定的福利感到满意，企业就只能采取降低基本薪酬的办法了。

3. 核心福利项目计划

核心福利项目计划是指为员工提供包括健康保险、人寿保险以及其他一系列企业认为所有员工都必须拥有的福利项目的福利组合。企业会将所有这些福利项目的水平都降低到各项标准要求的最低水平上，然后让员工根据自己的爱好和需要选择其他福利项目，或者提高某种核心福利项目的保障水平。

【知识应用】

M设计院是一家国家甲级设计院，从事工业与民用建筑勘探、设计和小区规划等业务。具备国家建设行政主管部门颁发的甲级工程总承包资质，承担工程投资评估、工程监理、招标、施工、保修和其他咨询业务。近几年，在人才竞争激烈的建筑工程设计行业，设计院的人力资源管理也面临着严峻的挑战。

然而，在激烈的人才竞争中，设计院却成功地留住了诸如注册建筑师、注册结构工程师、注册监理工程师以及高级工程师等一大批核心员工，增强了企业的核心竞争力。该设计院人力资源透露了其留人秘诀——实施"贴心"福利战略，即在洞察员工心理、揣摸员工内心的个性化有效需求的前提下，为核心员工量身定做福利项目，并采取最佳方式发放，从而赢得核心员工的"铁心"。

M设计院的"贴心"福利战略对于其他企业有什么借鉴意义？

任务四 设计薪酬体系

【工作情境】

北京市某高新技术企业，由于研发人员工资水平低于市场平均水平，导致研发部人员不稳定，员工流失率居高不下。最近，在公司招聘时，尽管很多研发人员满足公司的需要，但是由于工资低于面试人员期望,最终还是没能成功招聘。公司高管考虑到,公司新人无法引进,而老员工不稳定,准备调整研发技术人员的工资,与市场水平接轨,同时,提高工资的激励性。为避免薪酬调整无依据,公司的高层管理人员要求人力资源部收集研发部的意见,做好在职研发人员的评估。

任务要求:
1. 企业进行薪酬体系的调整与设计的程序是什么?
2. 该企业如何进行研发人员薪酬体系设计?
3. 试为该企业设计一套研发人员薪酬方案。

【相关知识】

薪酬体系主要针对企业的基本薪酬。目前国际通行的薪酬体系主要有 3 种类型:职位或岗位薪酬体系、技能和能力薪酬体系、绩效薪酬体系。

一、薪酬体系的设计流程

无论是什么类型的企业,薪酬体系设计在企业管理中都是极其重要的。企业的薪酬体系设计与许多因素相关,如企业的薪酬原则和战略、地区及行业的薪酬水平、企业的竞争力、支付能力等都将对薪酬体系的设计与管理产生重要的影响。因此,企业薪酬体系设计是依据一系列的科学化原则,按照一定的步骤,分为以下 6 个基本环节完成的。这 6 个环节环环相扣,每个环节都将对薪酬体系设计的结果产生直接的影响,如图 7-6 所示。

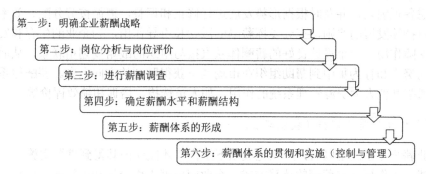

图 7-6 薪酬体系设计流程

1. 明确企业薪酬战略

对企业的薪酬管理来说,首先要明确企业薪酬政策及目标,提出企业薪酬战略和薪酬制度的基本原则,即应当明确企业是采用高薪酬或低薪酬政策,还是依照市场上人力资源的平均价格,将本企业员工的薪酬控制在一般水平上。企业薪酬战略必须与企业的总体人力资源战略相匹配,保持一致性。

2. 岗位分析与岗位评价

岗位分析与岗位评价是制定科学合理的薪酬体系的前提和依据。通过岗位分析与岗位评价,能够明确岗位的工作性质、承担责任的大小、劳动强度的轻重、工作环境的优劣,以及劳动者所应具备的工作经验、专业技能、学识、身体条件等方面的具体要求。同时,根据岗位分析所采集的数据和资料,采用系统科学的方法,对企业内各个层次和职别的工作岗位的相对价值作出客观的评价，并依据岗位评价的结果，按照各个岗位价值的重要性由高至低进行排列，以此作为确定企业基本薪酬制度的依据。

3. 进行薪酬调查

通过必要的市场调查，充分了解和掌握企业外部的各种影响薪酬的因素，包括劳动力市场上人才竞争与供给状况、各行业的薪酬水平以及其他企业设立的薪酬福利项目等，以确保企业的薪酬制度对外具有一定竞争性，对内具有一定的公平性。

4. 确定薪酬水平和薪酬结构

所谓薪酬水平，是指企业支付给不同岗位的平均薪酬。薪酬水平反映了企业之间的薪酬关系，即相对于竞争对手，企业整体的薪酬支付实力。支付的薪酬水平的高低无疑会直接影响到企业在劳动力市场中获取劳动力能力的强弱，进而影响企业的竞争力。所谓薪酬的外部竞争性，实际上是指一家企业的薪酬水平高低以及由此产生的企业在劳动力市场上的竞争能力大小。

薪酬结构是指企业的组织机构中各项岗位的相对价值及其对应的实付薪酬间的关系。

5. 薪酬体系的形成

薪酬体系是根据企业的实际情况制定的，能够紧密结合企业的战略和文化，全面、系统、科学地考虑各项因素，并及时根据形势发展进行修正和调整，遵循按劳分配、效率优先、兼顾公平及可持续发展的原则，充分发挥薪酬的激励和引导作用，为企业的生存和发展起到重要的制度保障作用。一个设计良好的薪酬体系直接与组织的战略规划相联系，从而使员工能够把他们的努力和行为集中到帮助组织在市场竞争获得胜利的方向上去。薪酬体系的设计应该补充和增强其他人力资源管理系统的作用，如人员选拔、培训和绩效评价等。

6. 薪酬体系的贯彻实施（控制与管理）

在企业薪酬体系确定以后，应当完成以下工作，才能保证其得到贯彻实施。

（1）建立工作标准与薪酬的计算方式。企业应依据工作分析和以往的原始记录，制定工作标准，明确具体的工作流程和程序，以及作业的数量与质量要求，而这些标准和要求应当是公平合理的。同时，企业必须向员工解释说明薪酬的具体计算方法和计算方式。

（2）建立员工绩效管理体系，对全员进行工作业绩的动态考评。员工绩效管理制度是建立激励制度的前提和基础，也是贯彻执行企业薪酬体系的基本保证。

（3）通过有效的激励机制和薪酬福利计划，对表现突出的优秀员工进行必要表彰和物质鼓励，以鞭策员工对企业作出更大的贡献。

二、薪酬体系的设计原则

薪酬体系设计涉及企业内外部的诸多因素，其科学性与合理性不是绝对的。薪酬体系的设计原则可归纳为以下5项。

1. 公平性

员工对薪酬分配的公平感，也就是对薪酬发放是否公正的判断与认识，是设计薪酬体系的首要考虑因素，这也是由公平感的主观性和相对性决定的。薪酬的公平性可以分为以下 3 个层次。

（1）外部公平性，指同一行业或同一地区同等规模的不同组织中类似岗位的薪酬应当基本相同。

（2）内部公平性，指同一组织中不同岗位所获薪酬应与各自的贡献成正比。

（3）个人公平性，涉及同一组织中占据相同岗位的人所获薪酬间的比较。

2. 竞争性

竞争性是指在社会上和人才市场中，组织的薪酬标准要有吸引力，才能战胜其他组织，招到所需人才。究竟应将本组织的薪酬标准摆在市场价格范围的哪一段，则要视本组织的财力、所需人才可获得性的高低等具体条件而定，但要有竞争力，至少不应低于市场平均水平。

3. 激励性

激励性是指在组织内部各类、各级岗位的薪酬水平上，要适当拉开差距，真正体现按贡献分配的原则。

4. 经济性

提高组织的薪酬水平，固然可以提高其竞争性与激励性，但同时不可避免地导致人工成本的上升，所以薪酬体系不能不受经济性的制约。不过组织在考查人工成本时，不能仅看薪酬水平，而要看员工绩效的质量水平，事实上，后者对组织竞争力的影响远大于成本因素。此外，人工成本的影响还与行业的性质及成本构成有关。在劳动密集型行业中，人工成本在总成本中的比重有时可高达 70%，这时人工成本确有牵一发而动全身之效，需精打细算；但在技术密集型行业，人工成本只占总成本的 8%～10%，而组织中科技人员的工作热情与革新性，对组织在市场中的生存与发展起着关键的作用。

5. 合法性

组织的薪酬体系必须符合国家及地方有关劳动人事的法律、法规、政策，尤其要体现对劳动者的尊重，避免不应有的歧视行为。例如，在员工提供了正常劳动的前提下，企业支付的薪酬不能低于当地执行的最低工资标准。

三、薪酬管理的发展趋势

薪酬体系对于企业是一把"双刃剑"，使用得当能够吸引、留住和激励人才；使用不当则可能给企业带来危机。建立科学的薪酬管理系统，对企业在知识经济时代获得竞争优势具有重要意义；而改革和完善薪酬体系，也是当前企业面临的一项重要任务。

建立科学的薪酬管理系统，对企业在知识经济时代培育核心竞争能力和竞争优势，获得可持续发展具有重要意义。与传统的薪酬管理相比较，现代薪酬管理出现了以下发展新趋势，如图 7-7 所示。

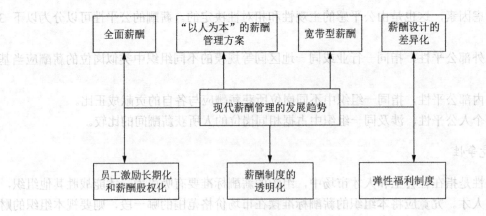

图 7-7 现代薪酬管理的发展趋势

1. 全面薪酬

薪酬不仅是指货币形式的报酬，还包括非货币形式的报酬，也就是精神方面的激励，如优越的工作条件、良好的工作氛围、培训机会、晋升机会等，这些因素也应该很好地融入企业的薪酬体系。企业给员工支付的薪酬应包括内在薪酬和外在薪酬两类，两者的组合称为全面薪酬。内在薪酬与外在薪酬相比，更灵活，更经济，而且对员工的绩效有更高的认同程度。

2. "以人为本"的薪酬管理方案

传统的、以等价交易为核心的员工薪酬管理方案，正在被"以人为本"的、以对员工的参与和潜能开发为目标的管理方案所代替。这种薪酬管理方案的实质是将薪酬管理作为企业管理和人力资源开发的有机组成部分，作为一种激励的机制和手段。其基本思路是将企业的薪酬体系建立在以下 4 项原则之上：薪酬、信任、缩减工资分类和基于业绩。目的是通过加大工作中的激励成分，换取员工对企业的认同感和敬业精神。在主要基于脑力劳动的知识经济时代，薪酬不再是纯粹经济学的计算问题，而是人的心理学问题。薪酬体系将更加注重人的价值，而不是工作的经济价值。

3. 宽带型薪酬

宽带型薪酬是对传统的带有大量等级层次的垂直型薪酬结构的一种改进或替代。它是指对多个薪酬等级以及薪酬变动范围进行重新组合，从而变成只有相对较少的薪酬等级以及相对较宽的薪酬变动范围。

4. 薪酬设计的差异化

薪酬设计的差异化首先表现在薪酬构成的差异化，单一的、僵化的薪酬构成已不再适应现代企业的需要了，取而代之的是多元化、多层次、灵活的新的薪酬构成。其次是专门人员薪酬设计专门化。销售人员在企业中作用巨大，在设计他们的薪酬体系时不应该采取和其他部门员工相同的薪酬体系。再次，一些指标的制定过程也应该差异化，尽量避免"一刀切"的做法。例如，职务评价、绩效考评应该分别制定标准。

5. 员工激励长期化和薪酬股权化

长期的员工激励计划日益受到关注，长期的薪酬激励计划是相对于短期的薪酬激励计划而言的，是指企业通过一些政策和措施引导员工在一个比较长的时期内自觉地关心企业的利益，而不是只关心一时一事。其目的是为了留住关键的人才和技术，稳定员工队伍。其主要方式有员工股票选择计划、资本积累项目、股票增值权、限定股计划、虚拟股票计划和股票转让价格等。

6. 薪酬制度的透明化

实行薪酬透明化，实际上是向员工传达了这样一个信息：公司的薪酬体系没有必要隐瞒，薪酬高的人有其高的道理，低的人也自有其不足之处；欢迎所有员工监督薪酬体系的公正性，如果对自己的薪酬有不满的地方，可以提出意见或者申诉。透明化建立在公平、公正和公开的基础上。

7. 弹性福利制度

弹性福利制度强调的是让员工依照自己的需求从企业提供的福利项目中来选择组合属于自己的福利"套餐"，每个员工都有"专属的"福利组合。弹性福利制度还强调了"员工参与"的过程，希望从别人的角度来了解他人的需要。

【知识应用】

F 公司是中韩合资企业，目前沿用了韩国母公司的薪酬结构及方案，采用以年功为主要依据的号俸制薪酬方案。根据员工的工作岗位设定两种薪酬制度：年薪制和月薪制。技术人员属于年薪制，在劳动合同中载明。

（1）年薪制是以年为周期结算和发放薪酬的制度。F 公司年薪制薪酬由基本年薪和绩效奖金组成，每月发放基本年薪的 1/13 和相关补助。年度绩效奖金以 1/13 基本年薪为基数，根据年度考核结果和公司相关规章制度发放。F 公司现有绩效奖金发放情况如表 7-7 所示。

表 7-7　F 公司技术人员现有绩效奖金发放情况

评价结果	所占比例/%	年终奖金系数	绩效奖金系数
A	10	2	1/13 年薪
B	20	1.5	
C	60	1	
D	10	0	

注：绩效奖金占年薪的 1/13，约为 8%。

（2）F 公司技术人员现有职级及晋升方式如表 7-8 所示。

表 7-8　公司现有技术人员各职级薪酬及晋升方式

最短升级年限	升级年限	晋升条件比例	职级	薪酬（增薪比例 R）/（元/月）			
				第 1 年	第 2 年	第 3 年	第 4 年
2 年	4 年		副总工程师	37 607	40 616	43 865	47 374
2 年	4 年	年度评价 C 以上，胜任能力评价，50%	技术专家	25 936	28 011	30 252	32 672

续表

最短升级年限	升级年限	晋升条件比例	职级	薪酬（增薪比例 R）/（元/月）			
				第1年	第2年	第3年	第4年
2年	4年	年度评价C以上，胜任能力评价，30%	主任工程师	17 887	19 318	20 863	22 532
2年	4年	年度评价C以上，胜任能力评价，30%	副主任工程师	12 776	13 798	14 902	16 094
2年	4年	年度评价C以上，胜任能力评价，30%	工程师	9 126	9 856	10 645	11 496
2年	4年	年度评价C以上，胜任能力评价，30%	助理工程师	6 760	7 301	7 885	8 516
2年	3年	年度评价C以上，胜任能力评价，60%	技术员	5 200	5 616	6 065	6 550
本科毕业	无特殊情况	100%	实习期				4 000

然而进入 2016 年，部门经理反映技术人员中出现了工作效率低、无法安心工作的现象，同时公司出现了严重的人员流失现象。初步的原因调查分析如下。

（1）薪酬及职位等级按年递增不能激励员工工作积极性。
（2）个人能力与薪酬不成比例。
（3）公司福利方面只有国家规定的法定福利。
（4）职位发展空间局限。

进一步分析公司技术人员流失原因的可知，薪酬是离职员工不满意的主要因素。调查结果显示 F 公司技术人员薪酬水平处于中上等，对外具有较强的竞争优势。

试对 F 公司技术人员的薪酬方案进行调整。

【模块知识小结】

薪酬是员工因向所在的组织提供劳务而获得的各种形式的酬劳。狭义的薪酬指货币和可以转化为货币的报酬。广义的薪酬除了包括狭义的薪酬以外，还包括获得的各种非经济形式的满足。薪酬构成包括基本薪酬，奖金、津贴、补贴、福利四大部分。

薪酬结构的类型主要有 4 种：基于岗位的薪酬结构、基于技能和能力的薪酬结构、基于绩效的薪酬结构和组合薪酬结构。

影响薪酬的因素主要有企业因素、个人要素和外部因素。

薪酬调查的主要途径有直接面向企业调查、委托专业机构调查、从公开的信息中了解、企业自行调查、询问求职者和网络搜索等。薪酬调查方法主要有电话调查、个人访谈、问卷调查（包括纸质问卷和电子问卷）等。薪酬调查数据的分析方法包括频率分析、集中趋势分析、离散趋势分析等。

员工福利分为法定福利和企业内部福利。

【复习思考题】

1. 薪酬结构的类型有哪些？
2. 薪酬体系设计的步骤有哪些？如何进行薪酬调整？

【企业案例分析】

CK 财产保险公司高新中心支公司基于绩效的薪酬体系设计

经相关保险行政机构批准，CK 财产保险公司高新中心支公司（以下简称"高新中心公司"）于 2004 年正式成立，为 CK 财产保险公司的三级机构，经营范围为市级，为主要展业机构。这是 CK 财产保险公司在东北地区所设立的第一个省会级城市业务机构。公司的业务经营范围涉及非寿险的各个领域业务，包括机动车辆保险、家庭财产保险、企业财产保险等传统险种和新开发的新险种，总计达到200多个。

截至2012年6月底，高新中心支公司保费收入在所在地区财产险市场占7.83%的份额，在财产保险市场上位列第四位，各项主要经营指标在同行业内均名列前茅。

随着市场的不断扩大，高新中心支公司对人才的需求日益增加。然而现在的薪酬体系已不能满足其进一步发展的需要，为此，高新中心支公司重新设计了一套适应企业发展的基于业绩的薪酬体系。

1. 员工岗位类别划分

根据工作性质、具体分工及重要程度的不同，高新中心支公司将现有员工划分为以下几种，便于将薪酬体系设计得更加细化，内容更加充实。

（1）各级机构负责人，包括中心支公司（即三级机构）班子成员、支公司（即四级机构）班子成员，以及三级机构直属业务部门负责人。

（2）销售岗位团队负责人，包括中心支公司（即三级机构）直属业务部门内设业务科室负责人，以及支公司（即四级机构）所设业务科室负责人。

（3）管理岗位团队负责人，指中心支公司（即三级机构）职能部门负责人（包含副职）。

（4）销售岗位员工，指中心支公司（即三级机构）直属业务部门内设业务科室以及支公司（即四级机构）所设业务科室内，负责保险销售工作的员工。

（5）管理岗位员工，指中心支公司（即三级机构）职能部门以及支公司（即四级机构）综合管理部内，为保险销售人员提供后勤保障服务的员工。囿于篇幅所限，下面仅以销售人员的薪酬体系设计为例加以阐述。

2. 对销售岗位员工的薪酬体系设计思路

1）销售岗位员工签约标准

根据各参评机构的实际情况，确定销售岗位员工入司最低签约标准，如表7-9所示。

表7-9 销售岗位员工所属区域和入司标准对照表

所属区域	最低签约标准/万元
经济开发区	50
市内行政区	40
一类郊县	30
二类郊县	20

2）销售岗位员工薪酬结构

销售岗位员工薪酬结构如以下公式所示：

薪酬总额 = 固定薪酬+绩效薪酬+展业补贴+社会保险+福利

3）执行标准

（1）薪酬部分。

① 固定薪酬。

a. 非车险（大额补充医疗保险、农险除外）。按不同险种支付规定佣金后，按保费收入的5.5%计提（最高不超过公司核定的标准）。

b. 车险
(a) 直销业务：直销保费收入的5.5%。
(b) 团单业务：凡经销售岗位员工联系介绍的团单业务，保费收入可以计入该员工考核业绩。如果支付佣金比例低于规定比例的，可按下列方法计提基本工资：

固定薪酬=该团单保费收入×（规定最高比例-实际支付比例）

② 绩效薪酬。销售岗位员工的直销业务，应参照其考核业绩，根据超额的比例，确定其绩效薪酬发放系数的标准。相关计算公式如下：

绩效薪酬=直销保费收入×绩效薪酬发放系数（表7-10）

表7-10 销售岗位员工超额比例和绩效薪酬发放系数对照表

超出签约考核基数比例/%	绩效薪酬发放系数/%
>60	1
20～50	0.5
0～20	0.2

（2）展业补贴。按照销售岗位员工当月的保费收入的一定比例，分别计提交通补贴、通信补贴：

交通补贴=当月保费收入×1%

通信补贴=当月保费收入×0.5%

（3）签约业务人员按月考核。在一个年度内，连续3个月保费为零或全年不能达到公司要求的最低签约标准，公司将与其解除劳动合同。

3. 销售岗位员工的薪酬体系设计方案
（1）薪酬结构的确定：

个人薪酬总额=固定薪酬+绩效薪酬+社会保险+福利+增员奖励+年功津贴

其中的增员奖励和年功津贴两个科目，用于加大鼓励销售岗位员工展业的力度。

（2）增员奖励的核定。
① 增员奖励：公司鼓励销售岗位员工推荐优秀的展业人才并给予奖励。
② 增员奖励的方式：销售岗位员工入司开始签订劳动合同的同时，与其推荐人确立正式的推荐关系，公司给予推荐人一次性奖励。奖励方式：a. 奖励额度=被推荐人在实习期间的保费收入×0.3%。b. 当被推荐人被公司批准直接签订劳动合同时，计算公式调整为：奖励额度=被推荐人最初3个月的保费收入×0.35%。

（3）年功津贴的核定。
① 年功津贴：公司鼓励销售岗位员工长期服务于公司，对于长期服务于公司并且业绩优异的销售岗位员工设置年功津贴给予奖励。
② 年功津贴的发放方式：销售岗位员工与公司签订并履行正式劳动合同一年以上，同时获得公司同意第二年继续签订正式劳动合同者，有资格自第三年劳动合同开始后，按年度获得年功津贴。

年功津贴的计算公式为

年度年功津贴=销售岗位员工两年前的年度实收保费收入×年功津贴系数（表7-11）

表 7-11　年功津贴系数表

两年前年度实收保费/万元	年功津贴系数/%
600 以上	1.0
400~600	0.8
300~400	0.6
200~300	0.4
100~200	0.3
100 以下	0.2

年功津贴应在统计结果出来后一次性发放。

③ 停发年功津贴的几种情况：

a. 销售岗位员工降级至试用期或解除劳动合同后，年功津贴停止发放。再次签订正式劳动合同后，需履行该正式劳动合同一年以上，同时获得公司同意再次继续签订正式劳动合同者，方有资格按照公司相关规定，获得年功津贴。

b. 销售岗位员工的年度保费考核任务低于对应职级的任务下限时，停止发放当年年功津贴。

（4）销售岗位员工降级标准。

① 销售岗位员工当月保费收入不得低于计划指标的 20%（以前月份保费收入扣除月计划保费数额后可以结转到当月），否则当月将停止发放交通补贴和通信补贴，待完成任务后再予补发。

② 销售岗位员工累计 6 个月保费收入低于计划指标的 10%（以前月份保费收入扣除月计划保费数额后可以结转到当月），公司将书面通知其解除劳动合同。

③ 销售岗位员工当月保费为零时（以前月份保费收入扣除月计划保费数额后可以结转到当月），按照政府最低生活标准发放工资。累计 3 个月保费为零时（以前月份保费收入扣除月计划保费数额后可以结转到当月），公司将以书面的形式通知其与之解除劳动合同。

④ 业务员年度保费收入不得低于 60 万元，否则，公司将以书面的形式通知其与之解除劳动合同。

思考：

1. 试对该公司销售岗位员工薪酬方案进行分析，指出其优缺点。
2. 该公司销售岗位员工的薪酬体系设计依据的原则有哪些？哪些步骤需要改进？

【能力训练】

ABC 教育咨询公司（以下简称"ABC"公司）是一家从事业余培训的中等规模企业，2016 年 11 月，在职员工 110 名，部分员工具体情况如表 7-12 所示。

表 7-12　ABC 教育咨询有限公司员工情况一览表

序号	姓名	职务	职称	学历	工龄/年	职务等级	技能等级	上年度月平均工资/元
1	张正	总经理	副高级	硕士研究生	25	七级	四级	33 500
2	王栋	部门经理	中级	大学本科	12	五级	三级	12 500
3	李华	部门经理	中级	大学本科	10	五级	三级	7 500
4	丁晓	项目主管	中级	大学本科	8	二级	三级	4 800
5	崔巍	项目主管	中级	大学本科	6	二级	三级	2 500

企业采用结构工资制，工资由基本工资、职务（岗位）工资、技能工资、工龄工资和奖励工资组成。基础工作决定固定工资 4 000 元；工龄工资按照每年工龄 15 元的标准支付；奖励工资根据当月的经济效益确定，假设本月总经理的奖励工资是 14 000 元，部门经理的奖励工资是 4 800 元，项目主管的奖励工资是 3 500 元，业务员的奖励工资是 2 300 元。职务等级工资和技能等级工资分别如表 7-13 和表 7-14 所示。

表 7-13 ABC 公司职务（岗位）工资标准

职务（岗位）等级	工资标准/元	工资极差/元
一级	1 300	—
二级	1 400	100
三级	1 600	200
四级	1 800	200
五级	2 100	300
六级	2 500	400
七级	3 000	500

表 7-14 ABC 公司技能工资标准

技能等级	工资标准/元	工资极差/元
一级	1 100	—
二级	1 200	100
三级	1 400	200
四级	1 600	200
五级	2 000	400

假设该公司员工均为本市镇职工，根据社会保险费征缴政策和给定的缴费基数，住房公积金按 8% 缴费比例进行缴纳，个人所得税税率表如表 7-15 所示及 2016 年北京市社会保险缴费比例一览表如表 7-16 所示。

表 7-15 个人所得税税率表

级数	全月应纳税所得额/元	税率/%	速算扣除数/元
1	1 500	3	0
2	1 500~4 500	10	105
3	4 500~9 000	20	555
4	9 000~35 000	25	1 005
5	35 000~55 000	30	2 755
6	55 000~80 000	35	5 505
7	80 000	45	13 505

表 7-16 2016 年北京市社会保险缴费比例一览表

项目		养老保险/%	失业保险/%	工伤保险/%	生育保险/%	基本医疗保险	
						基本医疗/%	大额互助
本市城镇职工	单位	19	0.8	核定比例（0.2~1.9）	0.8	9	1%
	个人	8	0.2	0	0	2	3 元

续表

项目		养老保险/%	失业保险/%	工伤保险/%	生育保险/%	基本医疗保险	
						基本医疗/%	大额互助
外埠城镇职工	单位	19	0.8	核定比例（0.2~1.9）	0.8	9	1%
	个人	8	0.2	0	0	2	3元
本市农村劳动力	单位	19	0.8	核定比例（0.2~1.9）	0.8	9	1%
	个人	8	0	0	0	2	3元

请根据以上资料编制表 7-12 所示的 5 名员工 11 月份的工资单。

模块八
劳动关系管理

【学习目标】

能力目标

1. 能够依法签订劳动合同、劳务合同；
2. 能够解决劳动合同履行、调整中的各种法律问题；
3. 能够处理劳动争议。

知识目标

1. 理解劳动关系的概念与分类；
2. 掌握劳动关系与劳务关系的区别；
3. 掌握劳动合同的主要条款；
4. 掌握劳动合同订立和变更的条件与情形；
5. 掌握员工解除劳动合同情形与补偿金的计算方法；
6. 掌握解决劳动争议的途径与具体流程；
7. 掌握改善劳动关系的方法与途径。

素质目标

1. 通过资料收集、课外调查和课堂研讨，提高学生的组织能力；
2. 通过小组集体学习和训练，培养学生的团队协作精神。

任务一 认知劳动关系

【工作情境】

宇琪公司是一家生产销售通信设备的通信科技公司，公司年销售额上百亿元，产品质量优良，畅销全国。因公司不断推出新产品，研发和销售人员紧缺，人力资源部制定了人员招聘规划。

为了节约人力资源成本、提高效率，且出于易于管理等因素的考虑，人力资源部除了招聘一定数量的正式员工外，计划利用假期招聘一些重点大学相关专业的实习生，做些研发的辅助工作和产品的推广销售工作。另外，由于短期内难以找到拥有丰富的行业经验和较强的销售能力的营销人员，因此人力资源部门找到一家知名的劳务派遣公司，要求其提供若干名符合要求的劳务人员。

任务要求：

1. 根据宇琪公司人员招聘计划中被招聘员工的不同身份，分别拟定劳动用工协议。
2. 针对宇琪公司的不同雇佣方式，人力资源部如何进行劳动关系管理？

【相关知识】

劳动关系管理是人力资源管理的一项重要工作内容，是通过规范化、制度化的管理，使劳动关系双方（企业与员工）的行为得到规范，权益得到保障，建立稳定和谐的劳动关系，使企业经营稳定运行。企业对劳动关系的管理主要是通过实施国家制定的一系列劳动法律法规来实现的，因此正确理解、掌握劳动关系以及劳动立法对劳动关系的稳定和谐非常重要。

一、劳动关系概述

（一）劳动关系的含义

劳动关系是指劳动者在运用劳动能力、实现社会劳动过程中与用人单位之间产生的一种社会关系，是基本的社会关系。劳动关系的一方当事人是用人单位，一方当事人是劳动者，双方当事人被一定的劳动法律规范规定和确认的权利义务联系在一起，其权利义务的实现由国家强制力保障。

目前在我国，用人单位是指在中国境内依法登记的各种所有制性质、各种组织形式的企业，个体经济组织，依法成立的事业单位、国家机关和社会团体在法律规定的权限范围内使用劳动者。劳动者是指达到法定年龄，具有劳动能力，依照劳动法律和劳动合同，在用人单位从事体力或者脑力劳动并获取劳动报酬的自然人。

（二）劳动关系的特征

为了更好地理解劳动关系，并且使劳动关系与其他社会关系，如民事关系、行政关系、经济关系等区别开来，需要明确其主要特点。

1. 劳动关系形成于劳动过程并以劳动为主要内容

只有劳动者进入用人单位，接受用人单位的安排，才会发生现实的劳动关系。用人单位和劳动者形成劳动关系，其目的在于实现劳动过程，因此劳动始终是劳动关系双方当事人之间形成劳动关系的核心内容。

2. 劳动关系是基于职业的、有偿的劳动发生的

劳动关系是职业的，偶尔发生的以劳动为内容的社会关系不属于劳动关系。劳动关系是有偿的，工资是劳动力的价格体现，任何非职业的、没有报酬的劳动都不属于劳动关系的范畴。

3. 劳动关系既具有法律上的平等性又具有行政上的隶属性

劳动关系的双方当事人在法律地位上是平等的，双方的权利义务在平等自愿基础上通过劳动合同约定。但在行政管理上，劳动者和用人单位之间形成隶属关系，劳动者必须接受用

人单位的组织指挥，遵守用人单位制定的各项规章制度和劳动规则。

4. 劳动关系是兼具利益冲突和利益共生的社会关系

劳动者在劳动过程中提供了劳动，希望能得到尽可能高的报酬福利，而企业的逐利性使用人单位尽可能降低人力资源成本，双方之间产生利益冲突在所难免。但是劳动关系双方当事人之间的根本利益是一致的，只有用人单位的繁荣与发展才能保障劳动者岗位和工资待遇的稳定性。

（三）劳动关系的类型

为了更好地理解劳动关系，可以依据不同的标准将劳动关系划分为不同类型。

（1）按照职业标准，劳动关系可以分为企业劳动关系、国家机关劳动关系、事业单位劳动关系、社会团体劳动关系等，企业劳动关系是最重要的一类劳动关系。

（2）按照不同所有制关系，劳动关系可以分为全民所有制劳动关系、集体所有制劳动关系、个体经营劳动关系、联营企业劳动关系、股份制企业劳动关系、外商投资企业劳动关系等。

（3）按照资本的组织形式，劳动关系可以分为国有控股公司的劳动关系、私营企业劳动关系、外商投资企业劳动关系等。

（4）依据劳动关系双方力量对比状况，劳动关系可以分为均衡型劳动关系、雇主主导型劳动关系和政府主导型劳动关系。

（5）依据劳动关系构成主体的利益协调方式及协调机制，劳动关系可以分为利益冲突型劳动关系、利益协调型劳动关系和利益一体型劳动关系。

除此以外，还有依据综合考虑政治制度因素、资源配置方式将劳动关系划分为自由市场型劳动关系、国家控制型劳动关系；按照国别或文化传统将劳动关系划分为美国模式劳动关系、日本模式劳动关系、德国模式劳动关系等。

二、劳动关系与劳动法律关系

劳动法律关系是指劳动者与用人单位之间，在实现劳动过程中依据劳动法律规范而形成的劳动权利义务关系，是劳动关系在法律上的表现，是劳动关系被劳动法律规范调整后的结果。

劳动关系与劳动法律关系是两个既有联系又有区别的概念。二者的联系表现为：一是劳动关系是劳动法律关系产生的客观依据，劳动法律关系是劳动关系在法律上的表现形式；二是劳动法律关系不仅仅是反映劳动关系，其形成后会给予具体劳动关系积极的影响，引导、矫正、协调现实的劳动关系从而维护和促进劳动关系的发展。二者的区别在于：第一，前提条件不同。劳动关系的形成以劳动者向用人单位实际提供的劳动为前提，劳动法律关系的形成则以调整这一关系的劳动法律规范的存在为前提。第二，内容不同。劳动关系以劳动力的运用为内容，劳动法律关系则以当事人之间特定的权利义务为内容。第三，性质不同。劳动关系是一种物质社会关系，更偏向于经济基础的范畴，劳动法律关系是一种思想社会关系，更偏向于上层建筑的范畴。从总体来说，劳动关系的范围大于劳动法律关系的范围，并非所有的劳动关系都能成为劳动法律关系。

三、劳务关系与劳务合同

劳务关系是一种传统的经济社会关系,是指两个或两个以上的平等主体之间,依据民事法律规范,一方向另一方提供劳务,另一方依约支付劳务报酬的一种权利义务关系。广义上,它包括承揽、承包、运输、技术服务、委托、信托和居间等。

(一) 劳务关系的特征

劳务关系主要有以下特征。

(1) 主体上,双方当事人可以都是法人或公民,也可以一方是法人,另一方是公民。劳务合同内容主要由双方当事人协商约定,可以口头约定,也可签订书面合同。

(2) 劳务关系是平等主体之间的合同关系。劳动者提供劳务服务,用人单位支付劳务报酬,无须提供保险、福利等待遇,不存在人身隶属关系。

(3) 劳务关系基于民事法律规范成立,受民事法律规范的调整和保护,劳务关系可能产生的责任一般是违约和侵权等民事责任。

(二) 劳务关系与劳动关系的区别

1. 主体资格不同

依据《劳动合同法》第二条,劳动关系的双方主体具有特定性的,即一方是用人单位,另一方必然是劳动者。而劳务关系的主体类型较多,其主体不具有特定性。

2. 主体地位不同

在建立劳动关系之后,劳动者作为用人单位的成员,除提供劳动之外,还要接受用人单位的管理;而劳务关系中,劳动者提供劳务服务,用人单位支付劳务报酬,彼此之间只体现财产关系,不存在行政隶属关系。

3. 当事人权利义务不同

(1) 劳动关系中的劳动者除获得工资报酬外,还有保险、福利等待遇;而劳务关系中的主体一般只获得劳动报酬,工作风险由提供劳务者自行承担,但由雇工方提供工作环境和工作条件的和法律另有规定的除外。

(2) 用人单位支付的劳动报酬多以工资的方式定期支付给劳动者,有一定的规律性;而劳务关系的报酬支付由双方约定,往往一次性即时清结或按阶段支付。

(3) 劳动关系中,若职工严重违反用人单位劳动纪律和规章制度,用人单位有权依据其依法制定的规章制度解除劳动合同,或者对当事人给予警告、记过、降职等处分;而在劳务关系中,单位有对劳动者不再使用的权利,但不包括对其给予其他纪律处分等形式。

4. 承担的法律责任不同

劳动关系中,劳动者作为用人单位一员,以用人单位的名义进行工作,因劳动者的过错导致的法律责任由用人单位承担。而在劳务关系中,一般由提供劳务的一方独立承担法律责任。

(三)典型的劳务关系

下面是几种典型的劳务关系。

(1)用人单位将某项工程发包给某个人员或某几个人员,或者将某项临时性或一次性工作交给某个人或某几个人,双方订立劳务合同,形成劳务关系。

(2)单位中的待岗、下岗、内退、停薪留职人员,在外从事一些临时性工作而与另外的用人单位建立的劳务关系。

(3)已经办手续的离退休人员,又被用人单位聘用后,双方签订聘用合同,这种聘用关系为劳务关系。

(4)用人单位向劳务输出公司提出所需人员的条件,由劳务输出公司向用人单位派遣劳务人员,双方订立劳务派遣合同,形成较为复杂的劳务关系。

(四)劳务合同的特点

劳务关系需要用合同方式确定双方的权利义务。劳务合同可以是书面形式,也可以是口头形式和其他形式。劳务合同与劳动合同不同,没有必备条款,具体内容由双方当事人依照《中华人民共和国合同法》协商确定。在劳务合同中,个人与单位之间没有严格的人身隶属性,个人不接受单位的严格劳动管理,单位无须承担社会保障责任,包括最低工资、医疗期、补偿金等劳动法律规定的义务。但是为了更好保护雇员利益,即便是劳务合同,如果雇员在提供劳动过程中受到伤害,雇佣单位仍应就雇员的人身损害承担赔偿责任。

延伸阅读

签订兼职协议就是劳务关系吗

2015年6月,沈某被某电炉设备公司聘请为电源技师,负责中频电源的技术工作。双方签订了《兼职技术顾问协议书》,协议规定:电炉设备公司每月支付沈某技师津贴6 000元,出差费用由公司报销,兼职应遵守各项规定和政策,但沈某在公司工作期间不享受社保及福利待遇。经查,电炉设备公司每月支付沈某6 000元,并由电炉设备公司代扣代缴个人所得税,纳税项目为工资、薪金所得。期间,电炉设备公司对沈某实行考勤。另查,沈某社会保险由某机械公司缴纳。

后沈某申请仲裁,要求确认2015年6月~2016年6月双方存在劳动关系。电炉公司辩称,双方签有兼职协议,且沈某社会保险不在公司缴纳,双方不成立劳动关系,是劳务关系。仲裁机构认为:沈某负责的工作内容属于电炉设备公司主要业务范围,并按月领取固定报酬,电炉设备公司考勤制度对其适用,协议还约定沈某应遵守公司的各项规定和政策,以上已经满足一般劳动合同的主要内容。所以虽然双方签订的是《兼职技术顾问协议书》,但实际形成的是劳动关系。

(资料来源:洪桂彬. 企业用工风险防范实务操作与案例精解[M]. 北京:中国法制出版社,2016.)

(五)劳务合同法律风险防控

1. 务必签订书面劳务合同

虽然劳务合同并不强制签订书面合同,但是因为劳务关系和劳动关系之间存在混同因素,如果双方通过合同形式确定用工关系性质，可以大幅降低被认定为事实劳动关系的风险。另外，签订书面合同对于认定劳务关系是否成立，以及区分劳务合同和劳动合同在内容上的差异，都起着重要作用。

2. 尽量避免对劳务人员执行严格劳动管理

劳务关系与劳动关系核心的区别在于是否存在严格的劳动管理关系，因此一旦双方建立劳务关系，有关劳务内容应由雇员自行完成，雇佣单位除了对劳务内容的成果和质量加以控制外，整个提供劳务的过程应避免执行管理指挥，如确因业务需要进行部分管理指示，也应注意范围和强度。

3. 控制劳务人员的人身伤害风险

按照法律的规定，雇员在提供劳务过程中受到伤害，雇佣单位应承担赔偿责任，因此雇佣单位可以在劳务合同中明确受雇者在提供劳务过程中的注意义务，如果劳务内容在用人单位工作场所执行的，应采取必要的安全防护措施降低伤害事故发生的可能性。同时，在风险比较高的行业，雇佣单位也可以购买商业保险（如雇主责任险）来分散事故赔偿风险。

【知识应用】

盛辉物流集团创建于1992年，经营场所70多万平方米，自有运输车辆1 300多辆，是集物流方案策划、货运代理、普通货物运输、甩挂箱运输、仓储配送、货物包装分拣和汽车维修检测功能于一体的第三方物流企业。2001年，该公司在同行业中率先通过ISO 9001: 2000国际标准质量管理体系认证；2009年引进卫星定位系统和开发第二套信息技术运营管理系统；2010年建立并推广全国客服呼叫中心。

盛辉物流集团现有正式员工6 700多人，此外还包括部分劳务派遣人员、退休返聘人员、兼职人员、实习学生等，人力资源管理工作任务繁重。

试根据盛辉物流集团的实际情况，设计员工劳动关系管理方案。

任务二　认知劳动合同

【工作情境】

小李大学毕业后，经招聘入职了一家规模比较大的私营企业人力资源部门，经过3个月的试用期转为正式员工。最近她处理了以下几件业务工作。

一是公司招聘了几个外地的农民工，在签订劳动合同时，他们说因为急于打工补贴家用，不想从个人工资里扣除社会保险费用，因此提出不交社会保险。小李想是工人自己不愿意交社保，就同意了。但是为了避免给公司带来法律风险，就让这几个工人分别写了《放弃权利声明》，声明自愿放弃社会保险的权利，并承诺不因公司未缴纳社会保险而要求解除劳动合同及解除劳动合同的经济补偿金，并签上了各自的名字。

二是王师傅入职以来已经和公司续订过两次为期2年的劳动合同，不久前劳动合同到期，王师傅要求公司按照《劳动合同法》的规定，与其续订无固定期限劳动合同。因为王师傅在公司工作期间未违反劳动纪律和规章制度，基本能够胜任岗位职责，所以小李认为可以与王师傅续订无固定期限劳动合同。

三是公司销售部门的小刘年终绩效考核是最后一名，所以按照公司末位淘汰的规定，小李认为应当与其解除劳动合同，于是在与小刘的劳动合同到期前1个月，她电话通知了小刘。不料小刘认为公司这么做违反《劳动合同法》，小李给他解释后没有得到理解，小刘非要去进行劳动仲裁。

任务要求：
1. 小李的做法是否正确？并说明理由。
2. 为案例中的3项人事工作设计正确的处理方案。

【相关知识】

在市场经济条件下，劳动合同已经成为调整劳动者和用人单位之间劳动关系必不可少的法律机制，同时劳动合同也是双方发生劳动争议而主张权利时最为重要的依据。《劳动合同法》在《劳动法》的基础上，对我国的劳动合同制度做了进一步细化和完善，对用人单位和劳动者之间劳动关系的调整产生重要影响。

一、劳动合同的定义与特征

（一）劳动合同的定义

我国《劳动法》规定。劳动合同是劳动者与用人单位确立劳动关系，明确双方权利和义务的协议；建立劳动关系应当订立劳动合同。这就明确了劳动合同是确立劳动关系的法律依据，是促进劳动力资源合理配置的重要手段，对于维护劳动者和用人单位的合法权益、规范劳动关系具有重要作用。

（二）劳动合同的特征

劳动合同是合同的一种，具有合同的一般特征，如平等性、自愿性、合法性和法律约束力等，除此之外，劳动合同还有其自身的特征。

1. 劳动合同主体的特定性

在劳动合同双方当事人中，一方必须是具有劳动权利能力和劳动行为能力的劳动者，另一方是劳动力的使用者，即具有法人资格的用人单位或能独立承担民事责任的经济组织和个人。劳动合同主体的特定性，把劳动法意义上的劳动与社会生活中广泛意义上的劳动区分开来，能够正确把握劳动关系与其他相似法律关系的区别。

2. 劳动合同客体的单一性

劳动合同客体是劳动者的劳动行为。以劳动行为作为劳动合同的客体就要求劳动者必须按照用人单位的指示提供劳动，劳动者提供劳动本身也是劳动合同的目的。

3. 劳动合同当事人之间存在多种权利义务关系

依据劳动合同，劳动者必须在一定期限内为用人单位进行工作，用人单位负责提供劳动条件、劳动工具和劳动报酬。在劳动合同中以劳动付出和劳动报酬互为条件，实现了主体双方权利义务的统一。

4. 劳动合同权利义务的延续性

这种延续性表现在两个方面：一是在劳动合同有效期内，劳动者即使未向用人单位提供劳动，在一定条件下对用人单位仍有劳动报酬的请求权，用人单位仍有支付劳动报酬的义务。二是在劳动合同解除或终止后，用人单位仍对劳动者负有相应责任。

5. 劳动合同内容具有较强的法定性

劳动合同内容具有的法定性，主要源于国家为保护劳动者权益规定劳动合同中必须具备的条款和内容，如劳动者的就业与退休年龄、工时休假制度、最低工资待遇、劳动保护条件、社会保险待遇方面等。劳动合同内容的法定性还表现在法律责任归属的法定性。当劳动者在劳动中受到来源于劳动工具、原料、生产设备的伤害时，用人单位承担法律规定的无过错赔偿责任。

6. 劳动合同履行中的从属性和非强制性

劳动合同履行中的从属性首先表现在劳动者服从用人单位的时间安排，必须按照用人单位的要求完成其劳动过程，在劳动过程中接受用人单位的指示以及对用人单位惩戒权的遵从等。从属性还表现在经济形态上，即劳动者创造的劳动成果归用人单位。尽管劳动合同履行有从属性特点，但是必须强调劳动合同履行中的非强制性特征，即劳动者的劳动是不能强制的。

二、劳动合同的订立

（一）劳动合同订立的条件

劳动合同订立的条件，是指用人单位和劳动者建立起权利义务约束的劳动关系后履行其义务、行使其权利的资格。

1. 用人单位订立劳动合同的条件

我国《劳动合同法》规定：中华人民共和国境内的企业、个体经济组织、民办非企业单位等组织（以下简称"用人单位"）与劳动者建立劳动关系，订立、履行、变更、解除或者终止劳动合同，适用《劳动合同法》。国家机关、事业单位、社会团体和与其建立劳动关系的劳动者，订立、履行、变更、解除或者终止劳动合同，依照《劳动合同法》执行。

2. 劳动者订立劳动合同的条件

订立劳动合同是公民实现自己的劳动权利、履行劳动义务的途径，作为一方当事人的劳动者在订立劳动合同是有一定条件限制的。

（1）年龄条件。这是指劳动者订立劳动合同必须达到合法的劳动年龄。按照我国《劳动法》的规定，劳动者的法定就业年龄是 16 周岁。有些职业或者工种对劳动者的就业年龄有特别规定的，则应优先遵守特别规定。

(2) 劳动能力条件。劳动能力条件是指劳动者凭借自己的智力或体力完成某项工作的能力，各类劳动者的劳动能力差别很大，订立劳动合同时应根据合同的内容，分别与有相应劳动能力的劳动者订立，这样才能保证劳动合同的顺利履行。

(二) 劳动合同订立的原则

《劳动合同法》规定，订立劳动合同，应当遵循合法、公平、平等自愿、协商一致、诚实信用的原则。

1. 合法原则

合法原则是指劳动合同的形式和内容必须符合法律、法规的规定。首先，劳动合同的形式要合法，除非全日制用工外，劳动合同需要以书面形式订立。其次，劳动合同的内容要合法。劳动合同各项条款，包括法定条款和协商条款都必须符合法律、行政法规的规定。

2. 公平原则

公平原则是指劳动合同的内容应当公平、合理。将公平原则作为劳动合同订立的原则，可以防止劳动合同当事人尤其是用人单位滥用优势地位，损害劳动者的权利。

3. 平等自愿原则

平等自愿原则包括两层含义：一是平等原则，二是自愿原则。平等原则就是劳动者和用人单位在订立劳动合同时的法律地位是平等的。平等原则要求用人单位不得利用优势地位，在订立劳动合同时附加不平等的条件。自愿原则是指订立劳动合同完全是出于劳动者和用人单位双方的真实意志。根据自愿原则，任何单位和个人不得强迫劳动者订立劳动合同，任何第三者也不得对其订立劳动合同进行非法干涉。

4. 协商一致原则

协商一致就是用人单位和劳动者要对合同的内容达成一致意见，不得把自己的意志强加给对方。只有体现双方真实意志的劳动合同，双方才能忠实地按照合同约定履行。

5. 诚实信用原则

诚实信用原则是道德原则的法律化，是指双方当事人在订立劳动合同时要诚实，讲信用，并且按照诚实信用原则履行自己基于合同或法律规定而对对方所承担的各种义务。在订立劳动合同时，双方都不得有欺诈行为，不得隐瞒真实情况。

(三) 劳动合同订立的形式

劳动合同形式有书面形式和口头形式之分，我国《劳动合同法》对劳动合同的形式有以下规定。

1. 订立劳动合同应当采用书面形式

我国《劳动合同法》规定，建立劳动关系，应当订立书面劳动合同。劳动合同由用人单位与劳动者协商一致,并经用人单位与劳动者在劳动合同文本上签字或者盖章生效。劳动合同文本由用人单位和劳动者各执一份。

2. 未订立书面劳动合同的情况

按照《劳动合同法》的规定,形成劳动关系就应当签订书面劳动合同,但是有些用人单位为逃避法定义务,不与劳动者签订劳动合同,导致劳动者权益受到侵害的现象时有发生。对于没有签订书面劳动合同的,按照以下原则处理。

(1) 用人单位自用工之日起即与劳动者建立劳动关系。即使用人单位没有与劳动者订立劳动合同,只要存在用工行为,该用人单位与劳动者的劳动关系即宣告建立,与用人单位存在事实劳动关系的劳动者即享有劳动法律规定的相应权利。

(2) 已经建立劳动关系、未同时订立书面合同的,如果自用工之日起一个月内订立了书面劳动合同,其行为不违法。自用工之日起一个月内,经用人单位书面通知后,劳动者仍不与用人单位订立书面劳动合同的,用人单位应当书面通知劳动者终止劳动关系,无须向劳动者支付经济补偿。

(3) 用人单位自用工之日起超过一个月不满一年未与劳动者订立书面劳动合同的,应该向劳动者每月支付 2 倍的工资,并与劳动者补签书面劳动合同;用人单位自用工之日起满一年未与劳动者订立书面劳动合同的,视为自用工之日起满一年的当日已经与劳动者订立了无固定期限的劳动合同。

3. 非全日制用工的劳动合同形式

《劳动合同法》规定,非全日制用工的劳动合同既可以是书面形式,也可以是口头协议形式。

三、劳动合同的内容

劳动合同的内容是指劳动者与用人单位之间设定劳动权利义务的具体规定。根据条款内容是否为一个劳动合同所必需,可以将劳动合同的内容分为必备条款和协商条款。必备条款又称法定条款,是劳动合同必须具备的内容,欠缺了必备条款,提供劳动合同文本的用人单位应负法律责任。协商条款又称任意条款、补充条款,是双方当事人自行协商后约定的条款内容。

(一) 劳动合同的必备条款

根据《劳动合同法》的规定,劳动合同的必备条款包括以下几个方面。

1. 双方当事人条款

双方当事人条款包括用人单位的名称、住所和法定代表人或者主要负责人,劳动者的姓名、住址和居民身份证或者其他有效身份证件号码。

2. 劳动合同期限

劳动合同期限是指劳动合同的有效时间,起于合同生效之时,终于合同终止或解除之日。

劳动合同的期限可以分为固定期限、无固定期限和以完成一定工作为期限3种。

（1）固定期限劳动合同是指用人单位与劳动者约定合同终止时间的劳动合同。

（2）无固定期限劳动合同是指用人单位与劳动者约定无确定终止时间的劳动合同。《劳动合同法》第十四条规定，有下列情形之一，劳动者提出或者同样续订、订立劳动合同的，除劳动者提出订立固定期限劳动合同外，应当订立无固定期限劳动合同：①劳动者在该用人单位连续工作满10年的；②用人单位初次实行劳动合同制度或者国有企业改制重新订立劳动合同时，劳动者在该用人单位连续工作满10年且距法定退休年龄不足十年的；③连续订立两次固定期限劳动合同，且劳动者没有《劳动合同法》第三十九条和第四十条第一项、第二项规定的情形，续订劳动合同的。用人单位自用工之日起满一年不与劳动者订立书面劳动合同的，视为用人单位与劳动者已订立无固定期限劳动合同。

（3）以完成一定工作任务为期限的劳动合同，是指用人单位与劳动者约定以某项工作的完成为合同期限的劳动合同。

3. 工作内容和工作地点

工作内容主要是指劳动者为用人单位提供的劳动，这是劳动者应履行的主要义务。劳动者被录用后应担任何种工作或职务，工作上应达到什么要求等，应在劳动合同中加以明确。劳动或工作的时间、地点、方法和范围等，法律有统一规定的，依照法律执行；没有统一规定的，可由双方协商，但是不能违背法律的基本原则。

4. 工作时间和休息休假

职工工作时间可划分为标准工时制度和特殊工时制度。标准工时制度是指每日工作8小时、每周工作40小时的工时制度，适用于一般工种或者工作岗位。特殊工时制度包括缩短工时制、综合计算工时制和不定时工作制以及延长工时制。缩短工时制是指因为工作性质或者生产特点的限制，少于标准工作日长度的一种工时制度。综合计算工时制是针对工作性质特殊，需要连续作业或者受季节及自然条件限制的企业，采用的以周、月、季、年等周期综合计算工作时间的一种工时制度。不定时工作制是指工作日的起点、终点及连续性不作固定的工时制度。延长工时制是指超过标准工作时间的一种工时制度。用人单位应当根据本企业的实际情况在劳动合同中约定劳动者的工作时间。

休息休假权利是劳动者的基本权利之一。按照《劳动法》的规定，实行标准工时制的企业每周休息两天，因工作性质和生产特点不能实行标准工时制的，应保证职工每周至少休息一天，实行特殊工时制的企业，根据本企业的实际情况安排休息时间。法定节假日是国家规定全体公民及部分公民享有的休息日。除此以外，劳动者还享有带薪年休假、探亲假、婚假、丧假、女职工的产假等休假权利。

休息期间给劳动者安排工作的，用人单位应该支付加班工资。根据《劳动合同法》的规定，用人单位安排劳动者延长工作日时间的，支付不低于工资的150%的工资报酬；休息日安排劳动者工作又不能安排补休的，支付不低于工资的200%的工资报酬；法定节假日安排劳动者工作的，支付不低于工资的300%的工资报酬。

5. 劳动报酬

用人单位应向劳动者支付劳动报酬，劳动报酬专指劳动法所调整的劳动者基于劳动关系而取得的各种劳动收入，主要包括各种形式的工资（计时工资、计件工资、岗位工资、职务工资、技能工资等）、奖金、津贴、补贴、延长工作时间及特殊情况下支付的属于劳动报酬性的劳动收入；但不包括用人单位按照规定负担的各项社会保险费、住房公积金、劳动保障和安全生产监察行政部门规定的劳动保护费用，按照规定标准支付的丧葬费、抚恤金等国家规定的福利费用和属于非劳动报酬性的收入（如伙食补助、交通补助、住房补贴等）。用人单位在劳动合同中应明确劳动报酬的数额、支付方法、支付时间以及支付条件（涉及提成、绩效奖金、年终奖等特殊劳动报酬）等。

6. 社会保险

《劳动合同法》突出了社会保险条款，规定在劳动合同中应当具备社会保险的内容。社会保险主要包括养老保险、医疗保险、失业保险、工伤保险和生育保险。

社会保险实行社会统筹和个人账户相结合的模式，企业养老保险缴费率是职工工资总额的20%，职工个人缴费率确定为本人工资的8%。

基本医疗保险费由企业和职工共同缴纳，企业缴费率控制在职工工资总额的6%左右，职工缴费率一般为本人工资收入的2%。企业缴纳的基本医疗保险费分为两个部分，一部分建立统筹基金，一部分划入个人账户。划入个人账户的比例一般是企业缴费的30%左右。

失业保险是城镇企业事业单位按照本单位工资总额的2%缴纳失业保险费，城镇企业事业单位职工按照本人工资的1%缴纳失业保险费。

工伤保险费由统筹地区经办机构根据企业工伤保险费使用、工伤发生率等情况，适用所属行业内相应的费率档次确定单位缴费费率，企业缴纳工伤保险费的数额为本单位职工工资总额乘以单位缴费费率之积，职工个人不缴纳工伤保险费。

生育保险适用于城镇企业及其职工，企业按照工资总额的1%缴纳生育保险费，职工个人不缴纳生育保险费。生育保险待遇包括生育医疗费用和生育津贴。

7. 劳动保护、劳动条件和职业危害防护

《劳动合同法》将有关劳动保护、劳动条件和职业危害防护的内容作为劳动合同的必备条款，意在通过立法的方式引导用人单位积极创造条件，保证劳动者的劳动安全和切身利益。

（二）劳动合同的协商条款

《劳动合同法》规定：劳动合同除必备条款外，用人单位与劳动者可以约定试用期、培训、保守秘密、补充保险和福利待遇等其他事项，这就是劳动合同的协商条款。

1. 试用期的规定

试用期是对新录用的职工进行试用的期限，其目的在于考查职工是否符合录用条件，单位介绍的劳动条件是否符合实际情况。《劳动合同法》对试用期进行了具体的规定：劳动合同期限3个月以上不满1年的，试用期不得超过1个月；劳动合同期限1年以上不满3年的，

试用期不得超过 2 个月；3 年以上固定期限和无固定期限劳动合同，试用期不得超过 6 个月。同一用人单位与同一劳动者只能约定一次试用期。已完成一定工作任务为期限的劳动合同或者劳动合同期限不满 3 个月的，不得约定试用期。劳动者在试用期的工资不得低于本单位相同岗位最低档工资或者劳动合同约定工资的 80%，并不得低于用人单位所在地的最低工资标准。

2. 培训和服务期的规定

用人单位为劳动者提供专项培训费用，对其进行专业技术培训的，可以与该劳动者订立协议约定服务期。劳动者违反服务期约定的，应当按照约定向用人单位支付违约金。

3. 保守商业秘密和竞业限制的规定

用人单位可以在劳动合同中与劳动者约定保守用人单位商业秘密与知识产权相关的保密事项。对负有保密义务的劳动者，用人单位可以在劳动合同或者保密协议中与劳动者约定竞业限制条款，并约定在解除或者终止劳动合同后，在竞业限制期限内按月给予劳动者经济补偿。劳动者违反竞业限制约定的，应当按照约定向用人单位支付违约金。

延伸阅读

A 员工是否属于违反保密义务

A 员工是 B 公司生产部一名员工。2015 年 4 月 20 日，A 员工在未经公司同意的情况下，擅自将 B 公司生产过程拍摄视频并上传到了网上，并在视频中进行了不适当的评论。B 公司认为 A 员工违反《员工手册》第三条"员工在工作中所获得的与工作有关或工作过程中产生的任何信息、数据和其他性质的资料，均具保密性，员工对此负保密责任"的规定，因此，B 公司依据《员工手册》规定的"有破坏或影响公司声誉的行为，公司有权解除劳动合同"，解读了与 A 员工的劳动关系。

对于 A 员工是否属于违反保密义务需要具体分析。A 员工虽然把涉及公司"生产过程"的视频擅自上传到网上，违反保密义务，但该"生产过程"是否构成商业秘密还有待确定。即便双方在合同或规章制度中约定"对生产过程等均具保密性"或直接约定"生产过程为商业秘密"，但最终是否属于商业秘密，仍应以法律规定商业秘密的构成要件作为界定的标准。

（资料来源：http://china.findlaw.cn/laodongfa/shangyemimi/1270731.html.）

---

4. 补充保险和福利待遇的规定

在劳动合同中，用人单位可以与劳动者约定对劳动者的补充保险和福利待遇。

（1）补充保险，是指用人单位根据自身经济实力，在国家规定的实施政策和实施条件下，为本单位职工建立的一种辅助性的保险，包括补充养老保险和补充医疗保险。

（2）福利待遇，是指用人单位和有关社会服务机构为满足劳动者生活的共同需要和特殊需要，在工资和社会保险之外向职工及其亲属提供一定货币、实物、服务等形式的帮助。

四、劳动合同的履行与变更

(一) 劳动合同的履行

劳动合同的履行是指劳动合同当事人双方履行劳动合同规定的义务的法律行为。劳动合同的履行是劳动合同的核心问题，它不仅表现了劳动合同双方当事人订立合同的最终目的，也是衡量劳动合同效力强弱的标准。

1. 劳动合同履行的原则

(1) 亲自履行原则。劳动关系的人身属性特征，要求劳动合同的履行必须由特定的主体亲自履行，不得由第三者代为履行。

(2) 全面履行原则。全面履行是指劳动合同双方应当按照规定的时间、地点、方式、保质保量地履行劳动合同的全部义务。

(3) 权利义务相统一原则。任何一方当事人既享有权利又履行义务，双方当事人互为权利、义务主体，互有请求权，以保证劳动合同规定的双方权利义务得以实现。

(4) 依法协作履行原则。协作履行，是指双方当事人相互协作，保证劳动合同得以履行。依法履行，是指双方当事人必须严格按照法律的规定履行劳动合同的全部条款，不得出现违法行为。

2. 特殊情形下劳动合同的履行

(1)《劳动合同法》第三十三条规定，用人单位变更名称、法定代表人、主要负责人或者投资人等事项，不影响劳动合同的履行。

(2)《劳动合同法》第三十四条规定，用人单位发生合并或者分立等情况，原劳动合同继续有效，劳动合同由承继其权利和义务的用人单位继续履行。

(3)《中华人民共和国劳动合同法实施条例》（以下简称《劳动合同法实施条例》）第十四条规定，劳动合同履行地与用人单位注册地不一致的，有关劳动者的最低工资标准、劳动保护、劳动条件、职业危害防护和本地区年度职工平均工资标准等事项，按照劳动合同履行地的有关规定执行；用人单位注册地的有关标准高于劳动合同履行地的有关标准，且用人单位与劳动者约定按照用人单位注册地的有关规定执行的，从其约定。

(二) 劳动合同的变更

劳动合同的变更，是指劳动合同在履行过程中，由于法定原因或约定条件发生变化，经用人单位和劳动者双方当事人协商一致，对劳动合同内容进行修改、补充或删减，意在调整双方当事人权利义务的法律行为。

1. 劳动合同变更的原因

根据我国劳动合同法律法规的相关规定，当事人可以变更劳动合同的情形包括以下几个方面。

(1) 经双方当事人协商同意变更。协商一致原则是劳动合同变更的一般原则，当事人在合法前提下，经双方协商一致可以就劳动合同条款做出变更。

（2）订立劳动合同时所依据的法律、法规修改或废止。劳动合同的订立与履行是以合法为前提的，如果劳动合同订立时所依据的法律法规发生修改或废止情况，则当事人双方必须根据新的法律法规要求变更劳动合同。

（3）用人单位经上级主管部门批准或根据市场变化决定转产或调整生产任务。

（4）劳动合同订立时所依据的客观情况发生重大变化，这实质上是民法上的情势变更原则在劳动合同中的具体运用与体现。

（5）法律、法规允许的其他情况。这是个兜底条款，在出现以上法律法规列举的情形之外的情形时适用。

2. 劳动合同变更的注意事项

由于劳动合同的变更不仅可导致劳动者因劳动合同本身变动带来不利，也可能导致劳动者信赖利益的丧失，因而需要限制劳动合同变更的随意性。变更劳动合同时应注意以下几个方面。

（1）根据劳动法律的相关规定，变更劳动合同必须遵循平等自愿、协商一致的原则和合法原则，在国家法律、法规允许的范围内经过充分协商，达成一致意见后才能变更。

（2）变更劳动合同必须在原劳动合同的有效期内进行，即双方当事人的劳动合同已经订立但尚未履行完毕的时段内进行。

（3）变更劳动合同必须依据法定程序进行。

3. 劳动合同变更的效果

变更劳动合同应当采用书面形式。变更后的合同文本由用人单位和劳动者各执一份。对于依法变更后的劳动合同，双方当事人必须严格履行。因变更劳动合同给一方当事人带来经济损失的，一般由要求变更劳动合同一方承担经济赔偿责任。如因不可抗力或者国家政策的变化而引起劳动合同的变更，可部分或全部免除赔偿责任。非法变更或单方擅自变更劳动合同致使对方受到经济损失的，需要承担违反劳动合同的责任。

五、劳动合同的解除

劳动合同的解除，是指劳动合同签订以后，没有履行完毕之前，由于某种因素导致双方提前终止合同效力的法律行为。根据《劳动法》的规定，解除劳动合同分为协商解除、用人单位单方面解除和劳动者单方面解除3种情形，后两种情形属于法定解除。

（一）协商解除劳动合同

协商解除劳动合同是用人单位和劳动者在平等自愿的基础上协商一致，达成协议解除合同关系。用人单位通过协商解除劳动合同，可以尽量化解企业与员工之间的矛盾，缓和气氛，达到双赢的局面。解除劳动合同应当达成书面协议，协议应符合合同的一般有效要件，即主体适格、内容合法、意思表示真实且一致。如果解除劳动合同是由用人单位一方先提出来的，则需要向劳动者支付经济补偿金。

(二)用人单位单方面解除劳动合同及其限制

我国《劳动法》和《劳动合同法》都规定了用人单位单方面解除劳动合同的情形及限制。用人单位单方面解除劳动合同可以分为过失性解除、非过失性解除和经济性裁员。

1. 用人单位因为劳动者过失解除劳动合同

《劳动合同法》第三十六条规定,劳动者存在以下情形之一的,用人单位可以单方面解除劳动合同,且不需要向劳动者支付经济补偿金。

(1)劳动者在试用期内被证明不符合录用条件的。在试用期间,用人单位对劳动者从各个方面做全面的考查,发现有不符合录用约定条件的,用人单位有权解除劳动合同。对于劳动者在试用期间不符合录用条件的情况,用人单位必须提供有效的证明,否则需承担违法解除劳动合同带来的法律后果。

(2)劳动者严重违反用人单位规章制度的。用人单位的规章制度是根据国家法律、法规制定的,是保证用人单位全体人员协调一致地进行劳动的行为准则。如果劳动者严重违反用人单位的规章制度,用人单位有权解除劳动合同。这里要注意劳动者的行为属于"严重违反"的界限。所谓"严重",一般应根据劳动法规所规定的限度和用人单位内部规章制度规定的具体程度为准。

延伸阅读

"严重违反用人单位的规章制度"情节的认定

"严重违反用人单位的规章制度"参考标准详述如下:

(1)用人单位的规章制度必须合法、有效。《劳动合同法》对用人单位制定、修改或者决定直接涉及劳动者切身利益的规章制度或者重大事项的民主程序及公示告知程序做了明确规定,在内容合法性方面,要求用人单位的规章制度不得违反法律、法规的规定,损害劳动者权益。而且,用人单位据以单方解除劳动合同的规章制度必须是当前正在施行的规章制度,已经失效或尚未生效的规章制度不在此列。

(2)用人单位规章制度对劳动者违纪行为有明确规定。劳动者严重违反用人单位规章制度,影响生产、工作秩序,严重违反操作规程,损坏设备、工具,浪费原材料、能源,给用人单位造成经济损失,或者是工作态度不好,服务态度很差,经常与顾客吵架,损害消费者利益,不服从正常的工作调动,盗窃、赌博、损公肥私、打架斗殴、犯有严重错误的,用人单位有权单方解除劳动合同。

(3)劳动者违反用人单位规章制度的行为达到"严重"程度。如果劳动者实施违纪行为时,出于故意或重大过失,可能或者已经造成严重损害结果,且符合用人单位明确、合理规定的严重违纪行为标准,则认定劳动者严重违反用人单位规章制度。

(资料来源:http://www.66law.cn/goodcase/16463.aspx.)

---

(3)劳动者严重失职、营私舞弊,给用人单位造成重大损害的。劳动者在履行劳动合同期间,有未尽职责的严重过失行为或者利用职务之便牟取私利的故意行为,使用人单位的有形财产、无形财产遭受重大损害,用人单位有权解除劳动合同。这里要注意何谓重大损害,

《劳动合同法》《劳动法》均没有作出明确规定，因为不同行业、不同规模的用人单位对重大损害有不同的认定标准。因此，用人单位应在规章制度中明确什么是重大损害，具体的标准是什么，以免在解除劳动合同时与劳动者发生争议。

（4）劳动者同时与其他用人单位建立劳动关系，对完成本单位的工作任务造成严重影响，或者经用人单位提出，拒不改正的。劳动者同时与其他用人单位建立劳动关系属于双重或多重劳动关系的问题，即通常所说的"兼职"。劳动法律法规没有对"兼职"做禁止性的规定，但是如果兼职工作已经严重影响到本职工作任务的完成时，用人单位有权解除与劳动者的劳动合同。需要注意的是用人单位应对"完成本单位的工作任务造成严重影响"作出明确规定，只有严重影响才能成为用人单位解除劳动合同的理由。

（5）因《劳动合同法》第二十六条第一款第一项规定的情形致使劳动合同无效的。《劳动合同法》第二十六条第一款第一项规定的情形是：以欺诈、胁迫的手段或者乘人之危，使对方在违背真实意思的情况下订立或者变更劳动合同，这样劳动合同归于无效。以上情形违反了劳动合同订立的意思自治原则，因此允许利益受损者解除当事人之间的劳动合同关系。

（6）劳动者被依法追究刑事责任的。被依法追究刑事责任，是指被人民法院认定构成犯罪并判处刑罚或是因为罪行显著轻微不追究刑事责任的。用人单位可以根据法院的司法文书而作出解除劳动合同的决定。

2. 非因劳动者过失解除劳动合同

根据《劳动法》第二十六条的规定，非因劳动者过失解除劳动合同包括以下 3 种情形。

（1）劳动者患病或者非因工负伤，医疗期满后，不能从事原工作也不能从事用人单位另行安排的工作的。劳动者患病或非因工负伤，按照其在本单位工作时间的长短，给予一定时间的医疗期。根据原劳动部有关医疗期的规定，医疗期为 3~24 个月，对于患某些特殊疾病的职工，在 24 个月尚不能痊愈的，经企业和当地劳动行政部门批准，可以适当延长医疗期。医疗期满后，不能从事原来的工作，或者经用人单位调整工作岗位仍不能胜任的，用人单位可以解除劳动合同。

（2）劳动者不能胜任工作，经过培训或者调整工作岗位，仍不能胜任工作的。不能胜任工作，是指不能按照要求完成劳动合同中约定的任务或者同工种、同岗位人员的工作量。如果劳动者不能完成某一岗位的工作任务，用人单位可以对其进行职业培训，也可以将其调整到能够胜任的工作岗位上。如果用人单位尽了这些义务，劳动者仍然不能胜任工作，用人单位可以解除与该劳动者的劳动合同。

（3）劳动合同订立时所依据的客观情况发生重大变化，致使原劳动合同无法履行，经当事人协商不能就变更劳动合同达成协议的。根据《劳动法》相关司法解释的规定，客观情况包括以下两类：一类是不可抗力，另一类是致使劳动合同全部或部分条款无法履行的其他情况，主要指用人单位的一些客观变化，如迁移、兼并等。上述情况发生时由双方当事人对合同进行变更的协商，如果劳动者不同意变更劳动合同，用人单位可以解除劳动合同。

3. 因经济性裁员解除劳动合同

经济性裁员是用人单位与劳动者集体解除劳动合同的行为，相对于用人单位单个解除劳动合同，国家规定了严格的条件、程序。《劳动合同法》第四十一条规定了经济性裁员的许可条件、法定程序和法定情形。

1）裁员的人数限制

《劳动合同法》规定，企业需要裁减 20 人以上或者裁减不足 20 人但占企业职工总数 10% 以上的，企业才可裁员。企业为了证明裁员的人数符合法律规定应提供企业职工名册登记表或工资表。

2）裁员应符合法律规定的程序

经济性裁员用人单位需提前 30 日向工会或全体职工说明情况，听取工会或职工意见后制定裁员方案，裁员方案经向劳动行政部门报告后，才可以裁减人员。

3）裁员企业必须符合法定情形

根据《劳动法》和《劳动合同法》的相关规定，经济性裁员适用的情形包括：①用人单位濒临破产进行法定整顿；②生产经营发生严重困难；③企业出现转产、重大技术革新或经营方针调整；④劳动合同订立时所依据的客观情况发生重大变化等。

4）经济性裁员的限制性条件

经济性裁员的限制性条件主要包括优先留用和优先招用两种限制。优先留用是指用人单位在裁减人员时，对老员工和经济困难的员工应考虑优先留用。优先录用是指用人单位按照经济性裁员的规定裁减人员，在 6 个月内重新招用人员的，应当通知被裁减的人员，并在同等条件下优先招用被裁减的人员。

4. 对用人单位单方面解除劳动合同的限制

针对上述非过失性劳动合同解除以及经济性裁员，《劳动法》和《劳动合同法》专门规定了限制性条款，意在保护劳动者的利益。

（1）劳动者在本单位患职业病或者因工负伤并被确认丧失或者部分丧失劳动能力的。

（2）劳动者患病或者负伤，在规定的医疗期内的。

（3）从事接触职业病危害作业的劳动者未进行离岗前职业健康检查，或者疑似职业病病人在诊断或医学观察期间的。

（4）女职工在孕期、产期、哺乳期内的。

（5）在本单位连续工作满 15 年，且距法定退休年龄不足 5 年的。

（三）劳动者单方面解除劳动合同及其应注意的事项

根据《劳动法》和《劳动合同法》的规定，劳动者单方面解除劳动合同分为以下 3 种情形。

1. 提前通知用人单位解除劳动合同

劳动者单方面解除劳动合同也称为"辞职"。《劳动合同法》第三十七条规定："劳动者提前三十日以书面形式通知用人单位，可以解除劳动合同。劳动者在试用期内提前三日通知用人单位，可以解除劳动合同。"如果劳动者辞职没有遵守预告期，则应承担相应的法律责任。

2. 随时通知用人单位解除劳动合同

为了保护劳动者的合法利益，《劳动合同法》明确规定在用人单位有过错的情况下，劳动者享有特别解除权。具体情形如下。

（1）未按照劳动合同约定提供劳动保护或者劳动条件的。如果用人单位不采取有利于劳动者的劳动保护或提供劳动条件，劳动者有权单方面解除劳动合同。

（2）未及时足额支付劳动报酬的。用人单位未按照合同规定支付劳动报酬，包括无故拖欠、克扣劳动报酬等行为属于违反劳动合同，劳动者有权随时告知用人单位解除劳动合同。

（3）未依法为劳动者缴纳社会保险费的。《劳动法》第七十二条规定，用人单位和劳动者必须依法参加社会保险，缴纳社会保险费。用人单位作为重要的社会保险费用承担方，如果没有按照法律规定为劳动者缴纳法定的社会保险费，劳动者有权与用人单位解除劳动合同。

（4）用人单位的规章制度违反法律、法规的规定，损害劳动者权益的。用人单位制定的规章制度内容和制定程序要合法，应当公示为劳动者所知晓。如果用人单位的规章制度没有按照法律规定制定，给劳动者的权益带来了损害，劳动者可以解除劳动合同。

（5）以欺诈、胁迫的手段或者乘人之危，使对方在违背真实意思的情况下订立或者变更劳动合同致使劳动合同无效的。

3. 不需通知用人单位解除劳动合同

《劳动合同法》规定，用人以暴力、威胁或者非法限制人身自由的手段强迫劳动者劳动的，或者用人单位违章指挥、强令冒险作业危及劳动者人身安全的，劳动者可以立即解除劳动合同，不需事先告知用人单位。

（四）违法解除劳动合同

违法解除劳动合同是指用人单位在不具备上述合法解除劳动合同的条件下解除了双方的劳动合同。违法解除劳动合同的用人单位应向劳动者支付相当于两倍的经济补偿金的赔偿金。

六、劳动合同的终止

劳动合同的终止，是指劳动合同所确立的劳动关系由于一定法律事实的出现而终结，劳动者与用人单位之间的权利义务关系不复存在，劳动合同的法律效力依法被消灭。

（一）自然终止劳动合同的情形

自然终止是指非人为原因导致而是劳动合同到期或劳动者符合一定的条件所导致的劳动合同结束。具体包括以下几个方面。

1. 劳动合同到期导致劳动合同终止

劳动合同期满，除依法续订劳动合同的和依法应延期的以外，劳动合同自然终止。以完成一定工作任务为期限的劳动合同，规定的工作任务完成，劳动合同即为终止。

2. 劳动者退休或已经开始依法享受基本养老保险待遇

根据有关政策和法律规定，职工达到退休年龄，从批准退休的第二个月起，停发工资，按照工龄及其条件支付与个人工资成一定比例的退休金，直至退休人员死亡。《劳动合同法》规定劳动法依法享受基本养老保险待遇的，其劳动合同终止。

（二）因故终止劳动合同的情形

因故终止是指在劳动合同到期之前，由于人为因素或一些客观事件导致的劳动合同结束。根据《劳动合同法》第四十四条的规定，具体包括以下情形。

（1）劳动者死亡，或者被人民法院宣告死亡或者宣告失踪的。劳动者死亡，被人民法院宣告死亡或者宣告失踪的，劳动合同签订一方的主体资格消灭，双方签订的劳动合同终止履行。

（2）用人单位被依法宣告破产的。根据《中华人民共和国企业破产法》的规定，用人单位一旦被依法宣告破产，就进入破产清算程序，用人单位主体资格即将归于消灭，劳动合同归于终止。

（3）用人单位被吊销营业执照、责令关闭、撤销或者用人单位决定提前解散的。用人单位因为违法经营行为，被有关行政机关吊销营业执照、责令关闭、撤销的，或者用人单位自行决定在经营期限结束前提前解散的，劳动合同由于缺乏一方主体而归于终止。

（4）法律、法规规定的其他情形。

（三）经济补偿金的支付与核算

经济补偿金是用人单位解除或终止劳动合同时，依法一次性给予劳动者的经济补助。关于经济补偿金的性质，通常认为，经济补偿金不是对过去贡献的补偿，也不是对未履行部分的违约补偿，而是对用人单位行使法定解除权导致劳动者失去工作岗位的一种帮助，经济补偿金应更多地体现公平原则。

1. 经济补偿金的支付范围

根据《劳动合同法》第四十六条的规定，有下列情形之一的，用人单位应当向劳动者支付经济补偿金。

（1）劳动者依照《劳动合同法》第三十八条规定解除劳动合同的。用人单位有违法、违约行为的，如违反工资支付、社会保险等方面法律规定行为，损害了劳动者的合法权益，劳动者可以随时或者立即解除劳动合同，并有权取得经济补偿。

（2）用人单位依照《劳动合同法》第三十六条规定向劳动者提出解除劳动合同并与劳动者协商一致解除劳动合同的。即用人单位与劳动者可以协商一致解除劳动合同，但由用人单位首先提出解除动议的，应当支付经济补偿。

（3）用人单位依照《劳动合同法》第四十条规定解除劳动合同的。《劳动合同法》第四十条规定的是用人单位非过失性解除劳动合同的情形，即在劳动者存在一定不足，用人单位没有过错且做了一些补救措施，劳动者仍然不符合工作要求的情况下，允许用人单位解除劳动合同。但为平衡双方的权利义务，用人单位须支付经济补偿金。

（4）用人单位依照《劳动合同法》第四十一条第一款规定解除劳动合同的。《劳动合同法》第四十一条规定的是经济性裁员。因为经济性裁员是在劳动者没有过错的情况下，用人单位与其解除劳动合同，为了平衡双方的权利义务，用人单位应当支付经济补偿金。

（5）除用人单位维持或者提高劳动合同约定条件续订劳动合同，劳动者不同意续订的情形外，依照《劳动合同法》第四十四条第（一）项规定终止固定期限劳动合同的。根据本项规定，劳动合同期满，用人单位在维持或提高劳动合同约定条件的情况下，同意续订合同，劳动者不同意续订的，劳动合同终止，用人单位不需要支付经济补偿金；如果用人单位同意续订劳动合同，但是降低劳动合同约定条件，如降低劳动报酬、福利待遇等，劳动者不同意续订的，劳动合同终止，用人单位应当支付经济补偿金。此规定意在消除用人单位通过减低约定劳动条件的方式，迫使劳动者不续订劳动合同，以达到不支付经济补偿金的非法目的。

（6）依照《劳动合同法》第四十四条第（四）项、第（五）项规定终止劳动合同的。《劳动合同法》第四十四条第（四）项规定的是，用人单位被依法宣告破产导致劳动合同终止的情形；第四十四条第（五）项规定的是，用人单位被吊销营业执照、责令关闭、撤销或者用人单位决定提前解散，导致劳动合同终止的情形。以上情形致使劳动合同终止的，劳动者没有过错，其权益应当受到保护，用人单位应该支付经济补偿金。

（7）法律、行政法规规定的其他情形。

2. 经济补偿金的支付标准

《劳动合同法》第四十七条规定：经济补偿金按劳动者在本单位工作的年限，每满一年支付一个月工资的标准向劳动者支付。6个月以上不满一年的，按一年计算；不满6个月的，向劳动者支付半个月工资的经济补偿。

劳动者月工资高于用人单位所在直辖市、设区的市级人民政府公布的本地区上年度职工月平均工资3倍的，向其支付经济补偿的标准按职工月平均工资3倍的数额支付，向其支付经济补偿的年限最高不超过12年。

《劳动合同法》第四十七条所称月工资是指劳动者在劳动合同解除或终止前12个月的平均工资。《劳动合同法实施条例》第二十七条规定："劳动合同法第四十七条规定的经济补偿的月工资按照劳动者应得工资计算，包括计时工资或者计件工资以及奖金、津贴和补贴等货币性收入。劳动者在劳动合同解除或者终止前12个月的平均工资低于当地最低工资标准的，按照当地最低工资标准计算。劳动者工作不满12个月的，按照实际工作的月数计算平均工资。"

七、劳动合同的顺延与续订

（一）劳动合同的顺延

根据《劳动合同法》第四十五条的规定，劳动合同期限届满不一定必然终止，为了保护劳动者的合法权益，有《劳动合同法》第四十二条规定情形之一的，劳动合同应当顺延至相应的情形消灭时终止。从以上规定可以看出，劳动合同的顺延主要针对用人单位对非过失性解除劳动合同以及经济性裁员的限制性条款内容，包括从事接触职业病危害作业的劳动者未进行离岗前职业病健康检查，或者疑似职业病病人在诊断或者医学观察期间的；患病或非因公负伤，在规定的医疗期内的；女职工在孕期、产期、哺乳期的等。但是对于第四十二条第（二）项规定的丧失或者部分丧失劳动能力劳动者的劳动合同的终止，按照国家有关工伤保险的规定执行。

（二）劳动合同的续订

劳动合同的续订是指劳动合同期满后，当事人双方经协商达成协议，继续签订与原劳动合同内容相同或者不同的劳动合同的法律行为。双方当事人可以续签有固定期限的劳动合同、无固定期限的劳动合同和以完成一定的工作为期限的劳动合同。续订劳动合同时要注意：

劳动合同的续订应当首先征询劳动者的意见，并将征询意见作为续订或者终止劳动合同的参考，如果劳动者不同意续订劳动合同，则用人单位按照《劳动合同法》第四十六条第（五）项的规定，终止与劳动者的劳动合同而无须支付经济补偿金。再者，劳动合同的续订应当提前进行，一般需要提前一个月左右的时间，避免因时间紧迫导致拖延而带来法律风险。

【知识应用】

花想容服装有限公司是一家集服装设计、生产、服务于一体的专业制衣企业，主要经营日韩女装、连衣裙、女式打底衫、女式牛仔裤、女式 T 恤等女装系列。公司女职工占到员工总数的 90% 以上，人力资源部门经常遇到女员工特有的一系列问题。

（1）员工小 A 因为个人原因提出辞职，并进行了工作交接，办理了全部离职手续后不久发现自己怀孕，于是拿着医院出具的化验单和 B 超报告显示的孕期推算，认定怀孕日期是其与公司的劳动关系解除之前。小 A 回到公司，要求与公司恢复劳动关系。

（2）公司因为部门调整，与员工小 B 解除了劳动合同，并按照法律规定进行了经济补偿。小 B 离开公司后不久发现自己怀孕，于是和小 A 一样，拿着医院出具的化验单以及推定怀孕日期在公司与其解除劳动合同之前的 B 超报告，回到公司，要求根据《劳动合同法》保护女职工的规定，恢复劳动关系。

（3）员工小 C 从事的是车间质检员工作，怀孕后工作一直不在状态，一次在值班时由于粗心大意，导致一批不合格产品出厂并被客户退货，给公司造成了经济损失，严重影响了公司的信誉。

（4）员工小 D 休产假期间，与公司的劳动合同到期。因公司业务调整，公司决定与小 D 不再续订劳动合同。

试根据公司这几名女职工的实际情况，设计劳动合同的签订方案（具体包括是否签订劳动合同以及理由等）。

任务三　认知劳动争议与处理

【工作情境】

B 公司是一家玩具加工企业，专业生产销售木制玩具、儿童家具及毛绒木制配套产品。玩具属于传统劳动密集型产业，行业利润率较低。B 公司为了保持产品价格方面的竞争力，在原材料成本上涨的情况下，尽量压缩人力资源成本：一线员工的"底薪"低于当地最低工资标准，员工工资构成的一多半来自加班费，而且加班费有时也无故拖欠，甚至要求员工无偿加班。在岗员工不断向公司要求提高工资待遇，公司以制造业利润率低，增加工资企业难以承受为由拒绝涨工资。公司劳动争议不断，员工离职率高企，很多岗位频繁招工，劳动关系处于不稳定状态。

任务要求：

1. B 公司的劳动争议应通过哪些途径解决？

2. 根据 B 公司劳动纠纷的原因，设计改善劳动关系的方案。

【相关知识】

近年来我国劳动争议案件数量猛增，已经成为一个引人关注的社会问题，而劳动争议能否及时妥善解决，直接关系到用人单位劳动关系的和谐稳定。因此，无论用人单位还是普通劳动者，都应该熟悉劳动争议处理程序，运用劳动争议处理机制保护各自的合法权益。

一、劳动争议概述

（一）劳动争议的概念与特征

劳动争议又称劳动纠纷，是指劳动关系双方当事人之间因劳动权利受到侵犯或劳动权利义务关系发生分歧而产生的争议。与民事纠纷、劳动行政争议等相比，劳动争议具有以下特征。

1. 劳动争议的主体是特定的

劳动争议的主体必须是劳动关系的当事人，一方是用人单位，另一方则是与用人单位建立劳动关系的劳动者或者劳动者团体，如工会。需要注意的是：由于劳动合同往往涉及第三人的物质利益，如劳动者患病、伤残或死亡时，劳动者的近亲属可以成为劳动争议的一方主体。

2. 劳动争议的内容是特定的

劳动争议的核心内容是劳动争议主体之间发生的有关劳动权利义务方面的纠纷，如就业、工资、工时、劳动关系、保险福利、培训、奖惩等方面，内容具有特定性。

3. 劳动争议表现形式是特定的

劳动争议具有不同于其他争议的表现形式，如罢工、怠工、解雇等，尤其是涉及面大的集体争议，较个体争议而言涉及人数多、规模大、突发性强、影响面大，处理难度大。

（二）劳动争议的处理范围

根据《中华人民共和国劳动争议调解仲裁法》（以下简称《劳动争议调解仲裁法》）第二条的规定，劳动争议的处理范围包括：

（1）因确认劳动关系发生的争议。是否存在劳动关系，决定了劳动者能否享有劳动法规定的各种权益和保护，因此就是否存在劳动关系发生争议的，属于劳动争议的处理范围。

（2）因订立、履行、变更、解除和终止劳动合同发生的争议。

① 当事人因订立劳动合同发生的争议主要有因劳动合同内容违反法律、法规而发生的争议，因订立违反平等自愿、协商一致原则的劳动合同发生的争议，因故意拖延不续订劳动合同引发的争议。

② 当事人因履行、变更劳动合同发生的争议主要有因用人单位生产经营发生变动而变更劳动者的工作岗位、工作地点、工资待遇等条款发生的争议，因劳动者不能胜任工作，经培训或调整工作而变更劳动合同引发的争议等。

（3）因除名、辞退和辞职、离职发生的争议。用人单位根据劳动者违纪情况以及单位的生产经营现状对劳动者实施违纪辞退、正常辞退和除名的行为，劳动者根据用人单位和自己的具体情况作出的辞职、离职的行为引发的劳动争议。

（4）因工作时间、休息休假、社会保险、福利、培训以及劳动保护发生的争议。

（5）因劳动报酬、工伤医疗费、经济补偿或者赔偿金等发生的争议。

（6）法律、法规规定的其他劳动争议。

（三）劳动争议的处理原则

《劳动争议调解仲裁法》第三条规定："解决劳动争议，应当根据事实，遵循合法、公正、及时、着重调解的原则，依法保护当事人的合法权益。"具体来说，处理劳动争议时应遵循的基本原则包括以下几个方面。

1. 依法处理劳动争议的原则

依法处理劳动争议就是要依据法律规定的程序要求和权利、义务要求去解决争议，要掌握好依法的顺序，即有法律依据法律，没有法律依据法规，没有法规依据规章，没有规章依据政策。

2. 当事人适用法律一律平等的原则

劳动争议双方当事人法律地位是平等的，适用法律时不能因人而异。

3. 着重调解劳动争议原则

调解原则不仅有利于增加当事人之间的相互理解，而且可以简化程序，及时、彻底地处理劳动争议。

4. 及时处理劳动争议原则

劳动争议发生后当事人应当及时协商、及时申请调解和仲裁，避免超过仲裁和诉讼申请时效，丧失申请仲裁和诉讼的权利。劳动争议处理机构在受理案件后，应当在法定结案期限内尽快处理，以免出现久拖不决的现象。

5. 基层解决争议原则

劳动争议案件主要由用人单位设立的调解委员会和当地县、市、市辖区仲裁委员会解决。向法院起诉也是按法定管辖权由当地基层法院受理。

二、劳动争议的解决途径

《劳动争议调解仲裁法》第四条规定："发生劳动争议，劳动者可以与用人单位协商，也可以请工会或者第三方共同与用人单位协商，达成和解协议。"第五条规定："发生劳动争议，当事人不愿协商、协商不成或者达成和解协议后不履行的，可以向调解组织申请调解；不愿调解、调解不成或者达成调解协议后不履行的，可以向劳动争议仲裁委员会申请仲裁；对仲裁裁决不服的，除本法另有规定的外，可以向人民法院提起诉讼。"

根据上述规定，劳动争议的解决途径有当事人协商解决、用人单位劳动争议调解委员会调解、劳动争议仲裁委员会仲裁、人民法院审判解决 4 种。

（一）劳动争议的协商

协商是指劳动者和用人单位就争议问题直接进行协商，寻找解决纠纷的具体方案。但是，协商程序不是处理劳动争议的必经程序，是否协商完全出于自愿。

劳动争议发生后，当事人进行的协商具体分为个别协商、集体协商和三方协商 3 种类型。

（1）个别协商是劳动者个人在没有组成群体性组织的情形下，与用人单位就劳动报酬、工作时间、休息休假、劳动安全卫生、保险福利等争议事项进行的协商。个别协商一般适用于争议标的不大、争议事实清楚、争议内容单一、解决难度较小的简单劳动争议。

（2）集体协商是指用人单位与工会及其代表的劳动者签订集体合同或履行集体合同发生争议后双方平等商谈，从而解决劳动争议的方式。集体协商在一定程度上使劳动者一方能够和用人单位平等协商，为劳动关系双方的沟通和劳动关系调整机制的建立起到了积极的促进作用。

（3）三方协商是指政府（通常以劳动行政部门为代表）、用人单位和劳动者之间，或政府、雇主组织和工会，通过一定的组织机构和运作机制共同处理所有涉及劳动关系的问题。三方协商的宗旨在于促进政府、雇主、劳动者三方合作，维护劳动秩序，稳定劳动关系。

（二）劳动争议的调解

劳动争议调解是指在劳动争议发生后，由第三者介入争议当事人之间，通过疏导、劝说等方式，促进当事人互谅互让，最终达成处理结果的一种方法。劳动争议调解有广义和狭义之分。广义的劳动争议调解是指调解贯穿于劳动争议处理全过程，包括群众性调解组织的调解、劳动争议仲裁委员会的调解和人民法院的调解。狭义的劳动争议的调解仅指群众性调解组织进行的调解。根据《劳动争议调解仲裁法》第十条的规定，群众性调解组织具体包括企业劳动争议调解委员会、依法设立的基层人民调解组织，以及在乡镇、街道设立的具有劳动争议调解职能的组织。

1. 劳动争议调解的原则

1）自愿原则

自愿原则的内容主要包括：①申请调解必须双方自愿，不得强迫；②调解过程自愿，不得采取任何强制手段；③达成调解协议自愿；④履行调解协议自愿，任何一方或者双方当事人反悔，不履行协议约定义务，不影响其他救济权利的行使。

2）合法原则

合法原则一方面要求劳动争议的调解必须依据现行的劳动法律法规和政策进行，调解达成的协议内容不得违反实体法的规定；另一方面，劳动争议的调解程序必须符合有关程序法规定的要求，对依法不得调解的案件进行调解，或者严重违反法定程序的调解都不能产生法律效力。

3）民主协商原则

民主协商原则是指企业劳动争议调解委员会等调解组织在处理劳动争议过程中，应按照民主说服和协商等方式解决劳动争议，而不能以命令、决定的方式单方处理劳动争议。

4）及时调解原则

劳动争议调解组织在接受当事人调解申请后，要在法定期限内，尽快调解完毕，劳动争议涉及当事人尤其是劳动者一方的切身利益，如果不及时加以处理，劳动者合法权益将会受到损害。

5）尊重当事人仲裁权利原则

由于劳动争议调解不是劳动争议处理的必经程序，劳动争议发生后，当事人可以申请调解也可以申请仲裁。在劳动争议调解过程中，调解人员应尊重当事人申请仲裁的权利，不得以任何借口或理由妨碍或阻止任何一方当事人申请仲裁。

2. 劳动争议调解的程序

《劳动争议调解仲裁法》第十二条至第十五条对劳动争议的调解程序作出了规定。劳动争议调解应当遵循下列基本程序。

1）当事人申请调解

劳动争议发生后，当事人应当自知道或应当知道其权利被侵害之日起30日内，向调解组织提出申请。当事人申请劳动争议调解可以书面申请，也可以口头申请。

2）调解组织受理

调解组织收到申请后，应征询对方当事人的意见。对方当事人愿意调解的，应当作出受理的决定；对方当事人不愿意调解的，应当做好记录，以书面形式通知申请人不予受理。

3）调解前的准备

调解组织受理劳动争议后，应做好以下准备：①进一步审查申请书内容，如发现内容缺失应及时通知申请人补充；②要求双方当事人就申请实体请求、事实、理由提出意见及建议；③指派调解员对争议事项进行全面调查核实，收集有关证据；④拟定调解方案和调解建议；⑤告知双方当事人调解时间和地点。

4）实施调解

劳动争议调解方式主要有以下两种：一种是简易调解方式，适用于事实清楚、情节简单、双方分歧不大的劳动争议。二是会议调解方式，一般适用于案情重大、影响大、涉及面广的劳动争议案件。自劳动争议调解组织收到调解申请之日起15日内未达成调解协议的，当事人可以依法申请仲裁。

3. 劳动争议调解的效力

根据《劳动法》《劳动争议调解仲裁法》及其他相关法律法规的规定，劳动争议经调解，可以产生下列方面的效力。

（1）特定内容的调解协议具有劳动合同的效力，可以作为法院裁判劳动争议案件的依据。

（2）调解协议对当事人具有约束力，但不具有强制执行力，如果一方当事人在协议约定期限内不履行调解协议的，另一方当事人可以依法申请仲裁。

（3）因支付拖欠劳动报酬、工伤医疗费、经济补偿或赔偿金事项达成调解协议，用人单位在协议约定期限内不履行的，劳动者可以持调解协议书依法向人民法院申请支付令，人民法院应当依法发出支付令。

(三）劳动争议的仲裁

劳动争议仲裁也称劳动仲裁，是指劳动争议仲裁机构对当事人请求解决的劳动争议，依法居中公断的行为，具体包括对劳动争议依法审理、调解、裁决的一系列活动。在我国的劳动争议处理体制中，一般将其作为诉讼前的法定必经程序。

1. 劳动争议仲裁特征

与其他类型的仲裁相比，劳动争议仲裁具有以下特征。

（1）从仲裁主体看，劳动争议仲裁机构是由劳动行政部门代表、同级工会代表和用人单位代表三方面组成的专门处理劳动争议的机构，不是一般的民间组织。

（2）从仲裁对象上看，劳动争议仲裁的对象是劳动争议，不是其他的民事纠纷。

（3）从实行的原则上看，劳动争议仲裁实行强制原则，而其他纠纷的仲裁实行自愿原则。

（4）从与诉讼的关系上看，劳动争议仲裁是劳动诉讼的前置程序，当事人对仲裁裁决不服，可以依法向人民法院起诉。

（5）劳动争议仲裁具有简便、快捷的特点。劳动仲裁的审理期限比较短，且仲裁程序比民事仲裁和诉讼程序都更加简便灵活，这有利于保护劳动者的合法权益。

2. 劳动争议仲裁的原则

1）三方原则

三方原则是劳动争议仲裁的基本原则，是指劳动争议仲裁委员会由劳动保障行政部门代表、同级工会代表、用人单位方面的代表组成，三方共同参与，有利于增强案件裁决的公正和透明度。

2）强制仲裁原则

根据我国《劳动争议调解仲裁法》相关规定，劳动争议仲裁是强制性规定，是当事人进行劳动权益救济的必经程序。

3）现行调解原则

调解是仲裁裁决的先行程序和必经程序。《劳动争议调解仲裁法》第四十二条规定，仲裁庭在作出裁决前，应当先行调解。调解达成协议的，仲裁庭应当制作调解书。调解书经双方当事人签收后发生法律效力。调解不成或者调解书未送达前，一方当事人反悔的，仲裁庭应当及时作出裁决。

4）一裁终局原则

劳动争议仲裁实行一次裁决制度，一次裁决即为终局裁决，当事人如果不服仲裁裁决，只能依法向人民法院起诉，不得向上一级仲裁委员会申请复议或者要求重新处理。

5）免费原则

《劳动争议调解仲裁法》第五十三条规定：劳动争议仲裁不收费，劳动争议仲裁委员会的经费由财政予以保障。

3. 劳动争议的管辖

劳动争议仲裁管辖，是指确定劳动争议仲裁机构受理劳动争议案件的权限和范围，即各级或同级劳动争议仲裁机构受理劳动争议案件在职权范围上的具体分工。我国现行的劳动争议仲裁管辖以地域管辖为主,级别管辖为辅。

1) 地域管辖

地域管辖是指同级劳动争议仲裁委员会之间关于劳动争议案件的职权划分。同级劳动争议仲裁委员会的管辖权原则上依行政区域划分。劳动争议仲裁地域管辖分为以下3种。

（1）一般地域管辖,即按照发生劳动争议的行政区域确定案件的管辖权。这是最常见的方式。

（2）特殊地域管辖,即法律、法规规定当事人之间的劳动争议由某地的劳动争议仲裁委员会管辖。例如,劳动者和用人单位分别向劳动合同履行地或者用人单位所在地的劳动争议仲裁委员会申请仲裁的,由劳动合同履行地的劳动争议仲裁委员会管辖。

（3）专属管辖,即法律、法规规定某类劳动争议案件只能由特定的劳动争议仲裁委员会管辖。例如,一些地方规定外商投资企业由设区的市一级劳动争议仲裁委员会管辖。

2) 级别管辖

确立级别管辖是为了解决市级与区县级劳动仲裁机构的管辖划分。《企业劳动争议处理条例》第十七条规定：设区的市级仲裁委员会和市辖区的仲裁委员会受理劳动争议案件的范围,由省、自治区人民政府规定。通常做法是,各地方仅对市劳动争议仲裁委员会的受案范围进行明确限定,在限定之外的劳动争议,均依地域原则分属区、县劳动争议仲裁机构管辖。

4. 劳动争议仲裁的程序

1) 当事人申请

申请仲裁是指劳动争议发生后,向仲裁机构提出申请,请求仲裁机构通过仲裁解决劳动争议的活动。申请人向劳动争议仲裁委员会申请仲裁时,应当提交申请书。劳动争议申请仲裁的时效期间是一年。仲裁时效期间从当事人知道或者应当知道其权利被侵害之日起计算。

2) 申请的受理

劳动争议仲裁委员会收到申请之日起5日内,认为符合受理条件的,应当受理,并通知申请人；认为不符合受理条件的,应当书面通知申请人并说明理由。对劳动争议仲裁委员会不予受理或者逾期未作出决定的,申请人可以就该劳动争议事项向人民法院提起诉讼。

劳动争议仲裁委员会受理仲裁申请后,应当在5日内将仲裁申请书副本送达被申请人。被申请人收到仲裁申请书副本后,应当在10日内向劳动争议仲裁委员会提交答辩书。劳动争议仲裁委员会收到答辩书后,应当在5日内将答辩书副本送达申请人,被申请人不提交答辩书的,不影响仲裁程序的进行。

3) 开庭前的准备

《劳动争议调解仲裁法》第三十一条、第三十三条规定了劳动争议仲裁庭的组成：劳动争议仲裁委员会裁决劳动争议案件实行仲裁庭制。仲裁庭由3名仲裁员组成,设首席仲裁员。简单劳动争议案件可以由1名仲裁员独任仲裁。

《劳动争议调解仲裁法》第三十三条规定了仲裁员的回避制度。仲裁员有下列情形之一应当回避,当事人也有权口头或书面提出回避申请：①是本案当事人或者当事人、代理人近亲属的；②与本案有利害关系的；③与本案当事人、代理人有其他关系可能影响公正裁决的；④私自会见当事人、代理人或者接受当事人代理人请客送礼的。

《劳动争议调解仲裁法》第三十五、三十六条对开庭时间与地点的通知进行了规定：仲裁庭应当在开庭 5 日前,将开庭时间、地点书面通知双方当事人。申请人接到书面通知,无正当理由拒不到庭或者未经仲裁庭同意中途退庭的,可以视为撤回仲裁申请。被申请人收到书面通知,无正当理由拒不到庭或者未经仲裁庭同意中途退庭的,可以缺席裁决。

4）案件审理

当事人申请劳动争议仲裁后,双方可以自行和解。达成和解协议的,可以撤回仲裁申请。仲裁庭处理劳动争议应当先行调解,在查明事实的基础上促使当事人双方自愿达成协议,协议内容不得违反法律、法规。调解未达成协议或者调解书送达前当事人反悔的,仲裁庭应当及时裁决。裁决应当按照多数仲裁员的意见作出,仲裁庭不能形成多数意见时,裁决应当按照首席仲裁员的意见作出。仲裁庭作出裁决后,应当制作裁决书,送达双方当事人。

5）案件的结案

仲裁庭裁决劳动争议案件,应当自劳动争议仲裁委员会受理仲裁申请之日起 45 日内结束。案情复杂需要延期的,经劳动争议仲裁委员会主任批准可以延期,但需要书面通知当事人,延长期限不得超过 15 日。逾期未作出仲裁裁决的,当事人可以就该劳动争议事项向人民法院提起诉讼。

5. 劳动争议仲裁的效力

劳动争议经劳动争议仲裁委员会仲裁,可以产生下列几个方面的效力。

1）部分类型的劳动争议具有终局裁决的效力

《劳动争议调解仲裁法》第四十七条规定,下列劳动争议,除该法另有规定外,仲裁裁决为终局裁决,裁决书自作出之日起发生法律效力：①追索劳动报酬、工伤医疗费、经济补偿金或赔偿金,不超过当地月最低工资标准 12 个月金额的争议；②因执行国家的劳动标准在工作时间、休息休假、社会保险等方面发生的争议。

2）劳动者可以在限期内就仲裁裁决向法院起诉

劳动者对劳动争议仲裁机构就《劳动争议调解仲裁法》第四十七条规定的几种劳动争议案件作出的仲裁裁决不服的,可以自收到仲裁裁决书之日起 15 日内向人民法院提起诉讼。劳动争议双方当事人就《劳动争议调解仲裁法》第四十七条规定以外的其他劳动争议案件的仲裁裁决不服的,可以自收到仲裁裁决书之日起 15 日内向人民法院提起诉讼。期满不起诉的,裁决书发生法律效力。

3）用人单位可以申请撤销某些类型劳动争议的仲裁裁决

用人单位有证据证明劳动争议仲裁机构就《劳动争议调解仲裁法》第四十七条规定的几种劳动争议类型作出的仲裁裁决有下列情形之一的,可以自收到仲裁裁决书之日起 30 日内向劳动争议仲裁委员会所在地的中级人民法院申请撤销裁决：①适用法律、法规确有错误的；②劳动争议仲裁委员会无管辖权的；③违反法定程序的；④裁决所依据的证据是伪造的；⑤对方当事人隐瞒了足以影响公正裁决的证据的；⑥仲裁员在仲裁该案时有索贿受贿、徇私舞弊、枉法裁决行为的。

4）负有义务的一方当事人应当履行仲裁裁决

负有义务的一方当事人应当履行仲裁裁决,否则对方可以向法院申请强制执行。当事人对劳动争议仲裁机构依法作出的发生法律效力的调解书、裁决书,应当按照规定的期限履行。一方当事人逾期不履行的,另一方当事人可以依照《中华人民共和国民事诉讼法》（以下简称

《民事诉讼法》》有关规定向人民法院申请强制执行。受理申请的人民法院应当依法执行。

> **延伸阅读**
>
> **职工未休年假，仲裁获赔3倍工资**
>
> 2013年8月1日，关某入职某酒店从事后厨工作，并与酒店签订了2年的劳动合同。关某提出，其工作期间未休过带薪年休假，酒店应按照其未休年休假天数向其支付3倍工资作为补偿。而酒店则认为，关某工作期间从未提出过休带薪年休假，且酒店的规章制度规定带薪年休假跨年不休即作废，故不同意支付未休带薪年休假的补偿。
>
> 关某于2015年9月向当地劳动争议仲裁委员会提出仲裁申请。仲裁审理认为，关某在入职某酒店之前，已经连续工作超过一年，具备休带薪年休假的法定条件。酒店在关某工作期间未安排其休带薪年休假，裁决酒店按照关某未休带薪年休假天数，在已支付其工资的基础上，再支付两倍的工资作为补偿。
>
> （资料来源：http://www.qianhuaweb.com/2016/0917/3506034_2.shtml.）

（四）劳动争议的诉讼

劳动争议诉讼，即劳动争议当事人向人民法院的起诉、上诉以至人民法院对劳动争议案件的终局审理等过程。劳动争议诉讼是处理劳动争议的最终程序，它通过司法程序保证了劳动争议的最终彻底解决。

1. 劳动争议诉讼的特征

劳动争议诉讼不是当事人在纠纷发生后的直接诉讼行为，而是当事人不服劳动争议仲裁机构仲裁裁决后的司法求助。劳动争议诉讼与民事诉讼相比具有以下特征。

（1）劳动争议诉讼当事人以不服劳动争议仲裁裁决和不予受理案件通知书等为前提，否则人民法院一般不予受理。

（2）劳动争议诉讼的当事人是用人单位和劳动者，而民事诉讼的当事人可以是自然人、法人、其他经济组织、社会团体等。

（3）劳动争议诉讼的标的是劳动权益及与劳动关系密切联系的权益，民事诉讼的标的是民事权益。

（4）为了保护劳动者的权益，劳动争议案件的举证责任以"谁主张，谁举证"为主，以举证责任倒置为辅。民事案件则普遍适用"谁主张，谁举证"的原则。

2. 劳动争议诉讼的受案范围

1）人民法院受理的是经过劳动仲裁程序的劳动争议案件

劳动争议仲裁是劳动争议诉讼的前置程序，人民法院受理的劳动争议案件必须是经过仲裁裁决后的案件。没有经过劳动争议仲裁机构裁决或未经过仲裁机构裁决程序的劳动争议案件，人民法院一般不予受理。

2）《企业劳动争议处理条例》的相关规定

根据《企业劳动争议处理条例》的规定，劳动争议处理机构的受案范围是中国境内的企业和职工的下列劳动争议：①因开除、除名、辞退职工和职工辞职、自动离职发生的争议；②因执行国家有关工资、保险、福利、培训、劳动保护的规定发生的争议；③因履行劳动合同发生的争议；④法律、法规规定应当依照该条例处理的其他劳动争议，主要有事实劳动关系、用人单位与退休聘用人员发生的争议、退休人员与原用人单位发生的争议等。国家机关、事业单位、社会团体与本单位职工之间、个体工商户与帮工、学徒之间发生的劳动争议参照《企业劳动争议处理条例》执行。

3. 劳动争议诉讼的管辖

我国法律规定了劳动争议仲裁的管辖，但是《民事诉讼法》却没有明确规定劳动争议诉讼的管辖。为了解决实践中劳动争议司法管辖混乱的问题，2001年《最高人民法院关于审理劳动争议案件适用法律若干问题的解释（一）》出台。该解释第八条规定："劳动争议案件由用人单位所在地或者劳动合同履行地的基层人民法院管辖。劳动合同履行地不明确的，由用人单位所在地的基层人民法院管辖。"据此，我国现行劳动争议诉讼的管辖规则是：在级别管辖上，均由基层人民法院管辖；在地域管辖上，由用人单位所在地或者劳动合同履行地人民法院管辖，劳动合同履行地不明确的，由用人单位所在地人民法院管辖。

4. 劳动争议诉讼的程序

1）起诉

劳动争议案件的起诉必须符合下列条件：①原告是与本案有直接利害关系的公民、法人和其他组织；②有明确的被告；③有具体的诉讼请求和事实、理由；④属于人民法院受理劳动争议诉讼的受案范围和受诉人民法院管辖范围；⑤在法律规定的期限内提起诉讼。

起诉应当向人民法院递交起诉书，并按照被告人数提出副本。原告应预交案件受理费，并依法正确行使诉讼权利，按照法院要求提供必须提供的诉讼材料。

2）受理

人民法院收到起诉状，经审查符合条件的，应在7日内受理立案；不符合受理条件的，应在7日内作出不予受理的裁定。原告对裁定不服的，可以提起上诉。

3）审理

人民法院审理劳动争议案件应以民事诉讼程序进行。人民法院在受理劳动争议案件后，召集诉讼参加人和其他诉讼参与人正式开庭审理案件。开庭审理时，由审判长核对当事人，宣布案由，宣布审判人员、书记员名单，告知当事人有关的诉讼权利、义务，询问当事人是否提出回避申请。

法庭调查按照下列顺序进行：①当事人陈述；②告知证人的权利义务，证人作证，宣读未到庭的证人证言；③出示书证、物证和视听资料；④宣读鉴定和勘验笔录；⑤当事人在法庭上可以提出新的证据。当事人经法庭允许，可以向证人、鉴定人、勘验人发问。原告增加诉讼请求，被告提出反诉，第三人提出与本案有关的诉讼请求，可以合并审理。

法庭辩论按照下列顺序进行：①原告及其诉讼代理人发言；②被告及其诉讼代理人答辩；③第三人及其诉讼代理人发言或者答辩；④互相辩论。法庭辩论终结，由审判长按照原告、被告、第三人的先后顺序征询各方最后意见。法庭辩论终结，应当依法作出判决。判决前能够调解的，还可以进行调解。调解不成的，应当及时判决。

4）判决

人民法院在查明事实、分清责任的基础上，对案件的事实作出认定，并依据所选择适用的法律、对案件争议作出实体判决和程序上的裁定。当庭宣判的，应当在 10 日内发送判决书；定期宣判的，宣判后立即发给判决书。

5）上诉

当事人对一审法院作出的判决不服的，可以在收到判决书之日起 15 日内向上一级人民法院提起上诉，二审法院对该案件以及一审法院的裁判进行审查，保证案件最终处理的正确性。二审法院作出的判决是劳动争议案件的终审判决，一经送达立即生效。对人民法院作出的生效的调解书、判决书，当事人应自觉履行。一方当事人拒绝履行的，人民法院可以根据对方当事人的申请强制执行。

三、改善劳动关系

劳动关系是最基本的社会关系，劳动关系是否和谐直接关系到整个社会是否和谐。由于劳动关系双方当事人在重大利害关系上存在着矛盾，这种矛盾常常会引发劳资纠纷甚至劳资冲突，因此如何构建并改善劳动关系就成为用人单位普遍关注的问题。

（一）影响劳动关系的因素

确定影响劳动关系的因素，是分析劳动关系和谐度的基本前提。影响劳动关系的因素可以分为企业内部因素和企业外部因素。企业内部因素是指劳动关系组织内的组织结构、管理模式、组织文化、员工素质、工作环境等。企业外部因素是指一国的社会结构、社会文化、价值观念、经济发展情况、经济体制、技术水平、政治体制、法律制度等。比较而言，企业内部因素对劳动关系的影响具有直接意义。

目前，收入分配、劳动合同质量和员工参与企业治理是影响我国劳动关系和谐度的主要因素。劳动报酬是劳动者与用人单位签订劳动合同的核心内容，劳动报酬是否合理满意，将直接影响劳动者的行为，从而影响劳动生产率，影响劳动关系。大量事实证明，劳资冲突的最基本诱因是劳动报酬。劳动合同是确立劳动关系的依据。劳动合同的内容是否公平合理、合同履行质量的高低都会对劳动关系是否和谐产生影响。员工参与企业治理包括职工代表大会制度、合理化建议制度、董事会和监事会中的职工代表制等制度安排，这些制度对改善并最终形成和谐的劳动关系具有重要意义。

（二）改善劳动关系的途径

1. 完善收入分配制度，形成和谐共享的收入分配机制

收入分配是影响劳动关系的主要因素，构建和谐的劳动关系必须进一步完善收入分配制度，形成和谐共享的分配机制。

（1）完善最低工资标准。我国现行的最低工资标准存在 3 个主要问题：一是用城镇贫困居民家庭人均收入作为调节标准，使最低工资标准过低；二是没有对最低工资标准的适用企

业作出任何规定，经营状况良好的企业同样可以无约束地用最低工资标准来控制员工工资；三是最低工资标准调整缓慢。

（2）加快建立工资集体协商制度。要在进一步推行集体合同的基础上，建立、健全企业工会，使工会真正代表职工的利益与企业就工资福利待遇展开定期协商。

（3）发挥收入再分配的作用，提高劳动者的谈判地位。在市场经济中，劳动者可以通过在不同就业岗位之间的选择行为来表达对工资的要求，但这需要在调整政府支出结构的基础上，增加用于失业救济的支出，以便能够补偿劳动者在流动期间或自愿失业期间的损失，以提高劳动者的谈判地位。

2. 强化劳动合同制度约束，提高履约质量

在现实中，用人单位规避劳动合同制度的行为、劳动合同流于形式、劳动者不能通过劳动合同表达和维护自身权益的情况仍然大量存在。因此，首先应结合我国的实际情况，从劳动关系的建立、签约、履约、解约等环节，在充分考虑资方合法利益的基础上，进一步完善劳动合同制度，提高对劳动者的保护力度；其次，加强劳动执法监察，提高违法违规成本。这需要充分发挥政府执法机关的作用，发挥企业工会在强化劳动合同制度的约束力和履约质量方面的监督作用。

3. 创新企业治理制度，吸收员工参与企业治理

构建企业和谐的劳动关系必须创新企业治理制度，其核心是吸收员工参与企业治理。具体做法是改变现行工会行政型组织结构，建立与行业协会相平行的行业工会，在行业工会指导下建立企业工会。通过在企业内建立劳资会商制度、劳资谈判制度来协调劳动关系。同时改变工会领导成员的产生方式，采取工会会员直接选举与行业工会建议相结合的方式决定工会领导成员。工会主要领导成员的薪酬应当由政府财政和会员费来支付，以减少对企业的依赖程度。

【知识应用】

某外资企业是专业开发钣金数控系统行业的领头企业，具有良好的品牌优势，在中国市场占有较高的市场份额。但近几年来公司却面临人力资源危机，期间经历了几次骨干技术人员的跳槽事件，现在虽然公司整体运行比较平稳，但是核心竞争力受到了削弱。该企业部分人力资源管理工作缺失，劳动关系出现了一些矛盾，具体表现在以下几个方面。

（1）人本理念淡化。企业没有把以人为本理念渗透到人力资源管理工作的各个方面，缺乏对员工的人文关怀。公司常常出人意料地与员工解除劳动关系，不注重人员离职管理，为此产生离职员工不仅带走技术，还带走大批客户的问题。

（2）劳动合同管理机制不健全。该企业劳动用工不规范，劳动合同管理比较混乱，由此产生的问题是员工离职后要求获得巨额索赔。

（3）工会的不作为引发劳资争议。该企业作为外资企业虽然成立了工会，但是形同虚设，没有发挥应有的作用，企业内部谈不上民主管理，更没有工资集体协商程序，企业和员工之间经常因为劳动权利、义务问题发生争议、纠纷。

（4）人力资本投资存在缺陷。该企业既没有人力资源规划，也没有人才培养与开发计划，有的只是简单的物质激励计划，从严控制人力资本经费预算规划，科学化人力资本运作模式

无从开展。

试针对案例中某外资企业存在的人力资源管理问题,给出构建和谐稳定劳动关系的合理化建议。

【模块知识小结】

本模块主要介绍劳动关系管理的相关问题,分为3个工作任务。

任务一是认知劳动关系,介绍了劳动关系含义、特征,尤其强调了劳动关系与劳务关系的不同之处。

任务二介绍了劳动合同的相关法律规定。作为明确劳动关系双方当事人权利义务的协议,劳动合同既有一般合同的共性,也有区别与一般合同的特点。劳动合同的订立应当遵循平等自愿、协商一致、合法等原则。订立劳动合同应采用书面形式。劳动合同在内容上包括必备条款和协商条款,也有一些禁止性条款不能写进合同中。劳动合同通过法定程序可以变更、解除或终止。劳动合同的变更、解除或终止都会引发特定的法律后果。

任务三介绍了劳动争议与处理的相关法律规定。按照法律,劳动争议有特定的受案范围,相关机构应当根据事实,遵循合法、公正、及时、着重调解的原则来解决劳动争议。劳动争议主要通过协商、调解、仲裁和诉讼途径来解决。企业应当通过完善收入分配制度、强化劳动合同制度约束和创新企业治理制度等方式来改善劳动关系,避免劳动争议的发生。

【复习思考题】

1. 简述劳动关系的含义与特征。
2. 劳务关系与劳动关系的区别有哪些?实务中劳务关系包括哪些情形?
3. 劳动合同订立的原则有哪些?
4. 劳动合同的必备条款和协商条款包括哪些内容?
5. 在哪些情形下可以解除劳动合同?
6. 在哪些情形下可以终止劳动合同?
7. 解决劳动争议的途径有哪些?
8. 如何理解改善企业劳动关系的方式与途径?

【企业案例分析】

企业内部多发的劳动争议的化解与防范

某大型企业集团因下属企业与员工之间发生的劳动争议案件逐年上升,从整个集团范围内统计,现在至少有数十起劳动争议案件,其中引起集团领导高度重视的是,近两年来,集体劳动争议数量大幅提高,部分员工以群体的方式质疑或挑战企业的薪资福利制度,说明集团内劳资冲突有愈演愈烈的趋势。

针对上述情况,集团召开了劳动争议专题研讨会,外部的一些专家学者也应邀参加了此次会议。会上,集团法务总监对近几年劳动争议发生情况做了介绍:近几年,集团及其下属全资子公司、控股子公司、参股子公司,以及分公司和关联公司,共计发生劳动争议案件327起,平均每年约82起案件。其中,案件的主要类型集中在工资争议(以加班工资和奖金争议居多)、解除劳动合同争议、社保争议、工伤争议、女工待遇争议等。另外上述案件中,有28%是集体劳动争议,其中一起涉及83人的集体劳动争议是涉及人数最多的劳动争议案件。从案件处理结果来看,职工胜诉和职工大部分胜诉的案件,占了案件总数的83.6%。可见,绝大多数案件的仲裁或诉讼处理结果是对企业不利的，企业败诉率居高不下已是不争的事实。以上只是从仲裁和诉讼案件的角度进行统计，还没有包括集团通过劳动争议内部调解组织而化解的劳动争议，特别是这两年集团下属某些企业曾出现几起群体性事件，个别部门甚至出现了短时局部罢工，造成了极其负面的影响。

接下来，集团人力资源总监在法务总监发言后，对近几年集团劳动争议发生的主要原因做了以下分析。

（1）一些下属企业的多次并购或机构裁撤。因业务调整和战略转移，一些子公司不得不做一些必要的企业并购或部门的裁撤，当企业并购或部门合并时，在老员工的处理问题上，部门经理之间容易出现扯皮现象，对涉及员工的一些利益问题相互推诿，引发员工的不满情绪，与公司发生劳动纠纷。

（2）一些企业制度不完备，如考勤制度、考核制度等不健全，同时对员工的日常管理又没有做到位。有些员工借此消极怠工，出勤时间过于随意，企业管理时紧时松，且在制度欠缺的基础上对上述员工作出强硬处理，这些员工就以公司处理缺乏依据为理由，向仲裁机构或法院状告公司。

（3）一些企业在劳动用工方面存在一些问题。例如，第一，有个别员工的劳动合同是入职一个月以后才签订的，还有个别临时用工人员根本没签过劳动合同，这些情况都不符合劳动合同法的要求。第二，根据我国法律规定，考勤举证责任在企业，所以考勤记录和员工资料在员工离职后最少也要保存两年。一些部门的考勤记录和员工资料没有保存两年，当员工在加班时间上与公司发生分歧时，因找不到原始考勤记录而使分歧难以解决。第三，公司至今还没有给部分员工缴纳社会保险，还有些员工的社会保险虽然已经缴纳，但没有足额缴纳，所采用的缴费工资基数大大低于本人的实际工资收入。以上种种问题，引发员工与企业发生劳动争议。

在以上两位总监的发言后，与会人员展开了分组讨论。讨论中，大家对今后集团劳动争议的预防和化解工资，纷纷献计献策。

最后，集团总经理总结：劳资纠纷的产生对企业会产生不可估量的影响，不但给企业带来不好的声誉，而且在岗的员工也会产生不稳定感，因此，企业必须解决好劳动争议问题，避免劳资纠纷。

（资料来源：左详琦，许佳琦. 最新 HR 疑难问题解决方案[M]. 北京：法律出版社，2013.）

思考：
1. 结合当前社会和企业现状，分析当前企业劳动争议大幅增加的原因。
2. 依据我国劳动法律法规，对案例中的该集团有效防范劳动争议提出建议。

【能力训练】

以个人和小组为单位，利用网络查找公司管理层和工会在谈判过程中形成僵局，但最终又化解了僵局的案例。重点描述导致双方僵持的问题，化解僵局的办法，以及最后的结局。

模块九

职业生涯管理

【学习目标】

能力目标
1. 能熟练运用自我评估的常用工具;
2. 能消除职业生涯规划的认识误区;
3. 能有效进行自我的职业生涯管理。

知识目标
1. 理解职业生涯和职业生涯管理的概念;
2. 掌握职业生涯发展理论;
3. 掌握职业生涯设计的步骤;
4. 掌握组织职业生涯管理的内容和方法。

素质目标
1. 通过启发和引导培养学生的批判性思维精神;
2. 通过分组讨论培养学生的集体荣誉感和团队协作精神。

任务一 认知职业生涯管理

【工作情境】

如果你获得一个免费度假的机会,你有以下 6 个选择机会,你希望选择哪一个?

岛屿 R:自然原始的岛屿。岛上保留有原始森林,自然生态保持得很好,有各种各样的野生动物。岛上居民生活状态还相当原始,他们以手工见长,自己种植花果蔬菜、修缮房屋、打造器物、制作工具,喜欢户外运动。

岛屿 I:深思冥想的岛屿。岛上人迹较少,建筑物多僻处一隅,平畴绿野,适合夜观星象。岛上有多处天文馆、科技博览馆以及藏书丰富的科学图书馆等。岛上居民喜欢观察、学习、探究、分析,崇尚追求真知,常有机会和来自各地的哲学家、科学家、心理学家等交换心得。

岛屿 A:美丽浪漫的岛屿。岛上布满了美术馆、音乐厅、街头雕塑和街边艺人,弥漫着浓厚的艺术文化气息。当地的居民很有艺术、创新和直觉能力,他们保留了传统的舞蹈、音乐与绘画,许多文艺界人士都喜欢来这里找寻灵感。

岛屿 S：友善亲切的岛屿。岛上居民个性温和、十分友善、乐于助人，社区均自成一个密切互动的服务网络，人们重视互助合作，重视教育，关怀他人，充满人文气息。

岛屿 E：显赫富庶的岛屿。岛上的居民善于企业经营和贸易，能言善道，以口才见长。岛上的经济高度发展，处处是高级饭店、俱乐部、高尔夫球场。来往者多是企业家、经理人、政治家、律师等，曾数次在这里召开财富论坛和其他行业巅峰会议。

岛屿 C：现代、井然有序的岛屿。岛上建筑十分现代化，是进步的都市形态，以完善的户政管理、地政管理、金融管理见长。岛民个性冷静保守，处事有条不紊，善于组织策划，细心高效。

任务要求：

1. 选择 3 个岛屿，并排序。
2. 选择同一岛屿的同学坐在一起，交流各自的选择缘由。

【相关知识】

人生就像一个坐标系，每个人都会确定自己的象限，找到自己的对应点，这个对应点就是理想。有了理想，我们还要实事求是地制定自己的职业目标，采取及时有效的措施，才能实现完美的职业生涯。要有效地进行职业生涯管理需要掌握以下理论知识。

一、职业生涯管理的内涵

（一）职业生涯的含义与特点

一个人从出生到死亡的整个人生经历中，存在着不同的生命周期，其中在人生中起决定作用的是职业生命周期，即职业生涯。职业生涯是指个体一生的工作经历，包括从事的职业、职位的变动及职业发展目标实现的整个过程。职业生涯具有以下特点。

1. 差异性

由于多年所从事的专业职位的历练，每个人无论在生理、心理、习惯还是行为模式上，都会烙上这个职业的"印迹"，从而形成不同的职业生涯状态。正是这种差异性的存在，决定了员工的职业生涯设计是个性化的。

2. 发展性

职业生涯是一个人一生连续不断的发展过程，发展性在职业生涯中的表现是多方面的。例如，员工可以通过持续不断地加强修养，使自己逐渐成长起来，还可以通过实现以一个个的职业目标来促进个人价值的提升，去扮演越来越重要的社会角色。

3. 阶段性

职业生涯发展的阶段性一般以工作年限为主要表现形式，而且每个阶段都会表现出不同的职业特点。各阶段之间是一种递进关系，即前一阶段的状态是后一阶段的基础，只有前一阶段的状态越好，后一阶段的状态才可能越好。

4. 可规划性

职业生涯规划的目的是提供总体的职业生涯发展状态的指导,对职业生涯发展方向进行战略性的把握。职业生涯的可规划性正是表现在对职业生涯发展过程中许多偶然因素的把握上,以克服在职业生涯发展的过程中因偶然因素而导致的盲目性。

(二)职业生涯管理的含义与内容

职业生涯管理是指组织和员工对职业生涯进行设计、规划、执行、评估和反馈的一项综合性工作。它是人力资源管理的重要职能之一,分为组织职业生涯管理和员工职业生涯管理。

组织职业生涯管理是组织将个人发展与组织目标相结合,对决定员工职业生涯的主客观因素进行分析、测定和总结,并通过规划、设计、执行、评估和反馈,使每位员工的职业生涯目标与公司发展的战略目标相一致的过程。

员工职业生涯管理是以实现员工个人发展的成就最大化为目的,通过对个人兴趣、能力和个人发展目标的有效管理实现员工发展愿望的过程。

职业生涯管理一般包括职业生涯规划、职业生涯发展、职业生涯管理3个层面的内容。职业生涯规划主要是确定员工个人的发展目标和发展道路,这种发展目标和发展道路不仅是员工个人的需要,也是企业组织的需要。职业生涯发展就是职业生涯规划的实施,是通过组织和个人的共同努力,实现员工个人人生目标或理想。职业生涯管理是针对组织而言的,即组织帮助全体员工制定其生涯规划以及帮助其生涯发展的一系列活动。职业生涯管理的关键环节是职业生涯规划。缺少职业生涯规划或设计失误,必将导致职业生涯管理的失败。

二、职业生涯管理的意义

1. 职业生涯管理对组织的意义

(1)促使员工发展目标与企业发展目标相一致。职业生涯管理可以帮助组织了解其员工的情况,也可以帮助员工了解和掌握组织的有关信息,进而协调员工个人职业理想与组织现实需要之间的矛盾,使员工的职业生涯目标与组织发展目标相一致。

(2)有利于组织保持长盛不衰。职业生涯管理具有很强的独特性和排他性,能够更加合理有效地激励与利用人力资源;同时,为员工提供施展才华的舞台,帮助员工实现自我价值,从而留住和凝聚人才,有利于组织保持长盛不衰。

(3)有利于人才的选拔、培养和使用。职业生涯管理是在充分了解员工能力、兴趣、特长、性格等因素的基础上,与员工一起设计其职业发展规划,并纳入组织的目标中,可以随时根据组织的需要进行有针对性的培养和使用。

2. 职业生涯管理对员工的意义

(1)增强员工把握职业的能力,提高其竞争力。职业生涯管理不仅可以使员工了解自身的长短处,养成对环境和工作目标进行分析的习惯,还可以使员工合理规划、安排时间和精力开展学习与培训,以提高职业技能,从而增强员工对职业环境的把握能力和对职业困境的控制能力,提高自身的竞争力。

(2)能够为员工提供公平的就业和发展机会。职业生涯管理考虑了员工的特点和需要,并据此设计不同的职业发展通道,对员工年龄、学历、性别、性格等的差异,不是采取歧视态度，而是根据这些差异帮助员工确定不同的职业发展方向和途径，这就为员工在组织中提供了更为公平的就业和发展机会。

（3）能够协调和统筹员工职业与生活的关系。有效的职业生涯管理可以帮助员工综合地考虑职业与个人追求、家庭目标等生活目标的平衡，避免陷入顾此失彼、左右为难的窘境；同时，员工可以从更高的角度看待职业中的各种问题和选择，将相互矛盾的事件结合在一起，使之联系起来，共同服务于职业目标，使职业生活更加充实和富有成效。

三、职业生涯规划的原则

1. 互动性原则

职业生涯规划应由组织和员工共同完成，是组织和员工协调匹配的过程。对员工而言，要根据自身的个性、兴趣、意愿和能力等规划自己期望的职业生涯；对组织而言，要按照发展战略和可能提供的机会为员工设计职业生涯。

2. 长期性原则

员工的职业生涯规划要贯穿员工职业生涯的始终，并应该长期坚持，才能取得良好的效果，避免成为组织管理的权宜之计。

3. 公平性原则

职业生涯规划不能厚此薄彼，应该公开、公平、公正，给员工均等的机会，在提供教育培训与选拔任用等发展机会时，应该公开其条件、标准，保持高度的透明。

4. 期限性原则

职业生涯规划的每一个事件都应标记两个时间，即开始执行行动方案的时间和目标实现的时间。职业规划和职业发展应该在这个期限内完成。没有明确的时间规定的开发活动，将失去意义。

5. 动态原则

职业生涯规划应该根据组织的发展战略、组织架构的变化与员工不同时期的发展需求进行相应的调整。

6. 创新原则

职业生涯管理应提倡制定有挑战性的目标，并努力采取新的方法、新的思路发现和解决问题；要让员工发现、发挥和发展自己的潜能，以获得创造性的成果。

四、职业生涯发展理论

（一）职业选择理论

1. 人职匹配理论

1909年，美国波士顿大学教授、"职业指导之父"弗兰克·帕森斯在其《选择一个职业》

一书中提出了人与职业相匹配是职业选择的焦点的观点。他认为,每个人都有自己独特的人格模式,每种人格模式的个人都有与其相适应的职业类型。帕森斯的人职匹配理论给出了选择职业的"三步范式"。

第一步:评价应聘者的生理和心理特点。通过心理测试及其测评手段,获得有关应聘者的身体状况、能力倾向、兴趣爱好、气质与性格等方面的个人资料,并通过会谈、调查等方法获得有关应聘者的家庭背景、学业成绩、工作经历等情况,并对这些资料进行评价。

第二步:分析各种职业对人的要求,并向应聘者提供有关的职业信息。包括职业的性质、工资待遇、工作条件以及晋升的可能性;求职的最低条件,诸如学历要求、所需的专业训练、身体要求、年龄、各种能力,以及其他心理特点的要求;为准备就业而设置的教育课程计划,以及提供这种训练的教育机构、学习年限、入学资格和费用等就业机会。

第三步:人与职位的匹配。指导人员在了解应聘者的特性和职业的各项指标的基础上,帮助应聘者进行比较分析,以便选择一种既适合其个人特点又有可能获得职业成功的职业。

帕森斯的人职匹配理论首次提出在职业决策中进行人职匹配的思想,并十分重视人才测评的作用,所以该理论奠定了人才测评理论的理论基础,同时推动了人才测评在职业选拔与指导中的运用和发展。

2. 职业倾向理论

美国霍普金斯大学心理学教授、著名的职业指导专家约翰·霍兰德在帕森斯的人职匹配理论的基础上,通过研究于1959年提出了著名的职业倾向理论,发现了6种基本的职业倾向或人格类型。

(1)现实型。这类人偏好动手做,包括对机器和工具的操作,如修理工、木匠、烹调师。

(2)研究型。这类人善于分析、有好奇心、具备系统性和精确性,如技术人员、化学家、大学教授。

(3)艺术型。这类人是有表现力的、不按常规的、新颖的和好反省的,如文学家。

(4)社会型。这类人喜欢与人一起工作并且帮助他人,刻意地避免涉及设备和机器的系统性活动,如学校顾问。

(5)企业型。这类人喜欢通过自己去影响他人来达到目标,如企业家。

(6)常规型。这类人喜欢数据、文档记录或再生产的材料进行系统的分析,如会计。

上述6种类型及其关系可用一个六角形进行说明(图9-1)。

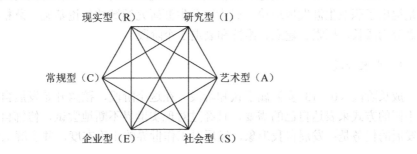

图9-1 霍兰德的职业倾向类型

霍兰德的职业倾向理论认为,多数人可被纳入6种类型中的一种,但人们具有广泛的适应能力,其职业倾向在某种程度上与另外两种类型相近,并且能适应另外两种类型的工作。而且,每一类型都有一种相斥的类型,如实际型与社会型。相斥关系说明类型间没有共同之处,如果一个人在与其人格类型相斥的职业环境中工作,个人将不会感到快乐,也无法胜任工作。霍兰德的职业倾向理论为人们的职业选择提供了最基本的指导原则——人职匹配的原则。该理论简单易懂,应用相当广泛。

3. 沙因的职业锚理论

职业锚理论是由美国埃德加·沙因教授提出的。他认为,职业规划实际上是一个持续不断的探索过程。在这个过程中,每个人都根据自己的天资、能力、动机、需要、态度和价值观等慢慢地形成较为清晰的与职业有关的自我概念;随着一个人对自己越来越了解,这个人就会越来越明显地形成一个占主导地位的职业锚。所谓职业锚,就是一个人即使在不得不做出某些职业选择时都不会放弃的至关重要的东西或价值观。一个人的职业锚是不断发展变化的,是一个不断探索而产生的动态的结果。沙因提出了5种职业锚。

(1)技术或职能型职业锚。这类人追求在技术或职能领域的成长和技能的不断提高,以及应用这种技术或职能的机会。

(2)管理型职业锚。这类人追求并致力于工作晋升,倾心于全面管理,可以跨部门整合其他人的努力成果。

(3)自主或独立型职业锚。这类人希望随心所欲地安排自己的工作方式、工作习惯和生活方式;追求能施展个人能力的工作环境,最大限度地摆脱组织的限制和制约。

(4)安全或稳定型职业锚。这类人追求工作中的安全与稳定感,稳定感包括诚实、忠诚以及完成领导交代的工作。他们可以预测将来的成功从而感到放松,关心财务安全。

(5)创造型职业锚。这类人希望利用自己的能力去创建属于自己的公司及产品而且愿意冒险,勇于克服面临的障碍。

个人在进行职业规划和定位时,可以运用职业锚确定自己的发展方向,审视自己的价值观是否与当前的工作相匹配。对于组织而言,通过员工在不同工作之间的轮换,了解员工的职业兴趣爱好、技能和价值观,将他们放到最合适的职业轨道上,这样才能实现组织和个人发展的双赢。

(二)职业发展理论

美国职业发展大师唐纳德·萨柏是职业研究领域的一位里程碑式的人物。他的最重要贡献是提出了职业生涯发展理论,成为职业生涯研究领域的理论基础。萨柏将人生职业生涯发展划分为成长、探索、建立、维持和衰退5个阶段。

1. 成长阶段

成长阶段(0~13岁)属于认知阶段。在这个阶段,孩童开始发展自我概念,学习以各种不同的方式来表达自己的需要,且经过对现实世界不断地尝试,修饰自己的角色,这个阶段发展的任务是:发展自我形象,发展对工作世界的正确态度,并了解工作的意义。

2. 探索阶段

探索阶段(14~25岁)属于学习打基础的阶段。该阶段的青少年,通过学校的活动、社团休闲活动、兼职实习等机会，对自我能力及角色、职业做了一番探索，因此在选择职业时有较大的弹性。这个阶段发展的任务是：使职业偏好逐渐具体化、特定化并实现职业偏好。

3. 建立阶段

建立阶段（26～44岁）属于选择、安置阶段。经过上一阶段的尝试，不合适者会谋求变迁或作其他探索，因此该阶段较能确定在整个事业生涯中属于自己的职位，并在31～40岁开始考虑如何保住该职位并固定下来。这个阶段发展的任务是统整、稳固并求上进。

4. 维持阶段

维持阶段（45～65岁）属于升迁和专精阶段。个体仍希望继续维持属于他的工作职位，同时会面对新的人员的挑战。这一阶段发展的任务是维持既有成就与地位。

5. 衰退阶段

衰退阶段（66岁以上）属于退休阶段。由于生理及心理机能日渐衰退，个体不得不面对现实从积极参与到隐退。这一阶段往往注重发展新的角色，寻求不同方式以替代和满足需求。

职业发展理论告诉我们：第一，事业的成功绝不是一朝一夕就能实现的，有赖于终身的职业追求；第二，积极地对职业生涯发展进行规划；第三，个体必须清醒地认识到自己目前处于哪个职业发展阶段，进而思考当前的职业任务与下一步地事业发展方向；第四，由于每个阶段都有相应的职业任务，因此，提前或适时地完成这些任务，是事业成功与人生幸福的关键。

延伸阅读

腾讯保安被录取为员工

从保安到IT精英，中国也有林书豪一样的励志故事。2012年3月1日，微博上有消息称，腾讯北京分公司20楼前台一名保安经过层层面试被腾讯研究院录取。

这名保安名叫段小磊，现已成为腾讯研究院的外聘员工，负责数据整理等基础工作。据腾讯透露，年轻的段小磊只有24岁，毕业于洛阳师范学院，拥有计算机和工商管理的双学位。他带着IT职业经理人的梦想来到北京，几经碰壁后，他决定从事上手很快的保安工作。2011年8月24日，段小磊成为腾讯的一名保安员。很快，段小磊成为腾讯北京分公司20层的名人。大家发现他不仅熟悉楼层里所有人的名字，每天早上还会告诉每个人第几个到的，并做一些善意的生活提醒，比如"明天会变天，注意加衣服""今天加班这么晚，回去好好休息"。

"保安是服务性质的工作，别人上班第一个看到的就是你，我觉得可以做得让大家更满意。做好手头的工作很重要，这样才能让人信任你。" 段小磊说。功夫不负有心人，腾讯员工渐渐将段小磊当成了朋友，有时发现他在看计算机方面的书，还会耐心为其解答一些专业问题。

2012年2月，就在这一层工作的腾讯研究院一名负责人急需一批外聘员工，她早就知道段小磊在看计算机的书，就半开玩笑地问他："你要不要来帮我们做数据标注的外包工作?"这是一份基础性的工作,主要要求熟练操作电脑,并对数据敏感。令这位负责人意外的是,几天后的一个下午,段小磊找到她说已经正式辞职,可以来帮她做数据标注工作了。

经过面试,段小磊顺利成为腾讯的外聘员工,目前负责一些数据整理和数据运营工作。腾讯人力资源部相关人士表示:"腾讯向来本着公平、公正的用人原则,给予优秀人才最大的发展空间。而且英雄莫问出处,腾讯的人才来源非常多元化。"

(资料来源:张继辰. 腾讯人力资源管理(畅销版)[M]. 北京:海天出版社,2014.)

【知识应用】

职业锚作为组织人力资源管理的重要工具,能够协助组织或个人进行更理想的职业生涯发展规划,但是有许多人对自己的职业锚并不清楚。对此,你有何建议?

任务二　职业生涯规划

【工作情境】

步入大学校园的你,心中拥有对未来美好生活的憧憬。于是你开始了自己的职业生涯规划。首先你做了六岛环游游戏,进行了职业倾向探索,然后你要对自己的能力进行评估。你回忆自己生活中令你有成就感的具体事件,然后把它写下来,并对其进行分析,看看你在其中使用了哪些技能,尤其是可迁移技能。只要符合以下两条标准,就可以被视为"成就":你喜欢做这件事时体验到的感受;你为完成它所带来的结果感到自豪。

任务要求:

请你为自己撰写一份成就故事。在撰写成就故事时,每一个故事都应当包含以下要素:①你想达到的目标,即需要完成的事情。②面临的障碍、限制、困难。③你的具体行动步骤:你是如何一步步克服障碍、达成目标的?④对结果的描述:你取得了什么成就?⑤对结果的量化评估:可以证明你成就的任何衡量方法。

【相关知识】

职业生涯规划对于组织和个人都具有重要意义。消除职业生涯规划的理解误区,掌握职业生涯规划的步骤,有助于我们最大化地实现自身的职业目标。

一、职业生涯规划常见的误区

误区一:职业生涯规划的"无用论"

有些人认为,职业生涯规划经不起时间和实践的考验。因此,做职业生涯设计是没有意义的。哈佛大学有一个非常著名的调查,可以很好地反驳上述观点。调查对象是一群智力、学历、环境等条件都差不多的年轻人,调查结果如下:25年后再来看被调查的人,3%有清晰且长远目标的人,现在几乎成了社会各界的顶尖成功人士;10%有清晰但短期目标的人,大都生活在社会的中上层,他们的共同特点是那些短期目标不断被达成,生活状态稳步上升,成为各行各业不可或缺的专业人士;60%有较模糊目标的人,几乎生活在社会的中下层;27%无目标的人,几乎生活在社会的最底层。

误区二：职业生涯规划的"静止论"

有些人认为，职业生涯规划在现实面前总是很无力、很被动。这种认识中混淆了计划和规划的含义。计划是单一指向的、短期的，规划是系统考量的、长期的。生涯规划中的自我评估和环境评估恰恰是对有可能影响生涯设计和决策的因素的考量。影响职业生涯规划有多个变量，包括个人变量和环境变量。个人变量如年龄、技能、经验、择业观等，环境变量如社会环境、岗位要求、家庭情况等。这些变量会时刻影响到人们的生涯选择和设计。从这种意义上来讲，变化本身就是规划应有之义，也在规划的范畴之内。

误区三：职业生涯规划的"功利论"

有些人认为，上大学是为了接受高等教育，实现自我人生价值，不希望自己的大学生活带有强烈的功利色彩，仅仅注重于就业知识和技能的学习和培训。而职业生涯规划的直接目标就是为了更好地就业，所以并不希望自己在大学期间就急于明确自己的职业定位。这里面有一个认识误区，就是混淆了职业生涯规划和职业规划这两个概念。职业规划是通过规划的手段寻找适合自己职业的过程；而职业生涯规划是一个长期复杂的过程，是对于人的一生整个职业发展历程的探索。职业生涯的良好发展，对整个人生的生活质量和价值体现都是有积极作用的。

误区四，职业生涯规划中测评工具的"万能论"

有些人认为，测评就是考试，测评能够给自己一个结论。事实上，职业测评工具仅仅是帮助一个人进行自我评估和环境评估的一个手段。目前国内的职业测评技术主要是从欧美国家引进，这必然会因东西方价值观、语言翻译等因素而产生偏差。职业生涯规划是一个系统性活动，是经过理论分析和实践检验共同作用的结果，而并非单纯依靠理论分析或者职业测评就能够得出结论的。

二、职业生涯规划的步骤

员工职业生涯规划主要是在组织的支持与帮助下，通过员工充分认识自己。客观分析环境，正确选择职业，科学树立目标，并运用适当的方法与采取有效的措施，克服职业生涯发展的困阻，以获得事业的成功。员工职业生涯规划通常包括自我剖析（自我探索）、环境与机会评估（职业探索）、职业定位、目标设定、策略实施、评估与校正6个步骤。

1. 自我剖析

有效的职业生涯规划，必须在充分正确认识自身条件的基础上进行，所以员工职业生涯规划的第一步是全面分析和认识自己。自我剖析是指员工全面、深入、客观地分析和了解自己，弄清自己为人处世所遵循的价值观念，明确自己的价值目标，熟悉自己掌握的知识与技能，剖析自己的人格特征、兴趣、性格等多方面的个人情况，以便了解自己的优势和不足，进而对自己形成一个客观、全面的认识和定位。

2. 环境与机会评估

职业生涯规划的第二步是评估职业环境与机会，主要是评估各种环境因素对自己职业生涯发展的影响。在制定个人的职业生涯规划时，要分析环境条件的特点、环境的发展变化情况、自己与环境的关系、自己在这个环境中的地位、环境对自己提出的要求，以及环境对自己有利与不利的条件等。也就是运用 SWOT 分析方法，明白自身有什么优势和劣势，周围环境对自己有什么优势和劣势，会给自己带来哪些机会，又会对自己产生哪些威胁。

3. 职业定位

通过自我剖析和环境与机会评估，便可进行职业定位。职业定位就是为员工的职业目标、自身潜能以及主客观条件谋求最佳匹配。员工可以充分利用职业选择理论与职业发展理论来指导自己的职业定位或职业选择。良好的职业定位是以员工的最佳才能、最优性格、最大兴趣、最有利的环境等信息为依据的。

4. 目标设定

职业生涯目标的设定是职业生涯规划的核心。一个人事业的成败，很大程度上取决于有无正确适当的目标。职业生涯目标通常分为短期目标、中期目标、长期目标和人生目标。短期目标一般为 1~2 年，中期目标一般为 3~5 年，长期目标一般为 5~10 年，人生目标一般是个人终身为之奋斗的长远目标。

在设定目标时，应根据主客观条件进行设计，要保证目标适中，不可过高或过低；要把长远目标和短期目标结合起来，通过不断实现短期目标以最终实现长远目标。目标设定一般应遵循以下 3 个准则：择己所爱、择己所长、择世所需。

5. 策略实施

在确定了职业生涯目标后，下一步便是目标实现策略的实施。职业生涯策略是指实现职业生涯目标的行动计划，一般都是具体的、可行性较强的。没有行动，目标就难以实现。这里的行动主要是指落实目标的具体措施，主要包括员工在工作中的表现及业绩、教育与培训、构建人际关系网以及为平衡职业目标和其他目标而付出的努力等。

6. 评估与校正

职业生涯规划制订好后，员工将沿着设计的发展通道不断地从一个职位转移到另一个职位，从较低层次上升到较高层次，直到实现职业生涯目标。在这个过程中，伴随着职位和层次的变化，员工必须不断提高自身素质，改善素质结构，同时组织仍需加强对员工职业生涯规划实施跟踪和指导，定期或不定期地对之进行评估、反馈与校正。其内容包括职业的重新选择、职业生涯路线的选择、人生目标的修正、实施措施与计划的变更等。

延伸阅读

吴双的职业生涯规划

一、自我探索

1. 性格

根据性格测试的结果，我的性格类型是 INFP，能量倾向上是内向的，接受信息的方式是直觉型，处理信息的方式是情感型，行动方式是知觉型。

事实上，我觉得这种非此即彼的性格类型划分并不符合我的实际性格表现。我的性格是多层次的。例如，在能量倾向方面，我通常在心中思考问题，更愿意在经过挑选的小群体中分享个人的情况，但是，我也喜欢成为注意的中心，而且反应快；在感觉或直觉的选择中，我既善于理解字面以外的含义，对一切事情都要寻求一个内在意义，也注重看到、听到、触到、嗅到的具体感受，既自觉不自觉地挖掘深层的内在意义，又注重可测量的真实可靠的事。处理信息方面，我既是思考型亦具情感处理倾向。我喜欢逻辑的分析，决策时也善于运用感觉和直觉。在行动方式上，我喜欢理解生活，但又倾向于让生活有条不紊。

我的性格是偏向内向、直觉、情感和知觉型，但又在一定程度上滑向另一端。总的来说，我是敏感的、内向的，感受能力很强，但又乐于与人交往交流，喜欢思考问题，有逻辑地分析问题，倾向于梳理条理。

2. 职业兴趣

我做了六岛环游游戏的职业倾向探索，探索结果用霍兰德三字玛表示为 RSA，即现实型、社会型和艺术型。根据霍兰德的六边形图形分析，R 与 S 对角，S 与 A 相邻，很难从三者的结合和调和中得出比较适合的职业兴趣倾向，这也似乎对应了以上性格分析中的混合和矛盾。我既善于与物打交道，解决事务性的问题，又可以适应社会交往，有责任感而且关心他人的利益，善于沟通和协调。不过，我的理解是，每个人的性格不可能是单向的，更多的人是各种性格特质的综合体。我的性格倾向和职业兴趣涉及面很广，可匹配的工作类型很多，我的适应性很强，很具柔韧性，这是我的优势。总的来讲，我的职业兴趣在于分析和解决实际的问题，并在工作中与人沟通，关心他人的利益，且能实现自身对于社会的价值感。

3. 价值观

我的职业价值观探索结果是：我崇尚工作的独立性、专业性和职业性，追求成就，注重关系、赞誉赏识以及别人的肯定。我希望工作的时间是可以灵活调配的，工作的环境应当有利于我发挥主观能动性。我对职业给我带来的物质满足并不看重，薪酬水平一般即可。而我最突出的职业价值观是追求成就，即在工作中能提升自己的专业能力，并得到同行的认可。所以，我希望我的职业是专业性非常明显的，在某个专业的领域内有所作为是我对职业生涯的期待。

4. 能力

在课堂上和课后的盘点中，我总结自己的能力主要有以下几点。

（1）在自我管理能力方面，我是有责任感的、认真的、努力的、公平的。

（2）在可迁移能力方面，我具有亲和力，善于与人交流，具有快速学习的能力、找出关键问题的能力，反应快，能适应新环境，具有较强的领悟别人意思的能力，有耐力，并且逻辑分析的能力强。

通过4年的大学学习，我将具有的专业能力有英语的工作语言运用能力、基本的计算机操作能力、法律思维能力、法律检索能力、法律实务能力。

二、职业探索

目前我感兴趣的职业是法官。

作为法官，其工作内容在于运用决律的专业知识，对提交到法院的争议进行法律分析，对诉争事实进行认定，对诉讼当事人之间的法律上的权利义务关系进行分配，法官要解决的争议是社会生活方方面面的问题，法官需要分析问题，解释法律，运用现有的法律规则以及法律原则解决问题。法官代表国家作出审判，是社会公正和正义的象征。

现在，法官的工作报酬不高，但是社会地位比较高，法官的工作不要求他具有很强的交际能力，不需要很广的社会关系网络。

一个法官应当具备以下条件。

（1）接受过系统的法律知识教育，能够运用法学方法分析具体案件。

（2）取得法律执业资格。

（3）对社会生活有经验性的了解和理解。

（4）有深厚的学术和理论功底。

（5）具有一定的外语水平。

（6）健康状况良好。

三、职业定位

在对法官这个职业进行探索后，我也对律师这个职业进行了探索。在探索之后，我了解到，律师职业和法官职业对人的要求差不多，但律师这个职业要求从业者影响别人的愿望要强一些，而我感觉自己在这方面弱一些。因此，我把自己的职业选择锁定在法官这个职业上。

四、目标设定

短期目标：通过本科阶段的学习，掌握决律的专业知识，通过司法考试，取得法律执业资格；熟练掌握英语，通过六级考试；提高计算机的应用水平，熟练使用各种办公软件参加学生会或者社团，并努力成为骨干，从而提高自己的组织协调能力；争取到法院去实习，提高自己的实际工作的能力。

短中期目标：本科或研究生毕业之后，进入法官的职业队伍，进行实际工作的训练和工作经验的积累。

中期目标：在毕业5年内成为一名优秀的法官。

中长期目标：在毕业8年内成为一级法官。

长期目标：在毕业12年内成为一级高级法官。

人生目标：成为一级大法官。

五、策略实施

要达到职业目标，需要职业技能的全方面提高，使自己更加契合该职业的要求。需要做的事情有以下几个方面。

（1）加强人格修养，塑造公正人格。

（2）加深学术和理论功底，准确并娴熟运用法律的每一个条款。

（3）掌握先进国内外法律理念，把终身学习当作自己的人生目标。

（4）通过实习等方式，多接触社会的各个方面，包括经济生活的方方面面，了解和关注社会生活中的热点问题。

（5）学会换位思考，不能让有理的当事人因为不懂怎样打官司而吃亏。

六、评估与校正

我会对法官这个职业继续进行深入了解，并争取有机会在法官这个岗位上进行实习，深入体验法官这个职业。同时我也会继续关注律师这个职业。我会根据自己能力的变化和社会需求的变化，对职业生涯规划不断进行评估与校正。

（资料来源：方伟. 大学生职业生涯规划咨询案例教程[M]. 北京：北京大学出版社，2015.）

【知识应用】

运用所学知识，为自己制定一份职业生涯规划书。

任务三 组织职业生涯管理

【工作情境】

信达公司是一家全国性的民营快递公司，经过10余年的发展，该公司在全国范围内形成了较为完善、流畅的自营快递网络。截至2017年6月，信达公司拥有独立网点及分公司860家，服务网点及门店已覆盖到全国四线城市，从业人员超过12万人。

近年来，快递向西向下步伐加快，众多快递公司也在因地制宜探索"快递下乡"新模式。信达公司也在不断加强快递和电商的互动，打通"产品出山""网货下乡"双向通道。2015年9月，信达公司引进阿里"村淘"项目落户贵州山区的某一乡镇，但是派往该乡镇的管理人员和骨干人员工作不到半年就相继离职，有的跳槽到了大型物流企业，有的自己创办了小的快递公司，人才流失使公司实施"快递下乡"的战略难以实现。

任务要求：

1. 对于阿里"村淘"项目的管理和骨干人员，信达公司如何进行有效的职业生涯管理？

2. 要实现阿里"村淘"项目和员工双赢，信达公司和该项目人员分别应该做些什么？

【相关知识】

组织职业生涯管理归纳起来有以下3个方面的内容：一是协调组织目标；二是帮助员工制定职业计划；三是帮助员工实现职业计划。员工、组织、管理者和人力资源经理在职业生涯管理中各自扮演不同的角色，共同承担职业生涯管理的任务。

一、组织职业生涯管理的内容

（一）协调组织的目标与员工个人目标

组织目标是组织存在与发展的前提，但是再完美的组织目标，如果没有员工的参与，也只是空中楼阁。要协调好组织目标与员工个人目标，组织主要应做好以下工作。

（1）树立人力资源开发思想。人力资源管理强调组织不仅要用人，还要培养人。职业生涯管理正是培养人的重要途径。

（2）了解员工需求。员工的需求是多样化的，不同的员工有不同的主导需求。组织只有准确把握员工的主导需求，才能采取针对性措施满足其需求。

（3）使组织与员工结为利益共同体。组织在制定目标时，要使组织目标包含个人目标，还要通过有效的沟通使员工了解组织目标，让他们看到实现组织目标给自己带来的利益。

（二）帮助员工制订职业计划

对员工做职业计划是有目的性的，一是支持公司的战略实现，二是实现员工的个人成长。公司首先将组织的战略分解到员工身上，这就对员工的能力提出了要求，这个能力要求是员工职业计划在组织层面的规范所在。其次，员工个人需求和组织发展要形成一致性，只有个人的期望和组织的发展方向是一致的，组织帮助员工制定职业计划才是有意义的。

为了帮助员工制订职业计划，组织可以采取以下措施。

（1）设计职业计划表。职业计划表就是一张工作类别结构表，即通过将企业中的各项工作进行分门别类的排列，而形成的一个较系统反映组织人力资源配给状况的图表。

（2）为员工提供职业指导。组织为员工提供职业指导有3种途径：一是通过管理人员进行。这是管理人员的义务。管理人员长期与下属共事，对下属的能力和专长有较深入的了解，所以有可能在下属适合从事的工作方面给其提供有价值的建议；另外，管理人员也能帮助下属分析晋升及调动的可能性。二是通过外请专家进行。三是向员工提供有关的自测工具。

（三）帮助员工实现职业计划

组织可以从以下5个方面帮助员工实现职业计划。

（1）在招聘时重视应聘者的职业兴趣并提供较为现实的发展机会。组织在招聘员工时既要强调职位的要求，又要重视应聘者的愿望和要求，特别是要注重了解应聘者的职业兴趣和对未来的职业发展计划。这是组织正确使用和培养人才的基本条件。组织在招聘时要注意的另外一点是要真实地向应聘者介绍组织的情况以及未来可能的发展机会。

（2）提供阶段性的工作轮换。工作轮换一方面可以使员工在一次次的新尝试中了解自己的职业性向和职业锚，更准确地评价自己的长处和短处；另一方面可以使员工经受多方面的锻炼，拓宽视野，培养多方面的技能，从而为将来承担更重要的工作打下基础。

（3）提供持续不断的培训。组织应建立完善的培训体系，使员工在每次职业变化时都能得到相应的培训；同时，组织也应鼓励员工自行参加组织内外提供的各种培训。

（4）以职业发展为导向的考核。以职业发展为导向的考核就是要着眼于帮助员工发现问题和不足，明确努力方向和改进方法，促进员工的成长与进步。

（5）晋升与调动管理。组织有必要建立合理的晋升和调动管理制度，给员工提供公平竞争的机会和职业发展的舞台。

二、组织职业生涯角色与任务

员工、组织、管理者和人力资源经理在职业生涯管理中各自扮演的角色是不同的，他们共同担当职业生涯管理的任务。

(一) 员工的角色

员工在职业生涯管理中扮演以下 6 种角色。

(1) 职业自我评价。对个人的需求、能力、兴趣、性向、职业锚等的评估，以便正确认识自己与组织目标之间的匹配程度。

(2) 获取职业信息。从职业开始的第一天就要从管理者和同事那里获得有关自己能力优势、劣势的相关信息，以便作出相关的职业决策。

(3) 检验职业选择。人们的职业选择不是唯一的。通过职业行为的信息反馈检验现在选择的职业与当初其他备选职业的收益与成功认知。

(4) 确立职业目标。要根据自己的职业期望和职业动机以及个人特征、组织特征和环境确立相应的职业目标和发展阶段的具体措施。

(5) 争取学习机会。活到老，学到老。为了取得职业的长期发展，员工必须争取并珍惜每一次学习机会，这包括在职学习和脱产学习等。

(6) 落实职业计划。和上级达成职业生涯发展的行动计划，并落实执行。

(二) 管理者的角色

管理者在员工职业生涯管理中可能扮演以下 7 种角色。

(1) 沟通者。与员工进行正式或非正式的讨论，倾听并理解员工真正关心的事情，确定不受干扰地会见员工的时间，营造一个开放的上下级相互影响的环境。

(2) 评价者。明确员工的关键工作要素，与员工讨论并确定绩效目标，评价员工的工作绩效，就绩效评价的结果与员工沟通，围绕未来工作目标制定发展计划，发现并激励员工的积极表现，经常回顾已为员工制订的发展计划。

(3) 教练。明晰并传达工作小组和组织目标，帮助员工明确改变目前情况的障碍，以引导、讨论的方式和员工一起找出改进的具体行动，传授与工作相关的技能，通过展示自身成功的职业行为为员工的职业发展树立典范，提议有益于员工的合适的培训活动，支持员工与组织内外的其他人交流，以提高工作业绩。

(4) 顾问。帮助员工明确与职业相关的技能、兴趣及价值观，帮助员工明确可能的职业选择，帮助员工评价各种职业选择的适合性，帮助员工明确能改变职业发展的方法，为员工职业进步提出合适的策略，帮助员工设计实现已达成一致的职业目标的策略。

(5) 经纪人。安排员工参加组织内外举行的相关活动，帮助员工团结那些在他们的职业生涯中需要互相帮助的人，帮助员工得到合适的受教育或工作机会。

(6) 推荐人。发现遇到问题的员工，为遇到问题的员工寻找合适的资源，向员工提供推荐人或帮助员工寻找推荐人，保证推荐人的有效性。

(7) 代言人。与员工一起制定计划，以让更高的管理层纠正某一具体问题，如果管理部门的矫正方案不成功，与员工一起制定替代策略，就某些具体问题的纠正向更高的管理层表达员工的诉求。

(三) 人力资源管理者的角色

人力资源管理者在职业生涯管理中扮演以下 4 种角色。

(1) 人才规划。发现问题，确定需求，详细界定这些需求，让员工对职业发展的过程、任务、目标、职业通道等有正确了解，并及时进行有效指导和辅导。

(2) 提供信息。为员工提供个人职业生涯规划的方式、资料、咨询等方面的帮助。

(3) 专业服务。成为职业生涯规划和管理方面的技术专家，并向员工进行解答、释疑，促进那些使组织未来目标实现的活动。

(4) 推动学习。通过工作中的关系促进学习，灌输终身学习的理念。

(四) 组织的角色

组织在职业生涯管理中扮演以下4种角色。

(1) 提供信息。为员工提供个人职业生涯规划的方式、资料、咨询等所需的信息。

(2) 动员资源。为员工提供职业生涯开发所需的资源，包括岗位工作经验、培训和开发机会。

(3) 提供咨询。由受专业培训的顾问提供职业生涯咨询，专门与员工一起解决职业生涯问题。

(4) 监督管理。监督管理者和员工本人对职业生涯计划的落实情况。

动 机 理 论

动机是指引起、维持和指引人们从事某种活动的内在动力，是人类行为的原动力。哈佛大学的戴维·C. 麦克莱兰提出了一个分类框架，强调了3种工作情境中最主要的动机：成就动机、权力动机和亲和动机。

(1) 成就动机是一些人具有的试图追求和达到目标的内在动力。拥有这种动机的个体希望能够达到目标，并且向着成功前进。研究表明，成就动机高的人比成就动机低的人往往能获得更大的成就。成就动机取向的管理者往往希望自己的员工也是成就取向型的。有时，这些较高的期望会使这类管理者很难有效分配工作，成就动机处于平均水平的员工难以满足他们的需要。

(2) 权力动机是试图影响他人和改变环境的内在动力。具有权力动机的人希望对组织产生影响，并且愿意为此承担风险。如果权力动机高的人是希望获得组织权力，而不是个人权力，他们会成为优秀的管理者。组织权力是为了整个组织的利益而影响他人行为的需要。具有这种需要的人通过正常手段获取权力，通过成功的表现提升到领导岗位，于是，他们也就能够得到别人的认可。

(3) 亲和动机是争取与他人进行社会性交往的内在动力。亲和动机高的员工会在他们因良好的态度和合作得到赞扬时更加努力工作。他们倾向于选择周围的朋友，能因为与朋友友好相处而得到内心的满足，并且他们需要在工作中自由发展这些关系。

麦克莱兰的研究结果表明，对于管理工作来说，那些权力动机超过成就动机的管理者，尤其是具有很强的权力动机和较弱的亲和动机的经理人通常是最优秀的，他们的下属责任感更强，能够更清楚地看到组织的目标，也富有团队精神。

（资料来源：北森测评技术公司，人力资源测评[M]. 北京：北森测评技术公司，2012.）

【知识应用】

假设你是西天取经项目团队的队长唐僧,在取经任务完成、项目团队解散之后,你作为团队领导为团队成员今后的职业发展提出什么建议和提供哪些帮助?

【模块知识小结】

本模块主要介绍了实施职业生涯管理的相关任务和知识。首先从职业生涯管理的内涵和意义、职业生涯规划的原则、职业生涯发展理论来认知职业生涯管理,构建职业生涯管理理论体系。然后在阐明职业生涯规划常见误区的基础上,介绍职业生涯规划的六大步骤。最后从组织的角度介绍组织职业生涯管理的内容,以及员工、组织、管理者和人力资源经理在职业生涯管理中各自扮演的角色。

【复习思考题】

1. 什么是职业生涯?什么是职业生涯管理?
2. 职业生涯管理的意义是什么?
3. 进行职业生涯规划应努力回答哪类问题?
4. 职业生涯规划期望达到的目标是什么?
5. 组织怎样进行职业生涯管理?
6. 管理者在员工职业生涯管理中应扮演哪些角色?

【企业案例分析】

一个华为老员工的职业规划

华为的一位老员工在离职前夕这样写道:大约 5 年前,初步形成了一个"十年一段"的理想人生规划:毕业至 35 岁,打基础、做专家;36~45 岁,当职业经理人或顾问;46~55 岁,创业;56~65 岁,大学教授;66~75 岁,公益事业……而且,每两段之间休息 1-2 年,学习充电、锻炼身体、旅游。如果从毕业就一直不间断地工作、工作,直到 60 岁带病退休,这样的人生太乏味了。经后来几年不断完善,这份规划越来越具体、清晰。

第一阶段:毕业至 35 岁前。打基础、深入钻研业务,做跨专业领域的业务专家。可做基层主管,但不急于做中层主管,因后者综合素质要求较高,基础不牢难以胜任,而且协调、开会多了,脱离具体业务,比较虚,时间长了就难以做回专家了。此阶段要初步实现财务自由,即在无奢侈消费时,可衣食无忧,长期失业情况下投资回报也可基本覆盖支出。

第二阶段:35~45 岁。做咨询顾问(专家)或职业经理人(中高层主管)。努力转入全球顶尖管理咨询公司(如麦肯锡)或投资银行(如摩根)做咨询顾问。如果有兴趣,这个阶段可一直做顾问,如果有转做高管的机会,也可以考虑。此阶段结束时需完全实现财务自由,即资产足以供余生维持高质量的中产生活,且有一笔余钱可以用来创业。此外,带着家人周游世界也在计划之内。

第三阶段,46~55 岁。创业,是个刺激的过程,作为职业商人,如果一生不能体验未免遗憾。以现在的想象力似乎可以做一个管理咨询公司或者一个财商教育中心,规模不是很大,汇聚顶尖聪明人,借鉴并优化华为的员工持股制度,财散人聚,共创一番事业……这需要若干年的思维准备,计划清晰后再付诸实施,所以暂时放在 10 年后。

第四阶段,56~65 岁。教育。去一些大学做兼职、客座教授等,到处讲讲学,把经验传递给青年学生。如果年龄不限制,可读个博士学位,年轻的时候没法做,机会成本太高。以那时的经历，写几篇含金量高的论文应该不难。

第五阶段，66～75岁。做慈善事业、写作等，或者当小区业委会主任、区政协委员等。75岁以后，视身体情况待定，希望那时相当于普通人60岁的身体状况。

转眼在华为已经11年整，差一个月就35岁了。其实早在2007年下半年就向公司提出过离开的打算，但公司提供了符合第一阶段规划的新的挑战，就精神抖擞地又做了一年。到2008年年底，离职的计划又摆上日程，不料上级主管"走"得比我还快，调到了销售服务部门。新领导初来乍到，3名骨干员工将外派海外、新员工技能不熟练，如果走，部门人才将青黄不接。于是又留了一年。如今，时机终于成熟了。

华为的收入使我实现了初步的财务自由；华为的平台成就了我的知识、技能和经验。11年时间，3家公司，3条产品线，并兼具国内、海外办事处经验。更重要的是，可以不谦虚地自我标榜：我是市场预测、管理会计、销售业务相关IT系统3个领域的华为首席专家，积累了大量可书写的、罕见稀缺的成功事例，这奠定了转入咨询业的专业基础。

如果继续留在华为，找到感兴趣的位置并不难，但职业生涯已经进入第二阶段了，不能再在第一阶段留恋徘徊。华为的核心竞争力在销售和研发，而我的兴趣和特长都集中在业务领域。所以，在规划第二阶段所从事的行业时，特别强调自己的兴趣和特长要与该行业的核心能力相符合，即能从事该行业的核心岗位，而不再做辅助岗位。

近两年的打算：下阶段的目标锁定高端咨询服务业，但两个选择尚未确定：一是业界顶级管理咨询公司——麦肯锡，二是以摩根为代表的顶级投行。前者是全球MBA最梦寐以求的企业，门槛很高但稍"虚"；后者直接"钱生钱"，务实而门槛较低。对照其选材标准，专业技能和经验基本满足，只是英文水平不足。

迄今为止，我所发展的特长都是围绕逻辑、数字的，这恰好是麦肯锡等公司所需要的。英语是弱项，但这是敲门砖、是拦路虎，必须攻克。想得远一点，在这样一个全球化的时代，不能精通这一世界语言，实在是人生的一大缺憾。英语，不惜代价，务必攻克。已经投入2万元报名华尔街英语，现在每天学习5个小时，崭新的一幕，已经开启。

(资料来源：https://wenku.baidu.com/view/cfcc0bb5647d27284b7351e7.html。)

思考：
1. 指出这位华为老员工职业规划的优点与不足。
2. 如果你是这位华为老员工，你将如何完善这份职业规划？

【能力训练】

刘奕是一个活泼开朗的女孩，她在本科时读法学专业，因成绩优异，综合表现出色而被保送北大读研。同学们都很羡慕她，觉得刘奕将来一定会有一个美好的职业前途。可刘奕自己却很苦恼，因为她不喜欢自己的专业，高考填报志愿的时候，认为法学专业就业前景好，后来如愿考上中国政法大学，学习法学专业。随着对专业了解的加深和对未来职业发展道路的思考，刘奕越来越感到自己所学的专业和她自己的职业兴趣不符，内心十分矛盾，产生了转行的想法，但又不知道自己适合做什么。

假如你是职业规划师，你将给刘奕提出怎样的建议？

模块十

人力资源管理现代化

【学习目标】

能力目标:
1. 认知人力资源管理现代化;
2. 能够描述人力资源国际化的大趋势;
3. 能够防范人力资源外包风险;
4. 能够应用人力资源管理三支柱模型加强现代化人力资源管理。

知识目标:
1. 熟悉人力资源现代化的含义与内容;
2. 了解人力资源国际化的大趋势;
3. 掌握国际人力资源管理策略;
4. 了解人力资源外包的含义、优势和风险;
5. 掌握人力资源外包风险防范策略;
6. 了解数据化管理时代的人力资源外包趋势;
7. 掌握人力资源管理三支柱模型的含义;
8. 了解人力资源管理转型的路径。

素质目标:
1. 通过资料收集、课外调查和课堂研讨,提高学生的组织能力;
2. 通过小组集体学习和训练,培养学生的团队协作精神。

任务一 认知人力资源管理现代化

【工作情境】

在信息时代和网络时代的不断驱动下,移动互联网时代的潮流也势不可当。移动互联网在时刻影响着各行各业的发展,企业发展不可缺少的人力资源管理也不例外。人力资源管理行业要想获得不断发展的机遇,就必须紧跟移动互联网时代潮流,充分利用移动互联网时代的技术和趋势来提高和巩固人力资源管理的发展。

任务要求：
1. 未来的人才招聘，如何应用移动互联网技术招到合适的人才？
2. 如何利用移动互联网来提高企业的培训水平？

【相关知识】

随着科学技术的不断发展，劳动者的素质越来越高，各类组织固有的人力资源管理模式也有了相应的变化，特别是伴随"互联网+""云计算""大数据"时代到来，如何充分运用数据资源，创新工作思路，提高企事业单位的人力资源管理效率，提升人力资源的质量，实现组织效益最大化，显得尤为重要。人力资源管理运用现代化的观念、手段和方法进行科学的决策和实践活动。

一、人力资源管理现代化的含义

人力资源管理现代化是指在组织战略和人本思想的指导下，运用现代化的理念、手段和方法对人力资源管理进行科学的决策和实践活动，以影响组织员工的行为、态度和绩效，发挥个体人力资源的主观能动性和潜力，实现人力资源有效利用。人力资源管理现代化具有动态性和系统性的特点，在不同的阶段其现代化的标准是不同的。人力资源管理现代化的标准应能反映组织人力资源管理发展的方向，现代化的思想、手段和方法应受到实践的充分检验，不断创新、变革与应用，对实践本身具有指导意义。

人力资源管理现代化包括人力资源规划的现代化、工作分析与工作设计的现代化、管人力资源招聘与配置的现代化、人力资源培训与开发的现代化、人力资源绩效管理的现代化、人力资源薪酬管理的现代化和员工关系的现代化等几个方面。

二、人力资源管理现代化的内容

（一）人力资源规划的现代化

综合分析人力资源规划的产生与发展，人力资源规划的现代化表现在以下几个方面。

（1）人力资源规划与企业战略的相互适应。战略性人力资源管理意味着人力资源规划是通过人员管理获得和保持竞争优势机会的计划，而不仅仅是实现战略目标的手段；不能仅从企业战略计划中推出人力资源计划方案，把人力资源计划作为一个战术计划，而应该考虑两者的相互作用和影响，充分考虑人力资源环境对企业战略目标的限制。

（2）人力资源规划的内容具有完整性。现代的人力资源规划的内容已经形成了一个完整的体系，既包括人力资源总体规划也有人力资源业务计划。

（3）人力资源规划过程的规范化。人力资源规划从调查分析到供需预测以及规划的制定、实施和评估整个过程已程序化和规范化，已经形成了规划模型对人力资源规划流程进行描述。这一程序使人力资源规划形成循环，从而实现人力资源规划的目标。

（4）长期规划与短期规划相结合。人力资源短期规划是根据组织目前的状况而测定其人力资源的需求，进而制定计划以配合组织目标的实现，长期规划则是以未来组织需求为起点，参照短期的规划需求以测定未来的人力资源需求。人力资源规划具有不同的层次，并与企业战略规划相匹配。

（5）对人力资源需求与供给的预测采用定量与定性相结合的方法。人力资源需求预测的定量分析方法主要有回归分析法、趋势外推法、比率分析法和计算机模拟预测法，定性分析方法主要有零基预测法、管理者经验预测法、德尔菲法和驱动因素预测法，其中计算机模拟预测法是最新的定量方法，驱动因素预测法是许多企业首选的有效定性办法。人力资源供给预测分为内部人力资源供给预测（主要有接续计划法、马尔柯夫预测、相关矩阵法与供给推动模型）和外部人力资源供给预测（主要有市场调查法和相关因素分析法）。这些预测的方法各有优劣，在人力资源规划中应结合使用。

（6）人力资源管理信息系统在人力资源规划中广泛运用。现代的人力资源信息系统具有完整的人事档案，为各类人力资源管理决策提供广泛的、有价值的数据。人事档案既可以用来估计目前的员工状况，又可以用来预测未来需求。计算机化的人力资源信息系统能即时反映人力资源管理的各个环节的状况，提供动态的信息，保证规划的及时、有效。

（二）工作分析与工作设计的现代化

工作分析作为收集某项工作各个方面信息的一种工具，其结果成为履行人力资源职能的基础。工作设计是对完成工作的方式以及特定工作所要求完成的任务进行的界定。这两方面的工作对人力资源管理的其他活动产生积极影响。根据工作分析与工作设计产生与发展的过程及未来趋势，现代化的工作分析与工作设计具有以下特征。

1. 方法的科学性

工作分析经过近百年的实践，已形成较成熟完善的方法和程序。虽然进行工作分析时要收集各种各样的信息。所执行的具体程序也会因组织的不同而不同，还会受工作分析的目的的影响，但有一些步骤是工作分析必不可少的。在收集工作分析信息时也形成一些公认有效的方法。其中，调查问卷或核对清单数据收集法也有不同的形式。这些方法的有效性已经被实践所证实，并在国外普遍被采用。

研究表明，不同的工作分析和工作设计方法的特点不同，针对性也不同，现代化的工作分析和工作设计首先要保证方法的科学性，对不同的工作分析和工作设计方法有充分的认识，理解每一种方法的适用性，并在它们之间进行取舍，从而为组织谋取竞争优势。

2. 工作说明书和工作规范的完整性

工作分析和工作设计的直接结果就是形成工作说明书和工作规范。工作说明书描述某一特定工作的职能、责任、工作条件和工作内容，完整的工作说明书应包括工作名称，工作概述，该工作对知识、技能、能力和其他特征的要求，知识、技能、能力和其他特征中各项的重要性等级，以及进行工作分析的日期。工作规范描述从事某项工作的员工需要具备的素质，详细指出与工作相关的知识、技能和能力要求，包括该工作要求的教育水平、经验、专业培训、个人特征和肢体灵活性，有时还包括体能要求。现代化的工作分析和工作设计必须形成完整的结果，以指导组织员工高效工作。

3. 工作界定的弹性化

传统的工作分析，常常只是着眼于对分析对象进行孤立的分析，并不考虑同一部门内或部门外分析对象之间的相互联系，或者即使考虑到了，也只是简单描述一下与本岗位工作密切相关的其他岗位的名称而已。但是,在现代组织中,出于员工工作成就感和工作挑战性的要求,工作扩大化以及工作丰富化的实施,各工作岗位之间的分工界限正逐渐消失,变得并不是那么清楚明晰,从而要求工作分析不能只分析一个孤立的工作岗位,而着重分析一个岗位族类,分析该岗位与其他岗位之间的联系,包括信息联系、业务联系、人员联系等。

4. 对未来工作的预测性

现代化的工作分析与工作设计,除了对现有工作进行分析描述外,还必须向预测性的方向发展。当一个工作被新创建出来或者会承受巨大变革时,工作分析就承担了预测职能,通过实现组织目标所需履行的预测性的任务来描述一项工作。这种方法致力于预测在新的环境中,如新的战略目标、不同的工具、更加紧密的客户联系以及扩大了的职责任务中工作的特征,因而被称为战略性工作分析。

5. 计算机及网络的使用

计算机网络化技术等高科技技术,成为现代化的工作分析与工作设计必不可少的手段。计算机网络等高科技手段的应用逐渐成为工作分析技术发展的新趋势。计算机手段的应用,使工作分析更加快捷、客观、完善和准确,工作分析小组可以利用计算机进行资料查阅、资料准备、进度计划和人员安排,利用计算机网络及其数据库查找同行业其他组织的工作设置、工作内容、职责任务以及任职资格等,并且将所获取的与本组织的相关工作信息输入数据库,以便进行更进一步的分析。利用计算机这一有力工具,用多元回归统计技术检验工作分析结果,从而有助于排除工作分析中的潜在歧视与偏见,使分析的结果更加客观准确。通过工作评价系统,组织可以运用计算机数据库收集、存储并且分析与人力资源相关的信息。由于计算机的使用,可以缩短工作分析的周期,提供更加准确的工作分析、工作描述、工作评价等。计算机的应用使烦琐的工作分析效率大大提高,成为现代化工作分析与工作设计的重要特征。

(三)人力资源招聘与配置的现代化

综合分析人员选聘技术的发展,现代化的人员招聘、选拔与配置具有以下特征。

1. 有完整的人员补充计划

招聘是由人力资源规划引发的,在进行人力资源补充之前必须将招聘的重要环节做详细的安排。人员补充计划中应明确以下几个关键要素:①招聘者,即由谁来主持招聘;②招聘依据,即组织发展战略、人力资源规划及国家法律和政策;③招聘对象,即组织需要补充的人员的条件;④招聘环境,即企业招聘时的环境因素、条件;⑤招聘方法,指招聘的方式、办法、来源、渠道和措施;⑥招聘活动的安排,即招聘活动明确的时间、地点、程序和过程等。完备的人员补充计划是现代化人员招募的前提。

2. 多种招聘方法并用

人员招聘基本上分为内部招聘和外部招聘两种,内部招聘主要有管理人才储备、继任计划、技能储备、工作公告与工作投标等方法;外部招聘来源主要有广告、职业中介机构、学校工作招聘会、猎头公司、专业协会、自荐及网络等。一般组织会评价后综合运用这些方法,以提高招聘的效率。

3. 选拔技术标准化、科学化

经过多年的发展，对人员选拔已形成较为完善的测评方法，通过各种测试对员工工作能力和未来发展潜力以及与此密切相关的工作绩效进行把握，选拔优秀适用的人才，选拔也应多种方法配合。

4. 实施招聘评估

招聘评估包括招聘有效性评估和招聘成本评估两个方面。现代化的招聘必须评价组织通过运用各种招聘方法，根据申请人在进入组织之前的特征预测申请人进入组织之后的工作表现的成功程度。评价准则的有效性和内容的有效性，即考查测评的结果和测评目标准则之间的相关程度及测评内容与测评目标的相关程度，在评估的基础上谨慎地选择评估技术。招聘成本评估是指对招聘中的费用进行调查、核对，并对照预算进行评价。这是鉴定招聘效率的重要指标，如果成本低、录用人员的质量高则意味着招聘具有高效率；反之，即为效率低。

5. 进行有效的岗前引导

岗前引导是指为新员工提供有利于其胜任本职工作所必需的有关组织的各种信息的过程，也是员工同化教育的过程。首先，向新员工传达组织的有关信息，如企业组织与运营情况、发展战略与目标、工资政策与绩效评价等，这些基本信息是新员工一进入企业就应该了解的。其次，要对新员工进行社会化教育，即灌输组织价值观、规范与行为模式，使其尽快融入组织。再次，要为新员工布置带有实习性质的第一个新工作，这个环节十分重要，该工作的特点、工作经验的性质、第一位管理者的特点及组织对待成功与失败的方式都将对新员工产生重要影响，进而影响新员工未来的表现。现代化的员工配置应帮助新员工尽快将个人目标与企业目标达成一致，有效消除员工对新工作的期望与现实之间的差距，培养新员工的献身精神和忠诚感。

（四）人力资源培训与开发的现代化

现代化的人力资源培训与开发具有以下特点。

1. 与组织的战略发展相结合

有效的培训总是与组织发展的战略目标相一致的，追求不同的业务战略目标，组织培训的重点及采用的方法是不同的，现代化的培训将组织运营与培训紧密相连。

2. 充分评估培训需要

评估培训需要是指在规划与设计每项培训活动之前，由培训部门、直线主管、工作人员采用各种方法和技术，对组织及其成员的目标、知识、技能等方面进行系统的鉴别和分析，以确定培训的必要性及培训内容。现代化的人力资源培训应从以下 3 个方面评估需求：一是组织分析，主要是通过对组织的目标、资源、特质、环境等因素的分析，准确找出组织存在的问题与问题产生的根源，以确定培训是否是解决这类问题的最有效的方法。二是任务分析，其目的是为了了解与绩效有关的工作的详细内容、标准和达成工作所应具备的知识和技能。三是人员分析,主要是通过分析员工个体现有状况与应有状况之间的差距,确定谁需要和应该接受培训以及培训的内容。人员分析的重点是对员工实际工作绩效以及工作能力的评价,这作为培训设计的重要依据。综合运用需求评估方法确定培训目标是组织开展培训的第一步。

3. 培训内容和程序设计的科学化

在培训需求评估的基础上,根据企业的实际需要设计相应的培训内容,选择适当的培训方法。对培训内容及培训程序的安排应制度化,有明确的规范,并对培训方法有充分的认识,在不同的培训方法中比较,有目的地选择,使培训既符合组织发展要求,又形式多样,提高培训效率。

4. 运用现代培训手段和技术

以计算机为基础的多媒体培训、互联网培训、远程培训以及虚拟现实和智能指导系统的日益普及是现代培训的一个重要特征。运用这些新技术可以大大降低培训的管理成本,员工可以在家里接受培训,培训费用大大降低。这些新技术提高了培训的有效性,在学习机械操作、器具使用的复杂过程时,虚拟现实和智能指导系统实际上是情境模拟的延伸;当需要学习事实、图表、认知策略及人际交往的能力时,采用光盘、互联网等培训方法,这些方法是行为模仿的技术性延伸。新技术使培训具有良好的环境、学习者自行控制、信息共享以及资源互联等特点,提高了培训的效率。

5. 对培训结果进行评估

在培训实施后必须对培训计划进行评价,看培训项目内容、日程、培训方式等是否符合工作要求,衡量培训的成本与收益等,有效的培训应该形成封闭式的回路。

(五) 人力资源绩效管理的现代化

现代化的企业绩效管理具有以下特征。

1. 绩效管理与企业战略目标的一致性

通过分析企业的战略,确定需要完成哪些工作以及需要发生什么行为,绩效计划与评价系统将正式的绩效评价过程与组织的战略紧密地挂起钩来,在绩效评价一开始就具体说明,根据员工个人以及员工群体的实际绩效与绩效计划的契合程度来对他们的绩效进行评价,在这种情况下,绩效管理系统会确保组织内的所有活动都支持组织的战略目标。此外,有效的绩效管理系统还能够通过将绩效标准与企业内部和外部的客户需求联系起来一起发挥战略职能。

2. 员工在绩效管理中充分参与并得到认可

员工在制订绩效管理计划时必须对自己所受到的绩效评估有准确的认识,员工必须知道自己的优势和不足,在绩效考评之前,管理者为了保证有一致的理解,在制订计划时要与员工充分讨论,就绩效管理目标建立行动方案。

3. 运用科学的考核方法

（1）比较法。比较法主要是用一个人的绩效与其他人进行比较，通常是对一个人的绩效或价值进行全面的评价，并且设法在同工作群体中对所有人排定一个顺序。比较法一般有排序法、强制分布法以及配对比较法几种技术。

（2）特性法。特性法主要关注员工在多大程度上具有某些被认为对企业的成功是非常有利的特性（特点或特征），通过对这些加以界定进而对员工绩效进行评价。特性法主要有图评价尺度法和混合标准尺度法两种。

（3）行为法。行为法是一种试图对员工为有效完成工作而必须显示出来的行为进行界定的绩效管理方法，只对这些行为加以界定，然后评价员工在多大程度上显示了这些行为。行为法主要有以下几种评价技术：关键事件法、行为锚定等级评价法、行为观察评价法、组织行为修正法和评价中心法。行为法是非常有效的绩效评价方法，但当结果与行为之间的联系不十分清楚时，这种方法的有效性就很有限了。

（4）结果法。结果法是对目标的管理以及一种工作或一个工作群体的可衡量结果的评价，包括目标管理法和生产率衡量与评价系统。后者是较新的绩效管理技术，研究表明，它对提高生产率十分有效。

（5）质量法。质量法主要是提高组织内外部客户满意度的方法，质量导向的绩效管理系统在绩效衡量系统中既强调人的因素，也强调系统的因素，强调管理者与员工应当共同努力来解决绩效问题，并将组织内部和外部的客户都吸收到绩效标准的确定以及绩效衡量的过程中来，采用多种信息来源对人和系统的因素进行评价。质量评估法是一种全新的方法，重心是向员工提供反馈，包括从上级管理人员、同事、客户那里得到关于员工个人人品的主观反馈，并运用统计质量控制方法提供关于工作流程本身的客观反馈。

4. 进行及时有效的绩效反馈

现代绩效管理的根本目的是员工能力的不断提高以及绩效的不断改进和发展。通过绩效反馈，使员工了解主管对自己的期望，了解自己的绩效，认识到自己的缺点与优势，从而积极主动地改进工作。根据绩效考核的结果分析对员工量身定制培训，弥补员工在知识、技能或能力方面的不足，绩效评价使企业培训也有很强的针对性，切实满足企业发展需要。有效的绩效管理过程必须形成封闭的周期，绩效反馈是其中一个重要环节。

（六）人力资源薪酬管理的现代化

1. 薪酬管理的战略性

企业薪酬管理过程与机制是帮助组织实现其经营目标的关键因素，每种报酬要素的确定必须发挥支持经营目标的作用。现代化薪酬体系的理念和目标要能够加强和反映组织的文化、外部环境及组织战略。企业必须确定组织的薪酬体系与外部环境如何保持平衡，并通过实施薪酬政策显示出来，这需要考虑竞争状态、劳动力市场状况和政府相关政策制度等因素，以确定企业的总体报酬水平与市场上通行的报酬水平相比是高还是低。根据其他企业的各种福利、待遇、保障的信息来设计本企业员工报酬体系与激励机制。薪酬计划应能够促进组织整体目标的实现。此外，企业还必须在根据员工绩效加薪还是全体员工同时加薪之间作出决策。在设计薪酬方案时，许多企业也为高级管理人员提供奖金和股票期权。现阶段比较流行的绩效工资计划称为按业绩支付的报酬（Performance Related Pay，PRP），其方案设计不是基于降低成本，而是把员工作为企业合伙人，按员工对企业的贡献和业绩给予报酬。技能工资也是发达国家近年来重点发展的新型工资体系，美国《财富》杂志统计的 500 家大型企业中有近 50%的企业已经对部分员工实行了技能工资管理体系。在知识经济时代，许多企业的生存与发展取决于技术的创新，取决于员工的素质和能力，这种创新和能力不应受到员工工作岗位或职务的限制，技能工资制度体现了这种本质和要求。与绩效工资相比，技能工资更强调团队作用，强调人的开发和能力的发展，而技能工资制度对企业管理也提出了更高的要求，如技能分析、绩效标准确定、员工的分工协作等。现代化的报酬体系更有利于发挥员工创新的积极性，适应企业发展的要求。

2. 强调员工的参与，体现人本思想

现代化的薪酬管理非常重视员工的参与，把员工视为管理主体，认为薪酬决策方式和决策结果同等重要，在薪酬决策和薪酬方案设计中充分听取和采纳员工的意见和建议，提高薪酬分配的透明度。员工参与薪酬管理不仅是薪酬管理程序的改变，更重要的是体现了民主管理人本主义的要求；不仅有助于集思广集思广益提高决策的正确性，更重要的是能使员工了解薪酬方案的依据及其合理性，从而以一种积极和理解的态度来接受能体现员工价值的薪酬。在坚持关心人、尊重人、承认人的成就和价值的人性化管理基础上，进一步转向企业发展与人的发展的和谐共处、同步进行、相互促进，把对员工的物质满足和精神的人文关怀、人的个性发展和潜能的释放以及人的价值的实现，置于薪酬管理的中心地位。

3. 薪酬制度的弹性化

现代化的薪酬应具有高弹性和动态化，这是组织消除平均主义和员工惰性的手段，是薪酬反映员工的绩效、价值和贡献、提高薪酬激励效率的重要因素。薪酬制度的弹性化一方面表现为组织的整体薪酬水平随着组织的经营状况和绩效水平变化而浮动，以体现组织与员工休戚与共的关系，并有助于控制人工成本，保证组织支付能力；另一方面表现为扩大变动薪酬的比率。研究表明，当变动薪酬达到员工总报酬的 60%时会产生强大的激励效应。同时配合多样化的报酬形式，完善和严格执行绩效考核制度，将员工的绩效与薪酬挂钩，以促进组织内部的良性竞争。薪酬制度的弹性化还表现在薪酬方案的个性化上，企业根据员工在组织内的分工，分别设计符合其特点、满足其价值的不同的薪酬方案，并在控制成本总额的前提下，由员工在薪酬预算的范围内自主选择最大限度满足其偏好的薪酬组合，即所谓的弹性的薪酬和福利方案。报酬制度的弹性化更适应组织变革的需要，同时也使员工个人效用最大化。

4. 激励的长期性

传统的薪酬制度主要采用工资奖金的薪酬形式，其激励机制的特点是报酬与员工即期的工作绩效挂钩而与组织远期发展目标脱节，这样使员工的收益与组织经济效益之间的相关性和敏感度降低，短期行为的导向明显，不利于组织的长远发展。尤其是对企业的经营者和核心技术人员，薪酬激励的长期性对企业核心竞争力的培育及战略发展更为重要。据有关资料统计，20世纪90年代初，美国在全球排名前50位的大公司中，有80%的企业已向其高级经理人员实行经营者股票期权的报酬制度，高级管理人员的收入中来源于股票期权的比重越来越大。到1999年，美国几乎100%的高科技公司和90%的上市公司有期权激励计划。硅谷的绝大部分企业除了采用经营者股票期权报酬制度，还采用员工持股制度，如微软公司等。

（七）员工关系的现代化

劳资关系的发展与该历史时期的经济技术、社会发展的背景有着非常密切的联系，各种劳资关系的变化不是凭空出现的，而是受这些背景因素变化的影响。劳资关系的发展从总体上讲，朝着从对立到对话、从冲突到合作、从无序到制度化、法制化的方向逐渐推进。政府在劳资关系调整过程中的作用逐步加强，管理方和员工双方也有更多的选择机会，通过协商合作获得利益，产业民主化得以不断推进。知识经济条件下，作为人力资源管理重要职能的劳资关系管理的现代化应具有以下特征。

1. 用工制度的合法性

从劳资关系的发展历程可以看出，各国对于雇员的权利都以法律法规的形式编制成文，受到维护的权利涵盖面很广，雇主有责任遵守这些法律规定，人力资源管理主管必须正确理解和制定人力资源管理制度，实施人力资源管理活动时保证制度、政策和行为的合法性，这是现代化劳资关系的首要特征。

2. 通过员工参与管理的方法加强沟通与理解

员工参与管理是实现劳资双方合作的主要手段和方式，也是现代化劳资关系管理的主要特征，主要指员工与雇主充分沟通，共享经营信息，共同制定组织战略与制度，共同对有关问题进行决策。员工参与的直接结果是员工增强了对企业的忠诚度，提高了工作热情。因为参与是被赏识、被尊重的表现，这将极大地满足员工的精神需要，对企业的忠诚意味着员工对企业目标和发展方向的认同、对企业其他成员的热爱和对外部诱惑的拒绝。通过参与管理，员工更容易理解和接受企业的目标，并将个人目标与企业目标结合起来，有利于提高工作热情，使工作完成得更有成效。

3. 实施工作生活质量计划

现代化的劳资关系主张给予员工更多的决定权，表现在提供富有变化而不是高度专业化的工作等方面，使员工尽可能具有广泛的技能。工作生活质量计划的核心是职务再设计、职务扩大化、职务轮换和自主性工作团队等内容。职务设计的丰富化加强了员工的独定性和责任感，自我管理的工作团队则拥有一些大的自主权，一旦确定了要完成的任务目标，自我管理团队有权自主决定工作分派、进度安排和质量检验方法等，甚至可以挑选团队成员，并相互评价工作绩效。高效的劳资关系以分权化和自主性为特征，极大地满足了员工的创造性要求。

4. 通过员工辅助计划关心员工、加强合作关系

员工辅助计划是为企业提供的一种服务，使员工在面临各种问题时能得到专业化的"治

疗"。自 20 世纪 80 年代以来，员工辅助计划已被越来越多的企业所采纳，并成为公司整体健康福利的一部分。员工辅助计划多种多样，但本质是相同的，即为员工提供更多的、有效的保健，特别是精神保健，以确保员工生产率的增长。在 50 年代员工辅助计划产生时，在美国重点治疗的是酗酒问题，后来又进一步扩展到吸毒等精神健康及化学药品的依赖性疾病的治疗。

5. 员工分享经济收益来体现伙伴关系

各种类型的利润分享计划和员工持股计划，不仅是现代化员工福利的重要形式，也是改善员工关系、加强劳资双方协作的重要手段。实践也表明，实施利润分享或员工持股计划的企业，员工参与管理的程度高，企业业绩的提高也越快。当员工的利益与企业的利益充分融为一体时，劳资关系才能得到彻底改善。

6. 关注个人的离职发展

企业在发展的某个阶段，有可能将解雇作为企业战略的一部分。解雇意味着暂时或永久地使员工离开组织。采取解雇战略的企业必须考虑以下问题，重点要考虑与被解雇员工有关的各种政策，实行保护和补偿方案。除此之外，现代化的劳资关系从更人性化的角度关注员工离职后的发展，在解雇员工之前就应该考虑员工的新职介绍计划，目的是帮助被解雇的员工尽快适应所发生的变化，并为这些员工寻找其他工作提供帮助。该计划一般包括财政支持、心理支持和帮助员工寻找工作等内容。财政支持功能一般包括继续发放工资、健康保险、失业救济金和提供信用管理；心理支持一般包括维护自尊心的一些咨询、压力管理、有关配偶和家庭关系的咨询以及再就业培训咨询等；帮助员工寻找工作包括提供办公室和电话、帮助进行自我评估、教授寻找工作的技巧、在简历写作和面试方法上提供帮助等，同时进行追踪调查和评估以及提供其他形式的职业咨询等。成功的新职介绍计划能使员工向新工作的转变变得更为容易，同时也可以维护企业的内部形象以及公众形象，降低解雇给企业员工稳定性和忠诚度造成的不利影响。

三、人力资源管理现代化的原因

随着信息科技的发展，人力资源管理也随着信息的快速传播与交流，快速得到转型与发展，例如，IBM 公司最早开始应用人力资源管理三大支柱模型，即人力资源管理开始出现了"人力资源共享中心、人力资源业务伙伴和人力资源专业团队"三大支柱。接着，全世界许多大公司开始学习、模仿、实践三大支柱模型。

（1）管理方式的变化。人力资源管理从以事为中心的管理转向以人为中心的管理，由人事管理转向人力资源管理，发展民主、人本的管理系统已成为当代人力资源管理的一个中心议题。

（2）组织整体经营对人力资源管理有新要求。科学技术的优势使人力资源管理在知识与技术上不断创新，必须与信息技术应用有机结合，同时要有良好的人力资源作为支撑，所以人力资源管理信息化是组织整体性体系中的一个重要组成部分。

（3）国际化和国际竞争的加剧。人力资源在某种程度上已成为一个组织的核心竞争优势所在，必须与国际接轨，人力资源管理也向全球化、国际化、全面化转变，与国际信息化创新同步，既可以处理本地化业务，还可以处理跨国问题和文化冲突等。

（4）大数据时代的到来。人力资源管理更注重数据库建设与管理，利用大数据，可以方便地推断出个人的性格并制定相应的职业发展计划等，有效地改变人员不良工作作风或习惯与组织整体发展要求的矛盾。

（5）由于现代化的发展，社会分工越来越细，出现了人力资源"外包公司"，组织人力资源管理部分业务开始对外委托。

（6）人力资源管理的职业化。人力资源管理需要专门理论和知识作为支撑，需要专门的技能，需要职业的人力资源专家和职业管理者，需要具备现代化意识和相关技能。

【知识应用】

H公司在2005年成立的时候仅有150万元资金和10名员工，经营房屋中介业务。该公司的财务、人力资源管理和行政事务等工作由总经理的亲朋好友负责，人员学历和素质都很差。经过10多年的发展，H公司已是河北地区一家规模较大的房屋中介企业，拥有员工300多人，年业务收入达1亿多元。

随着公司规模的迅速扩大，各种管理问题频频出现。总经理发现，花费大量精力制定的公司战略规则，总是不能落实到位。公司内部的各种利益团体，又导致各部门各自为政，意见不一。而员工对公司现有的薪酬体系十分不满，抱怨没有公平的考核体系，士气低落，人员流失率居高不下。

结合人力资源管理新趋势，为H公司的人力资源规划提出新建议。

任务二　认知人力资源国际化

【工作情境】

A机械设备制造公司发展成为国际化大公司，企业的员工不再是遍布中国而是遍布世界，当金发碧眼或者黝黑皮肤的人要和黄皮肤、黑头发的人在一个车间里工作的时候，这意味着法国人、美国人或者韩国人都成为一家中国企业的员工，他们要和中国人站在一起，为了某一个目标而一起工作。那么，面对着这些不同文化背景、不同习俗的人，初出国门的中国企业是否具备了与他们相处和管理他们的能力？可能大多数企业还没有。例如，在员工能力方面，很多中国企业缺乏全球化的人才以及专业的管理能力，虽然这些人才不乏创业热情；在员工思维模式方面，很多中国企业的文化缺乏对其他文化的包容性，也没有建立起全球一致的绩效薪酬体系；在员工治理方式上，很多企业没有建立起系统和流程，没有明确的方法来整合全球资源。人力资源管理者必须面对企业的国际化，制订相关的策略。

任务要求：

1. 你若是人力资源部经理，如何在打造自有品牌的过程中大量引进专业人才和其他文化背景的人才？
2. 作为全球化的企业，A公司应当如何构建科学的人力资源管理体系？
3. 如何管理位于世界各地的分（子）公司的员工？如何考核他们的绩效？

【相关知识】

随着全球化的市场竞争，人力资源管理国际化是大趋势，人力资源外包越来越凸显优势，应用三支柱模型加强现代化人力资源管理成为企业发展的重要举措之一。

一、人力资源国际化的大趋势

人力资源国际化，主要表现在人力资源管理的地位提升、人力资源管理越来越专业化、人力资源管理越来越战略化、人力资源管理越来越人本化和人力资源流动越来越国际化5个方面。

（一）人力资源管理的地位提升

在国际市场不断发展的背景下，知识经济、信息经济、共享经济已成为社会经济发展的必然趋势，而所有组织以人力资源招募、人力资源开发与人力资源优化配置的方式，如何实现人力资源管理效能的最大化，已成为取得国际化市场竞争力的关键。企业间的竞争已经从产品竞争转到人才智力资源的竞争，所以在其条件下人力资源管理的地位必然提升，并不断重视，力图以优化的管理方式来实现人力资源管理效能的最大化。

（二）人力资源管理越来越专业化

随着经济的发展，国际市场竞争的加剧，各组织都需要节约成本，从而出现专业的人力资源外包机构，内部人力资源管理部门可能逐步消失，专业的外部人力资源机构会越来越多，也会越来越专业。

（三）人力资源管理越来越战略化

在未来随着人力资源管理外包、内部人力资源管理部门的消失、专业人力资源机构的增多，组织的人力资源管理人员需要有更加战略的宏观的管理眼光，人力资源管理也会更加战略化。人力资源将成为组织的战略性资源，人力资源管理部门，将成为组织的战略部门，人力资源管理将成为组织发展和战略管理的不可或缺的组成部分，组织内部的人力资源管理人员必须站在战略高度去分析和解决人力资源问题，做好人力资源管理开发，促进组织更好的发展。

（四）人力资源管理越来越人本化

现代人力资源管理坚持以人为本，选用更加符合现代组织发展需要的人力资源管理手段和方法。现在社会越来越重视创新，未来必须使人类的创造性和能动性得到充分开发，只有这样，才能激发人们的潜能，进而促进社会经济的不断进步，因此人力资源管理更加重视对人员的激励、信任及尊重，通过情感的作用提升员工的责任感，激发员工的工作热情与积极性，从而最优化地调配人力资源。

（五）人力资源流动越来越国际化

随着经济全球化的深入发展，在宏观层面上，人才国际化强调全球范围内流动与配置，主要体现在人才市场国际化、人才环境国际化、人才结构国际化以及人才活动空间国际化；在微观层面上，人才国际化强调为实现人才的国际化流动和配置，需要不断提升个人的能力素质，以适应国际化人才标准和要求，主要体现在其个体的思想视野要国际化、职业素质要国际化、专业能力要国际化、产出水平要国际化等。因此，人力资源管理越来越需要与之相适应人才选拔、配置、交流、评估、使用等的国际化思路、手段与实施策略等。

二、国际人力资源管理面临的问题

随着经济全球化的发展和跨国公司的涌现，国际人力资源管理越来越得到理论研究者和实践家的重视。国内外学者纷纷从不同的视角开展对国际人力资源管理的研究。近年来，国际人力资源管理理论和实践研究主要集中在以下4个领域：①国际人力资源管理的职能问题，其中尤以战略国际人力资源管理的研究最多；②跨文化管理问题；③外派员工、内派员工及其职业生涯设计问题；④国际人力资源管理流程的模式开发问题。综合上述研究，我们发现国际人力资源管理面临两大问题。

（一）跨文化差异

国内人力资源专家赵曙明指出，国际人力资源管理包括东道国、母国和第三国3个与国际人力资源有关的国家，与此同时涉及其三国的3种员工。人员的复杂性决定了文化的差异性。如何在进行国际人力资源管理时平衡民族文化的影响，并建设被各国员工认可的组织文化是企业国际化经营的重点，亦是难点，文化的差异会导致组织理念和价值观的传播受到阻碍，员工不认同或难以接受组织文化，会组织造成不必要隐性成本，降低员工工作士气，最终影响组织经营效率。跨国企业的竞争优势在很大程度上取决于其是否具有将不同地域产生的竞争优势进行跨文化转移的能力。

（二）"外派"模式下的人力资源风险

跨国企业实施"外派"的目的主要是培养人才和完成特定的任务，培养人才是通过外派锻炼管理者全球化视野和综合能力，进行人才储备；完成任务主要是对东道国子公司业务、管理或其他方面执行、监督或指导等，而外派人员接受任务的动机可能是出于实现职务提升或个人发展，组织与外派人员的利益立场不完全一致。同时，外派人员可能处理不好由于文化差异、体制差异等外部环境造成的障碍，就可能导致外派人员工作失败或流失，二者能否在"外派"这一行为上达到"共赢"或同时获得更多共同利益，取决于二者的合作程度。因此，在外派人员选拔、培训过程、配置使用、薪酬绩效考核及外派人员回任等方面不同程度地存在风险。

三、国际人力资源管理策略

在经济全球化的新形势下，准确地认识和理解国际人力资源管理现象是发展和培育国际人力资源的关键，是企业获得国际竞争优势、实现国际化经营的必然需要。组织亟须厘清国际人力资源管理的关键问题，以及如何更好地开展国际人力资源管理等，这些需要对我国企业的国际人力资源管理现象开展系统性的研究。

（一）高度重视

在当前日趋激烈的国际化经营过程中，一方面，国际人力资源管理的战略性地位和作用得到重视；另一方面，国际人力资源管理的跨文化性和整体性使其变得更加复杂，这是当前国际人力资源管理研究兴起的现实驱动力，也是国际化经营对人力资源管理提出的新挑战。无论是实践指导，还是理论的创新和突破，国际人力资源管理都值得人力资源管理人员进一步挖掘和探索。

(二) 加强组织文化建设

文化渗透到日常生活和组织生活中，对我们的认知和行为具有重要影响。民族文化是根深蒂固的存在，它已经融入人的价值观念和行为习惯之中，并非短期可以改变，在进行国际人力资源管理时，考虑文化差异非常重要。我们可以利用组织文化建设来平衡民族文化的影响，因为组织文化直接影响组织成员在组织中的行为规范。跨国企业更需要强化组织文化对组织成员的影响，以削弱民族文化的作用，促进成员工作价值观的一致性，这样才能确保组织与个人的目标一致性。

(三) 控制和自主相结合

平衡控制和自主的关系是国际人力资源管理的重要议题，具体到管理实践中，一方面，母公司既要控制跨国子公司的目标方向以保障组织秩序，又要协调各子公司之间的关系以增强整合性；另一方面，母公司要提高跨国子公司及其员工的自主性，保证组织活力和发展动力。管理和控制的目的不是掌控一切，而是实现目标。国际人力资源管理在本质上是服务和支持战略目标的实现。由于空间距离、文化和语言等各种差异，国际人力资源管理必须充分认识各国子公司成员的人性特征，充分尊重员工，合理提高员工的自主水平，保持员工的创造力和主动性，促进组织-员工目标融合。同时，不能过度放任员工，确保组织发展方向的正确和组织活动有序。

(四) 中西融合之长

中国人的系统思维能力是强项，西方人则善于分析，这种差异容易造成矛盾和误解。东方人的认知系统是整体性的，中国人更倾向于把背景看作一个整体，关注目标与背景的关系，喜欢从环境中找出解释事物的原因，并根据事物之间的关系预测未来的结果，整体性认知系统依赖于经验知识，而不是抽象逻辑；而西方人的认知系统是分析性的，倾向于从背景中分离目标，关注事物的特质，喜欢将事物归类，使用规则来解释和预测行为，推理的风格倾向于将结构和内容分离，使用形式逻辑以规避任何形式的矛盾。在进行国际人力资源管理时，管理者需要充分理解这种思维差异，做到既融合中西之长，又平衡二者之间的冲突。

(五) 充分认识留学生群体的重要性

在经济全球化视角下应充分认识来华留学生教育对于国际人力资源形成过程中的独特作用，并进一步发掘来华留学生在我国跨国经营中的经济战略价值。近年来，我国每年接收的各国留学生众多，这些留学生对中国文化有一定的了解，又深谙他们本土的文化，是值得关注和利用的群体。此外，我国每年外出留学的人员也非常多，他们通过留学生活更加了解当地的风土人情。因此，我国企业在进行跨国经营时可以适当聘请具有在华留学经历的东道国人士或有东道国留学经历的中国人，他们能够较快地融入不同的文化情境，更好地胜任跨国工作。

【知识应用】

通过调查本地跨国公司的背景，了解他们的人力资源管理情况，研究其人力资源管理面临的问题，制订该企业国际人力资源管理管理策略。具体操作如下：
1. 制订调研提纲和计划。
2. 对该企业的人力资源管理人员进行调研。
3. 根据人力资源管理人员提供的信息，对该企业人力资源管理现状进行分析，制订人力资源管理策略和建议。

任务三 认知人力资源外包

【工作情境】

小李是 M 公司人力资源部经理。因为公司规模小，人员流动性也大，小李经常面临许多人力资源管理情况，如需要社保公积金开户、缴费、补缴以及招聘培训、商保福利、发放工资、绩效考核等事宜。另外，公司员工买房买车、贷款、子女读书、办理信用卡等事情都需要社保公积金缴费记录，有时还易出错。经过向公司领导请示，M 公司决定寻找人力资源外包服务公司来承担相关业务，如公司社会保险费的计算和代扣代缴等重复性事务性。而 M 公司的人力资源部则向人力资源规划和人力资本管理等战略性部门转变。

任务要求：
1. 假如你是小李，你认为公司的哪些人力资源管理业务可以外包？
2. 人力资源外包存在哪些风险？
3. 如何与外包公司制定人力资源管理外包方案？

【相关知识】

随着企业竞争越来越激烈，规避用工风险、降低人力成本和提高人力资源管理工作效率成了企业的当务之急，尤其需要解决的是人力资源的效率和成本等管理问题。人力资源外包具有独特的优势，同时也存在着管理风险，能否做到接近一对一的管理服务、有无简单高效的人力资源外包管理系统、能否高效无缝对接各地社保和支付结算系统都成为人力资源外包过程中人力资源外包公司需要面对的管理问题。因此，组织在采用人力资源外包时要有一定的风险防范措施，而人力资源外包数据化管理成为业务管理的重中之重。

一、人力资源外包的含义与类型

（一）人力资源外包的含义

人力资源外包又称人力资源服务外包（Human Resource Service Process Outsourcing），是指将组织的一部分人力资源工作流程或者人力资源的管理职能外包给专业的人力资源公司，由人力资源公司进行管理，从而降低组织的经营成本，提升组织的核心竞争力，增加组织的效益。

（二）人力资源外包的类型

按照人力资源涉及的管理功能的程度，人力资源外包可分为 3 个层次：事务型人力资源外包、职能型人力资源外包和战略型人力资源外包。事务型人力资源外包涉及传统的人事管理职能，如日常的工资、福利、档案管理等。职能型人力资源外包涉及人力资源管理中的招聘、培训、薪酬、绩效考核等具体职能。战略型人力资源外包涉及人力资源政策的制定与执行、人力资源规划、企业文化等战略职能。目前比较流行的人力资源外包服务主要有以下 4 种：员工招聘、员工培训、薪酬管理、保险福利和津贴管理。

二、人力资源外包的优势

（一）可增强组织的核心竞争力

将人力资源管理中的重复性、程序性的事务外包给专业的人力资源管理机构，可节省组织内部管理费用和资源，将其人、财、物集中于最重要、最具优势的核心部门或核心业务上，使组织的管理人员从烦琐的事务性工作中解脱出来，集中精力于其高层次的战略规划，以增强组织的核心竞争力。

（二）可节约成本，提高效率

如果组织将人员的招聘、面试、培训、考核等工作外包给专业的人力资源管理机构，一是可以降低内部管理成本，节约时间，还能提高工作效率；二是可以节省人力资源管理过程中出现的办公费用以及人力资源部门的薪酬福利等开支；三是可以减少组织在员工福利方面的开支和各种劳资纠纷。

（三）可精简机构，提高附加值

一方面，通过人力资源外包，可以精简机构，裁减不必要的人员，将资源集中于组织的关键部门和关键工作上。另一方面，将人力资源外包给专业的人力资源管理机构，往往可以获得更专业、素质更高的人才，使组织能够充分利用他人的资源来提升自己的能力。

三、人力资源外包的风险

人力资源管理外包具有一定的优势，但是外包活动也伴随着一系列的风险，具体表现在以下几个方面。

（一）外包决策导致的潜在成本风险

尽管人力资源管理外包的初衷是为了降低企业成本，但是盲目的外包决策却会适得其反。企业一般会将简单重复的基础人力资源管理事务进行外包，以期望能有效地控制其在人力资源管理方面的支出。然而，如果在决策前未对相应事务和企业具体情况进行交易费用分析，就可能会导致潜在的成本风险。这是因为根据交易费用理论，当企业费用大于市场费用时，外包活动是可能成功实施的。然而，由于市场环境的复杂多变，使交易产生了多种不确定性，导致交易双方稳定性受到影响，增加了合约的风险。由于每次外包活动企业都要花费一定费用和时间与外部服务商联系沟通，如果交易频繁变化，最终有可能会导致成本的上升。另外，即使交易双方达成稳定合约，由于对外包事项费用的错误评估，也会造成无法达到预期的目标。外部服务商要想针对企业提出量身定做的管理方案，就需要对企业本身的组织和现状进行大量的研究，如果其需要长期进驻企业，或许会产生更大的费用。

（二）外包决策导致的潜在失效风险

人力资源外包针对的是人力资源这一具有主动性的独特资源，外部服务商和企业文化及管理背景的契合度会决定外包的实际效果。另外，外包服务会导致企业本身的特色管理实践优势的流失，因为企业高管人员可以将企业的隐性文化通过指导等方式进行传导，而外部服务商即使获知这一点，也难以保证基于隐性文化的人力资源管理流程和方法的效力。

（三）外包服务导致的潜在泄露风险

显而易见，人力资源管理外包活动必须向外部服务商披露大量信息，如企业战略、经营指标、人力资源管理现状等，这势必会带来企业客户信息或其他商业机密外泄的风险，尤其是外包事务与涉及企业竞争力的核心技术或事项相关时风险更大。外部服务商也存在和将来客户分享合作中的知识产权的可能，而目前我国对此并无明确的法律规定，一旦发生泄密事件，对企业的危害极大。

（四）外包服务双方的可信任度风险

外包合约的签订和遵守需要耗费大量的精力，同时有极大的不确定性。由于存在利益分歧的可能性，外包双方作为两个独立的个体，存在关系破裂的潜在可能，会给企业带来较大的沉没成本，也会进一步加大信息泄露的风险。

（五）企业内部的潜在风险

人力资源管理的外包可能会引起员工对未来的不确定或对现状的不满，造成无形的心理压力，这种心理状态会导致员工工作积极性下降，进而阻碍企业的发展。

（六）外部服务商内部的潜在风险

由于外部服务商的能力参差不齐，其专业能力和管理能力的不足会导致外包活动成本的增加或整个项目的失败，对企业的人力资源管理体系也会造成很大的不良影响。同时，如果外部服务商在人力资源管理外包执行过程中破产，会导致外包活动被迫终止，企业面临着重新管理人力资源工作或是重新寻找外包服务商的局面，造成企业经济上的损失并影响企业战略的实施。

四、人力资源外包风险的防范措施

（一）人力资源规划动态调整的必要性

企业人力资源管理人员必须清楚地认识到人力资源管理外包的优势和缺点，以及本企业所处的生命周期。同时，针对为什么外包、外包什么和怎么外包进行调查，调查应以本企业的文化、背景、战略、业务，以及企业内部各部门的协调性和可控性为依据，并且对要外包的事务应该有详尽的成本分析，以确保外包的必要性。

对核心事务和非核心事务应有正确的界定。如果误将核心事务外包出去，就意味着企业丧失了对该项事务的控制力，也提高了对外部服务商的依赖性，同时加大了泄密风险的危害度。

（二）选择合适的人力资源外包服务商

在确定了需要外包的人力资源管理事务及期望的目标后，需要寻找一个合适的外包服务商。首先，需要确定双方的文化和背景契合度，作为本企业人力资源管理部门的外延，外部服务商应十分了解客户的价值、愿景、流程和能力，这种匹配会对人力资源管理的外包产生极强的效用，更具有可操作性。同时，在作出选择外包服务商的决策之前，应以所需外包的人力资源管理事务的独特性为依据进行调查，选择能满足企业独特需求的服务商，并且对其管理职能效率、精通程度、应对能力等逐一比较，最终确定合适的外包服务商。因此，选择外包服务商并不是一件易事，需要兼顾企业文化和特定能力的需求。业内对于人力资源外包服务商的评价要素一般可概括为服务质量、职能专长、服务记录及承诺的成本缩减。企业应从多方面搜集信息，而非简单地根据外包服务商以往的报告进行盲目判断，应将存在的潜在风险降到最低。

（三）签订完善的外包合同

目前，我国尚无明确的关于人力资源外包的法律法规，只有一些零星条文，这对人力资源外包的风险控制造成了一定的困扰。但是，为了适应飞速发展的市场，企业应在签订人力资源外包合同时多一些谨慎。企业在签订人力资源外包合同前，应及时建立商业秘密管理体系，将本企业的技术信息和核心机密纳入法律保护范围。外包合同应明确企业秘密的范围和双方的权利义务，企业要与外部服务商签订保密协议，同时对其熟知本企业商业秘密的人员离职作出相应规定。

同时，在签订人力资源外包合同前，企业应由法律顾问进行合同审核。人力资源外包合同应该详尽界定了所有外包活动的范围、内容及做法。同时，人力资源外包合同应具有一定的灵活度，因为签订时或许存在一些被忽视的事项，通过执行过程中人力资源外包的效果及时跟进反馈，最终可在动态基础上和外包服务商达成协议，对合同条款进行调整、完善。

（四）加强企业内部员工协调

人力资源外包不是企业管理层的简单决定，由于外包的对象是人力资源这一独特性资源的管理，企业应对员工可能产生的不满或意见有所预见并进行协调。在作出外包决策前，企业应做好外包准备工作，通过双向沟通将企业的承诺传达给全体员工，明确外包的目的不是抛弃员工，防止员工产生较大的不满影响企业正常的运营。在外包过程中，应对员工针对外包项目进行再培训，同时对员工满意度保持持续跟踪，及时发现问题并处理，防止人才流失。

（五）加强对外部服务商的监督和沟通，做好人力资源外包评估

在人力资源外包合同执行过程中，并非意味着企业原本的人力资源管理部门转入被动式的工作，而是应积极地参与人力资源管理事务，做好与外包服务商的沟通，确保其充分了解企业的目标和情况，促进外包活动的成效。并且，还应对外包服务商的活动进行监督。企业可以采取风险控制和激励机制确保外包服务商的诚信度，防止败德行为的发生，降低由于信息不对称和市场不确定导致的风险。在人力资源外包合同执行过程中，企业需要定期对已知问题和预测可能出现的问题进行跟踪调查，审查外包服务商的报告，并对报告的完成度和真

实度进行评估。企业人力资源管理部门要调查并确定外包服务商得到了足够的支持，并在企业内部调查外包商服务的满意度。

五、数据化管理时代的人力资源外包

随着科技的迅猛发展，企业的关键性资源从资本向数据、信息、知识和智力方向转变。为在激烈的市场竞争中立于不败之地，企业需充分整合和利用现有资源，以高质量、低成本、快速度及完善服务同对手展开竞争，进而获取独特的持续发展的竞争优势。由于分工不断细化，人力资源管理逐渐演变为一种高度专业化的技能，企业把具备竞争优势的业务保留下来，而把其余业务交付给更具专有知识和成本优势的机构来完成，人力资源外包公司的出现为这一行为的进行提供了可能及必要条件。

（一）数据化精确分析是人力资源管理大趋势

在大数据时代，数据化对传统人力资源管理有颠覆性的改变，人力资源部门的工作方式已经从人们印象中的感情用事变成了大量依赖理性的数据进行分析。在此背景下，数据化人力资源管理是大势所趋，基于算法的精确匹配已全面涉及招聘、培训、绩效、薪酬、福利等各个领域，而且对企业人力资源的外包和模式创新带来深远的影响。

（二）人力资源外包工作边界越来越清晰

数据化背景下的人力资源管理使人力资源外包公司和人力资源部门的角色定位都发生了逆转，合作的边界愈加清晰，合作的内容却日趋紧密，战略联盟型和教练式的合作模式成为人力资源外包的基本形态。大数据时代企业经营环境的特点是以数据为决策的依据、信息系统成为数据集成的平台、数据网络化共享。基于大数据时代云计算技术的人力资源服务已经成为人力资源管理的发展趋势。实现人力资源管理的碎片化，关键在于掌握数据的全面性、准确性、权威性、动态性，并能灵活运用且转换成创造人才价值、提升企业利益的终端服务产品。目前，许多企业开始借助人力资源外包来实现大数据时代的人力资源管理。

（三）人力资源管理角色转变

大数据时代人力资源管理将由经验主义转变为更加科学规范管理，在大数据技术的支持下人力资源的选、育、用、留都可以纳入到可量化、可测量的范畴，使人力资源管理更加高效、精准，更具话语权。人力资源部门经理的工作更多借助于先进的技术平台获取数据并进行数据分析，工作更为规范化，需要承担更多决策、审核任务。在数据化人力资源外包实施后，人力资源部门不是简单的业务伙伴，还可以是外包服务的参与者，还面临多种角色的创新和转变，可转变为人力资源战略管理专家、人力资源规划师、人力资源教练，以及与外包服务商合作的协调人，也可以转变为企业创新和变革的倡导者。

（四）数据化背景下人力资源外包职能模块优化

在数据化背景下，人力资源管理与外包的内容可以重新定义与拓展，在传统人力资源管理模块上的优化和创新将为企业发展创造更多的价值。

（1）制订高效的人力资源管理规划。在大数据时代，面对快速变化的外部环境和企业战

略调整，企业人力资源部门应该提高洞察力，制订与企业战略一致的人力资源战略规划，为企业稳健快速发展提供良好的内部人力资本保证。

（2）完善企业招聘。如今大数据技术可以实现在社交网络上查询并深入挖掘候选人的信息，让企业更清晰地了解候选人的情况，真正做到人岗匹配。

（3）调整员工培训。随着大数据时代的到来，企业不仅要向员工普及大数据知识，还应该持续不断培养和加强员工整合数据、挖掘数据价值和制订行动计划的能力，增强对未来业务的洞察力和执行力。同时，企业员工还要加强数据处理能力、信息系统使用能力的培训及数据敏感训练。

（4）更新工作分析。大数据时代将改变企业以往的用人需求，由曾经的重视员工经验转变为重视员工数据处理能力。在大数据时代，企业需要进行理性的分析与研判，而不仅仅是侧重于经验的判断，要求企业中每个员工都具备一定的数据处理能力，善于利用系统和数据，转变工作方式，提高针对性和效率。

（5）加强人才测评。利用大数据技术对人才测评中的一些问题如人才绩效考核、人才选拔以及分类进行研究，改进不成熟的地方。大数据技术能从一些大型的人力资源数据库中找到隐藏在其中的信息，帮助决策人员找到数据间潜在的联系，从而有效地进行人才测评。

（6）实施基于心理契约的员工激励。不断充斥的数据洪流，不断加快的社会发展，使组织不得不作出调整，但不断进行的机构重组、人员精减和变革活动，会使员工工作安全感和稳定感下降。实施基于心理契约的员工激励能提供重视和承诺，使多数员工获得最大限度的工作幸福感和成就感，实现企业价值和员工价值的互动平衡。

（五）人力资源外包公司的模式创新

人力资源外包机构在充分挖掘和分析企业信息和数据的基础上，对企业真实的需求进行甄别与判断，对个人信息进行筛选和描述，对互联网时代个人学习和组织学习进行跟踪反馈，为企业战略目标的实现给出更准确的判断依据。在数据挖掘上的优化和创新，将是人力资源外包公司的服务模式创新基础和商业模式创新与设计的方向。

1. 精准信息对接模式

企业信息与个人信息的深入挖掘与分析。传统招聘网站上的企业信息不透明，因为这些信息都是企业人力资源部门提供的，不够客观。如今人们能够通过网站发布与获得更多来自企业内部员工对企业的评价，更加真实可靠，是寻求信息对等和雇主与雇员之间信息沟通的渠道。

可以借鉴的模式主要有 Glass Door、分智、Simply Hired 和 Resum Up 等，这几家人力资源外包公司都提供工龄、企业评价、评级、薪水报告、面试问题、招聘启事等信息。其中，Glass Door 的核心产品是提供包括公司内部情况、薪酬、公司内幕和工作环境之类的信息。在这里注册的求职者资历通常较深，因此更愿意推广自己，并展示自己给企业带来的利益。与 Facebook 整合后，Glass Door 还可以告诉求职者应该结识一家公司中的哪些人，由于 98% 的 Glass Door 用户都与 Facebook 账户进行了关联，该网站还可以帮助雇主通过社交数据确定求职者适合的职位，从而实现精准定位。分智核心产品可以提供薪水查询服务，提供详尽的工资待遇信息、工作地点、所在公司、工龄、工作时间以及工作职位。Simply Hired 将谷歌地图、薪酬研究网站 Pay Scale.com、社交网络社区 Linked In、My Space 等机构提供的内容整合在一起，借助社交网络的便利，提供查看某公司内部资讯、查看某公司内部"是否有自己认识的人"、甚至能够查看某公司对职工婚姻状况是否存在"潜规定"等特色内容。Resum Up 的核心功能是个人的职业规划，提醒个人用户如果想达到某个职位，便要按照 Resum Up 提供的一个 Step-By-Step 职业路线图去奋斗。

用户看后会清楚地知道如果想得到更好的晋升机会，他们需要做什么、需要学习什么知识、提高什么技能等。Resum Up 的数据来源于 Facebook 和 Linked In，就产品设计角度而言，Resum UP 解决方案的特点是从根本上简化了用户体验的难度。

2. 精准雇员筛选模式

个人信息的深入挖掘让企业选聘目标清晰。传统的招聘网站上的个人信息不透明，都是应聘候选人自己编辑上传的文字。如今大数据技术可以实现从社交网络上来查询并深入挖掘应聘候选人的信息，让企业更清晰地了解应聘候选人的情况。

大数据时代，有效的数据收集和分析工具在人们获取数据时是至关重要的。可借鉴的模式是 Talent Bin 公司提供针对社交网络的职业搜索引擎服务，它收集应聘者在社交网络上的信息，整理编辑出一个以人为中心的数据库，想招聘某种人便可以去 Talent Bin 搜索。Identified 公司提供基于 Facebook 的职业搜索引擎，对企业提供服务，可以对求职者进行打分，它的核心功能是通过工作经历、教育背景和社交网络 3 项指标信息给人们打分，这些信息都来自 Facebook，用户还可以添加更多信息。Identified 类似于 Google Page Rank 的人物版本。

3. 精准人才测评模式

采集候选人与职位数据真正做到人岗匹配。招聘过程的最根本诉求是解决企业职位与应聘候选人之间匹配的问题，而大数据技术恰恰能更高效精准地完成这个匹配过程。从用户上传的简历和社交网络上提取候选人的总量数据，然后用大数据技术进行分析，通过考查数千个数据点，给求职者和空缺职位的匹配度评分，分值越高则匹配度越高。

可借鉴的模式主要有 Bright 和 Resum Up，他们提供对空缺职位和求职者的匹配度的评分的服务功能。Bright 能帮助企业和求职者有效地缩短应聘时间，为他们提供更好的服务。Path.to 网站的用户需要输入他们所擅长的工作，或者从 Linked In 导入自己的工作经历，而且还要回答一些关于他们喜欢怎样工作的问题。之后 Path.to 通过独特算法完美匹配员工与雇主，这一点与 Bright 相似。Path.to 的商业模式就是算法，算法是它的竞争优势。通过 Path.to 网站寻找职位是免费的，但是企业发布职位信息则要收取一定的费用。

这些基于数据挖掘和数据分析的人力资源外包增值模式对很多有成功欲望的企业有很大的吸引力，他们将不增值或常规性的事务逐步外包给通过数据挖掘和分析提供独特价值和服务的人力资源外包公司，以增加企业自身的竞争力，而这种人力资源外包也会达到双赢的目的，这也是数据化人力资源外包的价值和魅力所在。

【知识应用】

位于深圳的甲公司是美国通用电气公司在中国的合资企业，属于生产制造企业。在成立之初，甲公司就开始考虑人力资源外包。人力资源部经理张女士认为，人力资源外包项目的成功实施同外包服务商的服务水平息息相关。理想的外包服务商应具备良好的服务态度和意识、专业知识水平，并同租赁员工保持经常性沟通，以随时获悉其需求。

人力资源外包项目的实施基本分为几个步骤：①评估外包服务机构；②选择合适的外包服务机构并草拟合同；③签订合同，与外包服务机构建立长期合作关系。

确定采用人力资源外包后，首先，人力资源部在公司内部进行广泛沟通和协作；其次，协同采购部选定3家外包服务商，对其人员素质、专业水平、所提供服务及价格等进行评估。

出于对外包服务商服务品质的重视，甲公司先后同许多外包服务机构接触。最先和国外某外包服务机构联络，因其价格过高而放弃。甲公司曾一度与深圳某外服机构合作，但该机构在人才的及时供应和服务跟进方面尚有一定的问题。

经过一年的考察，甲公司将目光锁定于深圳乙人力资源市场发展有限公司。经比较分析，人力资源部向总经理推荐，确定乙公司作为合适的外包服务商，双方就草拟合同在细节上进行修改，明确彼此的责、权、利。

合同签订后，双方定期沟通，就外包任务的完成情况、租赁员工的工作情况进行了解和信息反馈，以保证外包任务正常、有序地进行。从签约后，双方始终保持良好合作关系，并签订了长期人才派遣合同。派遣人数从最初的60人上升为89人，范围由最初的生产线操作工、后勤人员、司机扩展到文员等管理类文职岗位。

张女士介绍，对比外包前后管理成本、管理效率的数据，外包的优势毋庸置疑。采用人才派遣业务后，公司每月仅花费几千元钱就将事务性工作处理得妥妥帖帖，人力资源部的专职人力资源工作人员从4人精减为2人，且能更专注于人力资源作为业务发展战略伙伴的角色。

根据甲公司人力资源外包的过程，拟订一份人力资源外包流程方案，并说明其注意事项。

任务四　认知人力资源三支柱模型

【工作情境】

A机械设备制造公司随着规模的不断扩大，成为集团性大公司，在全国及海外不同的区域都有分支机构，总部原有的人力资源管理职能模块化方式，不能满足公司总体发展需要了。如当业务一线提出需求时，总部人力资源部往往从一个职能块角度提供方案，然后变成一项公司政策要求下面执行。在这种工作模式下，人力资源部人员不一定了解具体一线业务情况，政策或方案缺乏业务部门所需的针对性和灵活性，下属单位的业务领导者不认可，很难落地执行。人力资源部不能提供业务部门需要的客户化、集成化的方案。

任务要求：

1. 根据A公司的战略及业务发生的变化，分析人力资源需求与传统人力资源管理模式将会出现的问题。

2. 如果你是人力资源部经理，你认为公司人力资源管理业务如何转型才能提高管理效能？

【相关知识】

传统的人力资源部门只是组织的职能部门，随着市场竞争的日益激烈，企业越大越需要人力资源部门实现业务增值，就要像业务单元一样运作。在这个业务单元里，有人负责客户管理，有人负责专业技术，有人负责服务交付，这就出现了人力资源部门角色转型的需要。人力资源部门要想成为业务驱动力，传统的模块式管理模式就必须转变，从职能导向转向业务导向，要把"人力资本"当成一项业务来经营。

一、人力资源管理转型的原因

传统的人力资源管理按职能可划分为人力资源规划、招聘、培训、薪资福利、绩效以及员工关系等模块，每个职能模块的工作，事实上都分别包含3个角色的工作，即基础事务性工作、所负责职能模块的制度方案设计工作，以及接受公司员工政策咨询服务工作。传统人力资源管理模式的优点是各岗位职责明确，工作开展简便易行；缺点就是工作往往只对上不对下，政策缺乏业务所需的针对性和灵活性，业务部门更多感受到的不是支持而是管控，而且人力资源部门将大量时间聚焦在事务性工作上，对业务部门真实需求的了解很不到位，不能主动为业务部门提供有针对性的辅导和满足实际业务需求的解决方案。

杰克·韦尔奇曾说过"人力资源负责人在任何企业中都应该是第二号人物"，但99%的中国企业都做不到。原因很简单，人力资源管理部门没创造这么大的价值——业务增长很快，但人力资源部门总在拖后腿。有些人说人力资源部是"秘书"，有人说人力资源是"警察"，在中国，真正认为人力资源部是"业务伙伴"的真是凤毛麟角。

Aon Hewitt全球咨询经验和研究证明，人力资源部门可以成为业务驱动力，关键是其自身的运作模式要发生变化。

二、人力资源转型的方向

人力资源部门要成为业务的驱动力，首先要把"人力资本"当成一项业务来经营，因此，人力资源部门应从职能导向转向业务导向。然而，目前中国企业的人力资源部按职能块划分团队（如薪酬、培训、绩效等）的运作模式——每个职能块同时负责政策制定、政策执行以及事务性支持（如入职手续、薪酬制定、社保费缴纳等）的工作。不管是在总部、区域分公司还是业务一线，这种组织架构层层复制。人力资源部门的工作与业务一线的要求严重脱节。这就出现了人力资源部门角色转型的需要。

人力资源组织重新设计，简单来讲就是将人力资源部门的角色一分为三。实践证明，这种业务模式的变化更有助于提升人力资源部门的效率和效能，即在20世纪90年代，美国密歇根大学罗斯商学院教授戴维·尤里奇率先提出的、在领先公司常用的人力资源三支柱模型。

三支柱模型将人力资源管理体系划分为三大系统，改变了按六大职能划分的旧有体系。三大系统是人力资源专家中心（HRCOE）、人力资源共享服务中心（HRSSC）和人力资源业务伙伴（HRBP）（图10-1）。其中，COE是指专业知识中心或领域专家中心（Center of Excellence or Center of Expertise）；SSC是指共享服务中心（Shared Service Center）；BP是指业务合作伙伴（Business Partner）。

（1）人力资源业务伙伴是针对组织内部各具体业务单元的人力资源需求，提供更个性化的咨询服务。此时的人力资源管理分为两种：①事业部型，即人力资源业务伙伴对事业部负责并接受其考核；②人力资源代表型，即人力资源业务伙伴由人力资源部派驻，接受总部考核。

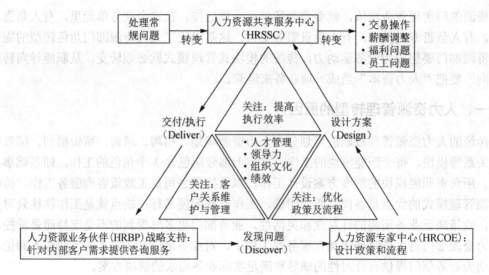

图 10-1 人力资源三支柱模型

(2) 人力资源专家中心是负责人力资源前瞻性和战略性研究、为人力资源业务伙伴及人力资源共享服务中心提供技术支持的专家组,主要扮演开创者和咨询者两大角色,前者负责建立新制度和流程,后者负责新标准的推广及问题的高层解答。

(3) 人力资源共享服务中心是直接面向顾客提供咨询服务、办理日常业务的行政组,如政策的查询、工资的查询。此类员工的专业知识要求不高,但有自己的特点:服务标准化、办公信息化、为人力资源部门提供战略支持、独立考核。人力资源共享服务中心可选择外包形式,与其他业务部门一样存在竞争关系,因此其不单是作为管理职能部门存在。

上述 3 个角色相互支撑,特点清晰。其中,人力资源专家中心为战略层,人力资源业务伙伴为战术层、人力资源共享服务中心为操作层。人力资源专家中心围绕组织战略目标设计政策,通过人力资源业务伙伴来分解目标,再由人力资源共享服务中心来实施;人力资源业务伙伴在与业务部门合作中,对于超出能力范围的问题需咨询人力资源专家中心,获取意见后再与人力资源共享服务中心合作解决;人力资源共享服务中心按照标准流程通过信息技术等来落实人力资源政策。

三、人力资源三支柱模型分析

(一) 人力资源三支柱模型的 3 类工作角色定位

人力资源三支柱模型作为一种新型的人力资源管理模式,是从提升效率和效能出发的新模式,像业务单元一样运作,有人负责客户管理,有人负责专业技术,有人负责服务交付。这种模式下的人力资源管理不再按以往的功能模块进行划分,而是把人力资源管理工作按角色一分为三,把相似角色类型的不同模块的工作进行了集中处理。第一类日常事务性工作就由人力资源共享服务中心统一处理,该中心的职能是提供各项日常事务性工作的服务;第二类制度方案设计类的专家型工作就由人力资源专家中心承担,该岗位或机构的职能就是制定企业人力资源战略规划,拟定各项工作政策、制度、流程,开发人力资源产品;第三类向业务部门提供人力资源管理咨询类的工作就由人力资源业务伙伴承担,其职责就是应用专业知识,并运用人力资源专家中心制定的战略方案、工作流程向各业务部门提供咨询服务和解决方案,人力资源业务伙伴是确保人力资源管理贴近业务需求的关键。

(二)人力资源三支柱模型的优缺点

人力资源三支柱模型的最终目标是打破过去以职能为中心的管理思维,回归业务,从而创造更大的价值。从实践来看,三支柱模型更适合于大型集团企业,并不适合于单一机构的企业。对大型企业来说,三支柱模型的优点显而易见。第一,可以将重复性的事务性工作由集团进行集中统一处理,更容易产生整合规模效应,从而降低单位成本,而且共享服务中心因为有实现共享业务的 IT 技术系统做支持,所以还能通过自助服务系统来减少事务处理的工作量,实现效能提升;第二,三支柱模型可实现人力资源管理和服务职能的有效分离。如可流程化实施的事务性服务职能由人力资源共享服务中心处理,让复杂程度高的技术性职能交给人力资源专家中心,而人力资源业务伙伴只需聚焦业务部门动态的需求变化,匹配相应的解决方案,最后实现从职能导向转到业务导向。

除了这些,三支柱模型也有明显的缺点,一是作为三支柱中综合性岗位人力资源业务伙伴的职责不太好明确,工作开展难度大,难以达到预期效果;二是对于规模不大的公司,三支柱模型没有规模效应的优势,相反单独设立的人力资源专家中心和人力资源业务伙伴的工作量很难达到饱和,而且由于工作体系过于细化,产生很多沟通成本。其实备受追捧的三支柱模型并不适合规模有限的中小企业,传统人力资源管理也有其独特的优势,并非一无是处。

四、人力资源三支柱模型转型路径

(一)提高人力资源管理团队的素质

三支柱模型的成功运作,提高团队质量是关键:①培养团队创新意识,引导观念变革;②建立项目人才培养机制,提高员工的知识技能;③探索职业路径,提高团队的岗位期望。有研究者指出,要成功地开展三支柱模型需要根据客户的需求不断创新、不断变革观念,并围绕战略伙伴、人力资源管理解决方案集成者、人力资源管理流程运作者、关系管理者、变革推动者、核心价值观传承驱动者六大角色进行探索,发挥各自所长。针对员工岗位知识技能的不足,建立项目人才培养机制,按照"角色定位—多维胜任—人才培养"的思路展开:首先依据组织人才理念和现实需求明确培养目标,从自主学习、赋能培训和在岗实战三个阶段开展实践;其次,为了提高团队的稳定性,组织应探索员工职业发展路径,建立员工薪酬、晋升、考核等方面的激励政策与制度,如规定业务部门副经理级别的员工要想晋升,必须担任过部门的人力资源业务伙伴。

(二)做好转型准备

有研究者认为,规模大、业务种类多、人力资本管理基础扎实的组织适合开展三支柱模型。因此,组织是否适合三支柱模型,首先要切实评估组织的业务状况,分析原有管理工作的扎实性,为明确三支柱模型的适用性提供依据;其次,获得领导层的支持,领导层的宣传动员、对部门间矛盾的调解等有利于推动三支柱模型的运行;最后,还要获得人力资源部高管和业务部门高管的支持,以使人力资源业务伙伴能很好地运作在人力资源政策和部门业务之间。有管理机制上的保障，转型人员才能消除顾虑、增强信心。从物质成本的角度看，三支柱模型的转型需要投入一定的财力和物力，如购买现有人力资源管理软件、定制符合本组织需求的人力资源系统软件等。

（三）优化组织运作流程

三支柱模型的运作是组织运作的一部分，为了获得良好的转型大环境，需要优化组织运作：聚焦组织扁平化建设，减少层级关系；提炼组织文化，培养开放、平等、协作、分享的理念；优化系统流程，减少不必要的环节，并建立监督反馈机制。有研究者指出，无领导、无边界的组织形式将成为互联网组织发展的趋势，平等、民主、自由的组织氛围更容易激发员工潜能。因此，推进组织扁平化，减少复杂的层级关系，有利于人力资源专业中心、人力资源业务伙伴和人力资源共享服务中心的平等交流与协作。要借鉴互联网"开放、平等、协作、分享"的行业精神，将其融入三支柱模型的建设中。人力资源专业中心要树立开放、创新的新思维，人力资源业务伙伴要深入了解业务状况，人力资源共享服务中心要真诚服务和分享，营造团结协作的组织文化。在流程优化的角度上，坚持"先标准、再共享"的原则，对组织的流程进行统一规范，建立"标准"，同时要标准政策化、制度化，推进"共享"。要建立健全监督反馈机制，以及时了解"三支柱"的转型情况。

（四）选对转型方法

采取恰当的转型方法有利于减少转型冲突，缓解转型矛盾，提高成功率，因此，在人力资源管理转型中要循序渐进，提供充足的转型过渡期；抓住本质，结合自身实际打造特色，摆脱形式主义；以战略为先导，集中设计，提高系统性。有研究者指出，为了避免在转型过程中急功近利，首先要明确路径与关键任务，领导层要达成共识，各级管理人员要积极配合，要有完善的奖惩考核机制。只有层层落实、循序渐进才能保障人力资源管理顺利地转型过渡。有研究者指出，可以根据实际需求选择人力资源共享服务中心的合作方式与内容，从收益成本的关系角度考虑是否将常规人力资源管理事务进行外包。从系统化角度，要根据战略需求自上而下地分解目标，明确路径，再系统地设计实施方案，进而统筹"三支柱"各环节的建设，统一调度，统一指挥。

【知识应用】

通过调查集团型企业（如 IBM、华为、海尔、吉利等企业）的人力资源管理情况，完成以下工作。

1. 确定调研企业，制订调研提纲。
2. 调研企业业务部门与人力资源管理业务关系的现状。
3. 分析企业如何利用三支柱模型开展人力资源管理工作情况。
4. 形成调研报告。

【模块知识小结】

人力资源管理现代化是指在组织战略和人本思想的指导下，运用现代化的理念、手段和方法对人力资源管理进行科学的决策和实践活动，以影响组织员工的行为、态度和绩效，发挥个体人力资源的主观能动性和潜力，实现人力资源的有效利用。

人力资源管理现代化具有动态性和系统性的特点，在不同的阶段其现代化的标准是不同的。人力资源管理现代化的标准应能反映组织人力资源管理发展的方向，现代化的思想、手段和方法应受到实践的充分检验，不断创新、变革与应用，对实践本身具有指导意义。

人力资源国际化，主要表现在人力资源管理的地位提升、人力资源管理越来越专业化、人力资源管理越来越战略化、人力资源管理越来越人本化和人力资源流动越来越国际化5个方面。

人力资源外包也称人力资源服务外包，是指将组织的一部分人力资源工作流程或者人力资源的管理职能外包给专业的人力资源公司，由人力资源外包公司进行管理，从而降低公司的经营成本、提升核心竞争力，增加组织的效益。

在20世纪90年代，美国密歇根大学罗斯商学院教授戴维·尤里奇率先提出的、在领先公司常用的人力资源三支柱模型，将人力资源管理体系划分为三大系统，改变了按六大职能划分的旧有体系。三大体系是人力资源专家中心（HRCOE）、人力资源共享服务中心（HRSSC）、人力资源业务伙伴（HRBP）。

要想顺利实施人力资源三支柱模型转型，组织必须提高人力资源管理团队素质，做好转型准备，优化组织运作流程，选对转型方法。

【复习思考题】

1. 什么是人力资源管理现代化？
2. 人力资源管理现代化的内容是什么？
3. 人力资源管理国际化的趋势是什么？
4. 国际人力资源管理面临的问题及策略有哪些？
5. 什么是人力资源外包？
6. 人力资源外包有哪些风险？
7. 人力资源外包的风险防范措施有哪些？
8. 什么是人力资源三支柱模型？
9. 人力资源管理应如何转型？

【企业案例分析】

DK公司国际化战略中的培训体系建设

一、DK公司的背景

DK公司成立于1988年，其总部位于河北省秦皇岛市。DK公司是中国大陆第一家铝车轮制造企业，全球最大的铝车轮及铝制底盘零部件供应商；第一个闯入全球汽车零部件配套供应商百强的中国企业。DK公司的发展经历了产品差异化、开拓整车配套市场、集团化商业模式创新三个阶段，成为全球最大的铝车轮制造企业。2011年至今，DK公司一方面努力地实现产品多元化，另一方面为实现国际化战略而全力进军国际市场。由于美国和德国是汽车生产大国，为了快速满足客户需求、大幅节省运输成本，同时考虑到反倾销和当地能源及融资成本低廉等原因，目前DK公司已在美国和欧洲建立了7个生产基地。到目前为止，DK公司以优质的产品和服务完成全球市场布局，在欧洲，半数以上的汽车安装有DK公司制造的零部件。

二、DK公司实施国际化战略面临的挑战

DK公司已经成为全球最大的铝车轮及铝制底盘零部件供应商。海外工厂的正常运行是国际化取得成功的重要保障,必须保证东道国员工与母国员工有相同的目标,同时也必须保证东道国员工具备铝车轮及铝制底盘零部件生产技术。然而 DK 公司的国际化进程并非一帆风顺,面临着诸多挑战。

1. 工人的技术技能难以满足海外公司持续扩大、自动化生产的需要

DK 公司已经成功地在宁波、秦皇岛等地建立了自动化的轮毂生产线,位于美国密歇根州的海外工厂同样采用自动化的生产设备。但是拥有汽车轮毂制造经验的工人非常有限,技能难以与自动化的生产设备相匹配。

2. 中西文化差异成为国际化管理的一大障碍

中西双方员工在思维方式、管理方式等方面都存在差异,加之语言沟通方面的问题,在共同工作的过程中会出现合作不畅、重复沟通、效率低下等问题,严重的还会引发矛盾。

3. 西方员工对中国制造的认同度和接受度较低

DK 公司作为汽车配件制造行业的标杆,其国际化布局首先选择美国、德国等汽车大国,以最大化满足客户需求。但由此带来的问题是西方发达国家的员工自信于本国的先进技术、汽车大国地位,对中国制造持观望、犹豫态度。

三、DK 公司国际化培训体系的探索与实践

1. 国际化培训体系建立的目标和原则

DK 公司是全球最大的铝车轮和铝制底盘零部件供应商,其在未来还将进一步加强国际化进程,因此培训体系的总体目标是推动企业国际化战略目标的实现,具体细分为 4 个目标:第一,建立文化和谐、掌握岗位技能、具备专业知识的多元化队伍;第二,根据生产运营计划、及时配备数量足、质量优的人员;第三,合理规划培训人数和周期,提高过程质量、降低成本;第四,建立一支多元化培训团队,实现员工操作标准化。

为确保目标的实现,DK 公司制订了 7 条培训原则:第一,系统性,即根据海外的实际培训需求,制定各阶段的工作安排,并且有效地保证各阶段的工作都顺利进行;第二,先进性,即按照海外公司产业升级的标准,设计组织岗位和验证场所;第三,实践性,即 DK 公司的培训体系必须为实践而学、在实践中学、用实践检验;第四,激励性,即培训体系必须具备激励性,重视薪酬定级、内训师队伍、职业发展、荣誉激励;第五,合适性,即培训体系的设计必须符合东道国员工的思维方式,有趣、易接受;第六,传承性,即授人以鱼不如授人以渔,实现海外本土传承,保证培训能够实现良性循环;第七,安全性,即培训体系的设计必须符合海外公司所在国的法律法规和文化习惯,确保人身财产安全。

2. DK 公司的培训课程体系

DK 公司的培训课程体系在整个培训体系中占据着十分重要的地位,培训内容主要包括企业文化、生产运营及技术技能。其中,企业文化培训主要通过文化讲解、企业总部参访以及东道国员工和母国员工互动等形式让东道国员工了解中国文化,了解 DK 公司文化,建立起对 DK 公司的文化认同。生产运营培训内容包括产品介绍、工艺介绍、质量管理以及设备管理,这一部分的培训主要是针对海外基地的运营管理人员。技术技能培训主要让员工了解、掌握、胜任工序操作、设备使用和质量检查,具体包括基础技术和岗位实操。

课程设置评估是保证课程有效性的重要手段。DK 公司的培训课程在真正投入使用之前需要经历 3 个阶段的验证:首先,来华培训前的课程验证分为两步,第一步重点是"从无到有",主要是根据来华员工的培训需求设计相应的培训内容;第二步重点是"从有到精",进

一步确认培训课程是否能够真正满足来华培训员工的需求。其次，需要经过在华培训验证，通过培训课程的试用来验证其效用，并有针对性地进行调整；接下来是在海外基地进行培训验证，以考查培训课程的设计是否真正适用于海外的环境以及东道国员工。最后，海外传承验证，DK 公司的培训最终是希望能够达到良性循环，以及由接受过培训的东道国员工担任培训师来培训当地的员工，因此课程的设计需要考虑是否能够有效地传承下去。各培训阶段需要验证的任务主要包含培训课件、培训手册以及培训试讲，其中试讲包含中文试讲、中英文合练以及授课前彩排。

3. 培训讲师体系

由于内部培训师更加了解企业的培训需求、对企业的培训工作更加负责并且能够有效利用企业现有优秀员工的技能和经验，从而大量削减企业的培训成本，因此，DK 公司的海外培训师主要由内部人员组成。

高层领导的重视是培训成功的重要因素，高层领导大力推动双向文化的融合。DK 公司培训师队伍的一大特点是总经理的亲自参与。培训师按照培训任务主要分为企业文化、生产运营和技术技能 3 组，目前共有讲师 13 名，助理讲师 33 名。企业文化培训师主要负责向学员传递企业的文化，由总部的总经理担任。生产运营和技术技能组的讲师主要是由公司在相应模块具有丰富经验、技能熟练且有一定语言基础的骨干员工担任。

培训师队伍的组建需要经过选拔、培养和评估 3 个关键环节。选拔标准包括专业技能、语言能力和发展潜力三大模块。标准确定之后由各支持组根据选拔标准提出人选；然后由培训部门对候选人进行考核筛选，筛选主要通过资格审查、试讲、面谈等方式进行；通过筛选的人可以暂时进入培训师名单并接受公司安排的培训。DK 公司根据成人学习 3E 模型，通过培训、演练和辅导来培养培训师的胜任能力，培训内容包括课程设计、逻辑思维、培训师培训、东道国文化 4 个部分，演练包括试讲和彩排，辅导由顾问老师随时对培训师进行指导。

经培养合格的培训师，DK 公司会对培训师的实际培训效果进行评估，不合格的培训师将被淘汰。对于外派到海外的培训师如果在第一期外派时不合格则直接淘汰，合格者则会继续担任第二期外派的培训师。需要明确指出是，为了保证海外工人培训的持续性，DK 公司会按照公司总部培训师的遴选过程选出能够胜任培训师的东道国员工担任培训师，直接培训海外的员工。

特别强调的是，翻译人员的参与和配合在培训师队伍建设中起到了重要的作用。在培训初期，DK 公司组建了翻译团队，全程参与英文教材的编写，与培训师进行多次合练与彩排以保证培训的现场效果。

4. 培训的实施策略

为了提升东道国员工的技能，加强不同文化之间的融合，同时保证培训课程的落地和培训效果的达成，DK 公司创造性地实施"三步走"的培训实施策略：第一步来华培训，了解中国以及在母国公司参加各种活动，为工作中双方的沟通和信任的建立奠定了良好的基础；第二步东道国现场培训，以岗位胜任为目标确定关键技术技能，可以解决生产现场中的实际问题；第三步传承培训，进一步将体验到的母国公司文化、生产技能传授给其他员工，产生多米诺效应，从整体上提升员工技能，提高生产效率。每一阶段的培训各有侧重、互相补充，为 DK 公司不断扩大的生产提供充足的人力资本，保证海外经营的可持续发展。"三步走"的培训策略，有效解决了文化、技能和可持续经营的难题。

5. 培训的持续改进

国际经营环境复杂多变，一套行之有效的培训体系更需要与变换的环境和生产经营状况相匹配。对于 DK 公司而言，没有现成的成功模式可以套用，在实践中摸索、尝试、不断前进。在向发达国家设立工厂的国际化过程中，DK 公司就秉承执行、总结、改进的原则，结合自身实际创新性地建立了一套初步有效的培训体系。

坚持培训各个环节的验证工作，确保培训效果的达成。培训课程的验证经历了"从无到有""从有到精"两个阶段的验证，确保培训课程的有效性；对培训师能力的培养，从课程设计、逻辑思维、授课技巧、中国文化等方面进行初步培训，通过中文试讲、中英文试讲、彩排确保培训师的胜任，逐步形成多元化的培训师队伍；对学员培训效果的验证，根据成人学习 3E 模型，从"入门"到"胜任"，最终到"传承"，强调从"培训—考核"到"技能输入—结果输出"的转变，强化学员参与度，提升培训效果。

(资料来源：徐渊,石伟,刘俊双,等.国际制造企业国际化战略中的培训体系探索与实践：以 DK 公司为例中国人力资源开发[J].2016 (16)：61-67.)

思考：
1. DK 公司的人力资源培训体系是否符合国际化发展趋势？
2. DK 公司的人力资源培训是否可以实施人力资源外包？
3. DK 公司如何实行人力资源三大支柱模式转型？

【能力训练】

调查企业人力资源外包公司业务情况（至少 3 家公司以上）。在调查基础上，对材料进行综合分析，撰写一份企业人力资源外包调查报告。

参考文献

[1] 弗雷德里克·泰勒. 科学管理原理[M]. 马凤才, 译. 北京: 机械工业出版社, 2016.

[2] 赵曙明. 人力资源管理与开发[M]. 北京: 北京师范大学出版社, 2007.

[3] 赵曙明, 程德俊. 人力资源管理与开发案例精选[M]. 北京: 北京师范大学出版社, 2007.

[4] 张德. 人力资源开发与管理[M]. 北京: 清华大学出版社, 2007.

[5] 彭剑锋, 饶征. 机制创新的力量: 中国企业 HR 系统制胜之道[M]. 北京: 清华大学出版社, 2016.

[6] 张海枝. 人力资源管理[M]. 重庆: 重庆大学出版社, 2014.

[7] 陈京民, 韩松. 人力资源规划[M]. 上海: 上海交通大学出版社, 2006.

[8] 冯明. 人力资源管理[M]. 重庆: 重庆大学出版社, 2013.

[9] 杨顺勇, 张留禄. 人力资源管理[M]. 4 版. 上海: 复旦大学出版社, 2014.

[10] 张霞, 全丽. 现代人力资源管理概论[M]. 郑州: 河南科学技术出版社, 2015.

[11] 彭剑锋. 人力资源管理概论[M]. 2 版. 上海: 复旦大学出版社, 2011.

[12] 李志敏, 朱自龙. 人力资源规划开发与管理实务[M]. 西安: 西北工业大学出版社, 2012.

[13] 诸葛剑平. 人力资源管理[M]. 杭州: 浙江工商大学出版社, 2013.

[14] 赵晓东, 应丽芬. 人力资源管理[M]. 杭州: 浙江大学出版社, 2013.

[15] 胡八一. 人力资源规划实务[M]. 北京: 北京大学出版社, 2008.

[16] 葛玉辉, 人力资源管理[M]. 北京: 清华大学出版社, 2008.

[17] 葛玉辉. 工作分析与工作设计实务[M]. 北京: 清华大学出版社, 2014.

[18] 闫岩. 人力资源管理[M]. 北京: 北京师范大学出版社, 2011.

[19] 祝士苓. 工作分析与组织设计[M]. 北京: 中国劳动社会保障出版社, 2016.

[20] 苏秦. 质量管理[M]. 北京: 机械工业出版社, 2012.

[21] 陈国海. 员工培训与开发[M]. 北京: 清华大学出版社, 2012.

[22] 段烨. 培训师 21 项技能修炼[M]. 北京: 北京联合出版社公司, 2016.

[23] 宋汉化. 基于培训外包的员工培训体系的构建[D]. 厦门: 厦门大学, 2006.

[24] 孙宗虎, 邹晓春. 人力资源管理工作[M]. 北京: 人民邮电出版社, 2008.

[25] 赵楠, 施晨越. 企业员工培训手册[M]. 北京: 经济管理出版社, 2010.

[26] 理查德·斯旺斯·爱尔伍德·霍尔顿. 人力资源开发效果评估[M]. 陶娟, 译. 北京: 中国人民大学出版社, 2008.

[27] 黎建飞. 劳动与社会保障法教程[M]. 3 版. 北京: 中国人民大学出版社, 2013.

[28] 王洛忠. 人力资源管理法律基础[M]. 北京: 北京师范大学出版社, 2012.

[29] 王少波. 劳动关系与劳动法[M]. 北京: 中国劳动社会保障出版社, 2011.

[30] 肖胜方. 劳动合同法下的人力资源管理流程再造[M]. 4 版. 北京: 中国法制出版社, 2016.

[31] 左详琦, 许佳琦. 最新 HR 疑难问题解决方案[M]. 北京: 法律出版社, 2013.

[32] 洪桂彬. 企业用工风险防范实务操作与案例精解[M]. 北京: 中国法制出版社, 2016.

[33] 张衔, 谭光柱. 我国企业劳动关系和谐度的评价与建议: 基于问卷调查的实证分析[J]. 当代经济研究, 2012 (1): 75-81.

[34] 雷蒙德·A. 诺伊. 人力资源管理赢得竞争优势[M]. 7 版. 刘昕, 译. 北京: 中国人民大学出版社, 2013.

[35]杨百寅,韩翼.战略人力资源管理[M].北京:清华大学出版社,2012.

[36]加里·德斯勒.人力资源管理[M].12版.刘昕,译.北京:中国人民大学出版社,2012.

[37]张勇,龙立荣.绩效薪酬对雇员创造力的影响:人-工作匹配和创造力自我效能的作用[J].心理学报,2013,45(3):363-376.

[38]王永健,谢卫红,蓝海林.人力资源系统柔性与企业绩效关系研究[J].管理学报,2013,10(10):1485-1491.

[39]尤佳,孙遇春,雷辉.创业导向、中国新生代员工工作价值观代际差异实证研究[J].软科学,2013,27(6):83-88.

[40]王京刚.华为人力资源管理(活用版)[M].北京:中国铁道出版社,2017.

[41]张继辰.腾讯人力资源管理(畅销版)[M].北京:海天出版社,2015.

[42]约翰·M.伊万切维奇,赵曙明,程德俊.人力资源管理(原书第11版)[M].北京:机械工业出版社,2011.

[43]方振邦,徐东华.战略性人力资源管理[M].北京:中国人民大学出版社,2010.

[44]方伟.大学生职业生涯规划咨询案例教程[M].北京:北京大学出版社,2015.

[45]刘妍.大学生职业生涯规划常见误区分析[J].北京教育,2010(12):68-69

[46]刘建生.人力资源开发与管理[M].北京:科学出版社,2017.

[47]潘小庆.畅谈人力资源管理:全球化趋势下的挑战与对策[J].知识经济.2014(9):69-69.

[48]黄绍东.企业人力资源管理外包策略研究[J].中外企业家.2016(14):104-105.

[49]孙连才.数据化管理趋势下人力资源外包模式创新[J].中国工业评论,2015(7):6-10.

[50]王春花.传统人力资源管理与三支柱模式的中间模式探析[J].人力资源开发,2017(10):254-255.

[51]黄丽怡.人力资源变革:三支柱模型浅析[J].现代企业文化,2015(30):145-148.

[52]时广军,朱振东.国内人力资源三支柱研究:综述与展望[J].中国石油大学学报(社会科学版),2016,32(5):13-18.

[53]乔治·米尔科维奇,杰里·纽曼,巴里·格哈特.薪酬管理[M].11版.成得礼译.北京:中国人民大学出版社,2014.

[54]邹善童.薪酬体系设计实操从新手到高手[M].北京:中国铁道出版社,2015.

[55]赵曙明.薪酬管理:理论、方法、工具、实务[M].北京:人民邮电出版社,2014.

[56]闫轶卿.薪酬管理从入门到精通[M].北京:清华大学出版社.2015.

[57]周亚波.一本书学会薪酬管理:资深实战专家教你做好薪酬工作[M].北京:人民邮电出版社,2015.

[58]李亚慧.薪酬福利管理实训实战实务[M].北京:人民邮电出版社,2015.